Jean Baptiste Perrin, Antoine Bolmar

A Selection of one hundred of Perrin's Fables

Jean Baptiste Perrin, Antoine Bolmar
A Selection of one hundred of Perrin's Fables
ISBN/EAN: 9783337163327

Printed in Europe, USA, Canada, Australia, Japan

Cover: Foto ©ninafisch / pixelio.de

More available books at **www.hansebooks.com**

A

SELECTION

OF

ONE HUNDRED

OF

PERRIN'S FABLES,

ACCOMPANIED WITH

A KEY;

Containing the text, a literal and a free translation, arranged in such a manner as to point out the difference between the French and the English idiom.

ALSO

A FIGURED PRONUNCIATION OF THE FRENCH, ACCORDING TO THE BEST FRENCH WORKS EXTANT ON THE SUBJECT.

THE WHOLE PRECEDED BY

A short treatise on the sounds of the French language, compared with those of the English.

BY A. BOLMAR,

PRINCIPAL OF A CLASSICAL, MATHEMATICAL, AND FRENCH ACADEMY; AND AUTHOR OF SEVERAL BOOKS TO FACILITATE THE ACQUIREMENT OF THE FRENCH LANGUAGE.

A NEW AND REVISED EDITION.

STEREOTYPED BY L. JOHNSON.

NEW YORK:
SHELDON & COMPANY,
No. 8 MURRAY STREET.

EASTERN DISTRICT OF PENNSYLVANIA, to wit:

BE IT REMEMBERED, That on the sixth day of September, in the fifty-third year of the Independence of the United States of America, A. D. 1828, ANTHONY BOLMAR, of the said District, has deposited in this office the title of a book, the right whereof he claims as author, in the words following, to wit:—

"A Selection of one hundred of Perrin's Fables, accompanied with a Key; containing the text, a literal and a free translation, arranged in such a manner as to point out the difference between the French and the English idiom. Also, a figured pronunciation of the French, according to the best French works extant on the subject The whole preceded by a short treatise on the sounds of the French language, compared with those of the English. By A. Bolmar, Professor of the French Language, in the High School of Philadelphia."

In conformity to the Act of the Congress of the United States, entitled, "An Act for the Encouragement of Learning, by securing the copies of Maps, Charts, and Books, to the authors and proprietors of such copies, during the times therein mentioned;" And also to the act, entitled, "An act supplementary to an act, entitled, "An Act for the Encouragement of Learning, by securing the copies of Maps, Charts, and Books, to the authors and proprietors of such copies during the times therein mentioned and extending the benefits thereof to the Arts of designing, engraving, and etching historical and other prints."

D. CALDWELL,
Clerk of the Eastern District of Pennsylvania

DIRECTIONS

For using this Book, and Explanations of the different Signs employed.

The first twenty-two pages, under the title of *Grammar of the French Language*, form a part of an Elementary Grammar, which will shortly be published, and which is intended as an introduction to Wanostrocht or Lévizac's Grammar. These twenty-two pages have been added to this book as being necessary to the understanding of the *Figured Pronunciation* of the fables.

IN THE FRENCH FABLES.

This mark ‿ between two words, indicates that the final consonant of the first word, must be sounded as if it formed a part of the first syllable of the second word, for instance, *vingt‿arpens* is pronounced *vin tar-pan*.

When *s* and *x* are joined with the following word, they take the sound of *z; les‿amis* is pronounced *lè za-mi* and *faux‿amis, fô za-mi.*

d takes the sound of *t*, *grand‿ami* is pronounced *gran ta-mi.*

c, g, q, take the sound of *k, avec‿elle* is pronounced *a-vè kèl; rang‿élevé, ran kèl-vé,* and *cinq‿ans, sin kan.*

h Printed in italic in any word, indicates the *h* mute. Letters and syllables printed in *italics*, are not pronounced.

THE KEY.

This part of the book is intended to be used as a key, 1. To the pronunciation. 2. To the literal translation of words. 3. To the free translation, or translation of *Ideas*

With the aid of this key, the pupil is to prepare the lesson assigned in his French Fables, so as to be able, when called upon, to give to his teacher, besides the French which he must read, for the sake of pronunciation, and which he must prepare by means of the Figured Pronunciation; 1. a literal translation of each word; 2. a free translation, or translation of *Ideas* of each sentence. With regard to this last translation, which is necessarily somewhat inelegant, the scholar needs not adhere strictly to the one given, but may vary the expression according to his taste and ability, and to the genius and idioms of the English language.

In preparing the reading lesson with the aid of the Figured Pronunciation, the pupil must often refer to the directions, given in the first twenty-two pages, treating of the different sounds of the French letters; and to the key placed at top of the page.

The syllables are separated by a dash -; *see note, page 9, on the division of syllables.*

Letters taken from the preceding, or the following word, and joined to another word, are separated by a dot . ; and must be pronounced with the syllable to which they are joined, without regard to the dot, which has been introduced to prevent confounding one word with another; for instance, *tout à vous* is pronounced *tou t.a vou; votre ami, vo- tr.a-mi; tout le monde, tou.l mond; est-ce, e.s,* &c.

In the French text of the key, the numbers 1, 2, 3 and 4, prefixed to verbs, indicate the regular conjugation to which each belongs.

This mark †, indicates that the verb before which it stands, is *irregular.*

In preparing the translation of *Ideas*, the pupil must bear in mind,

That an asterisk *, is placed before words which are to be left out.

That the numbers 1, 2, 3, 4, 5, &c., placed before the English words, show the English construction, or order of words in each sentence.

That a parenthesis ( ), embraces those English expressions, which, in order to give a tolerable translation of *Ideas* of the French, must be changed into those English expressions, which follow the ( ), and which are placed between two hyphens - -;

And that sometimes in order to complete the sense of a sentence, it has been necessary to add some English words, which in this case, stand between brackets [ ]

GRAMMAR

OF THE

FRENCH LANGUAGE.

1. French Grammar is the art of speaking and writing the French Language with propriety.

2. The letters of the French alphabet are 25 in number, which are called

a, b, c, d, e, f, g†, h, i, j†, k, l, m, n, o, p, q†,
ah, bay, say, day, a, eff, zhay, ash, e, zhee, kah, el, em, en, o, pay, ku,

r, s, t, u†, v, x, y, z.
air, ess, tay, u, vay, eeks, ee-grec, zed.

† *The names of the letters thus marked, cannot be given with precision, and must be learned from a master.*

3. These 25 letters are divided into vowels and consonants.

4. There are 6 vowels a, e, i, o, u, y.

y, is by some considered as a consonant, but as it has the sound of i, *and often of two* i, *I prefer to call it a vowel.*

5. There are 19 consonants, b, c, d, f, g, h, j, k, l, m, n, p, q, r, s, t, v, x, z.

w, *which is named in French* double vay, *does not belong to the French alphabet; it is never met in French books, except in foreign words; it is generally pronounced like* v *in the word* very, *and in a few words, as it is in the word* work.

6. Besides the marks of punctuation, which are the same both in French and English, there are other marks called accents, &c.

7. There are 3 accents:

8. The *acute* (´) which is never placed but over *e*, as *préféré, régénéré.*

9. The *grave* (`) which is placed over *a, e, u,* as in *voilà, procès, où.*

10. The *circumflex* (ˆ) which is placed over *a, e, i, o, u,* o give them a long sound as *pâte, tête, gîte, vôtre, bûche*

11. The *cedilla* (ç) which is a kind of a comma, placed under *c*, to give it the sound of *s* before *a o, u*, as in *façade, façon, reçu*.

12. The *apostrophe* (') which is employed to mark the suppression of a vowel before another vowel, or *h* mute, as in *l'étude, l'oiseau l'homme, s'il trouve*, which stand for *a étude, le oiseau, le homme, si il trouve*.

13. The *diæresis* (¨) which is placed over either of the vowels *e, i, u*, to intimate that they are to be pronounced distinctly from the vowel which precedes them, as in *poëte, naïveté, saül*.

14.   *Of the Sounds of Letters.*

The *sound* of a letter, or of a combination of letters, must not be confounded with the *name* of the letter or letters; the letter *a*, for instance, which is named *ay*, has several *sounds*, as heard in fate, far, fall, fat; the name of *d*, in English is *dee*, and its *sound* that heard at the beginning and at the end of the word *dead* when pronounced. The letters *sh*, are named *ess*, and *aitch*, and their *sound*, when together, is that heard in *she*, pronounced *sh*-e. The same might be said of other letters, and combination of letters.

It would be of infinite advantage to children if they were taught in their own language the sound of each letter separately; and were well exercised upon each before they are made to read. Children in France, taught on this plan, are able to read fluently, and to pronounce with more clearness in a shorter time, than by the old method. It has been found to be of much service to those who afterwards learn a foreign language, since there are in every language but few sounds peculiar to it. The author will treat the subject at full length, in a work which he proposes to publish, with a view of explaining a method pursued in France with great success; and which can easily be adapted to the English language.

15.   *Of the Sounds of Simple Vowels.*

a, sounds like *a* in *a*t, f*a*t, m*a*t, r*a*t, m*a*rry, fl*a*t.
â, " " *a* in *a*rm, b*a*rn, f*a*r, d*a*rt, p*a*rt, m*a*rk.
e, " " *u* in t*u*b, b*u*rn, g*u*st, l*u*rk, r*u*st, d*u*sk.
é, " " *a* in *a*le, b*a*le, c*a*ve, d*a*le, f*a*te, g*a*me.
è, " " *a* in m*a*re, f*a*re, or *ai* in *ai*r, p*ai*r, f*ai*r.
ê, " " *e* in th*e*re, wh*e*re.
i, " " *i* in *i*diom, d*i*p, k*i*t, b*i*g, t*i*n, p*i*n.
î, " " *ee* in *ee*l, b*ee*, d*ee*r, k*ee*l, r*ee*d peer.
o, " " *o* in *o*pera, n*o*t, cr*o*p, fr*o*g, pr*o*p, tr*o*t.
ô, " " *o* in *o*ver, m*o*re. n*o*, b*o*ne, r*o*pe note.

u, sounds neither like *u* as heard in t*u*be, nor *u* as heard in b*u*ll.

It has nearly the sound of w in the word twenty, in which this letter is not pronounced so full as in other words. In order to pronounce u, let the pupil pronounce the English letter e; then, without changing the position of his organs, let him close his lips a little more than for the e, and articulate the sound of the French u.

û, has the same sound as the above, only a little longer.

16. Of the Sounds of Compound Vowels.

eu, sounds like *u* in m*u*ff, c*u*ff, p*u*ff.
eût, has the same sound as the above, only much longer.
eur, sounds exactly like *ur*, in bl*ur*, f*ur*, sp*ur*, c*ur*, sh*ur*.
ou, sounds like *oo* in t*oo*, or *u* in b*u*ll, f*u*ll, p*u*ll.
oû, sounds like *oo* in f*oo*l, m*oo*n, c*oo*l, m*oo*d.

17. Of the Sounds of Nasal Vowels.

an†, sounds nearly like *an* in r*an*g, s*an*g, spr*an*g h*an*g.
in†, sounds nearly like *en* in str*en*gth, str*en*gthen, l*en*gth.
on†, sounds nearly like *on* in wr*on*g, l*on*g.
un†, sounds nearly like *un* in cl*un*g, h*un*g, r*un*g, s*un*g.

18. Of the Compound Sounds of oi, oî.

oi† sounds nearly like *o* in *o*pera and *a* in *a*t, put together
 oa as boîte, pronounce boat.
oî† sounds nearly like *o* in *o*pera and *a* in *a*rm, put together
 oa as boîte, pronounce boat.

All those sounds, and particularly those marked†, will be better learned from a master than from any direction; however, an intelligent person may, from the above directions, learn enough of the pronunciation to make himself perfectly understood.

19. Of the Sounds of the Consonants.

b, sounds like *b* in *b*ad, ru*b*, *b*ed, mo*b*.
c, being sounded like *k* before a consonant and before *a*, *o*, *u*, and like *s* before *e*, *i*; I have used in the figured pronunciation, *k* or *s* instead of *c*.
 When in a word, c has the sound of g, as in second, I have used a g.
ch, See *sh*. when ch has the sound of *k*, *k* is used.
d, sounds like *d* in *d*ead, *d*en, ba*d*, ro*d*, *d*i*d*.
 When this letter has the sound of t, I have used a t.
f, sounds like *f* in *f*it, *f*an, i*f*, cal*f*, *f*or.
 When this letter has the sound of v, I have used a v.

g, sounds like g in gag, gig, god, big, bag.
When g has the sound of j, I have used j.

gn, sounds like ni in union, pinion, minion onion.
Pay great attention to the pronunciation of this combination of letters for it is difficult, and hence it is not uncommon even in France, to hear magnifique, &c. pronounced as if spelt ma-ni-fique; the same sound in the Italian language is represented by the same letters gn, and in the Spanish by ñ. There are words in the French language, in which gn are sounded as g and n, as in magnétique, pronounced mag-né-tique.

h, there are two kinds of h, one silent, the other aspirated
But in either case it has no sound; (such is also the case with the Italian and Spanish languages.) By aspiration is not meant, in French, as in English, a forcible breathing, as heard in high, horse, house, &c. The best proof of this, is the difficulty which every Frenchman has to pronounce the English aspirated h, even after a number of years' practice. Besides my own observation, as a native of France, I can here mention L'Abbé d'Olivet, whose opinion and writings are for us, what Walker's are for an Englishman. He says, in speaking of the aspiration of the Greek and German languages, the French language, which always aims at softness and euphony, attributes no other effect to the aspiration of the h, than that of communicating to the vowel, following the said aspirated h, the property of a consonant, that is to prevent the elision of the final vowel of the preceding word. For instance, le héros, in which the h is called aspirated, is pronounced le-é-ros, and not l'é-ros, as would be the case with l'héritier, in which the h is called mute, and which is pronounced l'é-ritier and not le-é-ritier. That same aspirated h, prevents also the final consonant of the word that precedes it, from being connected with the vowel which follows it; for instance plus haut, in which h is said aspirated, is pronounced plu ô and not plu zô; while plus honorable, in which h is said mute, is pronounced plu-zo-norable and not plu-o-norable. From my acquaintance with the English pronunciation, I am confident that if Boyer, Chambaud, &c., from whom all others have copied this error, without taking the trouble of ascertaining the fact, had been well acquainted with the nature of the English aspirated h, they would never have assimilated the French to it.

j†, sounds like s in pleasure, or like z in glazier, azure.
The sound of which letter; is represented by Walker by zh.

k, sounds like k in kick, keel, weak, kid, cloak, freak.

l, sounds like l in lad, coal, lot, pupil, lump, soul.

il or ill†, sounds like lli in William, billiards, collier.
With regard to the pronunciation of the l or ll, mouillées, it is proper to mention that they are differently pronounced by different persons; thus the words soleil, fille, travail, tailleur, instead of being pronounced as directed above, are pronounced as if written thus: so-lê-ye, fi-ye, tra-va-ye, ta-yeur, giving to the y the sound it has in the word year.

This las. pronunciation being the easiest of the two, has been adopted by so many people in France, that it is no more considered as a fault. However I recommend the former, not only on account of its correctness, but also on account of its being a sound very common to both the Spanish and the Italian languages; in which languages this sound does not admit of any variation. It is represented in the former by ll, and in the latter by gli.

When in a word l, or ll, preceded by i, are liquid, or mouillées, I have in the figured pronunciation represented this sound by ill, standing by itself; this with a view of forcing the attention of the pupil. It will be seen

OF THE FRENCH LANGUAGE. 5

also, that in those words in which the l *that precedes the* l, *or* ll, *is pronounced;* I *have repeated it as in* fille, fi-ill, billet, bi-ill-è, *in which the* i *is distinctly heard, before the utterance of the* ll, mouillées; *which is not the case in* travail, tra-va-ill; tailleur, ta-ill-eur; soleil, so-lè-ill; sommeiller, so mè-ill-é.

m, sounds like *m* in *m*an, ra*m*, *m*en, ste*m*, *m*ini*m*, sli*m*.
 In the figured pronunciation, when am, em, im, om, um, ym, *has in a word the nasal sound;* I *represent it by* an, in, on, un, *their equivalent in pronunciation.*

n, sounds at the beginning of syllables like *n* in *n*ap, *n*ip, *n*ote, *n*eet, *n*od, *n*et.

n, preceded by the vowels a, i, o, u, form the four nasal sounds, *a*n, *i*n, *o*n, *u*n, mentioned under article 17th, which see.

N, at the end of a syllable in the figured pronunciation, is used when *n* does not form with the vowel that precedes it, a nasal sound. It has the sound of N in the word ameN, introduced in the key; and of the final *n* in the following words pa*n*, pe*n*, pi*n*, pu*n*.

p, sounds like *p* in *p*ap, *p*et, ste*p*, *p*ip, *p*op.

q, sounds like *k* in *k*ick, *k*id, *k*eel, *k*oran.
 U after q, is very seldom pronounced.

r, sounds like *r* in *r*oar, *r*at, *r*ap, *r*ed, *r*id, *r*od, *r*ub.
 The French r, *must always have the jarring sound. The sound of the initial or rough* r, *is formed, says Walker, by jarring, or vibrating the tip of the tongue against the roof of the mouth, near the fore teeth.'* .

s, sounds like *s* in *s*assafras, atla*s*, *s*eldom, *s*ilk, *s*ole.
 When s *has in a word, the sound of* z, *this letter has been used in the figured pronunciation.*

sh, sounds like *sh* in *sh*ad, da*sh*, *sh*ed, fre*sh*, *sh*ip, fi*sh*, *sh*op, cla*sh*, *sh*un, blu*sh*.

t, sounds like *t* in *t*ar*t*, *t*ell, je*t*, *t*op, spo*t*.
 When in a word t *has the sound of* s, *as in* patience, s *has been used.*

v, sounds like *v* in *v*at, *v*ent, *v*il, *v*otive, *v*ulgar.

x, has five sounds
$\begin{cases} k \\ k\text{-s} \\ g\text{-z} \\ s \\ z \end{cases}$ as in the French words $\begin{cases} \text{excellence--è}k\text{-sé-lans.} \\ \text{axiome----a}k\text{-si-om.} \\ \text{exemple----èg-zan-ple.} \\ \text{soixante----soi-sant.} \\ \text{sixième----si-zi-èm.} \end{cases}$

 All these different letters, have been used in the figured pronunciation, for x. *In the words in which* x *is pronounced like* k-s, s *must not be pronounced like* sh, *as it is in the English word* axiom, ak-shum, *but like* s *in* sister.

y, is pronounced like *i* or two *i*'s.
 This letter, in the figured pronunciation, must be pronounced like y *in the English words* yard, yerk, year, yoke, you.

z, sounds like *z* in *z*eal, *z*est, *z*one and *s* in ro*s*e

THE SOUNDS

20. The following table, treats of some terminations which differ very materially in pronunciation from the English. English learners, in these terminations are always inclined to sound *e* before *l* or *r*, as they do in their own language; for instance, they will pronounce *acre, akur,*

ble	*In English, these terminations would be nearly pronounced as f spelt.*	bul	*Giving to the u a slight sound of u in fur.*	ta-ble	*In French, these final terminations must be pronounced, leaving out the e and giving to the two consonants the sounds they have at the beginning of the following English words.*	bl-aze
bre		bur		sa-bre		br-ace
cle ⎫						
for						
kle ⎭		kul		mira-cle		kl-ick
cre ⎫						
for						
kre ⎭		kur		a-cre		cr-ane
dre		dur		pou-dre		dr-ane
fle		ful		bu:fle		fl-ame
fre		fur		cof-fre		fr-ame
gle		gul		an-gle		gl-are
gre		gur		mai-gre		gr-ave
ple		pul		am-ple		pl-ane
pre		pur		pro-pre		pr-aise
tre		tur		an-tre		tr-ain

* *I must here observe, that this nasal sound* un, *when followed by a word beginning with a vowel, or a silent* h, *is pronounced in two ways. Thus for instance, the* masculine *nouns,* un esclave, un exemple, un ami, *will be pronounced by some,* u-nesclave, u-nexemple, u-nami, *as they would pronounce the* feminin *nouns,* une esclave, une exemplo, une amie; *by others,* un esclave, un exemple, un ami, *will be pronounced as if written,* un nesclave, un nexemple, un nami, *and* une esclave, une exemple, une amie, u-nesclave, u-nexemple, u-namie.

By the latter way of pronouncing un, *the speaker, besides preserving the proper nasal sound of* un, *does away with the ambiguity about the gender, to which the former way of pronouncing gives rise. I have adopted the latter in the figured pronunciation; not because it is the most used, but because it is considered the most correct way of the two.*

OF THE FRENCH LANGUAGE. 7

21. Table of the Simple sounds of Vowels; showing at one view the different combinations, by which these simple sounds are represented in different words.

sounds	examples	sounds like	represented by	examples	
a	ami	a, in at	e	femme	woman
			ea	il gagea	he betted
â	âne	a, in arm	a	bas	sticking
			eâ	rougeâtre	reddish
e	te	u, in tub	ai	nous faisons	we do
			ai	aigu	sharp
é	écrit	a, in ale	eai	geai	jay
			ée	année	year
			œ	œsophage	œsophagus
			ai	aide	aid
			aie	baie	bay
è	mère	a, in mare	ei	baleine	whale
			eai	monnaie	money
ê	être	e, in there	aî	aîné	eldest
i	idole	i, in idiom	i	imiter	to imitate
î	gîte	ee, in eel	ie	folie	folly
			au	aurore	aurora
o	opéra	o, in opera	eo	flageolet	flagelet
			au	auteur	author
ô	ôter	o, in over	eau	marteau	hammer
			eo	geole	goal
			eu	gageure	wager
u	mur	none	eue	eue	had
			ue	laitue	lettuce
û	mûr	none	û	flûte	flute
eu	jeune	u, in muff	œu	œuf	egg
eû	jeûne	none	œu	nœud	knot
			eue	queue	tail
ou	tout	oo, in too	ou	tout	all
oû	voûte	oo, in fool	aoû	août	august
			oue	roue	wheel
			am	ample	ample
			aon	paon	peacock
an	ancre	an, in sang	ean	affligeant	afflicting
			em	membre	member
			en	entendre	to hear
			aim	essaim	swarm
			ain	craint	fear
	ingrat	en, in length	ein	peinture	picture
			im	impoli	unpolite
			ym	symbole	symbol
			yn	syntaxe	syntax
			aon	taon	ox-fly
on	onde	on, in long	eon	pigeon	pigeon
			om	ombre	shade
un*	un	un, in sung	eun	á jeun	fasting
			um	parfum	perfume

* See Note page 6.

THE SOUNDS

Table of Diphthongs.

24. A diphthong is a coalition of two sounds, which are distinctly heard by a simple emission of the voice. The diphthongs of the French language will all be found in the following table, opposite to the simple sounds of which they are composed.

In the figured pronunciation, the two sounds forming a diphthong have been separated, with a view of causing the pupil to pronounce distinctly the two sounds. The master must not allow the pupil to pause between the two vowels, but pronounce them as closely as possible.

diphthongs	simple sounds	examples	
ia	i-a	fiacre	*hackney coach*
ia	i-â	galimatias	*nonsense*
iai ⎫		je défiai	*I challenged*
ié ⎬	i-é	amitié	*friendship*
ie ⎭		riez	*laugh*
iai ⎫		je purifiais	*I purified*
iè ⎬	i-è	bière	*beer*
ie ⎭		ciel	*heaven*
io	i-o	violon	*violin*
iau	i-ô	miauler	*to mew*
iu	i-û	reliure	*binding*
ieu	i-eu	relieur	*book binder*
icu ⎫	i-eû	mieux	*better*
ieue ⎭		lieue	*league*
iou	i-ou	chiourme	*the crew of a galley*
ian ⎫	i-an	viande	*meat*
ien ⎭		audience	*audience*
ien	i-in	chrétien	*christian*
ion	i-on	passion	*passion*
oi	o-a	boite	*maturity of wine*
oî ⎫	o-â	boîte	*box*
oie ⎭		foie	*liver*
oe ⎫	o-è	moelle	*marrow*
eoi ⎭		nageoire	*fin*
oi	ou-è	voisin	*neighbour*
oin	ou-in	besoin	*want*
oua	ou-a	rouage	*wheel-work*
ouâ	ou-â	nous nouâmes	*we tied*
oueu	ou-eu	boueur	*dust man*
oue ⎫		dénouer	*to untie*
oué ⎬	ou-é	déjoué	*frustrated*
ouée ⎬		trouée	*opening*
ouai ⎭		je jouai	*I played*
oi		oiseau	*bird*
oue ⎫	ou-è	fouetter	*to whip*
ouai ⎭		je louais	*I praised*
oui ⎫	ou-i	cambouis	*coom*
ouie ⎭		l'ouïe	*the hearing*
oueu	ou-eû	noueux	*knotty*
ouan ⎫	ou-an	louange	*praise*
ouen ⎭		**Rou**en	*city of France*

OF THE FRENCH LANGUAGE.

Diphthongs	simple sounds	examples	
ouin	ou-in	babouin	*baboon*
ouon	ou-on	nous jouons	*we play*
ua	ou-a	lingual	*lingual*
ua	u-a	nuage	*cloud*
uâ	u-â	nous tuâmes	*we killed*
ueu	u-eu	lueur	*glimmering*
uai		je remuai	*I moved*
ue	u-é	éternuer	*to sneeze*
ué		dénué	*stript*
uée		nuée	*cloud*
ue	u-è	menuet	*minuet*
uai		il suait	*he perspired*
ui	u-i	buisson	*bush*
uie	u-î	pluie	*rain*
uo	u-ô	impétuosité	*impetuosity*
ueu	u-eû	majestueux	*majestic*
uan	u-an	nuance	*shade*
uen		influence	*influence*
uin	u-in	juin	*June*
uon	u-on	nous tuons	*we kill*

A single view of the two tables, here given, will show of what advantage figured pronunciation will be to him, who is desirous of acquiring an accurate pronunciation, whether he has a master or not. If he has a master he will be able to revise his reading lesson, and by this means, make great progress; if he is deprived of the assistance of a master, he will be able to obtain a tolerable pronunciation, which would have been impossible for him without this help

SYLLABAIRE.

25. After having well familiarized the pupil with the sound of each consonant, short, long and nasal vowels, the following lessons may be read.

The figured pronunciation of every word, is given, so as to enable the pupil, in referring to the key, at the top of every page, to revise his lesson, without his master, until he thinks himself able to read it without the help of the figured pronunciation; which the master will take care to cover, while the pupil is reading to him.

Observe, that in the figured pronunciation, the syllables are divided, as they are heard in conversation, and not as they are counted in poetry; for instance, con-te-nan-ce, which has four syllables, will be reduced to two, kont-nans; whilst fruit, bien, &c. which have but one syllable each, will be fru-i, bi-in, because the two sounds forming the diphthongs ui, ien, are heard distinctly, although pronounced very closely.

To this close pronunciation too much attention cannot be given in sounds constituting any of the diphthongs, mentioned in the above table, which the scholar will do well to read often.

WORDS OF ONE SYLLABLE.

¹ ami. âne. te. écrit. mère. être. idole. gîte. opéra. ôter. tout. voûte
² at. arm. tub. ale. mare. there. idiom. eel. opera. over. too. fool.

Words of One Syllable.

French	English	pronunciation	French	English	pronunciation
Arc	bow	ark	drap	cloth	dra
air	air	èr	Eau	water	ô
art	art	âr	elle	she	èl
an	year	an	elles	they	èl
au	to the	ô	est	is	è
aux	to the	ô	est	east	èst
Bac	ferry-boat	bak	et	and	é
bal	ball	bal	Faux	false	fô
bas	stocking	bâ	faim	hunger	fin
bain	bath	bin	fer	iron	fèr
banc	bench	ban	feu	fire	feu
bec	bill	bèk	fier	proud	fi-èr
bel	fine	bèl	fil	thread	fil
beau	fine	bô	fils	son	fis
bis	brown	bi	fin	end	fin
bon	good	bon	flot	billow	flô
bord	edge	bor	flux	flux	flu
bout	end	bou	fois	time	foi
but	mark	bu	fou	fool	fou
Cap	cape	kap	fruit	fruit	fru-i
car	for	kar	Gain	gain	gin
cas	case	kâ	gens	people	jan
chair	flesh	shèr	gond	hinge	gon
chat	cat	sha	goût	taste	goû
chaud	warm	shô	gras	fat	grâ
chaux	lime	shô	gros	big	grô
chef	chief	shèf	Haut	high	ô
cher	dear	shèr	hier	yesterday	i-yèr
clef	key	klé	hors	out	or
clou	nail	klou	Il	he	il
coup	stroke	kou	ils	they	il
cri	cry	kri	Je	I	je
croix	cross	kroi	jet	sprig	jè
corps	body	kor	jour	day	jour
Dans	in	dan	jus	gravy	ju
de	of	de	La	the	la
des	of the	dè	lait	milk	lè
deux	two	deû	las	tired	lâ
doigt	finger	doi	le	the	le

WORDS OF ONE SYLLABLE.

mui mûr. jeune. jeûne. boite. boîte. ancre. ingrat. onde. un. amen
j, as s in pleasure. gn, as ni in union. ill, as lli in William.

French	English	pronunciation	French	English	pronunciation
lit	bed	li	Sac	bag	sak
Ma	my	ma	sang	blood	san
main	hand	min	sauf	safe	sof
mal	evil	mal	saut	leap	sô
mer	sea	mèr	sec	dry	sèk
miel	honey	mi-èl	sel	salt	sèl
mieux	better	mi-eu	ses	his	sè
mon	my	mon	soir	evening	soir
mors	bit	mor	sort	fate	sor
mot	word	mô	sous	under	sou
mur	wall	mur	Ta	thy	ta
mûr	ripe	mûr	tant	so much	tan
Nain	dwarf	nin	tard	late	târ
né	born	né	tel	such	tèl
nez	nose	né	temps	weather	tan
nid	nest	ni	tort	wrong	tor
noir	black	noir	tout	all	tou
nom	name	non	toux	cough	tou
non	no	non	trop	too much	tro
nuit	night	nu-i	trou	hole	trou
Or	gold	or	tu	thou	tu
ou	or	ou	Va	go	va
où	where	ou	veau	calf	vô
Pain	bread	pin	vent	wind	van
paix	peace	pê	ver	worm	vèr
par	by	par	verd	green	vèr
part	share	pâr	vers	towards	vèr
pied	foot	pi-é	vif	quick	vif
pleur	tear	pleur	vil	vile	vil
poing	fist	pou-in	vain	vain	vin
pont	bridge	pon	vin	wine	vin
puits	well	pu-i	voix	voice	voi
Quand	when	kan	vol	theft	vol
que	which	ke	vos	your	vô
quai	wharf	ké	vrai	true	vrè
Rang	rank	ran	vœu	vow	veù
rat	rat	ra	voir	to see	voir
rien	nothing	ri-in	vous	you	vou
riz	rice	ri	vu	seen	vu
roi	king	roi	Yeux	Eyes	i-eu
rond	round	ron	Zest	Zest	zèst

12   WORDS OF TWO SYLLABLES.

¹ ami. âne. te. écrit. mère. être. idole. gîte. opéra. ôter. tout. voûte
² at. arm. tub. ale. mare. there. idiom. eel. opera. over. too. fool

Words of Two Syllables,
sounded as one, the e final being silent

French	English	pronunciation	French	English	pronunciation
Ac-te	act	akt	Nat-te	mat	nat
â-ge	age	âj	ni-che	trick	nish
-me	soul	âm	no-ce	wedding	nos
n-ge	angel	anj	no-te	note	not
ar-che	arch	arsh	On-ce	ounce	ons
Ba-gue	ring	bag	or-ge	barley	orj
ban-que	bank	bank	or-me	elm-tree	orm
ba-se	base	bâz	Pal-me	palm	palm
bas-se	bass	bâs	pâ-te	dough	pât
bran-che	branch	bransh	pat-te	paw	pat
Ca-ge	cage	kaj	pau-se	pause	pôz
cas-que	helmet	kask	pê-che	peach	pêsh
chai-se	chair	shèz	plain-te	complaint	plint
comp-te	account	kont	psau-me	psalm	psôm
cru-che	pitcher	krush	Ra-ce	race	ras
Da-te	date	dat	rau-que	hoarse	rôk
dî-me	tithe	dîm	res-te	rest	rèst
dro-gue	drug	drog	rê-ve	dream	rêv
Fa-ce	face	fas	ro-che	rock	rosh
fau-te	fault	fôt	ro-se	rose	rôz
fem-me	woman	fam	route	road	rout
fleu-ve	river	fleuv	ru-che	hive	rush
flû-te	flute	flût	ru-de	rough	rud
fran-ge	fringe	franj	Sau-ce	sauce	sôs
Ga-ge	pledge	gaj	sè-ve	sap	sèv
ger-me	germ	jèrm	se-xe	sex	sèks
gom-me	gum	gom	som-me	sum	som
guer-re	war	gèr	son-ge	dream	sonj
Hâ-te	haste	ât	sou-che	stump	soush
hom-me	man	om	sour-ce	spring	sours
hym-ne	hymn	im	Ta-che	spot	tash
Ju-ge	judge	juj	tâ-che	task	tâsh
Lai-ne	wool	lèn	ter-me	term	tèrm
li-gue	league	lig	ti-ge	stalk	tij
lo-ge	lodge	loj	tor-che	torch	torsh
Mâ-le	mule	mâl	Va-gue	vague	vag
mal-le	trunk	mal	vi-te	fast	vit
mou-che	fly	moush	Zè-le	zeal	zèl
myr-te	myrtle	mirt	zo-ne	zone	zôn

WORDS OF TWO SYLLABLES.

m*u*r. m*û*r. *jeu*ne. *jeû*ne. bo*i*te. bo*î*te. *a*ncre. *i*ngrat. *o*nde. *u*n. am*o*n. j, as *s* in plea*s*ure. *gn*, as *ni* in union. *ill*, as *lli* in Wi*lli*am

Words of Two full Syllables.

French	English	pronunciation	French	English	pronunciation
A-bord	access	a-bor	jam-bon	ham	jan-bon
ac-cord	agreement	a-kor	jo-yau	jewel	joi-yô
a-chat	purchase	a-sha	ju-meau	twin	ju-mô
a-droit	skilful	a-droi	La-cet	lace	la-sè
a-gent	agent	a-jan	lam-beau	rag	lan-bô
an-neau	ring	a-nô	li-queur	liquor	li-keur
au-tel	altar	ô-tèl	lo-yer	rent	loi-yé
Bal-con	balcony	bal-kon	Ma-çon	bricklayer	ma-son
ba-teau	boat	ba-tô	maî-tre	master	mê-tre
beau-coup	much	bô-kou	mar-quis	marquis	mar-ki
bois-seau	bushel	boi-sô	mo-yen	means	moi-yin
bû-cher	funeral pile	bû-shé	Na-tif	native	na-tif
Ca-chot	dungeon	ka-shô	ni-gaud	simpleton	ni-gô
ca-fé	coffee	ka-fé	ni-veau	level	ni-vô
cen-tral	central	san-tral	Ob-jet	object	ob-jè
chau-dron	kettle	shô-dron	œu-vre	work	eu-vre
cho-quant	shocking	sho-kan	ou-til	tool	ou-ti
ci-seau	chisel	si-zô	Pa-quet	parcel	pa-kè
Dan-ger	danger	dan-jé	pas-sif	passive	pa-sif
dé-bit	sale	dé-bi	par-rain	godfather	pa-rin
dis-cret	discreet	dis-krè	po-teau	post	po-tô
E-clat	lustre	é-kla	Qua-si	almost	ka-zi
é-gard	regard	é-gâr	qua-tre	four	ka-tre
en-fant	child	an-fan	quin-teux	whimsical	kin-teû
ex-quis	exquisite	èk-ski	Ra-bais	abatement	ra-bè
Fa-çon	making	fa-son	rai-son	reason	rè-zon
flam-beau	flambeau	flan-bô	re-mords	remorse	re-mor
fran-çais	french	fran-sè	ro-yal	royal	roi-yal
fran-çois	francis	fran-soi	Sa-lut	salute	sa-lu
Gar-çon	boy	gar-son	ser-mon	sermon	sèr-mor
gâ-teau	cake	gâ-tô	sou-dain	sudden	sou-din
gros-seur	bigness	grô-seur	su-jet	subject	su-jè
Har-nais	harness	ar-nè	Tableau	picture	ta-blô
hau-teur	height	ô-teur	ter-reur	terror	tèr-reur
ha-sard	chance	a-zâr	ton-neau	tun	to-nô
Im-pôt	tax	in-pô	traî-neau	sledge	trê-nô
ins-tinct	instinct	ins-tin	U-sé	worn-out	u-zé
in-clus	enclosed	in-klu	ur-gent	urgent	ur-jan
in-dex	index	in-dèks	Vo-let	shutter	vo-lè
Ja-bot	frill	ja-bô	Zé-ro	nought	zé-rô

2*

¹ ami. âne. te. écrit. mère. être. idole. gîte. opéra. ôter. tout. voûte.
² at. arm. tub. ale. mare. there. idiom. eel. opera. over. too. fool.

Words of Three Syllables,
sounding as two, the final *e* being silent.

French	English	pronunciation
A-bî-me	*abyss*	a-bîm
af-fai-re	*business*	a-fèr
Ba-ga-ge	*luggage*	ba-gaj
bles-su-re	*wound*	blè-sûr
bot-ti-ne	*half-boot*	bo-tiɴ
Ca-res-se	*caress*	ka-rès
car-tou-che	*cartridge*	kar-toush
chauf-fa-ge	*fuel*	shô-faj
Dé-comp-te	*discount*	dé-kont
dé-pê-che	*despatch*	dé-pêsh
Em-prein-te	*impression*	an-print
es-cla-ve	*slave*	ès-klav
Fon-tai-ne	*fountain*	fon-tèɴ
fro-ma-ge	*cheese*	fro-maj
Gro-tes-que	*grotesque*	gro-tèsk
gué-ri-te	*sentry-box*	gé-rit
Ha-lei-ne	*breath*	a-lèɴ
hom-ma-ge	*homage*	o-maj
Im-men-se	*immense*	im-mans
i-ni-que	*unjust*	i-nik
Ja-cin-the	*hyacinth*	ja-sint
ja-quet-te	*jacket*	ja-kèt
Lan-cet-te	*lancet*	lan-sèt
li-qui-de	*liquid*	li-kid
Maî-tres-se	*mistress*	mê-très
mé-lan-ge	*mixture*	mé-lanj
Na-vet-te	*shuttle*	na-vèt
nau-fra-ge	*shipwreck*	no-fraj
Om-bra-ge	*shade*	on-braj
of-fen-se	*offence*	o-fans
Pro-di-ge	*prodigy*	pro-dij
Quit-tan-ce	*receipt*	ki-tans
Ré-ser-ve	*reservation*	ré-sèrv
Som-mai-re	*summary*	so-mèr
Tra-gi-que	*tragical*	tra-jik
U-sa-ge	*use*	u-zaj
u-ni-que	*only*	u-nik
Ver-get-te	*brush*	vèr-jèt
vo-ya-ge	*voyage*	voi-yaj

mur. mûr. jeune. jeûne. boite. boîte. ancre. ingrat. onde. un. amen.
j, as *s* in pleasure.   gn, as *ni* in union.   ill, as *lli* in William.

Words of Three Syllables,

sounding as two, the *e* of the second syllable being silent

French	English	pronunciation
A-que-duc	aqueduct	ak-duk
ar-se-nic	arsenic	ars-ni
Bat-te-ment	beating	bat-man
bê-le-ment	bleating	bêl-man
bro-de-rie	embroidery	brod-rî
Chan-ge-ment	change	shanj-man
cou-te-las	hanger	kout-lâ
co-te-rie	club	kot-rî
E-che-veau	skein	ésh-vô
em-pe-reur	emperor	an-preur
en-ne-mi	enemy	èn-mi
Fon-de-ment	foundation	fond-man
fraî-che-ment	freshly	frêsh-man
frot-te-ment	rubbing	frot-man
Go-be-let	tumbler	gob-lè
gra-ve-ment	gravely	grav-man
Haus-se-ment	raising	ôs-man
hau-te-ment	haughtily	ôt-man
Ju-ge-ment	judgment	juj-man
ju-re-ment	oath	jur-man
Lâ-che-té	cowardice	lâsh-té
lo-ge-ment	lodging	loj-man
Main-te-nant	now	mint-nan
ma-te-lot	seaman	mat-lô
mo-que-rie	mockery	mok-rî
Net-te-ment	neatly	nèt-man
nul-le-ment	by no means	nul-man
Os-se-mens	bones	ôs-man
Pa-que-bot	packet-boat	pak-bô
pas-se-port	passport	pas-por
Rê-ve-rie	revery	rêv-rî
ri-che-ment	richly	rish-man
Sa-ge-ment	wisely	saj-man
sè-che-ment	dryly	sèsh-man
sou-ve-rain	sovereign	souv-rin
Tou-te-fois	nevertheless	tout-foi
tri-che-rie	cheat	trish-rî
Vai-ne-ment	in vain	vèn-man
vê-te-ment	clothing	vêt-man

WORDS OF FOUR SYLLABLES SOUNDING AS TWO.

am.	âne.	te.	écrit.	mère.	être.	idole.	gîte.	opéra.	ôter.	tout.	voûte
at.	arm.	tub.	ale.	mare.	there.	idiom.	eel.	opera.	over.	too.	fool.

Words of Four Syllables sounding as two,
e of the second and of the last syllables being silent

French	English	pronunciation
At-te-la-ge	set of horses	at-laj
Ban-de-let-te	little fillet	band-lèt
ban-que-rou-te	bankruptcy	ban-kroût
bet-te-ra-ve	beet root	bèt-rav
bos-se-la-ge	embossing	bos-laj
bou-che-tu-re	fence	boush-tûr
bri-que-ta-ge	brick-work	brik-taj
Ca-que-ta-ge	chattering	kak-taj
ca-que-teu-se	gossip	kak-teûz
car-re-la-ge	pavement	kar-laj
car-re-lu-re	cobbling	kar-lûr
cas-se-ro-le	saucepan	kas-rol
chan-te-rel-le	treble-string	shan-trèl
cha-pe-lu-re	rasping	shap-lûr
chauf-fe-ret-te	foot-stove	shô-frèt
con-te-nan-ce	posture	kont-nans
co-que-lu-che	hooping cough	kok-lush
Den-te-lu-re	dented work	dant-lûr
Em-pe-sa-ge	starching	amp-saj
En-ge-lu-re	chilblain	anj-lûr
en-ve-lop-pe	cover	an-vlop
Fer-me-tu-re	fastening	fèrm-tûr
Gar-de-ro-be	wardrobe	gard-rob
Hal-le-bar-de	halberd	al-bard
Ja-ve-li-ne	javeline	jav-liɴ
Map-pe-mon-de	map of the world	map-mond
mé-de-ci-ne	physic	méd-sin
mous-se-li-ne	muslin	mous-lin
O-me-let-te	omelet	om-lèt
Pé-che-res-se	female sinner	pésh-rès
por-ce-lai-ne	china ware	pors-lèɴ
pro-me-na-de	walk	prom-nad
Re-de-van-ce	rent	red-vans
Sau-ve-gar-de	safe-guard	sôv-gard
sé-che-res-se	dryness	sésh-rès
sou-ve-nan-ce	remembrance	souv-nans
Ti-re-bot-te	boot-jack	tir-bot
ti-re-li-re	till	tir-lir
vas-se-la-ge	vassalage	vas-laj

WORDS OF THREE FULL SYLLABLES.

mur. mûr. jeune. jeûne. boite. boîte. ancre. ingrat. onde. un. amen.
j, as s in pleasure. gn, as ni in union. ill, as lli in William.

Words of Three full Syllables,

French	English	pronunciation
A-bri-cot	apricot	a-bri-kô
ar-dem-ment	ardently	ar-da-man
au-tre-fois	formerly	ô-tre-foi
au-tre-ment	otherwise	ô-tre-man
Bas-si-net	touch-pan	ba-si-nè
bâ-ti-ment	building	bâ-ti-man
bou-lan-ger	baker	bou-lan-jé
blan-châ-tre	whitish	blan-shâ-tre
Cham-pê-tre	rural	shan-pê-tre
com-mer-çant	merchant	ko-mèr-san
con-qué-rant	conqueror	kon-ké-ran
cru-au-té	cruelty	kru-ô-té
Dé-plai-sir	displeasure	dé-plè-zir
dé-ser-teur	deserter	dé-zèr-teur
dé-shon-neur	dishonour	dé-zo-neur
E-cha-faud	scaffold	é-sha-fô
é-ner-gie	energy	é-nèr-jî
Fla-geo-let	flagelet	fla-jo-lè
Gar-ni-son	garrison	gar-ni-zon
Har-mo-nie	harmony	ar-mo-nî
I-gno-rant	ignorant	i-gno-ran
in-dis-cret	indiscreet	in-dis-kre
Ja-lou-sie	jealousy	ja-lou-zí
Li-ma-çon	snail	li-ma-son
Mo-yen-nant	by means of	moi-yè-nan
Nom-mé-ment	namely	no-mé-man
O-rai-son	oration	o-rè-zon
Plai-do-yer	pleading	plé-doi-yé
Ra-yon-nant	radiant	ré-yo-nan
ré-si-dent	resident	ré-zi-dan
rou-geâ-tre	reddish	rou-jâ-tre
Sa-vam-ment	learnedly	sa-va-man
so-len-nel	solemn	so-la-nèl
suc-ces-seur	successor	suk-sè-seur
Tem-po-rel	temporal	tan-po-rèl
thé-â-tre	theatre	té-â-tre
trai-ta-ble	tractable	trè-ta-ble
Ver-mis-seau	small worm	vèr-mi-sô
vil-la-geois	villager	vi-la-joi
vo-ya-geur	traveller	voi-ya-jeur

18 WORDS OF FOUR SYLLABLES SOUNDING AS THREE.

¹ amі. âne. te. écrit. mère. être. idole. gîte. opéra. ôter. tout. voûte
² at. arm. tub. ale. marc. there. idiom. eel. opera. over. too. fool.

Words of Four Syllables,
sounding as three, the second or the third being mute.

French	English	pronunciation
A-bais-se-ment	*lowering*	a-bès-man
a-chè-ve-ment	*finishing*	a-shèv-man
Bouf-fon-ne-rie	*buffoonery*	bou-fon-rî
bri-è-ve-té	*brevity*	bri-èv-té
Char-pen-te-rie	*carpentry*	shar-pan-trî
con-ce-va-ble	*conceivable*	kons-va-ble
Dé-ca-che-ter	*to unseal*	dé-kash-té
dé-me-su-ré	*excessive*	dém-zu-ré
E-chap-pe-ment	*escapement*	é-shap-man
em-me-not-ter	*to handcuff*	anm-no-té
Fer-ti-le-ment	*fruitfully*	fèr-til-man
fur-ti-ve-ment	*by stealth*	fur-tiv-man
Ga-lan-te-rie	*gallantry*	ga-lan-trî
gar-de-man-ger	*larder*	gard-man-jé
Hon-nê-te-ment	*honestly*	o-nêt-man
hu-mai-ne-ment	*humanely*	u-mèn-man
Jo-yeu-se-ment	*joyfully*	joi-yeûz-man
Lé-gè-re-té	*lightness*	lé-gèr-té
lo-ya-le-ment	*loyalty*	loi-yal-man
Mé-chan-ce-té	*wickedness*	mé-shans-té
Na-ï-ve-té	*ingenuousness*	na-iv-té
nan-tis-se-ment	*security*	nan-tis-man
O-bli-que-ment	*obliquely*	o-blik-man
oi-si-ve-té	*idleness*	oi-ziv-té
Pi-ra-te-rie	*piracy*	pi-rat-rî
pois-son-ne-rie	*fish-market*	poi-son-rî
Ra-pi-de-ment	*rapidly*	ra-pid-man
re-de-va-ble	*indebted*	red-va-ble
ro-ya-le-ment	*royally*	roi-yal-man
Sai-sis-se-ment	*shock*	sè-sis-man
sou-dai-ne-ment	*suddenly*	sou-dèn-man
sou-te-na-ble	*sufferable*	sout-na-ble
su-bi-te-ment	*suddenly*	su-bit-man
Tein-tu-re-rie	*dye-house*	tin-tûr-rî
ton-nel-le-rie	*cooperage*	to-nèl-rî
to-ta-le-ment	*totally*	to-tal-man
U-ni-que-ment	*only*	u-nik-man
Vi-lai-ne-ment	*meanly*	vi-lèn-man
vul-gai-re-ment	*vulgarly*	vul-gèr-man

mur. mûr. jeuno. jeûne. boite. boîte. ancre. ingrat. onde. un. amen.
j, as s in pleasure.   gn, as ni in union.   ill, as lli in William.

Words of Four full Syllables.

French	English	pronunciation
A-ca-dé-mie	academy	a-ka-dé-mî
a-na-to-mie	anatomy	a-na-to-mî
au-to-ri-té	authority	o-to-ri-té
Bé-ni-gni-té	benignity	bé-ni-gni-té
Com-mu-nau-té	community	ko-mu-nô-té
com-pa-rai-son	comparison	kon-pa-rè-zon
Dé-ses-pé-ré	desperate	dé-zès-pé-ré
dex-té-ri-té	dexterity	dèk-sté-ri-té
E-vi-dem-ment	evidently	é-vi-da-man
e-xor-bi-tant	immoderate	èg-zor-bi-tan
Fé-ro-ci-té	ferocity	fé-ro-si-té
fer-ti-li-té	fertility	fèr-ti-li-té
Hy-po-cri-sie	hypocrisy	i-po-kri-zî
In-dé-fi-ni	indefinite	in-dé-fi-ni
in-es-pé-ré	unexpected	i-nès-pé-ré
i-na-ni-mé	inanimate	i-na-ri-mé
in-ha-bi-té	uninhabited	i-na-bi-té
in-té-res-sant	interesting	in-té-rè-san
in-trai-ta-ble	untractable	in-tré-ta-ble
i-gno-mi-nie	ignominy	i-gno-mi-nî
Li-si-ble-ment	legibly	li-zi-ble-man
Men-di-ci-té	beggary	man-di-si-té
mi-sé-ra-ble	miserable	mi-zé-ra-ble
Né-ces-si-té	necessity	né-sé-si-té
né-gli-gem-ment	negligently	né-gli-ja-man
Obs-cu-ri-té	obscurity	obs-ku-ri-té
Per-ver-si-té	perversity	pèr-vèr-si-té
pro-pri-é-té	property	pro-pri-é-té
pu-bli-ci-té	publicity	pu-bli-si-té
Ré-pu-bli-cain	republican	ré-pu-bli-kin
ré-so-lu-ment	resolutely	ré-zo-lu-man
Sim-pli-ci-té	simplicity	sin-pli-si-té
sou-hai-ta-ble	desirable	sou-è-ta-ble
Ter-mi-nai-son	termination	tèr-mi-nè-zon
tran-quil-li-té	tranquillity	tran-ki-li-té
U-ni-ver-sel	universal	u-ni-vèr-sèl
u-sur-pa-teur	usurper	u-zur-pa-teur
va-li-di-té	validity	va-li-di-té
vo-ra-ci-té	greediness	vo-ra-si-té

ami.	âne.	te.	écrit.	mère.	être.	idole.	gîte.	opéra.	ôter.	tout.	voûte
ut.	arm.	tub.	ale.	mare.	there.	idiom.	eel.	opera.	over.	too.	foot.

Words of Five Syllables sounding as four.

French	English	pronunciation
A-ban-don-ne-ment	abandonment	a-ban-donˢman
At-ten-ti-ve-ment	attentively	a-tan-tiv-man
Bi-bli-o-thè-que	library	bi-bli-o-tèk
Con-ve-na-ble-ment	conveniently	kony-na-ble-man
Dés-hon-nê-te-ment	dishonestly	dé-zo-nêt-man
E-xem-plai-re-ment	exemplarily	èg-zan-plèr-man
Frau-du-leu-se-ment	fraudulently	frô-du-leûz-man
Gé-né-ra-le-ment	generally	jé-né-ral-man
Har-mo-ni-que-ment	harmonically	ar-mo-nik-man
I-ma-gi-nai-re	imaginary	i-ma-ji-nèr
Lit-té-ra-le-ment	literally	li-té-ral-man
Mi-li-tai-re-ment	militarily	mi-li-tèr-man
Né-ces-sai-re-ment	necessarily	né-sé-sèr-man
O-ri-gi-nai-re	native	o-ri-ji-nèr
Pa-né-gy-ri-que	panegyric	pa-né-ji-rik
Qua-tri-è-me-ment	fourthly	ka-tri-èm-man
Res-pec-ti-ve-ment	respectively	rès-pèk-tiv-man
So-li-tai-re-ment	solitarily	so-li-tèr-man
Té-mé-rai-re-ment	rashly	té-mé-rèr-man
Vi-gou-reu-se-ment	vigorously	vi-gou-reûz-man

Words of Five full Syllables.

French	English	pronunciation
A-ni-mo-si-té	animosity	a-ni-mô-zi-té
Comp-ta-bi-li-té	responsibility	kon-ta-bi-li-té
Dés-in-té-res-sé	disinterested	dé-zin-té-ré-sé
E-xor-bi-tam-ment	exorbitantly	èg-zor-bi-ta-man
Fle-xi-bi-li-té	flexibility	flèk-si-bi-li-té
Gé-né-a-lo-gie	genealogy	gé-né-a-lo-jî
In-ha-bi-ta-ble	uninhabitable	i-na-bi-ta-ble
Lé-gi-ti-mi-té	legitimacy	lé-ji-ti-mi-té
Mul-ti-pli-ca-teur	multiplier	mul-ti-pli-ka-teur
Na-tu-ra-li-sé	naturalized	na-tu-ra-li-zé
Pa-ci-fi-ca-teur	pacifier	pa-si-fi-ka-teur
Po-si-bi-li-té	possibility	po-si-bi-li-té
Re-com-man-da-ble	commandable	re-ko-man-da-ble
Sen-si-bi-li-té	sensibility	san-si-bi-li-té
To-lé-ra-ble-ment	tolerably	to-lé-ra-ble-man
U-ni-for-mé-ment	uniformly	u-ni-for-mé-man
U-ni-ver-si-té	university	u-ni-vèr-si-té
Vé-ri-ta-ble-ment	truly	vé-ri-ta-ble-man

³ mur. mûr. jeune. jeûne. boite. boîte. ancre. ingrat. onde. un. ami
⁴ j, as s in pleasure. gn, as ni in union. ill, as lli in William.

Words of Six Syllables.

French	English
A-bo-mi-na-ble-ment	abominably
Com-pres-si-bi-li-té	compressibility
Dé-rai-son-na-ble-ment	unreasonably
E-pou-van-ta-ble-ment	frightfully
Fa-mi-li-a-ri-sé	familiarized
Im-per-cep-ti-ble-ment	imperceptibly
im-pi-to-ya-ble-ment	unmercifully
im-pos-si-bi-li-té	impossibility
in-com-pré-hen-si-ble	inconceivable
in-dis-pen-sa-ble-ment	indispensably
in-fle-xi-bi-li-té	inflexibility
in-sen-si-bi-li-té	insensibility

Words of Seven Syllables.

French	English
Com-men-su-ra-bi-li-té	commensurability
Im-pé-né-tra-bi-li-té	impenetrability
im-pres-crip-ti-bi-li-té	imprescriptibility
in-des-truc-ti-bi-li-té	indestructibility
ir-ré-duc-ti-bi-li-té	being irreducible
Per-pen-di-cu-la-ri-té	perpendicularity

Words of Eight Syllables.

French	English
In-com-men-su-ra-bi-li-té	incommensurability
in-com-pré-hen-si-bi-li-té	incomprehensibility
ir-ré-con-ci-li-a-ble-ment	irreconcilably
ir-ré-pré-hen-si-bi-li-té	irreprehensibility

¹ ami. âme. te. écrit. mère. être. idole. gîte. opéra. éter. tout. voûte
² at. arm. tub. ale. mare. there. idiom. eel. opera. over. tou. fool.

Words in which gn, are liquid.

French	English	pronunciation
digne	worthy	di-gn
cygne	swan	si-gn
ligne	line	li-gn
peigne	comb	pè-gn
règne	reign	rè-gn
cognac	brandy	ko-gna̧k
ognon	onion	o-gnon
agneau	lamb	a-gnô
seigneur	lord	sè-gneur
signal	signal	si-gnal
ignorance	ignorance	i-gno-rans
Allemagne	Germany	al-ma-gn
dignité	dignity	di-gni-té
témoignage	testimony	té-moi-gnaj
enseigne	sign	an-sè-gn
malignité	malignity	ma-li-gni-té
ignominie	ignominy	i-gno-mi-nî
résignation	resignation	ré-zi-gna-si-on
éloignement	distance	é-loign-man

Words in which l and ll, are liquid.

French	English	pronunciation
détail	detail	dé-ta-ill
sommeil	sleep	so-mè-ill
pareil	similar	pa-rè-ill
soleil	sun	so-lè-ill
paille	straw	pa-ill
ferraille	old iron	fè-ra-ill
fille	daughter	fi-ill
groseille	gooseberry	gro-zè-ill
grenouille	frog	gre-nou-ill
tailleur	taylor	ta-ill-eur
abeille	bee	a-bè-ill
billet	note	bi-ill-è
volaille	poultry	vo-la-ill
vaillant	brave	va-ill-an
faucille	sickle	fô-si-ill
meilleur	better	mè-ill-eur
funérailles	funerals	fu-né-ra-ill
raillerie	raillery	ra-ill-rî
oreiller	pillow	o-rè-ill-é

BOLMAR'S PERRIN'S FABLES.

FABLE PREMIÈRE.
Le Villageois et le Serpent.

Ésope raconte qu'un villageois trouva sous une haie un Serpent presque mort de froid. Touché de compassion, il le prend et le met près du feu. Mais aussitôt que l'animal engourdi a senti la chaleur, il lève la tête pour piquer son bienfaiteur. Oh, oh! est-ce là ma récompense, dit le villageois. Ingrat! tu mourras. A ces mots saisissant un bâton qui était près de lui, il lui donne un coup sur la tête et tue cette bête ingrate.

Il y a des ingrats; mais il ne faut pas pour cela cesser d'être charitable.

FABLE SECONDE.
L'Ane et le Sanglier.

Un Ane eut l'impertinence de suivre un Sanglier et de braire après lui pour l'insulter. Cet animal courageux en fut d'abord irrité. Mais tournant la tête et voyant d'où venait l'insulte; il continua tranquillement son chemin sans honorer l'Ane d'une seule parole.

Le silence et le mépris sont la seule vengeance qu'un galant homme devrait tirer d'un sot.

FABLE TROISIÈME.
Le Singe.

Quelle vie basse et ennuyeuse est celle que je mène dans les forêts avec des animaux stupides, moi qui suis l'image de l'homme! s'écriait un Singe, dégoûté de demeurer dans les bois. Il faut que j'aille vivre dans les villes, avec des gens qui me ressemblent, et qui sont civilisés. Il y alla;

mais il s'en repentit bientôt; il fut pris, enchaîné, moqué et insulté.

Fréquentez vos semblables, et ne sortez pas de votre sphère.

FABLE QUATRIÈME.
Le Chat et la Chauve-souris.

Un Chat, ayant été pris dans un filet, promit à un Rat qui l'en avait délivré de ne plus manger ni rats ni souris. Il arriva un jour, qu'il attrapa une Chauve-souris dans une grange. Le Chat fut d'abord embarrassé: mais un moment après il dit; je n'ose pas te manger comme Souris, mais je te mangerai comme oiseau. Avec cette distinction consciencieuse il en fit un bon repas.

Les personnes de mauvaise foi ne manquent pas de prétextes, ni de raison pour justifier leur injustice.

FABLE CINQUIÈME.
Les deux Grenouilles.

Deux Grenouilles ne pouvant plus rester dans leur marais desséché par la chaleur de l'été, convinrent d'aller ensemble chercher de l'eau ailleurs: après avoir beaucoup voyagé, elles arrivèrent auprès d'un puits. Venez, dit l'une à l'autre, descendons sans chercher plus loin. Vous parlez très à votre aise, dit sa compagne : mais si l'eau venait à nous manquer ici, comment en sortirions-nous?

Nous ne devrions jamais entreprendre une action d'importance, sans en bien considérer les suites.

FABLE SIXIÈME.
L'Aigle et ses Aiglons.

Un Aigle s'élevait avec ses Aiglons jusqu'aux nues. Comme vous regardez fixement le soleil! lui dirent les petits; il ne vous éblouit pas. Mes fils, répliqua le roi des oiseaux, mon Père, mon aïeul, mon bisaïeul, et mes ancêtres l'ont regardé de même ; suivez leur exemple et le mien, il ne pourra jamais vous faire baisser les paupières.

Il arrive ordinairement que les vertus et les bonnes qualités du père sont transmises à ses enfans ; les leçons et le bon exemple achèvent ce que la nature a commencé.

FABLE SEPTIÈME.
Le Chasseur et son Chien.

Un Chasseur, accompagné d'un Epagneul, vit une bécassine, et au même instant une couple de perdrix. Surpris, il mira la bécassine et les perdrix, voulant les tirer toutes ; mais il manqua son coup. Ah ! mon bon maître, dit le chien vous ne devriez jamais viser à deux buts. Si vous n'aviez pas été ébloui et séduit par l'espérance trompeuse des perdrix, vous n'auriez pas marqué la bécassine.

On réussit rarement dans ses projets, quand on se propose deux fins ; parce que les moyens qu'on est obligé de prendre, divisent trop l'attention.

FABLE HUITIÈME.
Le Chêne et le Sycomore.

Un Chêne était planté près d'un Sycomore. Le dernier poussa des feuilles dès le commencement du printemps, et méprisa l'insensibilité du premier. Voisin, dit le Chêne, ne compte pas trop sur les caresses de chaque zéphyr inconstant. Le froid peut revenir. Pour moi, je ne suis pas pressé de pousser des feuilles ; j'attends que la chaleur soit constante.—Il avait raison. Une gelée détruisit les beautés naissantes du Sycomore. Eh bien ! dit l'autre, n'avais-je pas raison de ne me pas presser ?

Ne compte pas sur les caresses, ni sur les protestations excessives ; elles sont ordinairement de courte durée.

FABLE NEUVIÈME.
Le Pêcheur et le Petit Poisson.

Un Pêcheur tira d'une rivière un Poisson très-petit. Très bien, dit le bon homme ; voilà un heureux commencement. Miséricorde ! s'écria le petit Poisson, en s'agitant au bout de la ligne; que voulez-vous faire de moi? Je ne suis pas plus gros qu'une chevrette: il vous en faudrait plus de cent de ma taille pour faire un plat; et quel plat! Il ne suffirait pas pour votre déjeuner. Je vous prie, rejetez-moi dans l'eau; il y a un grand nombre de gros poissons qui feront mieux votre affaire. Petit ami, répliqua le Pêcheur: vous avez beau prier, vous serez frit dès ce soir

Ce que l'on a, vaut mieux que ce que l'on espère.

FABLE DIXIÈME.
Le Lion, le Tigre, et le Renard.

Un Lion et un Tigre, tout épuisés, à force de se battre au sujet d'un jeune faon qu'ils avaient tué, furent obligés de se jeter à terre, ne pouvant continuer leur combat. Pendant qu'ils étaient dans cette situation, un Renard vint et enleva leur proie, sans qu'aucun des deux combattans pût s'y opposer. Ami, dit le Lion au Tigre, voilà le fruit de notre sotte dispute: elle nous a mis hors d'état d'empêcher ce coquin de Renard d'enlever notre proie; il nous a dupé l'un et l'autre.

Quand deux Sots se disputent, ils sont ordinairement les dupes de leurs sottes querelles; un troisième en fait son profit.

FABLE ONZIÈME.
Le Loup déguisé.

Un Loup, la terreur d'un troupeau, ne savait comment faire pour attraper des moutons: le berger était continuellement sur ses gardes. L'animal vorace s'avisa de se déguiser de la peau d'une brebis qu'il avait enlevée quelques jours auparavant. Le stratagême lui réussit pendant quelque tems; mais enfin le berger découvrit l'artifice, agaça les chiens contre lui; ils lui arrachèrent la toison de dessus les épaules, et le mirent en pièces.

Ne vous fiez pas toujours à l'extérieur. Un homme de jugement et de pénétration ne juge pas selon les apparences: il sait qu'il y a des Loups déguisés dans le monde.

FABLE DOUZIÈME.
Les Oreilles du Lièvre.

Un Lion fut un jour blessé par les cornes d'un taureau Dans sa colère, il bannit de son royaume toutes les bêtes à cornes; chèvres, béliers, daims et cerfs décampèrent aussitôt. Un Lièvre, voyant l'ombre de ses oreilles, en fut alarmé, et se prépara à décamper aussi. Adieu, cousin, dit-il, à un autre, il faut que je parte d'ici : je crains qu'on ne prenne mes oreilles pour des cornes. Me prenez-vous pour un imbécile ? dit le cousin : ce sont des oreilles, sur mon honneur. On les fera passer pour des cornes, répliqua l'animal craintif; j'aurai beau dire et protester, on n'écoutera ni mes paroles ni mes protestations.

L'innocence n'est pas à l'abri de l'oppression.

FABLE TREIZIÈME.
L'Homme et la Belette.

Miséricorde ! s'écria une Belette, se voyant prise par un homme; je vous conjure de me laisser la vie; puisque c'est moi qui délivre votre maison des souris et des rats. Impertinente, répliqua l'homme, comment oses-tu te vanter de bienfaits imaginaires ? Ce n'est pas pour moi que tu viens ici à la chasse; ce n'est que pour manger le grain que tu trouves, au défaut de souris : tu mourras. Il n'eut pas plustôt achevé ce discours, qu'il la tua.

Ceux qui sous prétexte de chercher l'avantage des autres, leur nuisent, et ne cherchent que leur propre intérêt, peuvent se reconnaître dans cette fable

FABLE QUATORZIÈME.
Le Loup et l'Ane malade.

Un Ane était attaqué d'une fièvre violente. Un Loup de bon appétit apprenant cette nouvelle, alla rendre visite au malade; mais il trouva l'étable fermée. Il frappa : un jeune âne, fils du malade, alla voir qui frappait. Mon ami, dit le Loup, de grâce, ouvrez-moi la porte. Comment se porte votre père ? Je suis venu exprès pour le voir; c'est mon ami, et je m'intéresse beaucoup à sa santé. Oh ! mon père se porte beaucoup mieux que vous ne désirez, répondit l'ânon ; il m'a commandé de ne laisser entrer personne.

Il y a beaucoup de gens dont les visites aux malades sont aussi intéressées que celle du Loup à l'Ane.

FABLE QUINZIÈME.
L'Ane et son Maître.

Un Ane trouva par hasard une peau de Lion, et s'en revêtit. Ainsi déguisé, il alla dans les forêts, et répandit partout la terreur et la consternation: tous les animaux fuyai*ent* devant lui. Enfin il rencontra son maître qu'il voulut épouvanter aussi; mais le bon homme, apercevant quelque chose de long, aux deux côtés de la tête de l'animal, lui dit: maître Baudet, quoique vous soyez vêtu comme un Lion, vos oreilles vous trahiss*ent*, et mont*rent* que vous n'êtes réellement qu'un Ane.

Un Sot a toujours un endroit qui le découvre et le rend ridicule. L'affectation est un juste sujet de mépris.

FABLE SEIZIÈME.
L'Aigle, la Corneille, et le Berger.

Un Aigle planait dans l'air: il vit un agneau, fondit sur lui, et l'enleva dans ses serres. Une Corneille, plus faible, mais non moins gloutonne, vit cet exploit et entreprit de l'imiter ; elle fondit sur un bélier plein de laine et voulut s'en saisir ; mais ses griffes s'embarrass*èrent* tellement dans la toison, qu'elle ne put s'échapper. Ah ! ah ! dit le berger, je vous tiens: vous avez beau tâcher de vous débarrasser: vos efforts sont inutiles: vous servirez de jouet à mes enfans ; vraiment, ils en seront bien aises. Cela apprendra à toute votre race à ne pas imiter l'Aigle, ni à entreprendre quelque chose au-dessus de vos forces.

Dans tout ce que vous entreprenez, mesurez vos forces

FABLE DIX-SEPTIÈME.
Le Charpentier et le Singe.

Un Singe regardait avec attention un Charpentier qui fendait un morceau de bois avec deux coins qu'il mettait dans la fente l'un après l'autre. Le Charpentier, laissant son ouvrage à moitié fait, alla dîner. Le Singe voulut devenir fendeur de bûche, et venant au morceau de bois, il en tira un coin, sans y remettre l'autre ; de manière que le bois, n'ayant rien pour le tenir séparé, se referma sur le champ, et attrapant le sot Singe par les deux pieds de devant, l'y tint jusqu'à ce que le Charpentier revînt, qui, sans cérémonie, l'assomma pour s'être mêlé de son ouvrage.

Ne vous mêlez jamais des affaires d'autrui, sans beaucoup de précaution.

FABLE DIX-HUITIÈME.
Les Deux Chèvres.

Deux Chèvres, après avoir brouté, quittèrent les prés pour aller chercher fortune sur quelque montagne. Après bien des tours, elles se trouvèrent vis-à-vis l'une de l'autre ; un ruisseau était entr'elles, sur lequel il y avait une planche si étroite, que deux belettes auraient à peine pu passer de front. Malgré ce danger, les deux Chèvres voulurent passer ensemble ; aucune ne voulut reculer. L'une pose le pied sur la planche, l'autre en fait autant : elles avancent, elles se rencontrent au milieu du pont, et faute de reculer, elles tombèrent l'une et l'autre dans l'eau et se noyèrent.

L'accident des deux Chèvres n'est pas nouveau dans le chemin de la fortune et de la gloire.

FABLE DIX-NEUVIÈME
Le Chien et le Crocodile.

Un Chien très altéré se trouva au bord du Nil. Pour ne pas être pris par les monstres de cette rivière, il ne voulut pas s'arrêter ; mais il lapa en courant. Un Crocodile élevant la tête au-dessus de l'eau : Ami, lui demanda-t-il, pourquoi êtes-vous si pressé ? J'ai souvent souhaité faire connaissance avec vous, et je serais charmé, si vous vouliez profiter de cette occasion, qui est la plus favorable que vous puissiez jamais trouver. Vous me faites beaucoup d'honneur, répondit le Chien ; mais c'est pour éviter des amis comme vous, que je suis si pressé.

On ne peut être trop en garde contre de faux amis, et

des personnes d'une mauvaise réputation : il faut les fuir comme des Crocodiles.

FABLE VINGTIÈME.
L'Oiseau moqueur et la Mésange.

Il y a, dit-on, un certain oiseau dans les Indes Occidentales, qui sait contrefaire le ramage de tout autre oiseau, sans pouvoir lui-même ajouter aucun son mélodieux au concert. Comme un de ces oiseaux moqueurs, perché sur les branches d'un arbre, étalait son talent de ridiculiser : C'est très bien, dit une Mésange, parlant au nom de tous les autres oiseaux : nous vous accordons que notre musique n'est pas sans défaut ; mais de grâce, donnez-nous un air de la vôtre.

Les gens qui n'ont d'autre talent que celui de trouver des fautes cachées, se rendent très-ridicules, quand ils veulent ridiculiser ceux qui tâchent de se rendre utiles au public.

FABLE VINGT-ET-UNIÈME.
L'Avare et la Pie.

Un Avare comptait son argent tous les jours. Une Pie, s'échappa de sa cage, vint subtilement enlever une guinée, et courut la cacher dans une crevasse du plancher. L'Avare apercevant la Pie : Ah ! ah ! s'écria-t-il, c'est donc toi qui me dérobes mon trésor ! tu ne peux le nier ; je te prends sur le fait ; coquine, tu mourras. Doucement, doucement, mon cher maître, n'allez pas si vite : je me sers de votre argent, comme vous vous en servez vous-même : s'il faut que je perde la vie pour avoir caché une seule guinée, que méritez-vous, dites-moi, vous, qui en cachez tant de mille ?

Il arrive souvent que les hommes se condamnent eux-mêmes, en condamnant les vices des autres.

FABLE VINGT-DEUXIÈME.
Le Loup et les Bergers.

Un Loup, plein de douceur, se rappela toutes les cruautés qu'il avait commises : il résolut de ne jamais dévorer ni agneaux ni brebis, ni aucun autre animal. J'irai paître dans les prés, dit-il : je brouterai plutôt que de m'attirer la haine universelle : disant ces mots, il vit par le trou d'une haie, une compagnie de Bergers qui se régalaient avec un gigot. Oh! oh! s'écria-t-il, voilà les gardiens du troupeau eux-mêmes, qui ne se font pas scrupule de se repaître de mouton. Quel bruit ces hommes n'auraient-ils pas fait, s'ils m'avaient attrapé à un tel banquet!

Les hommes condamnent quelquefois, ce qu'ils pratiquent souvent eux-mêmes sans scrupule.

FABLE VINGT-TROISIÈME.

La Corneille et le Corbeau.

Une Corneille avait trouvé une Huître : elle essaya de l'ouvrir avec son bec : toutes ses peines furent inutiles. Que faites-vous là, cousine? demanda un Corbeau. Je voudrais ouvrir une huître, répondit la Corneille ; mais je ne puis en venir à bout.—Vous voilà embarrassée pour peu de chose, vraiment : je sais un bon moyen pour l'ouvrir.—De grâce, dites-le-moi.—De tout mon cœur ; prenez votre proie, élevez-vous dans l'air, et laissez-la tomber sur ce rocher, que vous voyez ici près. La sotte Corneille suivit l'avis du Corbeau, qui se saisit de l'huître, et la goba.

L'intérêt a souvent beaucoup de part dans les avis que l'on donne : on ne devrait jamais en demander à des gens artificieux et intéressés.

FABLE VINGT-QUATRIÈME.

La Dinde et la Fourmi.

Une Dinde se promenait avec ses petits dans un bois : ils ramassaient les petits grains qu'ils trouvaient dans leur chemin. Comme ils avançaient, ils rencontrèrent une Fourmilière. Approchez, mes enfans, dit la Dinde : voici un trésor. Ne craignez pas, mangez ces petits insectes, sans cérémonie : une Fourmi est un morceau friand pour un Dindonneau. Que nous serions heureux, si nous pouvions échapper au couteau du cuisinier! En vérité, l'homme est très-cruel et très-injuste de nous détruire pour satisfaire sa friandise. Une Fourmi qui grimpait sur un arbre, entendit le discours de la Dinde, et lui dit : Avant de remarquer les péchés d'un autre, examinez votre propre conscience ; vous ne devriez pas pour un seul déjeuner détruire toute une race de Fourmis.

Nous voyons les fautes d'autrui, et nous sommes aveugles sur les nôtres.

FABLE VINGT-CINQUIÈME
Les deux Truites et le Goujon.

Un Pêcheur jeta dans une rivière sa ligne armée d'une mouche artificielle ; une jeune Truite de très-bon appétit, allait avaler l'appât avec avidité : mais elle fut arrêtée très à propos par sa mère. Mon enfant, dit-elle, toute émue, je tremble pour vous. De grâce, ne soyez jamais précipitée, où il peut y avoir du danger. Que savez-vous si cette belle apparence que vous voyez, est réellement une mouche ? C'est peut-être un piége. Croyez-moi, ma fille ; je suis vieille, je connais les hommes, et je sais de quoi ils sont capables : ils se tendent des piéges les uns aux autres : faut-il s'étonner, s'ils en tendent aux poissons. A peine avait-elle fini de parler, qu'un Goujon saisit goulument la mouche prétendue, et vérifia par son exemple la prudence de l'avis de la mère Truite.

Il ne faut pas aisément se laisser prendre aux apparences : les plus belles sont quelquefois trompeuses.

FABLE VINGT-SIXIÈME.
Le Dogue et l'Epagneul.

Voisin, dit un Dogue à un Epagneul, une petite promenade ne nous fera point de mal ; qu'en pensez-vous ? De tout mon cœur, répondit l'Epagneul : mais où irons-nous ? Dans le village voisin, réplique le Dogue : ce n'est pas loin, vous savez que nous y devons une visite à nos camarades. Les deux amis partent, et s'entretiennent en chemin de plusieurs choses indifférentes. A peine furent ils arrivés dans le village, que le Dogue commença à montrer sa mauvaise disposition, en aboyant, et en mordant les autres chiens : il fit tant de bruit, que les paysans sortirent de leurs maisons, se jetèrent indifféremment sur les deux chiens étrangers, et les chassèrent du village à grands coups de bâton.

Il ne faut pas s'associer avec des gens d'une disposition turbulente et emportée : quelque tranquille et pacifique que l'on soit, on s'expose à être maltraité et battu.

FABLE VINGT-SEPTIÈME.
Le Singe et le Mulet.

Un Mulet fier et orgueilleux se promenait çà et là dans les champs. Il regardait les autres animaux avec mépris, parlait sans cesse de sa mère la jument, et vantait partout la noblesse de sa naissance et de ses ancêtres. Mon père, disait-il, était un noble coursier ; et je puis, sans vanité, me glorifier d'être sorti d'une des plus anciennes familles, féconde en guerriers, en philosophes, et en législateurs. Il n'eut pas plustôt dit ces paroles, que son père, âne infirme et suranné, qui était près de lui, commença à braire ; ce qui lui fit rabaisser le caquet, en lui renouvelant le souvenir de son origine et de son extraction. Là-dessus un Singe, animal rusé, qui était là par hasard, lui dit en le sifflant : Imbécille que tu es, souviens-toi de ton père ; tu n'es que le fils d'un âne.

Parmi les personnes qui se vantent d'une noble extraction, dans les pays étrangers, il y en a dans le cas du Mulet, et à qui on pourrait appliquer le sarcasme du Singe.

FABLE VINGT-HUITIÈME.
Le Chat, la Belette, et le Lapin.

Un jeune Lapin sortit un jour de son trou ; une Belette en prit aussitôt possession. Le Lapin, à son retour, fut très surpris de trouver un étranger dans sa maison. Holà, madame la Belette ; que faites-vous ici ? Ce n'est pas votre demeure, sortez de mon trou. De votre trou ! sûrement, mon petit mignon, vous n'y pensez pas ; je suis chez moi. Eh bien, dit le Lapin, sans beaucoup disputer, rapportons-nous en à Grippeminaud : c'était un Chat, arbitre de tous les différends qui arrivaient dans le voisinage. La Belette consentit à l'accepter pour arbitre. Ils partent et arrivent devant le juge. Approchez, mes enfans, leur dit-il, je suis sourd. Ils approchent sans se défier de rien. Grippeminaud, jetant les griffes en même tems des deux côtés, mit les plaideurs d'accord en les croquant l'un et l'autre.

On se ruine souvent par des procès ; il vaut mieux s'accommoder.

FABLE VINGT-NEUVIÈME.
L'Enfant et le Papillon.

Un Enfant, se promenant dans un jardin, aperçut un Papillon. Frappé de la beauté et de la variété de ses couleurs, il le poursuivit de fleur en fleur avec une peine infatigable ; (elle lui semblait légère, l'insecte volant était beau :) il tâchait quelquefois de le surprendre parmi les feuilles d'une rose, ou sur un œillet, et de le couvrir avec son chapeau : un moment après il espérait l'attraper sur une branche de myrte, ou le saisir sur un lit de violettes : mais tous ses efforts furent inutiles ; l'inconstant Papillon, en voltigeant continuellement de fleur en fleur, éludait toutes ses poursuites. Enfin l'observant à moitié enseveli dans une tulipe, il s'élança sur la fleur, et l'arrachant avec violence, il écrasa le Papillon. Adieu le plaisir dont il s'était flatté : il eut beaucoup de regret d'avoir tué l'insecte.

Le Plaisir n'est qu'un papillon peint : il peut amuser dans la poursuite ; mais si on l'embrasse avec trop d'ardeur il périt dans la jouissance.

FABLE TRENTIÈME.
Les deux Chevaux.

Deux Chevaux se trouvèrent un jour par hasard près d'un bois ; l'un était chargé d'un sac de farine, l'autre d'une grande somme d'argent. Le dernier, fier de son fardeau, marchait tête levée : il remplissait l'air de ses hennissemens. Misérable esclave de meûnier, sors du chemin, dit-il à l'autre : ne vois-tu pas que je porte un trésor ? Un trésor ! dit tranquillement le premier, je vous en fais mon compliment : je n'ai jamais eu cet honneur, je vous assure ; la farine est ma charge ordinaire. Dans ce moment ils sont attaqués par une bande de voleurs, qui tombent sur le cheval chargé d'argent, lui enlèvent son trésor, et laissent passer l'autre et sa charge. Frère, dit le Cheval de meûnier, où est à présent votre trésor ? Vous êtes plus pauvre que moi. Apprenez

que les grands postes sont souvent dangereux pour ceux qui
les possèdent : si, comme moi, vous n'aviez porté que de
la farine, vous auriez pu voyager en sûreté.

L'objet de notre orgueil est souvent la cause de nos
malheurs.

FABLE TRENTE-ET-UNIEME.
Le Lion et le Lionceau.

Un Lionceau, avide d'applaudissemens, évitait la compagnie des Lions, et recherchait celle des bêtes vulgaires et ignobles. Il passait tout son temps avec des ânes; il présidait à leurs assemblées; il copiait leurs airs et leurs manières: en un mot, il était âne en tout, hormis les oreilles. Enflé de vanité, il se rend dans la retraite de son père, pour y étaler ses rares qualités: il ne pouvait pas manquer d'en avoir de ridicules. Il brait; le Lion tressaillit. Sot, lui dit-il, ce bruit désagréable montre quelle compagnie tu as fréquentée. Les sots découvrent toujours leur stupidité. Pourquoi êtes-vous si sévère? demanda le Lionceau. Notre sénat m'a toujours admiré. Que ton orgueil est mal fondé! répondit le père; sache que les lions méprisent ce que les ânes admirent.

Un Sot trouve toujours un autre Sot qui l'admire : ce n'est pas le suffrage de telles gens qu'il faut briguer ; c'est celui des gens d'esprit, de mérite, et de goût.

FABLE TRENTE-DEUXIÈME.
La Forêt et le Bûcheron.

Un Bûcheron alla un jour au Bois; il regardait de tous côtés d'un air embarrassé ; sur quoi les Arbres, avec une curiosité naturelle à quelques autres créatures, lui demandèrent avec empressement ce qu'il cherchait : il répondit qu'il avait besoin que d'un morceau de bois pour faire un manche à sa coignée. Les Arbres délibérèrent, et il fut résolu presque unanimement, que le Bûcheron aurait un bon morceau de frêne ; mais à peine l'eut-il reçu, et eut-il ajusté le manche à sa coignée, qu'il commença à couper à droite et à gauche, et à tailler sans distinction, de sorte qu'avec le temps il abattit les arbres les plus beaux et les plus grands de la Forêt. On dit qu'alors le chêne parla ainsi au hêtre: Frère, voilà le fruit de notre sotte générosité.

Rien de plus commun que l'ingratitude; mais c'est le comble de la méchanceté, quand un ingrat se sert contre son bienfaiteur, des bienfaits qu'il en a reçus.

FABLE TRENTE-TROISIÈME.

Le Corbeau et le Faucon.

Un jeune Corbeau, dans la vigueur de l'âge, volait par dessus les montagnes, pour aller chercher de quoi se nourrir: il rencontra un jour, dans un trou, un vieux Corbeau tout pelé et tout malade et un Faucon charitable qui lui apportait quelque chose à manger; c'est un fait véritable, Pilpai le rapporte. Je suis bien fou, dit notre jeune étourdi Corbeau, de me donner tant de peine, et de m'exposer à tant de dangers pour me nourrir; cependant à peine ai-je de quoi manger; tandis que mon bisaïeul fait bonne chère sans sortir de son trou. Ne bougeons pas d'ici. Il le fit et resta tranquille dans un coin; il attendait sa subsistance du Faucon: il fut trompé. L'appétit vint; le pourvoyeur ne parut pas: enfin se trouvant faible, après avoir jeûné long-temps, il voulut sortir; sa faiblesse l'en empêcha, et il mourut de faim.

Fiez-vous à la providence; mais ne la tentez pas.

FABLE TRENTE-QUATRIÈME.

Le Loup et le Cabri.

Un Loup très stupide, ayant bon appétit, trouva un Cabri qui s'était égaré. Petit ami, dit l'animal carnassier je vous rencontre très à propos: vous me ferez un bon souper; car je n'ai ni déjeuné ni dîné aujourd'hui, je vous assure. S'il faut que je meure, répliqua le pauvre petit Cabri, de grâce, donnez-moi une chanson auparavant: j'espère que vous ne me refuserez pas cette faveur: c'est la première que je vous aie jamais demandée: j'ai ouï dire que vous êtes un musicien parfait. Le Loup, comme un sot, commença à hurler, au lieu de chanter: à ce bruit le berger accourut avec ses chiens, qui le mirent en fuite. Très-bien, dit-il, en s'en allant, je n'ai que ce que je mérite, cela m'apprendra une autre fois à me tenir au métier de boucher, et non pas à faire le musicien.

Connaissez vos talens et votre capacité. Un imbécile ne devrait pas prétendre imiter un homme d'esprit et de génie.

FABLE TRENTE-CINQUIÈME.
L'Oiseleur et le Merle.

Un Oiseleur tendait un jour ses filets à côté d'une haie : un Merle, qui était perché sur un arbre, le vit, et eut la curiosité de lui demander ce qu'il faisait. Je bâtis une ville pour les oiseaux, répondit-il : vous voyez que je la pourvois de viande, et de tout ce qui est nécessaire à la vie : ayant dit cela, il alla se cacher derrière la haie. Le Merle le croyant très-sincère, descendit de l'arbre, entra dans la ville, et fut pris. L'homme sortit de sa cachette, et courut pour saisir sa proie. Si c'est là, lui dit le prisonnier, votre bonne foi, votre honnêteté, et la ville que vous bâtissez, vous n'aurez que très-peu d'habitans. Malheur à moi de vous avoir écouté ! Je suis la dupe de votre fourberie.

Méfiez-vous des belles paroles et des cajoleries des hommes trompeurs : ils se vantent souvent que les projets qu'ils inventent, sont pour le bien public ; tandis qu'ils ne cherchent que leur intérêt particulier.

FABLE TRENTE-SIXIÈME.
Le Renard et le Chat.

Un Renard et un Chat, l'un et l'autre philosophes, voyageaient ensemble : ils firent en chemin plusieurs réflexions philosophiques. De toutes les vertus morales, dit gravement maître Renard, la miséricorde est assurément la plus grande. Qu'en dites-vous, mon sage ami ? N'est-il pas vrai ? Sans doute, répliqua Minette, en clignotant les yeux ; rien ne convient mieux à une créature qui a de la sensibilité. Pendant que ces deux philosophes moralisaient ainsi, et se complimentaient mutuellement sur la sagesse et la solidité de leurs réflexions, ils arrivèrent à un village où il y avait un Coq qui se carrait sur un fumier. Adieu la morale de maître Renard ; il court, saisit sa proie, et la

4*

mange. Dans le même moment, une Souris bien dodue déconcerta la philosophie de Minette.

Rien n'est plus commun aux hommes que d'avoir de bonnes notions de la vertu, et de faire le contraire quand l'occasion s'en présente.

FABLE TRENTE-SEPTIÈME.
Le Lynx et la Taupe.

Un Lynx était couché au pied d'un arbre; il aiguisait ses dents et attendait sa proie: dans cet état, il épia une Taupe à moitié ensevelie sous un petit monceau de terre qu'elle avait élevé. Hélas! lui dit-il, que je vous plains, mon amie! Pauvre créature! quel usage faites-vous de la vie? Vous n'y voyez goutte. Sûrement Jupiter a très mal agi envers vous, de vous priver de la lumière: vous faites bien de vous enterrer; car vous êtes plus d'à moitié morte. Je vous remercie de votre bonté, répliqua la Taupe; je suis très contente de ce que Jupiter m'a accordé. Je n'ai pas, il est vrai, vos yeux perçans; mais j'ai l'ouïe extrêmement fine et délicate.—Ecoutez.—J'entends un bruit derrière moi, qui m'avertit de me garantir d'un danger qui nous menace: ayant dit cela, elle s'enfonça en terre. Dans le même instant la flèche d'un chasseur perça le cœur du Lynx.

On ne doit pas s'enorgueillir des facultés qu'on a, ni mépriser celles des autres.

FABLE TRENTE-HUITIÈME.
Le Rat et l'Huître.

Un Rat de peu de cervelle, las de vivre dans la solitude, se mit en tête de voyager: à peine avait-il fait quelques milles: Que le monde est grand et spacieux, s'écria-t-il Voilà les Alpes, et voici les Pyrénées. La moindre taupinière lui semblait une montagne. Au bout de quelques jours, le voyageur arrive au bord de la mer, où il y avait beaucoup d'Huîtres: il crut d'abord que c'étaient des vaisseaux. Parmi tant d'huîtres toutes closes, une était ouverte. le Rat l'apercevant: Que vois-je? dit-il. Voici quelques mets pour moi; et si je ne me trompe, je fera

bonnechère aujourd'hui. Là-dessus il approche de l'*H*uître
alonge un peu le cou, et fourre sa tête dans l'*H*uître qui se
referme tout d'un coup: et voilà messire Ratapon pris
comme dans une ratière.

Ceux qui n'ont aucune expérience du monde sont frap‑
pés d'étonnement aux moindres objets, et deviennent
souvent les dupes de leur ignorance.

FABLE TRENTE-NEUVIÈME.
L'Ane sauvage et l'Ane domestique.

Un Ane paissait dans une prairie auprès d'un bois. Un
Ane sauvage s'approcha de lui: Frère, dit-il, j'envie votre
sort: votre maître, à ce qu'il me paraît, prend grand soin de
vous; vous êtes gros et gras; votre peau est unie et luisante,
et vous couchez toutes les nuits sur une bonne litière:
tandis que moi, je suis obligé de m'étendre sur la terre. Il
ne fut pas long-temps sans changer de langage. Le lende‑
main il vit du coin du bois, le même âne dont il avait tant
envié le bonheur: il était chargé de deux paniers qu'il
pouvait à peine porter; son maître le suivait, et le faisait
avancer à coups de bâton. Oh! oh! dit l'âne sauvage,
secouant les oreilles: ma foi, je suis fou de me plaindre:
ma condition est préférable à celle de mon frère.

Chaque condition a ses peines et ses agrémens: l'homme
sage ne se plaint pas de la sienne, et n'envie pas celle des
autres; parce que l'on est rarement aussi *h*eureux, ou aussi
mal*h*eureux que l'on pense.

FABLE QUARANTIÈME.
Le Lion, l'Ane, et le Renard.

Un Lion, oubliant une fois sa férocité, alla à la chasse
avec un Ane et un Renard: il aurait certainement pu les
tuer: mais il voulait avoir un double plaisir. Nos chasseurs
n'avaient pas été long-temps dans le bois, lorsqu'ils prirent
un chevreuil; il fut aussitôt tué. Maître Baudet fera les
parts, dit le Lion: il obéit, et fit trois parts de la proie, le
plus consciencieusement qu'il lui fut possible. Voici la
vôtre, dit-il, au Lion. Maraud, répliqua le roi des animaux,
il t'appartient bien vraiment, de me donner la plus petite

part ; tu mourras. A l'instant il l'étend sur le carreau. Eh bien, maître Renard, partage; tu as de la conscience. L'animal rusé mit les trois parts ensemble pour le Lion, et ne s'en réserva que très peu. Qui est-ce qui t'a appris à partager si bien ? demanda sa majesté. Ma foi, Sire, répondit le Renard, l'Ane a été mon maître.

L'homme sage et prudent sait tirer avantage des fautes et des folies des autres.

FABLE QUARANTE-ET-UNIÈME.
La Laitière et le Pot au Lait.

Une Laitière, ayant un Pot au lait sur la tête, allait gaiement au Marché: elle comptait en elle-même le prix de son lait. Huit pintes à trois sous la pinte, font vingt-quatre sous, le compte est juste. Vingt-quatre sous sont plus qu'il ne me faut pour acheter une poule. La poule fera des œufs : ces œufs deviendront poulets ; il me sera facile de les élever dans la petite cour de notre maison, et je défie le Renard, tout rusé qu'il est, d'en approcher. En vendant mes poulets, j'aurai assez pour acheter une robe neuve— rouge— je crois— oui, le rouge me convient le mieux. Je ne manquerai pas d'amans ; mais je les refuserai peut-être tous, même avec dédain. Là-dessus la Laitière fait de la tête ce qui se passe dans son imagination : voilà le Pot au lait à terre ! Adieu robe, amans, poule, œufs, et poulets.

Quel est l'homme qui ne fasse des châteaux en Espagne? Le sage aussi bien que le fou: tous ces bâtimens aériens ne sont que l'emblême du Pot au lait.

FABLE QUARANTE-DEUXIÈME.
Le Feu d'Artifice et le Brochet.

Il y eut à la fin d'un jour clair et serein, un Feu d'Artifice sur une rivière : au bruit des pétards, et à la vue de mille serpentaux, tous les poissons, grands et petits, furent beaucoup effrayés. Ah ! s'écrièrent-ils, tremblant de peur, le monde va finir! Que chacun de nous songe à sa conscience. Nous le méritons bien, dit un Brochet pénitent : nous nous mangeons les uns les autres sans miséricorde ; malheur au plus faible! Je m'en repens de toute mon âme.

O Jupiter ! aïe pitié de notre race : fais cesser ce feu exterminateur, je t'en conjure ; et je te promets au nom de tous les_autres, de ne plus manger ceux de mon_espèce. Pendant que le poisson pénitent implorait la clémence de Jupiter, le feu cessa : la peur cessa aussi, et l'appétit revint : Chacun_ alors ne songea qu'à déjeuner, et le Brochet pénitent mangea un_autre brochet.

On fait mille promesses quand_on_est_en danger: en est-on sorti, on ne pense pas_à les_accomplir.

FABLE QUARANTE-TROISIÈME.
Le Renard et le Coq.

Frère, dit_un Renard de bon_appétit, à un vieux Coq perché sur les branches d'un chêne, nous ne sommes plus_ en guerre : je viens_annoncer une paix générale : descends vite que je t'embrasse. Ami, répliqua le Coq, je ne pouvais_ apprendre une nouvelle plus_agréable ; mais_attends_un petit moment, je vois deux lévriers qui viennent nous_apporter la publication de la paix : ils vont vite, et ils seront_ici dans_un_instant : j'attendrai leur arrivée, afin que nous puissions nous_embrasser tous les quatre, et nous réjouir de la bonne nouvelle. Votre très-humble serviteur, dit le Renard, adieu : je ne puis rester plus long-temps : une autre fois nous nous réjouirons du succès de cette affaire. L'hypocrite aussitôt s'enfuit, très-mécontent de son stratagême, et notre vieux Coq se mit_à battre des_ailes, et à chanter en dérision de l'imposteur.

Il est bon de savoir repousser la ruse par la ruse, et de se méfier des_insinuations de ceux qui se sont déjà distingués par leur manque de bonne foi et d'honnêteté.

FABLE QUARANTE-QUATRIÈME.
L'Araignée et le Ver à Soie.

Une Araignée était_occupée à tendre sa toile d'un côté d'une chambre à l'autre ; un Ver à Soie lui demanda pourquoi elle employait tant de temps et de travail à faire un grand nombre de lignes et de cercles. Tais-toi, insecte ignorant, répondit l'Araignée en colère ; ne me trouble pas : je travaille pour transmettre mon nom à la postérité : la renommée est l'objet de mes poursuites. Tu n'es qu'un sot de rester enfermé dans ta coquille, et ensuite d'y mourir de faim : voilà la récompense et le fruit de ton ouvrage. Pendant que dame Araignée parlait avec tant de bon sens, une servante, entrant dans la chambre pour donner à manger au Ver-à-Soie, vit la faiseuse de lignes et de cercles, l'enleva d'un coup de son balai, et détruisit en même temps l'Araignée, son ouvrage, et ses espérances de renom.

Il est très-commun de trouver des sots qui méprisent les ouvrages des autres, et qui se vantent de leurs productions superficielles, qui n'ont souvent qu'un jour d'existence

FABLE QUARANTE-CINQUIÈME.
Le Lion se préparant à la Guerre

La guerre étant déclarée entre les animaux et les oiseaux (malgré leur instinct, ils sont aussi fous que les hommes) le Lion en donna avis à ses sujets, et leur ordonna de se rendre à son camp. Parmi un grand nombre d'animaux qui obéirent aux ordres de leur roi, des ânes et des lièvres se trouvèrent au rendez-vous. Chaque animal offrit ses services pour le succès de la guerre : l'éléphant devait porter les bagages de l'armée, l'ours entreprit de faire les assauts, le renard proposa de ménager les ruses et les stratagêmes, le singe promit d'amuser l'ennemi par ses tours. Renvoyez, dit le cheval, les ânes, ils sont trop lourds ; et les lièvres, ils sont sujets à des terreurs paniques. Point du tout, dit le roi des animaux, notre armée ne serait pas complète sans eux : les ânes nous serviront de trompettes, et les lièvres de courriers.

Il n'y a point de membre, dans un corps politique, qui ne puisse être utile. Un homme de bon sens sait tirer avantage de tout.

FABLE QUARANTE-SIXIÈME.
La Tulipe et la Rose.

Une Tulipe et une Rose étaient voisines dans le même jardin : elles étaient l'une et l'autre extrêmement belles ; cependant le jardinier avait plus de soin et plus d'attention pour la Rose. L'envie et la jalousie des beautés rivales ne peu *ent* pas facilement se cacher. La Tulipe, vaine de ses charmes extérieurs, et ne pouvant supporter la pensée d'être abandonnée pour une autre, reprocha au jardinier sa partialité. Pourquoi ma beauté est-elle ainsi négligée, lui demanda-t-elle? Mes couleurs ne sont-elles pas plus vives, plus variées et plus engageantes que celles de la rose? Pourquoi donc la préférez-vous à moi, et lui donnez-vous toute votre affection? Ne soyez pas mécontente, belle Tulipe, répondit le jardinier : je connais vos beautés, et je les admire comme elles le méri*tent* ; mais il y a dans ma Rose favorite des odeurs, et des charmes intérieurs, que la beauté seule ne peut me procurer.

La beauté extérieure frappe d'abord ; mais il faut préférer le mérite intérieur.

FABLE QUARANTE-SEPTIÈME.

L'Ane et le Lion.

Le Lion se mit un jour en tête d'aller à la chasse : pour y réussir, il se servit de l'Ane : il le poste dans des broussailles, avec ordre d'épouvanter les bêtes de la forêt, par les cris de sa voix qui leur était inconnue, afin qu'il se jetât sur elles dans leur fuite. L'animal aux longues oreilles obéit, et commença à braire de toute sa force ; par ce stratagême, il remplit de frayeur toutes les bêtes des environs : intimidées par ce nouveau prodige, elles cherc*hent* les sentiers qui leur sont connus : mais au lieu d'éviter le piége, elles tomb*ent* entre les griffes du Lion. Lassé de carnage, le roi des animaux rappelle maître Grison, et lui ordonne de se taire. Le Baudet, devenu fier de sa prétendue bravoure, s'attribue tout l'*h*onneur de la chasse. Que pensez-vous du service que vous a rendu ma voix ?——Elle a fait des merveilles, et j'aurais été effrayé moi-même, si je n'avais su que tu n'es qu'un Ane.

Celui qui vante ses prétendus exploits, sans avoir du courage, trompe ceux qui ne le connaiss*ent* pas, et se fait moquer de ceux qui le connaiss*ent*.

FABLE QUARANTE-HUITIÈME.
L'Ane mécontent.

Un pauvre Ane, transi de froid, au milieu de l'hiver soupirait après le printemps ; il vint assez tôt, et maître Baudet fut obligé de travailler depuis le matin jusqu'au soir : cela ne lui plaisait pas ; il était naturellement paresseux : tous les ânes le sont. Il désire voir l'été ; cette saison est beaucoup plus agréable ; elle arrive. Ah ! qu'il fait chaud ! s'écria maître Grison : je suis tout en eau : l'automne me conviendrait beaucoup mieux. Il se trompa encore ; car il fut obligé de porter au marché des paniers remplis de poires, de pommes, de choux, et de toutes sortes de provisions : il n'avait pas de repos : à peine avait-il le temps de dormir. Sot que j'étais de me plaindre de l'hiver, dit-il j'avais froid, il est vrai ; mais du moins je n'avais rien à faire qu'à boire et à manger ; et je pouvais me coucher tranquillement toute la journée, comme un animal d'importance, sur ma litière.

Chaque saison de la vie a ses avantages et ses inconvéniens : l'homme prudent ne se plaint d'aucune.

FABLE QUARANTE-NEUVIÈME.
Le Lièvre et les Grenouilles.

Un Lièvre extrêmement triste et timide fesait dans son gîte, sous un arbre, mille réflexions sur le malheur de sa condition.—La moindre chose m'effraie, dit-il : une ombre suffit pour me mettre en fuite. Je ne puis manger le moindre morceau sans crainte, et cette grande crainte m'empêche souvent de dormir. Il s'endormit cependant dans ces réflexions : mais il fut bientôt réveillé par un petit bruit occasionné par l'agitation des feuilles. Malheur à moi, s'écria-t-il, en sursaut, je suis perdu : voici une meute de chiens à mes trousses ! Il se trompait : ce n'était que du vent. Il court au travers des champs, et arrive bientôt auprès d'un fossé. A son approche, des Grenouilles qui étaient sur le bord pour prendre l'air, se jetèrent avec précipitation dans l'eau. Oh ! oh ! dit-il, alors : je ne suis pas le seul animal qui craigne ; ma présence effraie aussi les gens, elle répand l'alarme dans les marais. Mille grenouilles s'enfui*ent* de peur, et *se* cachent_à l'approche d'un seul lièvre !

On_est souvent mécontent de sa condition, parce qu'on ne connaît pas celle des_autres.

FABLE CINQUANTIÈME.
Le Chat et la Souris.

Une Souris rusée, elles le sont presque toutes, fut prise dans_une souricière. Un Chat de bon_appétit attiré par l'odeur du lard, vint flairer le trébuchet : il y vit la Souris ; quel repas pour messire Grippeminaud ! Ma petite amie, lui dit-il, lorgnant d'un_air *h*ypocrite la belle prisonnière, que faites-vous_ici ? Je suis charmé de vous voir, et las de vous faire la guerre : nous_avons trop long-temps vécu en_inimitié : si vous pensez comme moi, nous vivrons désormais_en bons_ amis. . De tout mon cœur, répondit Finette.—Quoi ! tout de bon ? Oui, sur mon_*h*onneur. Fort bien : maintenant pour rendre notre réconciliation durable, ouvrez-moi la porte : il faut que nous nous_embrassions.—Avec plaisir : vous n'avez qu'à lever une petite planche qui est de l'autre côté. Grippeminaud saisit_avec ses pattes le morceau de bois ou pendait la planche : il se baisse, la planche se lève : alors Finette s'échappe ; le Chat court, mais_ en vain ; la Souris était déjà dans son trou.

Il arrive quelquefois qu'on sert_une personne en voulant lui nuire.

FABLE CINQUANTE-ET-UNIÈME.
Le Champignon et le Gland.

Un Gland, tombé d'un chêne, vit_à ses côtés un Champignon. Faquin, lui dit-il, quelle est ta hardiesse d'approcher si près de tes supérieurs ! comment_oses-tu lever la tête dans_un_endroit ennobli par mes_ancêtres depuis tant de générations ? Ne sais-tu pas qui je suis ? Illustre Seigneur, dit le Champignon, je vous connais parfaitement bien, et vos_ancêtres aussi : je ne prétends pas vous disputer l'*h*onneur de votre naissance, ni y comparer la mienne : au contraire, j'avoue que je sais_à peine d'où je suis venu mais j'ai des qualités que vous n'avez pas ; je plais_au palais des hommes, et je donne un fumet délicieux aux viandes les plus exquises et les plus délicates ; au lieu que vous, avec tout l'orgueil de vos ancêtres et de votre extraction, vous n'êtes propre qu'à engraisser des cochons.

L'homme qui fonde son mérite sur celui de ses ancêtres et de son extraction, se rend ridicule aux gens sensés. Une naissance illustre est peu de chose d'elle-même, si elle n'est soutenue par des qualités personnelles.

FABLE CINQUANTE-DEUXIÈME.
Le Paon, l'Oie, et le Dindon.

Un Paon était près d'une grange, avec une Oie et un Dindon ; ceux-ci regardaient le Paon d'un œil envieux, et se moquaient de son faste ridicule. Le Paon, sûr de son mérite supérieur, méprisa leur envie basse, et étala ses belles plumes qui les éblouirent. Voyez avec quelle insolence et avec quel orgueil se promène cette créature hautaine, s'écrie le Dindon ! Fut-il jamais oiseau aussi vain? Si on voyait le mérite intérieur, les Dindons ont la peau plus blanche que ce vilain Paon. Quelles jambes hideuses, quelles griffes laides, dit l'Oie ! Quels cris horribles capables d'épouvanter les hiboux mêmes ! Il est vrai, ce sont des défauts, répliqua le Paon : vous pouvez mépriser mes jambes et mes cris ; mais des critiques tels que vous, raillent en vain : sachez que si mes jambes supportaient l'Oie ou le Dindon, on n'aurait jamais trouvé ces défauts en vous.

Les fautes deviennent visibles dans la beauté ; mais c'est le caractère de l'envie, de n'avoir des yeux que pour découvrir et censurer de petits défauts, et d'être insensible à toutes les beautés réelles.

FABLE CINQUANTE-TROISIÈME.
L'Ane et ses Maîtres.

Sous quelle étoile malheureuse suis-je né, disait un Ane, se plaignant à Jupiter ! On me fait lever avant le jour. Je suis plus matineux que les coqs ; et pourquoi ? Pour porter des choux au marché ; belle nécessité d'interrompre mon sommeil ! Jupiter, touché de sa plainte, lui donne un autre maître ; et l'animal aux longues oreilles passa des mains d'un jardinier dans celles d'un corroyeur. Maître Aliboron fut bientôt las de la pesanteur et de la mauvaise odeur des peaux. Je me repens, dit-il, d'avoir quitté mon premier maître : j'attrapais quelquefois une petite feuille de chou qui ne me coûtait rien ; mais à présent je n'ai que des coups Il changea encore une fois de maître, et devint Ane de charbonnier : autre plainte. Quoi donc, dit Jupiter en colère, cet animal-ci me donne plus de mal que dix autres. Allez trouver votre premier maître, ou contentez-vous de celui que vous avez.

On n'est jamais content de sa condition ; la présente, selon nous, est toujours la pire : à force de changer on se trouve souvent dans le cas de l'Ane de cette fable.

FABLE CINQUANTE-QUATRIÈME.
Le Loup et le Chien de Berger.

Un Loup courant à travers une forêt, vint près d'un troupeau de moutons : il rencontra le Chien du berger. Que faites-vous ici, lui demanda le dernier ? quelle affaire y avez-vous ? Je fais une petite promenade, répondit le Loup : je n'ai pas de mauvais dessein, je vous le proteste sur mon *h*onneur. Votre honneur ! sûrement vous badinez : je ne voudrais pas recevoir votre *h*onneur pour gage de votre *h*onnêteté. Point de tache à ma réputation, je vous prie : mes sentimens d'*h*onneur sont aussi délicats, que mes grands exploits sont renommés. Pendant que le Loup fesait le panégyrique de son *h*onnêteté, un agneau s'écarte du troupeau : la tentation était trop grande ; il saisit sa proie et l'emporta avec précipitation dans le bois. Tandis que l'*h*onnête animal courait de toute sa force, le Chien cria après lui, assez haut pour être entendu : Holà ho, monsieur le Loup ! Sont-ce là vos grands exploits, et les sentimens d'*h*onneur dont vous venez de parler ?

Ceux qui parlent le plus d'*h*onneur et de sentimens, sont ordinairement ceux qui en ont le moins.

FABLE CINQUANTE-CINQUIÈME.
L'Echo et le Hibou.

Un Hibou, enflé d'orgueil et de vanité, répétait ses cris lugubres à minuit, du creux d'un vieux chêne. D'où provient, dit-il, ce silence qui règne dans ce bois, si ce n'est pour favoriser ma mélodie ? Sûrement les bocages sont charmés de ma voix ; et quand je chante, toute la nature écoute. Un Echo répète dans le même instant.—Toute la nature écoute : Le Rossignol, continua le Hibou, a usurpé mon droit ; son ramage est musical, il est vrai ; mais le mien est beaucoup plus doux. L'Echo répète encore.—Est beaucoup plus doux. Excité par ce fantôme, le Hibou, au lever du soleil, mêla ses cris lugubres à l'harmonie des autres oiseaux : mais dégoûtés de son bruit, ils le chassèrent unanimement de leur société, et continuent encore à le poursuivre partout où il paraît : de sorte que pour se mettre à l'abri de leurs poursuites, il fuit la lumière, et se plaît dans les ténèbres.

Les hommes vains et orgueilleux pensent que leurs perfections imaginaires sont le sujet de l'admiration des autres, et que leurs propres flatteries sont la voix de la renommée.

FABLE CINQUANTE-SIXIÈME.
Les deux Lézards.

Deux Lézards, animaux ovipares, se promenaient à leur loisir, sur un mur exposé au soleil : ils se retirent ordinairement dans les haies et dans les trous des murailles. Que notre condition est méprisable ! dit l'un à son compagnon. Nous existons, il est vrai ; mais c'est tout : le plus petit Ciron a cela de commun avec nous. Nous ne tenons aucun rang dans la création. Nous rampons comme de vils insectes, et nous sommes souvent exposés à être foulés aux pieds par un enfant. Que ne suis-je né Cerf, ou quelque autre animal, la gloire des forêts ! Au milieu de ces murmures injustes, un Cerf qui était aux abois, fut tué à la vue de nos deux Lézards. Camarade, dit l'autre à celui qui s'était plaint, ne pensez-vous pas qu'un Cerf, dans une pareille situation, changerait volontiers sa condition avec la nôtre ? Ainsi, croyez-moi, apprenez à être content de la vôtre, et à ne pas envier celle des autres. Il vaut mieux être Lézard vivant, que Cerf mort.

Une condition obscure et médiocre est souvent la plus sûre; elle met les gens à l'abri des dangers auxquels sont exposés ceux d'un rang plus élevé.

FABLE CINQUANTE-SEPTIÈME.
Le Loup et l'Agneau.

Un Agneau buvait paisiblement à un ruisseau: un Loup vint au même endroit, et but beaucoup plus haut: ayant envie de commencer une querelle avec l'Agneau, il lui demanda d'un ton sévère, pourquoi il troublait l'eau? L'innocent Agneau, surpris d'une accusation si mal fondée, lui répondit avec une humble soumission, qu'il ne concevait pas comment cela pouvait être. Monsieur, lui dit-il, vous voyez bien que je bois plus bas, que l'eau coule de vous à moi, et que par conséquent je ne puis la troubler:—Maraut, répliqua le Loup, il y a environ six mois que tu parlas mal de moi en mon absence.—Je n'étais pas encore né.—C'est donc ton frère.—Je n'en ai point, sur mon honneur. Le Loup voyant qu'il était inutile de raisonner plus long-temps contre la vérité : Coquin, dit-il, en colère, si ce n'est ni toi, ni ton frère, c'est ton père, et c'est la même chose. Là-dessus, il saisit le pauvre innocent Agneau, et le mit en pièces.

Quand la malice et la cruauté sont jointes avec le pouvoir, il leur est aisé de trouver des prétextes pour tyranniser l'innocence et pour exercer toutes sortes d'injustices.

FABLE CINQUANTE-HUITIÈME.
L'Aigle et le Hibou.

L'Aigle et le Hibou, après avoir fait long-temps la guerre convinrent d'une paix ; les articles préliminaires avaient été préalablement signés par des ambassadeurs : l'article le plus essentiel était, que le premier ne mangerait pas les petits de l'autre. Les connaissez-vous, demanda le Hibou ? Non, répondit l'Aigle.—Tant pis.—Peignez-les-moi, ou montrez-les-moi : foi d'honnête aigle, je ne les toucherai jamais.— Mes petits, répondit l'oiseau nocturne, sont mignons, beaux, bien faits; et ils ont la voix douce et mélodieuse ; vous les recounaîtrez aisément à ces marques. Très-bien, je ne l'oublierai pas. Il arriva un jour que l'Aigle aperçut dans le coin d'un rocher de petits monstres très-laids, avec un air triste et lugubre. . Ces enfans, dit-il. n'appartiennent pas à notre ami; croquons-les: aussitôt il se mit à en faire un bon repas. L'Aigle n'avait pas tort. Le Hibou avait fait une fausse peinture de ses petits : ils n'en avaient pas le moindre trait.

Les parens devraient éviter avec soin ce faible envers leurs enfans, qui les rend souvent aveugles sur leurs défauts, et qui est quelquefois fatal aux uns et aux autres.

FABLE CINQUANTE-NEUVIÈME.
Le Chat, les Souris, et le vieux Rat.

Un Chat, le fléau des Rats, avait dans sa vie croqué beaucoup de Souris: celles qui restaient, n'osaient sortir de leurs trous, de peur de devenir sa proie. Le Chat savait que si les choses restaient dans cet état, il manquerait de provisions ; après une mûre délibération, il résolut d'avoir recours à un stratagême: pour cet effet il contrefit le mort, en se couchant tout de son long à terre, et étendant ses quatre pattes et sa queue. Les Souris, surprises de voir leur ennemi dans cet état, mettent le nez hors de leurs trous, montrent un peu la tête, puis rentrent, puis ressortent et avancent quatre pas: quand un vieux Rat qui savait plus d'un tour, et qui avait même perdu une patte et sa queue en se sauvant d'une ratière, voyant le danger où étaient les Souris par leur curiosité, s'écria : Mes enfans, je tremble pour votre sûreté ; n'approchez pas plus près. Ce Chat que vous croyez mort, est aussi vivant que vous et moi : c'est un piége qu'il vous tend: au moins ne peut-il y avoir de mal à ne pas vous exposer; rentrez donc vite dans vos trous, et souvenez-vous de cette maxime, que la précaution est mère de la sûreté.

FABLE SOIXANTIÈME.
Le Singe et le Chat.

Mitis et Fagotin, celui-ci singe, et l'autre chat, vivaient ensemble en bons amis dans une maison de Seigneur

Ils avaient été élevés ensemble dès leur plus tendre jeunesse : mais le singe est toujours singe. Etant au coin du feu, ils virent rôtir des marrons. Fagotin en aurait fait volontiers un repas : mais il ne savait comment s'y prendre. Pendant que la servante était absente, il dit à Mitis : Frère, je n'ignore pas tes talens ; tu sais une infinité de petits tours : il faut que tu fasses aujourd'hui un coup de maître. De tout mon cœur, dit le Chat ; que faut-il faire ? Seulement tirer les marrons du feu, répondit le Singe. Là-dessus Mitis écarte un peu les cendres avec sa patte, et puis la retire ; ensuite il recommence ; tire un marron du feu, puis deux, puis trois, et Fagotin les croque. Sur ces entrefaites, la servante entre dans la cuisine, attrape Mitis sur le fait. Vilain Chat, s'écrie-t-elle : c'est donc toi qui manges les marrons. En disant cela elle l'assomme avec son balai.

Les petits fripons sont ordinairement les dupes des grands, qui s'en servent comme le Singe se servit de la patte du Chat.

FABLE SOIXANTE-ET-UNIÈME.

Le Chat et les deux Moineaux.

Un jeune Moineau avait été élevé avec un Chat très jeune ; ils étaient intimes amis, et ne pouvaient presque pas se quitter. Leur amitié crût avec l'âge : Raton badinait avec Pierrot, et Pierrot badinait avec Raton ; l'un avec son bec, l'autre avec ses pattes ; le dernier avait soin de ne pas étendre ses griffes. Un jour un Moineau du voisinage vint rendre visite à son camarade. Bon jour, frère, dit-il. Bon jour, répondit l'autre.—Votre serviteur.—Je suis le vôtre. Ils ne furent pas long-temps ensemble, qu'il survint une querelle entr'eux, et Raton prit le parti de Pierrot. Quoi, dit-il, cet étranger est assez hardi pour insulter notre ami ! Il n'en sera pas ainsi : là-dessus il croque l'étranger, sans cérémonies. Vraiment, dit-il, un moineau est un morceau friand : je ne savais pas que les oiseaux eussent un goût si exquis et si délicat. Venez, mon petit ami, dit-il à l'autre ; il faut que je vous croque aussi : vous tiendrez compagnie à votre camarade : il a quelque chose à vous dire.

Ne vous fiez pas à un ennemi, quelques protestations d'amitié qu'il vous fasse. La compagnie des méchans est toujours à craindre.

FABLE SOIXANTE-DEUXIÈME.

Le Renard dupé.

Un Renard affamé aperçut une poule qui ramassait des vers au pied d'un arbre : il allait se jeter sur elle, quand il entendit le bruit d'un tambour suspendu à l'arbre, et que les branches, agitées par la violence du vent, faisaient mouvoir Oh! oh! dit maître Renard, levant la tête: Etes-vous là? Je suis à vous tout-à-l'heure. Qui que vous soyez, par le bruit que vous faites, vous devez avoir plus de chair qu'une poule ; c'est un repas très-ordinaire; j'en ai tant mangé que j'en suis dégoûté depuis long-temps : vous me dédommagerez des mauvais repas que j'ai faits ; vraiment, je vous trouve très à propos. Ayant dit cela, il grimpe sur l'arbre, et la poule s'enfuit, très-aise d'avoir échappé à un danger aussi imminent. Le Renard affamé saisit sa proie, et travaille des griffes et des dents ; mais quelle fut sa surprise, quand il vit que le tambour était creux et vide, et qu'il n'y trouvait que de l'air au lieu de chair. Poussant un profond soupir : Malheureux que je suis, s'écria-t-il ; quel morceau délicat j'ai perdu pour de l'air, du vide et du bruit!

L'homme prudent ne doit pas quitter la réalité pour des apparences. Ce qui fait le plus de bruit, n'est pas toujours le plus solide, ni le plus avantageux.

FABLE SOIXANTE-TROISIÈME.

Le Papillon et l'Abeille.

Un Papillon, perché sur les feuilles d'un bel œillet, vantait à une Abeille la longueur et la variété de ses voyages. J'ai passé les Alpes ; j'ai examiné avec soin tous les tableaux, et toutes les sculptures des grands maîtres: j'ai vu le Vatican, le Pape, et les Cardinaux : je me suis placé sur les colonnes d'Hercule......Ma petite mignonne, peux-tu te vanter d'un honneur semblable ? Ce n'est pas tout ; j'ai visité, avec une entière liberté, tous les jardins qui se sont présentés à ma vue dans mes voyages ; j'ai caressé les violettes, les roses, et les œillets. Conviens, petit insecte, que je connais le monde. L'Abeille, occupée, lui répondit froidement: Vain fanfaron! tu as vu le monde; mais en quoi consiste la connaissance que tu en as? Tu as vu une variété de fleurs ; en as-tu tiré quelque chose d'utile? Je suis voyageuse aussi ; va et regarde dans ma ruche: mes trésors t'apprendront, que le but des voyages est de recueillir des matériaux, ou pour l'usage et le profit de la vie privée, ou pour l'avantage et l'utilité de la société.

Un sot peut se vanter d'avoir voyagé ; mais il n'y a qu'un homme de goût et de discernement, qui puisse profiter de ses voyages.

FABLE SOIXANTE-QUATRIÈME.
Les Deux Anes.

Deux Anes, chargés chacun de deux paniers, allaient lentement au marché. Pour se désennuyer en chemin ils entrèrent en conversation comme des gens d'esprit et de bon sens. Maître Aliboron dit à son camarade Grison; Frère, ne trouvez-vous pas que les hommes sont de grands fous, et très-injustes ? Ils profanent notre nom respectable, et traitent d'âne quiconque est ignorant, sot, ou stupide ; ils sont très-plaisans, vraiment, de prétendre exceller au-dessus de nous. Race stupide ! leurs meilleurs orateurs ne sont que des brailleurs en comparaison de votre voix et de votre rhétorique. Vous m'entendez, dit maître Aliboron ? Je vous entends très-bien, répondit maître Grison, dressant les oreilles : je puis vous rendre la même justice, et vous faire le même compliment ; c'est vous qui avez la voix belle et mélodieuse : le ramage du rossignol n'est rien en comparaison du vôtre ; vous surpasez Gabrielli. Ainsi les deux Baudets se louaient, et se complimentaient sur l'excellence et la supériorité de leurs talens.

La même chose arrive parmi les hommes : et il est très commun de voir deux sots se donner mutuellement des louanges, qu'ils méritent autant que les deux Anes de cette fable.

FABLE SOIXANTE-CINQUIÈME.
La Mouche et la Fourmi.

Une Mouche et une Fourmi disputaient un jour sur l'excellence de leur condition. O Jupiter, dit la première, est-il possible que l'amour-propre aveugle les gens, au point qu'un animal vil et rampant ôse se comparer à la fille du soleil! Mais, ma petite mignonne, dites-moi, je vous prie, vous placez-vous jamais sur la tête d'un Roi, ou d'un Empereur? Vous asseyez-vous à leur table? Fréquentez-vous leur palais? Je fais tout cela, et mille autres choses que toute votre race ne peut faire. Vous avez raison, répondit froidement la Fourmi, je ne fréquente point les palais, je ne me place point sur la tête des Empereurs, ni des Rois, je ne m'assieds pas à leur table ; mais de grâce, dites-moi à votre tour, ma princesse, que deviendrez-vous en hiver? Vous mourrez de faim, de froid, de langueur, et de misère : au lieu que moi, je me reposerai après mes travaux : je vivrai dans l'abondance, sans mélancolie. Adieu, fille du Soleil ; allez à la cour, et laissez-moi faire mon ouvrage.

Quand la vanité est jointe à la sottise et à la pauvreté, elle rend l'homme ridicule et méprisable : c'est la condition de la Mouche. Une honnête médiocrité, avec contentement est l'état le plus heureux ; c'est celui de la Fourmi.

FABLE SOIXANTE-SIXIÈME.
L'Ours et le Taureau.

Un Ours, élevé dans les déserts sauvages de la Sibérie, eut envie de voir le monde : il était curieux ; chose assez rare parmi les Ours. Dans ses voyages, il fit plusieurs réflexions curieuses et importantes sur le gouvernement des différens royaumes et des différentes républiques : le résultat fut qu'aucun pays dans l'univers n'égalait le sien, pour la perfection du gouvernement, et pour la sagesse des lois. Les bois de la Sibérie lui semblaient plus beaux et plus charmans que les forêts des plus belles contrées de l'Europe : il était imbécille sans doute ; mais n'importe, tous les ours le sont. Un jour il vit dans une prairie un troupeau de vaches. Quels animaux, dit-il ! qu'ils sont maigres ! Les vaches de Sibérie sont beaucoup plus grosses et plus grasses.——Tais-toi, animal ignorant et stupide, lui dit un taureau en colère, les veaux de ce pays-ci sont plus gros que les bœufs du tien. Il n'y a qu'un ours qui puisse avoir la présomption, de préférer les forêts de la Sibérie à ce pays fertile et agréable que nous habitons.

C'est une sotte vanité, mais très-commune, de préférer

sa patrie à toute autre. Un homme qui a dessein de voir le monde, et de tirer quelque avantage de ses voyages doit être exempt de partialité et de préjugés contre les autres nations.

FABLE SOIXANTE-SEPTIÈME.
Le Dogue et le Loup.

Un Loup maigre et à moitié mort de faim, rencontra près d'un bois, un Dogue gros, gras, et bien nourri. Comment, dit le Loup, vous avez très-bonne mine ! je n'ai jamais vu, je vous assure, de créature aussi bien faite : mais comment cela se fait-il que vous viviez mieux que moi ? Je puis dire sans vanité que je me hasarde cinquante fois plus que vous : et cependant je meurs presque de faim. Il ne tient qu'à vous, répondit le Chien, de vivre comme moi : faites ce que je fais.—Qu'est-ce que c'est?—Seulement garder la maison de nuit.——De tout mon cœur ; je quitterai les bois où je mène une vie dure et misérable, toujours exposé aux injures du temps, et où souvent je ne trouve rien à manger. Eh bien ! suivez moi. Chemin fesant, le Loup aperçut que le cou du Chien était pelé. Que vois-je? qu'avez-vous au cou ?——Oh ! ce n'est rien——Mais encore, de grâce.——Cela vient peut-être du collier dont je suis attaché.——Allons. Avançons. Qu'avez-vous? Non, répliqua le Loup, gardez tout votre bonheur pour vous ; je préfère la liberté d'aller, et de me promener où et quand il me plaît, à la bonne chère que vous faites et au collier dont vous êtes attaché.

Soyez content de votre sort ; et ne sacrifiez jamais un plus grand bien à un moindre.

FABLE SOIXANTE-HUITIÈME.
Le Faucon et le Poulet.

De tous les animaux que j'ai jamais connus dit un Faucon à un Poulet, vous êtes certainement le plus ingrat. Quelle ingratitude, demanda le dernier, avez-vous jamais observée en moi?—Peut-il y en avoir une plus grande, que celle dont vous êtes coupable à l'égard des hommes ? Pendant le jour ils vous nourrissent de grains ; pendant la nuit ils vous donn*ent* une place conv*e*nable où vous pouvez vous jucher, et où vous êtes à l'abri des injures du temps: malgré tous ces soins, quand ils veul*ent* vous attraper, vous oubliez toutes leurs bontés à votre égard, et vous vous efforcez lâchement d'échapper aux mains de ceux qui vous nourriss*ent* et qui vous log*ent* ; c'est ce que je ne fais jamais, moi qui suis une créature sauvage, un oiseau de proie, et qui ne leur ai aucune obligation. Aux moindres caresses qu'ils me font, je m'apprivoise, je me laisse prendre et je mange sur leurs mains.——Tout ce que vous dites est très-vrai : mais je vois que vous ne savez pas la raison qui me fait fuir. Vous n'avez jamais vu de Faucon en broche : mais moi j'y ai vu mille Poulets.

Les caresses extérieures ne sont pas toujours une preuve de l'amitié que l'on a pour quelqu'un. Le fourbe, sous une apparence pleine d'amitié ou de générosité, cache quelquefois l'âme la plus noire ; il ne cherche que son propre intérêt.

FABLE SOIXANTE-NEUVIÈME.
Le Rat et ses Amis.

Un Rat vivait dans l'abondance, près d'un grenier où il y avait une grande quantité de froment. Maître Ronge-maille avait fait un trou, par où il allait visiter son magasin, quand il lui plaisait. Le prodigue ne se contentait pas de s'en remplir, il assemblait tous les rats du voisinage : Venez, mes Amis, disait-il, venez ; vous vivrez ici dans l'abondance comme moi ; c'est un trésor que j'ai découvert. Il eut beaucoup d'Amis, je n'en doute pas : Amis de table, je veux dire : il y en a beaucoup parmi les hommes. Cependant le maître du grain, voyant qu'il diminuait de jour en jour, quoiqu'il n'y touchât pas résolut de l'ôter du grenier : il le fit dès le lendemain : voilà Ronge-maille à la besace. Heureusement, dit-il, j'ai de bons amis : ils ne me laisseront pas manquer ; ils me l'ont juré cent fois. Le Rat comptait sans son hôte. Il va chez ses amis : je ne vous connais pas, dit l'un : l'autre, vous êtes un imbécille ; un troisième, vous êtes un prodigue ; c'est votre faute, si vous êtes dans la misère : la plupart lui fermèr*ent* la porte au nez.

La même chose arrive dans le monde. Etes-vous riche
et puissant, tout le monde vous flatte et vous caresse: vous
ne manquez jamais de parasites qui *se disent* vos_amis.
Si vous devenez pauvre, ils vous_abandonn*ent*, et même
vous_insult*ent* dans vos mal*h*eurs.

FABLE SOIXANTE-ET-DIXIÈME.
Le Singe et le Léopard.

Un Singe et un Léopard, comme deux charlatans, ava*ient*
chacun leur affiche au coin d'une grande rue. Le Léopard
disait: Messieurs, je ne me vante pas d'être bouffon comme
mon voisin : mais ma gloire et mon mérite sont connus en
tous lieux : la cour et la ville ont_admiré la beauté de mon
corps : examinez ma peau ; elle est très-bien marquetée.
Entrez, Messieurs, vous n'avez jamais vu une si belle bigarrure. Les dames, après ma mort, se disputeront l'honneur
d'avoir un manchon de ma peau. Le Singe, placé vis-à-vis,
répliquait : N'écoutez pas mon voisin ; c'est_un_imposteur,
un_animal stupide et grossier; il n'a pas_un grain d'esprit
ni de jugement ; en_un mot ce n'est qu'un Léopard ; il est
marqueté, il est vrai ; mais c'est là tout son mérite. La
diversité dont_il se vante tant, moi je l'ai dans l'esprit.
Mon_aïeul était Singe du Pape : je sais_imiter toutes ses
singeries : je sais danser, sauter, cabrioler. Entrez, Messieurs,
vous verrez tout cela pour quatre sous : si vous n'êtes pas
contens, on vous rendra votre argent à la porte. Fagotin
eut beaucoup de monde : personne ne parut mécontent
d'avoir vu la diversité de ses tours de souplesse.

Il y a beaucoup de gens dans le monde, dont tout le mérite
ne consiste que dans les_apparences. Ce n'est pas dans
l'*h*abillement que la diversité doit plaire, c'est dans l'esprit.

FABLE SOIXANTE-ONZIÈME.
Le Renard et la Cigogne.

Une Cigogne rencontra un Renard au coin d'un bois ;
Bon jour, ami, lui dit-elle ; il y a long-temps que je ne
vous_ai vu : si vous voulez, nous irons dîner ensemble chez
moi. Volontiers, dit maître Renard, je ne fais point de
cérémonies avec mes_amis : à l'instant ils part*ent*. Le

Renard avait bon appétit, (les renards n'en manquent pas ;) il espérait faire un bon repas ; mais il comptait sans son hôte. Dame Cigogne lui présente un hâchis dans une bouteille si étroite, qu'il n'en put goûter. Comment trouvez-vous cette viande, lui demanda l'oiseau ? Très-bonne, répondit l'animal............Mangez donc............vous ne mangez pas...... je vous prie, faites comme moi......J'ai assez mangé, commère. Il faut que vous veniez demain dîner chez moi..... De tout mon cœur ; je n'y manquerai pas. Dame Cigogne y alla ; le Renard l'attrapa à son tour, et lui offrit dans un plat de la bouillie très-claire, qu'elle ne put goûter. Courage, commère, dit-il, en lapant ; faites comme si vous étiez chez vous. Vous me régalâtes hier, il est juste que je vous régale aujourd'hui. Il ne parla pas long-temps ; il eut bientôt avalé toute la bouillie, et pour se venger de la Cigogne, qui s'était moqué de lui la première, il la prit par son long cou, et l'étrangla.

Il est dangereux de jouer et de tromper ceux qui sont plus forts et plus rusés que nous.

FABLE SOIXANTE-DOUZIÈME.
La Grenouille, l'Ecrevisse, et le Serpent.

Une Grenouille demeurait dans le voisinage d'un Serpent qui mangeait ses petits : cela lui fit presque perdre l'esprit : elle alla un jour rendre visite à une Ecrevisse qui était une de ses commères, et lui fit confidence de ses peines : dans l'amertume de son cœur, elle proféra plusieurs imprécations contre le Serpent. L'Ecrevisse l'encouragea, l'assurant qu'on pourrait trouver moyen de la délivrer d'un voisin aussi dangereux. En vérité, commère, vous m'obligerez, dit madame Grenouille, si vous m'enseignez cela. Ecoutez donc, répliqua madame Ecrevisse. Il y a dans une telle place une de mes camarades, qui est très grosse, et qu'on regarde comme un monstre parmi nous ; prenez un nombre suffisant de petits vérons, et rangez les tous depuis le trou de l'écrevisse jusqu'à la place où est le Serpent : elle es mangera certainement tous l'un après l'autre, jusqu'à ce qu'elle vienne à l'endroit où gît le Serpent ; et alors ma camarade le dévorera aussi. La Grenouille suivit cet avis, et goûta le doux plaisir de la vengeance ; mais deux jours après, l'Ecrevisse qui avait mangé le Serpent, pensant en trouver d'autres, alla à la chasse dans le même voisinage, elle trouva bientôt l'endroit où était la Grenouille, et la mangea aussi.

La vengeance a souvent des suites funestes, même quand elle réussit. On voit aussi par cette fable, que les trompeurs sont souvent trompés eux-mêmes.

FABLE SOIXANTE-TREIZIÈME.
Les deux Chats et le Singe.

Rodillard et Mitis avaient trouvé un fromage : ils ne purent s'accorder. Pour terminer la dispute, ils consentirent à s'en rapporter à un Singe. L'arbitre accepte l'office ; il produit une balance, et met dans chaque bassin un morceau du fromage en dispute. Voyons, dit-il gravement : ce morceau pèse plus que l'autre : il faut que j'en mange, pour réduire l'un et l'autre à un poids égal. Par ce tour de Singe, le bassin opposé devint le plus pesant, ce qui fournit à notre juge consciencieux une nouvelle raison pour une seconde bouchée.—Attendez, attendez, dirent les deux Chats, donnez-nous à chacun notre part, et nous serons satisfaits.—Si vous êtes satisfaits, dit le Singe, la justice ne l'est pas. Un cas aussi embrouillé que celui-ci, ne peut être déterminé si tôt : sur quoi il ronge un morceau, et ensuite l'autre.

Rodillard et Mitis, voyant que leur fromage diminuait, prièrent l'arbitre de ne se plus donner de peine ; mais de leur remettre ce qui restait. Pas si vite, je vous prie, mes amis, répliqua maître Fagotin : nous nous devons justice à nous-mêmes aussi bien qu'à vous ; ce qui reste m'est dû en vertu de mon office. Sur quoi il avala le tout, et avec beaucoup de gravité, renvoya les plaideurs très-mécontens de leur arbitre et de leur sottise.

Il vaut mieux s'accorder et perdre quelque chose, que de s'exposer à se ruiner par des procès.

FABLE SOIXANTE-QUATORZIÈME.
L'Abeille et la Mouche.

Retire-toi, vil insecte volant, disait un jour une Abeille irritée, à une Mouche qui voltigeait autour de sa ruche

Vraiment, il t'appartient bien d'aller dans la compagnie des reines de l'air?—Vous vous trompez, dame Abeille ; je ne recherche pas la compagnie d'une nation aussi querelleuse et aussi vindicative que la vôtre.—Et pourquoi, petite créature impertinente ? Nous avons les meilleures lois ; notre gouvernement est le chef-d'œuvre de la nature ; nous vivons des fleurs les plus odoriférantes : nous en tirons le suc le plus délicieux, pour en faire du miel, du miel qui est égal au nectar: au lieu que toi, misérable insecte, tu ne vis que d'ordures.

Nous vivons comme nous pouvons, répliqua tranquillement la Mouche ; la pauvreté n'est pas blâmable ; mais la colère l'est, j'en suis sûre. Le miel que vous faites est doux, j'en conviens : j'en ai quelquefois goûté : mais votre cœur, n'est qu'amertume ; car pour vous venger d'un ennemi, vous vous détruisez vous-mêmes, et dans votre rage inconsidérée, vous vous faites plus de mal qu'à votre adversaire. Croyez-moi, il vaut mieux avoir des talens médiocres, et s'en servir avec plus de discrétion.

La vanité et la présomption sont les défauts des petits génies, qui se prévalent des qualités de leur esprit : celles du cœur sont toujours préférables.

FABLE SOIXANTE-QUINZIÈME.

Le Lion, le Loup, et le Renard.

Un Lion était vieux, faible, et infirme : toutes les bêtes de la forêt se rendirent à son antre pour lui rendre leurs devoirs. Le Renard seul n'y parut pas. Le Loup prit cette occasion pour faire sa cour au roi des animaux. Je puis assurer votre majesté, dit-il, que ce n'est que l'orgueil et l'insolence qui empêchent le Renard de paraître à la cour. Il n'ignore pas votre maladie, et il n'attend que votre mort pour s'emparer du trône. Qu'on le fasse venir, dit le roi des animaux. Il vient, et soupçonnant le Loup de lui avoir joué un mauvais tour: je crains, Sire, dit-il, qu'on ne m'ait noirci dans votre esprit ; mais permettez que je vous fasse un récit fidèle des raisons de mon absence. J'étais en pélerinage, et je m'acquittais d'un vœu que j'avais fait pour votre rétablissement. J'ai trouvé dans mon chemin des gens experts et savans, que j'ai consultés sur votre maladie : j'ai été assez heureux pour apprendre un remède infaillible. Quel remède ? demanda le Lion avec empressement. C'est, répondit maître Renard, la peau d'un Loup écorché, entortillée toute chaude et toute fumante autour de votre corps. Le roi des animaux approuva le remède. A l'instant on prend le Loup, on l'écorche, et le monarque s'enveloppe de sa peau.

Ceux qui tâchent de nuire aux autres par de faux rapports, sont quelquefois les victimes de leur méchanceté.

FABLE SOIXANTE-SEIZIÈME.
La Chenille et la Fourmi.

Une Fourmi très affairée trottait çà et là, avec beaucoup d'empressement, pour trouver quelques petites provisions : dame Fourmi n'est pas paresseuse, elle a raison. Elle rencontra dans ses excursions une Chenille renfermée dans sa coque, et qui n'avait que peu de jours à y rester pour devenir papillon. Le ciel vous guide, dit le Ver, en saluant la pourvoyeuse : celle-ci sans rendre le compliment, le reçoit d'un air dédaigneux. Pauvre animal, dit-elle, que je te plains ! la nature a été très-dure envers toi ; encore si tu pouvais marcher ; mais tu ne peux te remuer dans ta prison. Le ciel soit loué : j'ai de bonnes jambes : elles sont petites à la vérité ; mais elles sont très-dégagées. Examine bien mon corps, et dis-moi si tu as jamais vu une petite créature aussi leste et aussi bien proportionnée que moi ? Je vais dans les champs ; je me promène où je juge à propos ; et même quand il me plaît, je monte au haut des arbres : je.....mais c'est trop jaser : je perds mon tems. Adieu, insecte rampant. La Chenille modeste ne répondit rien à l'outrage. Quelque tems après la Fourmi repassa par le même endroit ; mais les choses étaient changées : le Ver était devenu papillon. Holà, ho, s'écria-t-il, arrête un peu, petite présomptueuse : je te donnerai un bon avis. Ne méprise jamais personne. Adieu, Fourmi vaine et orgueilleuse : me voilà dans l'air, et tu rampes encore.

L'orgueil et la vanité sont méprisables. Le vrai mérite est modeste; et il n'insulte à la condition de personne

FABLE SOIXANTE DIX-SEPTIÈME.

L'Orme et le Noyer.

Un Orme était planté près d'un Noyer: ils étaient bons voisins, anciens amis, et jasaient souvent ensemble pour se désennuyer. Le premier disait à l'autre: ami, en vérité, j'ai juste sujet de me plaindre de mon sort. Il est vrai, je suis haut, vert et majestueux: mais je suis stérile; malgré tous mes efforts, je ne porte point de fruit; je donne de l'ombre, c'est tout. Voisin, lui dit le Noyer, je vous plains. Vous ne portez point de fruit, j'en conviens: je souhaiterais pouvoir partager les miens avec vous: vous savez que le ciel distribue ses faveurs comme il lui plaît. Vous êtes plus haut que moi, il est vrai; mais j'ai le meilleur lot. Un arbre qui ne porte pas de fruit, n'est qu'un arbre à demi. Ne vous affligez pas, mon ami, il ne vous en viendra pas à force de vous plaindre: il faut se soumettre à ce qu'ordonne la providence. Tandis que le Noyer babillard moralisait ainsi, une troupe d'enfans interrompit son discours à coups de pierres et de bâtons, pour faire tomber les noix: il reçoit mille blessures: adieu sa verdure et ses fruits. Ce n'est pas tout; après avoir ainsi maltraité le pauvre Noyer, les enfans montent sur cet arbre fruitier, et en rompent les branches, pour le dépouiller des fruits que les pierres et les bâtons n'avaient pas fait tomber: chargés de noix ils descendent, et vont les manger sous l'Orme.

Il est quelquefois dangereux d'être trop utile.

FABLE SOIXANTE-DIX-HUITIÈME.

Le Chien de Berger et le Loup.

Un Loup, la terreur des bois, fesait un grand carnage parmi les brebis. En vain le berger lui avait tendu des piéges; en vain le Chien avait suivi long-tems ses traces: le Loup, en sûreté dans un bois épais, se régalait le jour des vols qu'il avait commis la nuit. Comme Brifaut traversait une forêt, il trouva par hasard la retraite de son ennemi. Suspendons la guerre pour un moment, lui dit-il, et raisonnons en amis. Une trève.—Une trève? De tout mon cœur. Le Chien commença ainsi: Comment un animal aussi fort et aussi noble que vous, peut-il attaquer un pauvre agneau, faible et sans défense? Vous devriez dédaigner une nourriture si commune. N'y a-t-il pas d'autres bêtes dans les forêts, qui vous feraient un repas plus noble ? Les grandes âmes sont généreuses, les poltrons seuls sont vindicatifs et cruels. Croyez-moi ; soyez brave, épargnez les brebis.

Ami, répliqua le Loup, pesez la chose mûrement : la nature nous a faits bêtes de proie ; comme telles, quand la faim l'ordonne, il est nécessaire que les Loups mangent. Si vous avez tant de zèle pour la sûreté des brebis, allez parler à votre maître : répétez-lui votre discours pathétique. Un Loup ne mange une brebis que rarement ; dix mille sont dévorées par les hommes : ils prétendent en être les protecteurs et les amis, et ils en sont les destructeurs les plus cruels.

Un prétendu ami est pire qu'un ennemi déclaré.

FABLE SOIXANTE-DIX-NEUVIÈME.

Le Hibou présomptueux.

Un jeune Hibou, aussi vain qu'un petit-maître de Paris, s'étant vu par hasard dans une claire fontaine, conçut la plus haute opinion de sa beauté et de ses perfections. Je suis, dit-il, la gloire de la nuit, et l'ornement des bois. Ce serait dommage, si la race des oiseaux les plus accomplis était éteinte ; telle est la race des hibous. Plein de ces pensées orgueilleuses, il alla trouver l'aigle, pour lui demander sa fille en mariage. Sa demande fut reçue, comme vous pouvez aisément deviner, avec tout le dédain qu'elle méritait. Ma fille ! dit le roi des oiseaux tout surpris, sûrement vous badinez : ma fille ne saurait être la compagne d'un chat-huant : vous n'aimez que les ténèbres, et elle n'aime que la lumière ; cependant, si vous voulez, demain matin, venir me trouver au lever du soleil, au milieu du firmament, nous arrêterons les articles préliminaires. J'y consens, dit le galant : je n'y manquerai pas, Adieu, jusqu'au revoir. Le lendemain le Hibou vola en l'air ; mais ébloui par le soleil, il n'en put supporter les rayons : il tomba sur un rocher, où il fut poursuivi par tous les oiseaux, témoins de sa sotte présomption, et d'où il s'échappa dans le creux d'un vieux chêne. Il y vécut le reste de ses jours, dans l'obscurité pour laquelle la nature l'avait désigné.

Les projets d'ambition se terminent presque toujours au désavantage de ceux qui les conçoivent, et qui n'ont ni le talens, ni les qualités nécessaires pour les faire réussir : ils se rendent la risée du public par leur vaine présomption.

FABLE QUATRE-VINGTIÈME.
Le Bouc et le Renard.

Un vieux Bouc, à longue barbe, et de grande expérience, avait passé la journée dans les champs, à faire des réflexions philosophiques sur la nature et sur la condition des autres animaux : le résultat fut qu'il était content de son sort. Très-satisfait de lui-même et de ses réflexions, il s'en retourna vers le soir dans son étable. En passant près d'un puits, il y vit un Renard, (il fesait clair de lune.) Camarade, que faites-vous ici à cette heure ? lui demanda-t-il. Prenez-vous un bain ? Non, répondit le Renard, je mange d'un fromage qui est délicieux : voyez-vous la brèche que j'y ai faite ?——Où ?——Ici. Descendez vite, si vous en voulez ; c'est du vrai fromage d'Angleterre : vous n'en avez jamais goûté de meilleur ; il en reste encore assez pour vous. Me prenez-vous pour un imbécille, répliqua l'animal à barbe ? N'avez-vous pas honte de mentir aussi impudemment, et de vouloir me faire accroire une telle absurdité. Allez, allez, monsieur le Renard ; il y a long-temps que je vous connais : je n'ignore pas toutes vos finesses, et je suis trop vieux pour tomber dans vos piéges. Adieu, je vous souhaite une bonne nuit : une affaire pressante m'empêche de m'arrêter : demain à la même heure je viendrai vous revoir : en attendant, mangez votre fromage.

L'homme sage et prudent n'écoute pas les caresses, ni les promesses d'un fourbe, qui ne cherche que son propre intérêt.

FABLE QUATRE-VINGT-UNIÈME.
Le Lièvre et la Tortue.

Un Lièvre courant dans un bois, trouva dans son chemin une Tortue qui semblait à peine se remuer, (les tortues son naturellement lentes:) elle portait sa maison sur son dos. Quelle drôle de figure, dit Trottevite, en s'arrêtant ! Amie, vous n'avez pas dessein d'aller loin aujourd'hui ? il vous faut une heure pour faire un pas. Pauvre créature ! je vous plains d'être obligée de porter partout un fardeau si pesant. Je vous remercie, lui dit la Tortue: mais malgré ma lenteur et mon fardeau, je parie que j'arriverai plustôt que vous à quelque place que vous voudrez nommer.— Plustôt que moi! vous radotez.—Non, vous dis-je, je ne radote pas; parions.—J'y consens. Les deux parieurs partent. Le Lièvre est bientôt près de la place dont ils étaient convenus; mais il méprise une victoire si aisée: il retourne, et voit la Tortue qui avance lentement. Je suis bien fou, dit-il, de me servir de ma vitesse; mon antagoniste n'a qu'à avancer, pendant que je m'amuserai à brouter: je la devancerai quand il me plaira. Trottevite s'arrête, broute, et ensuite s'endort dans son gîte. Cependant dame Tortue avança et arriva à la place, avant que le Lièvre fut éveillé.

La nonchalance et la présomption gâtent souvent les bonnes affaires: ce n'est pas le tems de dormir, quand on a quelque chose de conséquence à terminer; et il ne sert de rien d'avoir des talens, si l'on n'en fait pas un bon usage.

FABLE QUATRE-VINGT-DEUXIÈME.
La Ligue des Chiens.

Un jour les Chiens tinrent une diète. Nous sommes bien fous, dit Brisefer à Miraut, de nous déchirer; et pourquoi ? Souvent pour une bagatelle, pour un os décharné qui a resté huit jours sur le pavé: soyons amis, cessons nos querelles, et fesons une Ligue; donnons-nous les pattes. C'est bien dit, s'écria un Dogue, orateur de l'assemblée; point d'animal qui puisse nous résister, si nous demeurons tous unis: mais si nous sommes divisés, point de faquin qui ne puisse nous chasser à coup de pierres. Nos ligués font serment de demeurer toujours unis: dans l'instant ils partent: l'amour de la république les anime: ils vont à la chasse, et trouvent bientôt un faon: ils l'attaquent, le terrassent, et le déchirent; il ne s'agit plus que de le partager; c'est le point délicat; r s ligués se

querell*ent*. Moi, dit Brisefer, comme le plus brave, j'en
veux avoir la moitié; je l'ai attaqué le premier. Je l'ai
étranglé, dit Miraut. Un troisième répliqua: regardez mes
dents; vous y verrez encore le sang de la bête. Les
Chiens sont furieux; leur fureur s'accroît; bientôt ils com
menc*ent* à se déchirer les uns les autres. Tandis que es
confédérés n'écout*ent* qu'une rage brutale, ils voi*ent* veni
une troupe de loups: voilà nos Chiens très-embarrassés: il
faut prendre la fuite ; ils la prenn*ent* : mais quelques-uns ne
pur*ent* pas bouger de la place, et devinr*ent* la proie des
loups.

La dissention parmi les chefs est la ruine des sociétés,
au lieu que la concorde les maintient et les fortifie.

FABLE QUATRE-VINGT-TROISIÈME.

Les deux Livres.

Il y avait dans la boutique d'un libraire deux Livres
côte-à-côte sur une planche: l'un était neuf, relié en
maroquin, et doré sur tranche; l'autre était vermoulu, et
relié en vieux parchemin. Qu'on m'ôte d'ici, s'écria le
Livre neuf. Ciel! que ce bouquin sent le moisi! Je ne
puis rester auprès de cette carcasse à moitié pourrie. Eh!
de grâce, dit le vieux Livre, un peu moins de dédain:
chacun a son mérite: vous venez de sortir de la presse:
vous ignorez votre sort. J'ai passé par plusieurs éditions;
on ne m'a jamais vu dans la boutique d'un épicier, ni dans
celle d'un bahutier: vous servirez peut-être bientôt à faire
des cornets et du carton, ou à envelopper du fromage.
Impudent! répliqua le Livre en maroquin, cesse ton
langage impertinent, et retire-toi d'ici.—Un moment de
conversation.—Non, je ne veux pas vous écouter.——
Souffrez du moins que je vous raconte.——Non, vous dis-je,
taisez-vous: vous me faites honte. Pendant que les deux
voisins parl*aient* ainsi, un homme de lettres vint dans la
boutique du libraire pour acheter des Livres; il voit le
Bouquin, l'ouvre, en lit quelques pages, l'admire, et l'achète;
c'était un livre rare et curieux. Il ouvre l'autre; c'était
de la poésie, je veux dire de la prose rimée, il en lit le titre
et quelques pages; Oh le sot Livre, s'écria l'homme de
goût, en le remettant à sa place, voilà du maroquin perdu!

Ce ne sont pas les habits qui font le vrai mérite; mais ce sont les qualités du cœur et de l'esprit.

FABLE QUATRE-VINGT-QUATRIÈME

Le Cheval, le Loup, et le Renard.

Un Renard, très-rusé, quoique très-jeune, vit dans une prairie un Cheval : il court à un Loup avec empressement.——Cousin, venez voir l'animal le plus drôle que vous ayez jamais vu. Est-il plus fort que nous ?—Je ne puis vous en faire le portrait ; mais venez, vous verrez. Que sait-on ? C'est peut-être une proie que la fortune nous procure. Ils vont.—Monsieur, dit le Renard, nous sommes vos très-humbles et très-obéissans serviteurs : de grâce, quel est votre nom ? Le Cheval, qui n'était pas sot, leur répondit : Lisez mon nom, messieurs, vous le pouvez ; mon cordonnier l'a mis sous mon talon. Le Renard s'excusa : je ne sais pas lire, dit-il, mes parens ne m'ont rien enseigné ; ils sont pauvres ; ceux du Loup sont riches, et lui ont fait apprendre à lire et à écrire. Ce n'est pas tout ; il est grammairien, poète, philosophe, politique, et rhétoricien. Le Loup, flatté par ce discours, s'approcha pour lire le nom ; mais le Cheval lui donna une ruade, et lui cassa les dents : ensuite, hennissant et triomphant, il se mit à galoper, charmé d'avoir repoussé la ruse par la ruse. Là-dessus le Renard courut au Loup : Cousin, dit-il je suis très-fâché de l'accident, je vous assure ; mais cela nous montre que nous ne devons pas nous fier aux talons d'un cheval.

Les avis d'un homme rusé sont ordinairement dangereux à suivre : il s'applaudit souvent de ses ruses, et nsulte même ceux qu'il a trompés.

FABLE QUATRE-VINGT-CINQUIÈME.

Le Souriceau et sa Mère.

Un Souriceau qui n'avait jamais vu le monde, s'avisa de prendre l'air de la campagne : mais à peine eut-il fait un mille, qu'il retourna en grande hâte dans son trou. Oh, ma Mère ! s'écria-t-il ; j'ai vu l'animal le plus extraordinaire qui fut jamais. Il a l'air turbulent et inquiet, le regard farouche et irrité, et la voix perçante : un morceau de chair, aussi rouge que du sang, croît sur sa tête, et un autre sous sa gorge. Quand il m'a vu, il s'est mis à battre ses côtés avec ses bras, il a étendu la tête, ouvert la bouche comme s'il voulait m'avaler, et il a fait tant de bruit, que moi qui grâces aux dieux, ai du courage, j'en ai pris la fuite de peur. Sans lui j'aurais fait connaissance avec un autre animal, la plus belle créature que vous ayez jamais vue : il a l'air doux, benin et gracieux ; il a la peau veloutée comme la nôtre : il a une humble contenance, un regard modeste, et de beaux yeux luisans ; je crois qu'il est le grand ami des Rats ; car il a des oreilles pareilles aux nôtres. Il allait me parler quand l'autre par le son de sa voix, m'a fait prendre la fuite. Mon fils, dit la mère, vous l'avez échappé belle. Cet animal, avec son air doucereux, est un chat, qui sous un minois hypocrite, cache une haine implacable contre moi, contre vous, et contre toute notre race : il nous mange, quand il peut nous attraper. L'autre animal au contraire est un coq, et servira peut-être un jour à nos repas.

Il ne faut jamais juger des gens sur les apparences.

FABLE QUATRE-VINGT-SIXIÈME.

Le Chien et le Chat.

Laridon, le meilleur Chien de son espèce, vivait paisiblement dans une maison : il était aimé et caressé du maître, de la maîtresse, des enfans, et des valets. Ils étaient tous ses amis ; j'en excepte un Chat dont il tira l'oreille un jour, en disputant un os ; ce Chat était jaloux des caresses que l'on fesait au Chien. Tu me le paieras, dit Raton avec des yeux enflammés ; tu peux t'attendre à pis qu'à la pareille. Le Chien ne répond mot, ronge son os, et va ensuite caresser sa maîtresse. Cependant le traître Chat médite jour et nuit, comment il pourra se venger du Chien. Que fait-il ? Observez la ruse de Raton : la maîtresse avait un serin qui la charmait par son ramage ; elle en était folle : il épie le moment qu'il n'y a personne, saute sur la cage, la fait tomber, et tue l'oiseau : ensuite il le porte tout rongé à la loge du Chien. Je vous laisse à penser le bruit que fit la maîtresse, quand elle ne vit plus son serin

Dans le moment toute la maison est en alarme, mari, femme, enfans, servantes et valets; on court, on cherche, et enfin on trouve sa carcasse auprès de Laridon. Ah! le perfide! s'écrie la dame; il faut qu'il meure: point de pardon pour cet ingrat. Quoi! manger l'oiseau favori de sa maîtresse! Le crime est énorme: vite qu'on l'assomme. A l'instant le pauvre Chien tombe sous les coups: chacun e pleure; personne ne prend sa défense. C'est dommage, disent-ils; mais qu'y faire? Il est mort.

Un ennemi nuit quelquefois plus que cent amis ne servent.

FABLE QUATRE-VINGT-SEPTIÈME.

Les Singes.

Un navire, chargé d'un grand nombre de Singes et de Guenons, venait d'arriver dans un port: le débit de cette marchandise était sûr; car qui est-ce qui n'aime pas les singeries? Les négocians allèrent à la ville pour annoncer leur cargaison, et les matelots firent de même pour aller boire et se réjouir: personne ne resta dans le vaisseau, que les Singes. Dans ces circonstances, un vieux magot se leva pour haranguer ses camarades: Je médite un bon tour, dit-il gravement; voici une occasion favorable qui s'offre de nous délivrer de l'esclavage: ne la laissons pas échapper: si vous aimez votre liberté, hâtons notre retour. J'ai vécu parmi les hommes; je sais comment ils nous traitent: ils nous lient comme des esclaves par le milieu du corps, et nous font mille avanies. Je sais gouverner un vaisseau: si vous voulez, je serai le pilote, et vous servirez de matelots. Toute l'assemblée s'écria: Partons. Liberté! liberté! Les Singes démarrent aussitôt, ils mettent à la voile, et le vent les favorise. A peine eurent-ils quitté le bord, que le pilote leur dit: Messieurs, un orage nous menace: mais ne craignez pas: travaillez, et comptez sur mon adresse. Il disait vrai, quant à l'orage. A l'instant les flots mugissent, et menacent d'engloutir le nouveau pilote et les matelots: tout l'équipage est consterné; qui ne le serait pas en pareilles conjonctures? Enfin le vaisseau est brisé contre un rocher, et voilà le pilote, les matelots, les singes, et les guenons au fond de la mer.

Il est ridicule d'entreprendre des choses au dessus de sa capacité.

FABLE QUATRE-VINGT-HUITIÈME.
Le Bouc sans Barbe.

Un Bouc, aussi vain qu'un Bouc puisse être, affectait de se distinguer des autres animaux de son espèce: il allait souvent au bord d'une claire fontaine, et y admirait son image. Je hais, dit-il, cette vilaine Barbe: ma jeunesse est cachée sous ce déguisement. Il résolut de la faire couper : pour cet effet il s'adressa à un barbier; c'était un singe, qui reçoit le Bouc avec politesse, le fait asseoir sur une chaise de bois, lui met une serviette sous le menton, et le rase. Lorsqu'il eut fait, Monsieur, dit maître Fagotin, je compte sur votre pratique: vous n'avez jamais été si bien rasé : votre visage est uni comme une glace.

Le Bouc, fier des louanges de son barbier, quitte son siége, et court sur les montagnes voisines : toutes les chèvres s'assemblent autour de lui, et ouvrent de grands yeux.—— Quoi ! sans Barbe, s'écria une d'entre elles ? Qui est-ce qui vous a ainsi défiguré ? Que vous êtes sottes, répondit le Bouc, et que vous connaissez peu le monde ! Voyez-vous aujourd'hui des nations civilisées porter de la Barbe? Partout où nous allons, ne se moque-t-on pas de nous? Les enfans mêmes nous insultent, et nous prennent par le menton. Allez, allez, croyez-moi, suivez mon exemple, et cessez d'être ridicules. Frère, répliqua un autre Bouc, vous êtes un imbécille ; si les enfans peuvent mortifier votre orgueil, comment soutiendrez-vous le ridicule de tout notre troupeau ?

C'est le caractère d'un fat de se distinguer par des manières affectées : mais il devient souvent la risée de ceux qui le connaiss*ent*.

FABLE QUATRE-VINGT-NEUVIÈME.
Le Chat sauvage et le Renard.

Un Chat sauvage et un Renard se rencontrèrent dans un bois : Compère, dit le dernier au premier, je suis charmé de vous rencontrer: il y a long-temps que je ne vous ai vu.

Vous cherchez sans doute un déjeuner : si vous voulez, nous serons associés, et nous partagerons la proie.——De tout mon cœur, répondit le Chat sauvage, je fis hier un très-mauvais souper, et je vous assure que j'aurais besoin de faire un bon déjeuner : allons. Les deux associés partent, et chemin fesant ils entrent en conversation. Maître Renard, animal qui n'est pas le moins vain, commence à étaler ses belles qualités. Je suis le plus rusé de tous les animaux ; quand j'ai envie d'une poule, il faut qu'elle soit très-fine pour m'échapper : j'en ai mangé beaucoup en ma vie. Je me ris des pièges ; j'ai plus de mille finesses pour les éviter. Mille, dit Ruminagrobis ! je vous en félicite : je n'en ai pas tant, moi ; mais j'ai de bonnes griffes qui me suffisent pour me tirer de toutes sortes d'embarras. Le Renard allait répliquer ; mais il n'en eut pas le tems : ils virent tout à coup plusieurs chiens qui venaient se jeter sur eux. Cousin, dit le matou, vous n'avez point de tems à perdre : tirez de votre cervelle vos mille finesses : pour moi, voici la mienne. Dans l'instant Ruminagrobis grimpa sur un arbre, où il demeura en sûreté : l'autre fut pris et dévoré par les chiens, malgré toutes ses finesses.

La meilleure de toutes les finesses est d'avoir assez d'*h*abileté pour éviter les embûches de ses ennemis.

FABLE QUATRE-VINGT-DIXIÈME.
Les Poissons et le Cormoran.

Un vieux Cormoran ayant la vue courte, était hors l'état de voir sa proie au fond de l'eau. Que fit-il ? Il s'avisa d'un stratagême : il vit une carpe dans un étang. Amie, lui dit-il, n'ayez pas peur de moi, je viens exprès ici pour vous donner un avis salutaire : si vous avez quelque égard pour vous-même, pour vos frères et sœurs, et pour toute la race des poissons, allez dès ce moment, leur dire de ma part, que le maître de cet étang est déterminé à le pêcher dans huit jours. Dame carpe nage sur le champ pour annoncer aux poissons cette terrible nouvelle. On court, on s'assemble, on députe à l'oiseau la même carpe, pour le remercier de ce qu'il les a avertis du danger qui les menace, et pour le prier de leur donner les moyens d'en échapper.

Seigneur Cormoran, dit l'ambassadrice, les habitans de cet étang vous rendent mille grâces, et vous prient de leur dire ce qu'il faut qu'ils fassent?——Avec plaisir: vous n'avez qu'a changer de place.——Comment ferons-nous?——N'en soyez pas en peine: tous les Poissons, grands et petits, n'ont qu'à s'assembler sur la surface de l'eau: je les porterai l'un après l'autre à ma propre demeure: personne n'en sait le chemin: ils y seront en sûreté: il y a un vivier clair et frais, inconnu à tout le monde. Les Poissons crurent le traître, et après avoir été portés l'un après l'autre dans le vivier, ils devinrent la proie du Cormoran, qui les mangea chacun à son tour.

Il est très-imprudent de se mettre au pouvoir d'un ennemi, et de lui demander avis dans une chose où il est intéressé.

FABLE QUATRE-VINGT-ONZIÈME.

Le Portrait parlant.

Un homme s'était fait tirer: (l'amour propre aime les portraits:) il voulait avoir l'avis de ses amis sur le sien.—Vous vous trompez, ce n'est pas là votre Portrait, dit l'un, vous n'êtes qu'ébauché: le peintre est un ignorant; il vous a tiré noir, et vous êtes blanc. Le Portrait vous représente laid et vieux, dit un autre, et sans flatterie, vous êtes jeune et beau. Le peintre vous a fait les yeux et le nez trop petits, dit un troisième; il faut retoucher le Portrait. Le peintre a beau soutenir qu'il est très-bien tiré, il faut qu'il recommence. Il travaille, fait mieux et réussit à son gré. Il se trompa encore: les amis condamnèrent tout l'ouvrage. Eh bien, leur dit le peintre, messieurs, vous serez contens: je m'engage à vous satisfaire, ou je brûlerai mon pinceau: revenez demain, et vous verrez. Les connaisseurs étant partis, le peintre dit à l'homme: Vos amis ne sont que des critiques ignorans: si vous voulez, vous en verrez la preuve: j'ôterai la tête d'un semblable Portrait, vous mettrez la vôtre à la place.—J'y consens; à demain donc; adieu. Le lendemain la troupe des connaisseurs s'assembla: le peintre leur montra le Portrait dans un endroit obscur, et à une certaine distance.——Messieurs, le Portrait vous plaît-il à présent! Dites, qu'en pensez-vous? J'ai retouché la tête avec grand soin.—Ce n'était pas la peine de nous faire revenir, pour ne nous montrer qu'une ébauche: ce n'est pas là notre ami. Vous vous trompez, messieurs, dit la tête derrière le tableau, c'est moi-même.

N'entreprenez pas de convaincre par des raisonnemens, des critiques ignorans ou prévenus: ils ne veulent ni entendre ni voir la vérité.

FABLE QUATRE-VINGT-DOUZIÈME.

Le Chat et les Lapins.

Un Chat, avec un air de modestie affectée, était entré dans une garenne peuplée de Lapins: aussitôt toute la république alarmée se sauva dans ses trous. Mitis les y suivit, et se posta auprès d'un terrier, remuant la queue, alongeant le corps, et serrant les oreilles. Les Lapins lui envoyèrent des députés: ils parurent dans l'endroit le plus étroit de l'entrée du terrier. Après avoir examiné ses griffes: Que cherchez-vous ici? lui demandèrent-ils.—Rien: je viens seulement pour étudier les mœurs de votre nation. En qualité de philosophe, je parcours tous les pays pour m'informer des coutumes et des lois de chaque espèce d'animaux.

Les députés, simples et crédules, rapportèrent à leurs camarades, que cet étranger si vénérable par son maintien modeste et par sa fourrure majestueuse, était un philosophe sobre, désintéressé, pacifique, qui allait seulement rechercher la sagesse de pays en pays: qu'il venait de beaucoup d'autres lieux: que sa conversation était extrêmement amusante: que c'était un philosophe Bramin, et que par conséquent il n'avait garde de croquer les Lapins, puisque c'était un article de sa foi, de ne point manger de chair. Ce beau discours toucha l'assemblée, et il fut résolu de sortir, et de faire connaissance avec le philosophe Bramin.

7 *

Gardez-vous-en bien, s'écria un vieux Lapin rusé, qui avait été long-tems leur orateur : ce prétendu philosophe m'est suspect ; et si vous voulez me croire, vous ne sortirez pas de vos trous. Malgré lui on va saluer le Bramin, qui étrangla au premier salut deux ou trois Lapins : les autres se sauvèrent dans leurs trous, très-effrayés, et très-honteux de leur crédulité.

Méfiez-vous d'un hypocrite ; ses complaisances et ses empressemens partent souvent d'un cœur perfide.

FABLE QUATRE-VINGT-TREIZIÈME
Le Jugement, la Mémoire et l'Imagination.

Messire Jugement, dame Mémoire, et demoiselle Imagination, enfans d'un même père, vivaient en commun, et avaient la même habitation : il y avait grande union entre eux ; mais elle ne dura pas long-tems ; l'humeur troubla bientôt la paix entre le frère et les deux sœurs, chose assez commune parmi les parens. L'Imagination suivait ses saillies, et raillait la Mémoire, parce qu'elle ne cessait de babiller. Le Jugement, las du caquet de l'une, et des railleries impertinentes de l'autre, murmurait avec raison : ils avaient sans cesse des querelles.—Vous êtes folle, ma sœur Imagination.—Et vous ma sœur Mémoire, vous êtes une babillarde. Vous êtes un vrai pédant, mon frère, répliquèrent les deux sœurs : il faut nous séparer ; qu'en pensez-vous ? Nous ne pourrons jamais nous accorder.

On se sépare ; on se quitte..............Adieu............Les voilà tous trois qui cherchent une habitation : ils en trouvèrent bientôt une. Celui chez qui alla la Mémoire, devint savant : il apprit langues, histoire, politique, mathématiques, philosophie, théologie, en un mot il apprit tout. Il avait vu les ruines de Palmyre ; parlait de Romulus, de Rémus et de la Louve ; savait le jour, l'heure et la minute qu'Antoine perdit la bataille d'Actium........Qui avait vendu du vinaigre à Annibal, à son passage des Alpes......La hauteur des Colonnes d'Hercule et des Pyramides d'Egypte, à un pouce près........La figure et la hauteur de la Tour de Babel : que ne savait-il pas ? L'Imagination fit de son homme un poète hardi, frénétique et extravagant. Messire Jugement fit de son hôte un honnête homme, ami du vrai, ne jugean jamais par prévention, connaissant la vertu et la pratiquant, en un mot, il en fit un philosophe.

Ne vous enorgueillissez pas de vos talens ; ils sont partagés ; personne ne les a tous ; mais les uns sont plus utiles au genre humain que les autres.

FABLE QUATRE-VINGT-QUATORZIÈME.
Les Voyageurs et le Caméléon.

Deux de ces gens qu'on pourrait très-bien appeler coureurs ; qui n'ont que deux yeux, et qui cependant voudraient tout voir et tout connaître ; qui, pour pouvoir dire : J'ai vu telle chose, je dois bien le savoir, iraient aux Antipodes ; deux Voyageurs, en un mot, parcourant l'Arabie, raisonnaient sur le Caméléon. L'animal singulier ! disait l'un : de ma vie je n'ai vu son semblable. Il a la tête d'un poisson, le corps aussi petit que celui d'un lézard, avec sa longue queue ; son pas est tardif, et sa couleur bleue.......... Halte-là, dit l'autre, elle est verte, je l'ai vue de mes deux yeux ; vue, vous dis-je, à mon aise. Je parie qu'elle est bleue, répliqua l'autre : je l'ai vue mieux que vous.——— Je soutiens qu'elle est verte.——Et moi, qu'elle est bleue.

Nos Voyageurs se donnèrent le démenti : bientôt ils en viennent aux injures : ils allaient en venir aux mains ; heureusement un troisième arriva.——Eh ! Messieurs, quel vertige ! Holà donc ! calmez-vous un peu, je vous prie. Volontiers, dit l'un ; mais jugez notre querelle.—De quoi s'agit-il ?——Monsieur soutient que le Caméléon est vert ; et moi, je dis qu'il est bleu.—Soyez d'accord, messieurs, il n'est ni l'un ni l'autre ; il est noir.—Noir ! vous badinez.— Je n. badine pas, je vous assure : j'en ai un dans une boîte, et vous le verrez dans un instant. Alors pour les confondre, le grave arbitre ouvre la boîte, et l'animal paraît blanc comme de la neige. Voilà nos Voyageurs tout étonnés.— Allez, enfans, allez, dit le sage reptile : vous avez tous trois tort et raison : vous m'avez considéré sous différens rapports : apprenez à être modérés dans vos décisions, et que presque tout est Caméléon pour vous.

Il ne faut jamais soutenir ses opinions avec opiniâtreté chacun a la sienne : il est ridicule de vouloir y assujettir tout le monde. Il faut savoir douter des choses qui ne son pas évidentes : c'est un moyen de parvenir à la vérité.

FABLE QUATRE-VINGT-QUINZIÈME.
L'Abeille et l'Araignée.

Une Abeille et une Araignée disputaient un jour avec beaucoup de chaleur, laquelle des deux excellait dans les ouvrages d'art ou de génie. Pour moi, dit l'Araignée, je puis me vanter d'être la meilleure mathématicienne de l'univers Personne ne sait former avec tant d'art que moi, des lignes, des angles, et des cercles presque imperceptibles à la vue ; et tout cela sans compas et sans aucun instrument. Le miel que vous faites et dont vous vous vantez tant, vous le dérobez aux herbes et aux fleurs. Il est vrai répliqua l'Abeille, vous faites des lignes, des angles, et des cercles ; mais votre ouvrage est aussi superficiel que vous-même ; un balai détruit l'un et l'autre sans ressource.

Le larcin dont vous m'accusez, ne fait aucun tort aux herbes et aux fleurs : elles ne souffrent pas la moindre diminution de leur couleur ni de leur bonne odeur. Aucun jardinier ne me chassé de son jardin ; au contraire c'est-là qu'on bâtit des châteaux pour moi et pour mes sœurs. Au lieu de détruire mon ouvrage, on en a le plus grand soin : on recueille le miel que je fais : il excelle par sa douceur tout ce que l'espèce entière des Araignées peut faire de plus curieux. Je ne vous parle pas des différens usages de la cire : ils sont sans nombre. Allez fréquenter, si vous osez, les palais des rois, vous y verrez mille bougies. On trouve encore mon ouvrage dans les temples des dieux : on brûle ma cire sur leurs autels ; et vous êtes trop heureuse, de pouvoir vous fourrer dans un petit vilain coin où personne ne puisse vous voir. Adieu, petite créature ridicule et présomptueuse : vous êtes pleine de poison, et vos ouvrages vous ressemblent. Travaillez à vos ligres et à vos cercles : on les détruit souvent dans le même instant que vous les faites : mon ouvrage est utile, et durera plus long-tems que vous.

On ne doit apprécier l'esprit, la science et les arts, qu'à proportion qu'ils contribuent aux plaisirs permis, ou au bonheur de la vie.

FABLE QUATRE-VINGT-SEIZIÈME.
Le Seigneur et le Paysan.

Un Paysan, amateur du jardinage, avait un jardin propre et spacieux : il y croissait de l'oseille, de la laitue, des ognons, des choux, et toutes sortes de provisions, même des fleurs. Cette félicité fut troublée par un lièvre : notre paysan s'en plaignit à un Seigneur du voisinage. Ce maudit animal, dit-il, vient soir et matin prendre son repas dans mon jardin, et se rit des pièges ; les pierres et les bâtons ne peuv*ent* le chasser ; il est sorcier, je crois. Sorcier ! vous badinez, dit le Seigneur : fut-il diable, Miraut l'attrapera ; je vous en réponds, mon bon homme : vous en serez défait, sur mon honneur.—Et quand, Monsieur ?— Dès demain : je vous le promets : comptez là-dessus.— Vraiment je vous en serai très-obligé. Le lendemain, le Seigneur vint avec ses gens : voyons, déjeunons, dit-il : vos poulets sont-ils tendres ? Vos jambons ont très-bonne mine.— Monsieur, ils sont à votre service.—Vraiment, je les reçois de tout mon cœur. Il déjeune très-bien avec toute sa compagnie, chiens, chevaux et valets, gens de bon appétit. Il commande dans la maison du paysan, mange ses jambons et ses poulets, boit son vin, et rit de sa stupidité.

Le déjeuner fini chacun se prépare : les cors et les chiens font un tel tintamarre que le bon homme en est étourdi. On commence la chasse ; adieu salade, oseille, ognons, fleurs, dans un instant le potager est dans un pauvre état. Cependant le lièvre gît sous un gros chou : on le guette, on le lance, il se sauve par une grande ouverture que l'on avait faite par ordre du Seigneur pour y faire passer les chevaux : ainsi il fit avec ses gens plus de dégât dans le jardin du bon homme, que tous les lièvres du pays n'en auraient pu faire.

Il vaut mieux savoir perdre une bagatelle sans se plaindre, que de s'exposer à faire une perte considérable : parce que les remèdes que l'on prend, sont quelquefois pires que le mal dont on se plaint.

FABLE QUATRE-VINGT-DIX-SEPTIÈME.
Le Négociant et son Voisin.

Certain Négociant, dit Pilpay, de Perse ou de la Chine, allant un jour faire un voyage, mit en dépôt chez son

Voisin un quintal de fer: n'ayant pas eu tout le succès qu'il espérait, il s'en retourna à la maison. La première chose qu'il fit à son retour, fut d'aller chez son ami : Mon fer, dit-il.————Votre fer ! Je suis fâché de vous annoncer une mauvaise nouvelle. Un accident est arrivé, que personne ne pouvait prévoir ; un rat l'a tout mangé ; mais qu'y faire ? Il y a toujours dans un grenier quelque trou par où ces petits animaux entrent, et font mille dégats.

Le Négociant s'étonne d'un tel prodige, et feint de le croire : quelques heures après il trouve l'enfant de son Voisin dans un endroit écarté, il le mène chez lui et l'enferme à clef dans une chambre : le lendemain il invite le père à souper.—Dispensez-moi, je vous en supplie ; tous les plaisirs sont perdus pour moi. On m'a dérobé mon fils : je n'ai que lui ; mais que dis-je ? Hélas je ne l'ai plus.—— Je suis fâché d'apprendre cette nouvelle. La perte d'un fils unique doit vous être très-sensible : mais mon cher Voisin, je vous dirai qu'hier au soir, quand je partis d'ici, un hibou enleva votre fils.—Me prenez-vous pour un imbécille, de vouloir me faire accroire un tel mensonge ? Quoi ! un hibou qui pèse tout au plus deux ou trois livres, peut-il enlever un enfant qui en pèse au moins cinquante ? La chose me paraît absurde et impossible.—Je ne puis vous dire comment cela se fit ; mais je l'ai vu de mes yeux, vous dis-je. D'ailleurs, pourquoi trouvez-vous étrange et impossible, que les hiboux d'un pays où un seul rat mange un-quintal de fer, enlèvent un enfant qui ne pèse qu'un demi quintal ? Le Voisin sur cela, trouva qu'il n'avait pas à faire à un sot, et il rendit le fer au Négociant en échange de son fils.

Il est ridicule de vouloir faire croire des impossibilités. Quand un conte est outré on a tort de chercher à le combattre par des raisonnemens.

FABLE QUATRE-VINGT-DIX-HUITIÈME.

Le Serpent et les Grenouilles,

Un Serpent, devenu vieux et infirme, ne pouvait plus aller chercher sa nourriture : il était sur le point de mourir de faim. Dans cette malheureuse situation, il déplorait dans sa solitude les infirmités de l'âge, et souhaitait en vain d'avoir la force qu'il avait eue dans sa jeunesse. Cependant la faim pressante lui enseigna, au lieu de ses lamentations, un stratagême pour trouver de quoi se nourrir ; il se traîna lentement au bord d'un fossé où il y avait un grand nombre de Grenouilles. Etant arrivé à ce lieu de délices et d'abondance, le Serpent paraissait très-triste et extrêmement malade ; sur quoi une Grenouille lève la tête, et lui demande ce qu'il cherche ?—De la nourriture : je suis près de mourir de faim : de grâce, aidez-moi dans mon extrême besoin : il y a deux jours que je n'ai rien mangé, je vous assure.——Que vous faut-il ?—

Helas ! j'ai beaucoup de regret de ce que j'ai fait dans ma jeunesse : autrefois je mangeais les créatures de votre espèce que je pouvais prendre ; mais à présent je suis si malheureux que je ne puis rien attraper pour vivre. Je me repens très-sincèrement de ma cruauté, de ma gourmandise, et d'avoir mangé tant de Grenouilles, que je ne puis vous en dire le nombre. Je viens ici pour vous demander pardon ; et pour vous montrer la sincérité de mon repentir, je m'offre à être votre esclave, à vous obéir, et à vous porter sur mon dos, partout où il vous plaira.

Les Grenouilles, charmées des protestations du Serpent, acceptent ses offres gracieuses ; elles aiment à voyager : à l'instant elles montent sur le dos de leur ennemi : quel plaisir ! mais il fut de courte durée : tous les plaisirs le sont.——Mesdames, dit le rampant hypocrite, si vous voulez que je vous serve long-tems, vous devez me nourrir, ou je mourrai de faim : là-dessus il croque les sottes Grenouilles qu'il avait sur le dos.

Il ne faut jamais se fier à un ennemi, quelques protestations d'amitié qu'il fasse ; car malgré toutes ses belles paroles, il ne cherche qu'à tromper : ses caresses mêmes sont des trahisons cachées.

FABLE QUATRE-VINGT-DIX-NEUVIÈME.

Le Paysan et la Couleuvre.

Un paysan, allant au bois avec un sac, trouva une Couleuvre : Ah ! ah ! dit-il tu n'échapperas pas : tu viendras dans ce sac et tu mourras. L'animal lui dit : Qu'ai-je fait pour mériter un tel traitement ?—Ce que tu as fait ? Tu es le symbole de l'ingratitude, le plus odieux de tous les vices S'il faut que tous les ingrats meurent, répliqua hardiment le reptile, vous vous condamnez vous-même : de tous les animaux, l'homme est le plus ingrat. L'homme ! dit le Paysan, surpris de la hardiesse de la Couleuvre ; je pourrais t'écraser dans l'instant ; mais je veux m'en rapporter à quelque juge.—J'y consens. Une vache était à quelque distance : on l'appelle, elle vient ; on lui propose le cas.—— C'était bien la peine de m'appeler, dit-elle, la chose est claire ; la Couleuvre a raison. Je nourris l'homme de mon lait ; il en fait du beurre et du fromage : et pour ce bienfait, il mange mes enfans : à peine sont-ils nés, qu'ils sont égorgés et coupés en mille morceaux. Ce n'est pas tout, quand je suis vieille, et que je ne lui donne plus de lait, l'ingrat m'assomme sans pitié : ma peau même n'est pas à l'abri de son ingratitude : il la tanne et en fait des bottes et des souliers : de là je conclus que l'homme est le vrai symbole de l'ingratitude. Adieu ; j'ai dit ce que je pense.

L'homme, tout étonné, dit au Serpent : Je ne crois pas ce que cette radoteuse a dit ; elle a perdu l'esprit : rapportons-nous en à la décision de cet arbre.——De tout mon cœur. L'Arbre étant pris pour juge, ce fut bien pis encore.—Je mets l'homme à l'abri des orages, de la chaleur et de la pluie. En été il trouve sous mes branches une ombre agréable : je produis des fleurs et du fruit ; cependant, après mille services, un manant me fait tomber à terre à coups de hache : il coupe toutes mes branches, en fait du feu, et réserve mon corps pour être scié en planches. L'homme, se voyant ainsi convaincu : Je suis bien sot, dit-il, d'écouter une radoteuse et un jaseur. Aussitôt il foula la couleuvre aux pieds, et l'écrasa.

Le plus fort a toujours raison, et opprime le plus faible, parce que la force et la passion sont sourdes à la voix de la justice et de la vérité.

FABLE CENTIÈME.
Le Rat de Ville et le Rat des Champs.

Un Rat de Ville alla rendre visite à un Rat des Champs, son ancien compère. Soyez le bien venu, dit le dernier, vous dînerez aujourd'hui ici. Volontiers, dit le premier, je suis las de la bonne chère que je fais à la ville. Le Rat des Champs court, et apporte quelques petits grignons d'un fromage pourri, et un petit morceau de lard; c'était tout ce qu'il avait; il était pauvre. Le Rat de Ville ne sait que grignoter; il était accoutumé à faire meilleure chère. Le repas étant fini : Venez ce soir souper avec moi à la ville, dit-il à son camarade : vous verrez la différence qu'il y a entre mes repas et les vôtres. En vérité, mon cher ami, je vous plains très-sincèrement ; je ne sais pas comment vous pouvez faire pour ne pas mourir de faim: si vous voulez vous resterez toujours à la ville avec moi : mon trou est à votre service ; vous y vivrez splendidement; ma table sera la vôtre, et vous ferez toujours bonne chère. Vite, partons, dit le campagnard ; il me tarde d'être votre commensal.

Les deux amis partent, et arrivent vers minuit à une grande maison. Le Rat de Ville conduit son camarade dans un beau salon, étale devant lui, sur le coin d'un tapis de Perse, les mets les plus friands : rien n'y manquait, poulet, dindon.—Frère, comment trouvez-vous ce rôti ? N'est-il pas bien tendre ? Que pensez-vous de ce pâté de pigeonneaux ? Avouez que vous ne faites jamais de si bons repas à la campagne. Pendant qu'il fesait ainsi l'éloge de ses mets, sans donner le tems à son camarade d'avaler un morceau, un domestique ouvre la porte : adieu nos Rats ! ils décampent aussi vite qu'ils peuvent. Le Rat des Champs se fourre dans un coin ; il tremblait de tous ses membres, et maudissait cent fois, ami, rôti et pâté. Le Rat de Ville n'avait pas si peur ; il était en sûreté dans son trou : il avait oublié de le montrer à son ami, en cas de surprise. Cependant le domestique se retire : le Rat de Ville reparaît aussitôt, et rappelle son camarade. Venez, venez, le danger est passé pour le reste de la nuit : finissons notre repas, et puis nous mangerons pour notre dessert, du fruit délicieux, des noisettes, et des marrons. J'ai assez mangé, dit le campagnard encore effrayé : adieu, il faut que je retourne au logis. Je n'envie pas l'abondance, ni la délicatesse de vos repas : je préfère mes grignons à vos friandises. Fi du plaisir que la crainte peut corrompre !

Une fortune médiocre, avec la paix et le contentement, est préférable à l'abondance qui est accompagnée de soins, de craintes, et d'inquiétudes.

FIN

KEY TO

BOLMAR'S PERRIN'S FABLES.

---

¹*a*mi. *a*ne. t*e*. *é*crit. m*è*re. *ê*tre. *i*dole. g*î*te. op*é*ra. *ô*ter. t*ou*t v*oû*lt
² *a*t. arm. t*u*b. *a*le. m*a*re. th*e*re. *i*diom. *ee*l. *o*pera. *o*ver. t*oo*. f*oo*l.
m*u*r. m*û*r. j*eu*ne. j*eû*ne. b*oi*te. b*oî*te. *an*cre. *in*grat. *on*de. *un*. am*en*
⁴j, as *s* in pleasure. *gn*, as *ni* in union. *ill*, as *lli* in William.

Fa-ble pre-mi-èr.—le vi-la-joi é.l sèr-pan.
Fable première.—Le Villageois et le Serpent.
Fable First.——The Villager and the Serpent.

é-zop ra-kont k.un vi-la-joi trou-va sou z.un ‡ ê
Esope ¹raconte qu'un villageois ¹trouva sous une haie
Æsop relates that a villager found under a hedge

un sèr-pan prèsk mor de froi. tou-shé.d
un serpent presque mort de froid. ¹Touché de
a serpent almost dead of cold. (Touched of)—moved with-

kon-pa-si-on, il le pran é.l mè prè du feu. mè
compassion, il le †prend et le †met près du feu. Mais
*compassion, he ²it ¹takes and ²it ¹puts near *of the fire. But*

z.ô-si-tô k.la-ni-mal an-gour-di a san-ti la sha-leur, il lèv
aussitôt que l'animal engourdi a †senti la chaleur, il ¹lève
as soon as the ²animal ¹benumbed has felt the heat, it raises

la têt pour pi-ké son bi-in-fè-teur. ô! ô! è.s
la tête pour ¹piquer son bienfaiteur. Oh! oh! est-ce
*(the)—its—head *for to sting its benefactor. Oh! oh! is this*

la ma ré-kon-pans, di.l vi-la-joi. in-gra! tu
là ma récompense, †dit le villageois. Ingrat! tu
**there my recompense, said the villager. Ungrateful [creature!] thou*

mour-ra. a sè mô sè-zi-san t.un bâ-ton ki é-tè prè
†mourras. A ces mots ²saisissant un bâton qui était près
shalt die. At these words, seizing a stick which was near

d.lu-i il lu-i don un kou sur la têt é tû sèt bê
de lui il lui ¹donne un coup sur la tête et ¹tue cette bête
**of him he *to ²it ¹gives a blow on the head and kills this ²beast*

t.in-grat.—il i a dè z.in-gra; mè z.il ne fô
ingrate.—Il y a des ingrats; mais il ne †faut
*¹ungrateful.—There are *some ungrateful [people;] but (it)—we— must*

pâ pour s.la sè-sé d.ê-tre sha-ri-ta-ble.
pas pour cela ¹cesser d'être charitable.
*not for that *to cease *of to be charitable.*

‡ See letter h page 4.

¹ ami. âne. te. écrit. mère. être. idole. gîte. opéra. ôter. tout. voûts
² at. arm. tub. ale. mare there. idiom. eel. opera. over. too. fool.

       F. Se-gond.——l.ân   é.l   san-gli-é.
       F. Seconde.—L'Ane et le Sanglier.
       F. Second.——The Ass and the Wild Boar.

un   n.ân   u   l.in-pèr-ti-nans   de   su-i-vr.un san-gli-é
Un Ane eut l'impertinence de †suivre un Sanglier
An Ass had the impertinence *of to follow a Wild Boar

é.d   brèr a-prè lu-i pour l.in-sul-té. Sè t.a-ni-mal
et de †braire après lui pour l'¹insulter. Cet animal
and *of to bray (after)-at-him *for ³him ¹to ²insult. This ²animal

kou-ra-jeû an fu d.a-bor t.i-ri-té. Mè tour-nan la tét
courageux en fut d'abord ¹irrité. Mais ¹tournant la tête
¹courageous *of*it was at first irritated. But turning (the)-its-head

é* voi-yant d.ou vnè l.in-sult; il con-ti-nu-a tran-kil-man
et †voyant d'où †venait l'insulte; il ¹continua tranquillement
and seeing whence came the insult; he continued tranquilly

son shmin san z.o-no-ré   l.ân   d.un seul
son chemin sans ¹honorer   l'Ane d' une seule
his way, without (to honour)-honouring-the Ass (of)-with-a single

pa-rol.——le si-lans é.l mé-pri son la seul van-jans
parole.——Le silence et le mépris sont la seule vengeance
word.——*The silence and *the contempt are the only vengeance

k.un ga-lan t.om de-vrè ti-ré   d.un sô.
qu'un galant homme ³devrait ¹tirer d' un sot.
that a gallant man ought to (draw from)-take upon-a fool.

       F. troi-zi-èm.——le sinj.
       F. Troisième.—Le Singe.
       F. Third.——The Monkey.

kel vi bâs é an-nu-i-yeûz è sèl ke.j mèn
Quelle vie basse et ennuyeuse est celle que je ¹mène
What [a] ⁴life ¹low ²and ³tiresome is that which I lead

dan lè fo-rê a-vèk dè z.a-ni-mô stu-pid, moi ki su-i
dans les forêts avec des animaux stupides, moi qui suis
in the forests with *some ²animals ¹stupid, I who am

l.i-maj de l.om!   s.é-kri-è t.un sinj, dé-gou-té de
l'image de l'homme! s'¹'écriait un Singe, dégoûté de
the image of *the man! exclaimed a Monkey, disgusted (of

dmeu-ré   dan lè boi. il fô.k   ja-ill
¹demeurer   dans les bois Il †faut que j'¹aille
to live)-with living- in the woods *It ²must *that ¹I *may go [and]

*mur. mûr. jeune. jeûne. boite. boîte. ancre. ingrat. onde. un. amen
⁴j, as s in pleasure. gn, as ni in union. ill, as lli in William

vi-vre   dan   lè   vil,   a-vèk   dè   jan   ki.m   ré-san-ble,
vivre dans les villes, avec des gens qui me ¹ressemblent,
*to live   in   the cities,   with *some people who ²me ¹resemble,

é   ki   son   si-vi-li-zé.   il   i   a-la;   mè   z.il   s.an
et qui sont civilisés. Il y †alla; mais il s' en
and who are civilized. He *thither went; but he *himself* of *it

re-pan-ti   bi-in-tô; il   fu   pri,   an-shê-né   mo-ké   é   in-sul-té.
†repentit bientôt; il fut †pris, ¹enchaîné, ¹moqué et ¹insulté.
²repented   ¹soon: he was taken,   chained,   mocked and insulted.

fré-kan-té   vô   san-bla-ble,   é.n
¹Fréquentez   vos semblables,   et ne
(Frequent)-keep company with-   your   like,   and

sor-té   pâ.d   vot   sfèr.
†sortez   pas de votre sphère.
do ²get ³out ¹not of   your   sphere.

———

F. ka-tri-èm ——— le   sha   é   la   shôv   sou-ri.
F. Quatrième.—Le Chat et la Chauve-souris.
F. Fourth. ——— The Cat and the Bat.

un   sha,   é-yan t.é-té pri   dan   z.un fi-lè,   pro-mi t.a un
Un Chat, ayant été †pris dans un filet, †promit à un
A   Cat, having been taken in   a   net,   promised *to a

ra   ki   l.an   n.a-vè   dé-li-vré   de.n   plu   man-jé ni ra,
Rat qui l' en avait ¹délivré de ne plus ¹manger ni rats,
Rat which ³him*from*it ¹had ²delivered *of ³no ⁴more ¹to ²eat either rats,

ni   sou-ri.   il   a-ri-va   un   jour,   k.il   a-tra-pa   un
ni souris. Il ¹arriva un jour, qu'il 'attrapa une
or mice.   It happened   one   day, that he   caught   a

shôv   sou-ri   dan   z.un   granj.   le   sha   fu   d.a-bor
Chauve-souris dans une grange. Le Chat fut d'abord
Bat   in   a   barn.   The Cat was at first

t.an-ba-ra-sé: mè   z.ur.   mo-man t.a-prè,   il   di;   je n.ôz pâ
¹embarrassé: mais un moment après, il †dit; je n''ose pas
embarrassed: but   a   moment   after,   he said;   I dare not

te   man-jé   kom   sou-ri,   mè   je.t   man-jre
te ¹manger comme Souris, mais je te   ¹mangerai
³thee *to ¹eat   as   [a] Mouse,   but   I ³thee   ¹will ²eat

kom   oi-zô.   a-vèk   sèt   dis-tink-si-on   kon-si-an-si-euzv
comme oiseau. Avec cette distinction consciencieuse
as   [a] bird.   With   this   ²distinction   ¹conscientious

¹ami. âne. te. écrit. mère. être. idole. gîte. opéra. ôter. tout. voûte
² at.   arm. tub. ale.   mare. there. idiom. eel. opera. over. too. fool.

il an fi t.un bon rpâ.——lè pèr-son de mô-vèz
il en †fit un bon repas.—Les personnes de mauvaise
ʰhe ³of ⁴it ²made a good repast.—(The persons of bad

foi   ne mank   pâ.d   pré-tèkst,
foi   ne ¹manquent pas de   prétextes,
faith)-knaves— (do want not of)—are never at a loss for— pretexts,

          ni.d rè-zon pour jus-ti-fi-é leur in-jus-tis.
ni de raisons pour ¹justifier leur injustice.
or *of reasons *for to justify their injustice.

———

        F. sin-ki-èm. ——lè deû gre-nou-ill.
        F. Cinquième.—Les deux Grenouilles.
        F. Fifth.——The two Frogs.

deû   gre-nou-ill ne pou-van   plu   rès-té
Deux Grenouilles ne †pouvant plus   ¹rester
Two   Frogs   ²no ¹being ⁴able (more)-³longer— to remain

dan leur ma-ré   dé-sé-shé par la sha-leur de l.é-té,
dans leur marais desséché, par la chaleur de l'été,
in   their fen   dried up   by the heat . of the summer,

kon-vinr   d.a-lèr an-san-ble   shèr-shé   d.l.ô
†convinrent d'†aller ensemble   ¹chercher de   l'eau
agreed   *of to go together [and]*to look for some water

a-ill-eur: a-prè z.a-voir   bô-kou   voi-ya-jé   èl
ailleurs: après   avoir   beaucoup ¹voyagé,   elles
elsewhere: after (to have)-having-²much ¹travelled, they

z.a-ri-vèr   t.ô-prè   d.un   pu-i.   ve-né, di l.un a
¹arrivèrent auprès d'un puits. †Venez, †dit l'une à
arrived   near   *of a   well.   Come, said the one to

l.ô-tre, dé-san-don san shèr-shé plu lou-in.
l'autre, ⁴descendons sans ¹chercher plus loin.
the other, let us go down without (to seek more far)-seeking farther.-

vou   par-lé trè   z.a vo-tr.èz di sa   kom-pa-gn:
Vous ¹parlez très   à votre aise, †dit sa compagne:
You   speak very [much] at your ease, said her companion:

mè si l.ô vnè   t.a nou man-kèr i-si, ko-man
mais si l'eau †venait   à nous ¹manquer ici, comment
but if the water (came)-should-*to ²us *to ¹fail here, how

t.an   sor-ti-ri-on nou?——nou.n   de-vri-on ja-mè
en   †sortirions-nous?—Nous ne   ³devrions jamais
*of*it ¹could ³get ⁴out ²we?——We   should   never

³ mur. mûr. jeune. jeûne. boite. boîte. ancre. ingrat. onde. un. union.
⁴ j, as s in pleasure. gn, as ni in union. ill, as lli in William.

z.an-tre-pran-dre u n.ak-si-on d-in-por-tans, san z.an bi-in
†entreprendre une action d'importance, sans en bien
*to undertake an action of importance, without *of *it well

kon-si-dé-ré lè . su-it.
¹considérer les . suites.
(to consider the)—considering its—consequences.

F. si-zi-èm.——l.è-gle é sè z.è-glon.
F. Sixième.—L'Aigle et ses Aiglons
F. Sixth.———The Eagle and its Eaglets.

un n.è-gle s.él-vè t.a-vèk sè z.è-glon jus-kô nû.
Un Aigle s'¹¹élevait avec ses Aiglons jusqu'aux nues.
An Eagle *itself rose with its Eaglets in to the clouds.

kom vou re-gar-dé fiks-man.l so-lè-ill! lu-i
Comme vous ¹regardez fixement le soleil! lui
How you (loook at steadfastly)—stare at—the sun! *to* it

dîr lè pti; il ne vou z.é-blou-i pâ. mè fis,
†dirent les petits; il ne vous ²éblouit pas. Mes fils,
said the little [ones]; it ⁴you ¹does ³dazzle ²not. My sons,

ré-pli-ka le roi dè z.oi-zô, mon pèr, mon n.a-yeul, mon
¹répliqua le roi des oiseaux, mon Père, mon aïeul, mon
replied the king of the birds, my father, my grandfather, my

bi-za-yeul, é mè z.an-sè-tre l.on re-gar-dé de
bisaïeul, et mes ancêtres l'ont ¹regardé de
greatgrandfather, and my ancestors ⁴him ¹have ²loooked ³at (of)—in the—

mêm; su-i-vé leur èg-zan-ple é.l mi-in, il ne
même; †suivez leur exemple et le mien, il ne
same [manner;] follow their example and *the mine, he

pou-ra ja-mè vou fèr bè-sé lè po-pi-èr.
†pourra jamais vous †faire ¹baisser les paupières
will ²be ³able ¹never *to ³you ¹to ²make cast down (the)—your— eye lids.

il a-riv or-di-nèr-man ke lè vèr-tu é lè bon
Il ¹arrive ordinairement que les vertus et les bonnes
It ²happens ¹commonly that the virtues and *the good

ka-li-té du pèr son trans-miz a sè z.an-fan; lè lson
qualités du père sont †transmises à ses enfans; les leçons
qualities of the father are transmitted to his children: *the lessons

ⁱami. âne. te. écrit. mère être. idole. gîte. opéra. ôter. tout. voûte
² at. arm, tub. ale. mure. there. idiom. eel. opera. over. too. fool.

    é.l   bon   n.èg-zan-ple   a-shèv   se.k   la   na-tûr
et le   bon   exemple   ˡachèvent ce que la nature a
and *the good example   finish   what *the nature has*
ko-man-sé.
ˡcommencé.
begun.

    F. sè-ti-èm.———le   sha-seur   é son shi-in.
    F. Septième.—Le Chasseur et son Chien.
    F. Seventh.———The Hunter and his Dog.

un   sha-seur   a-kon-pa-gné   d.un n.é-pa-gneul, vi
Un Chasseur, ˡaccompagné d'   un Epagneul, ⱡvit
A Hunter, accompanied (of)—by- a Spaniel, saw

t.uɴ bé-ka-siɴ, é ô mêm ins-tan uɴ kou-ple de pèr-dri.
une bécassine, et au même instant une couple de perdrix.
a snipe, and at the same instant a couple of partridges.

sur-pri, il mi-ra la bé-ka-siɴ é lè pèr-dri, vou-lan
ⱡSurpris, il ˡmira la bécassine et les perdrix, ⱡvoulant
Surprised, he aimed [at] the snipe and [at] the partridges, determined

lè ti-ré tout; mè z.il man-ka son kou. â! mon
les ˡtirer toutes; mais il ˡmanqua son coup. Ah! mon
³them ¹to ²shoot all; but he missed his aim. Ah! my

bon mê-tre, di.l shi-in vou.ɴ, de-vri-é ja-mè vi-zé a
bon maître, ⱡdit le chien vous ne ³devriez jamais ˡviser à
good master, said the dog you should never aim at

deû bu. si vou n.a-vi-é pa z.é-té é-blou-i é sé-du-i par
deux buts. Si vous n'aviez pas été ²ébloui et ⱡséduit par
two marks. If you had not been dazzled and seduced by

ès-pé-rans tron-peûz dè pèr-dri, vou n.o-ri-é pâ
l'espérance trompeuse des perdrix, vous n'auriez pas
the ²hope ˡdeceitful of the partridges you would ²have ˡnot

man-ké la bé-ka-siɴ.——on ré-u-si rar-man dan sè
ˡmanqué la bécassine.——On ²réussit rarement dans ses
missed the snipe.——One ²succeeds ˡseldom in his

pro-jè, kan t.on.s pro-pòz deû fin; par.s ke lè
projets, quand on se ˡpropose deux fins; parce que les
projects, when he ²to ³himself ˡproposes two ends; because the

~ur. mûr. jeune. jeûne. boite. boîte. ancre. ingrat. onde. un. ainsi
j, as s in pleasure. gn, as ni in union. ill, as lli in William.

moi-yin   k.on   n.è   t.o-bli-jé.d   pran-dre,   di-vîz   tro
moyens   qu'on   est   'obligé de   †prendre,   'divisent trop
means   *that he is*   *obliged *of* *to take,*   *divide   too much*

         l.a-tan-si-on.
·l'   attention.
(the)-his—attention.

F. u.i-ti-èm.——le   shên   é.l   si-ko-mor.
F. Huitième.——Le Chêne et le Sycomore.
F. Eighth.——The Oak and the Sycamore.

un   shên   é-tè   plan-té   prè   d.un   si-ko-mor.   le
Un   Chêne   était   'planté   près   d'un   Sycomore.   Le
*An   Oak   was   planted   near *of* a   Sycamore.   The*

dèr-ni-é   pou-sa   dè   feu-ill   dè.l   ko-mans-man
dernier   'poussa   des   feuilles   dès le commencement
*latter   shooted [forth] *some leaves from the   beginning.*

du   prin-tan,   é   mé-pri-za   l.in-san-si-bi-li-té   du   pre-mi-é.
du   printemps,   et   'méprisa   l'insensibilité   du   premier
of the spring,   and despised   the insensibility   of the first.

voi-zin,   di.l   shên,   ne   kont   pâ   tro   sur   lè
Voisin,   †dit le   Chêne,   ne   'compte pas   trop   sur   les
Neighbour   said the   Oak,   do   ²rely   ¹not too much on   the

ka-rès   de   shak   zé-fir   in-kons-tan.   le   froi   peu
caresses   de   chaque   zéphyr   inconstant.   Le   froid   †peut
*caresses   of   every   ²zephyr   ¹fickle.   *The cold   may*

re-vnir.   pour   moi,   je.n   su-i   pâ   prè-sé.d
†revenir.   Pour   moi,   je ne   suis   pas   'pressé   de
*return.   As for me,   I   am   not   (hurried)-in a hurry-*of*

pou-sé   dè   feu-ill;   j.a-tan   k.la   sha-leur
'pousser   des   feuilles;   j'⁴attends   que   la   chaleur
*to shoot [forth] *some leaves;   I   wait   (that)-till- the heat*

soi · kons-tant.   il a-vè   rè-zon.   un   jlé
soit constante.   Il avait   raison.   Une   gelée
be constant.   He (had reason)-was in the right.-   A   frost

dé-tru-i-zi   lè   bô-té   nè-sant   du   si-ko-mor.   é   bi-in!
†détruisit les beautés   naissantes du   Sycomore.   Eh bien!
destroyed the ²beauties   'growing   of the Sycamore.   Well.

di   l.ô-tre,   n.a-vè.j   pâ   rè-zon   de.n   me
†dit l'autre,   n'avais-   je pas   raison   de ne me
*said the other,   (had)-was-I   not (reason)-in the right-*of*   ⁴myself*

¹ ami. âne. te. écrit. mère. être. idole. gîte. opéra. ôter. tout. voûte
² at. arm. tub. ale. mare. there. idiom. eel. opera. over. too. fool.

pâ prê-sé?——ne kont pâ sur lè ka-rès, ni sur
pas 'presser?—Ne 'compte pas sur les caresses, ni sur
¹not ²to ³hurry?———Do ²rely ¹not on *the caresses, or on

lè pro-tès-ta-si-on z.èk-sè-sìv; èl son t.or-di-nèr-man de
les protestations excessives; elles sont ordinairement de
*the ²protestations ¹excessive; they ²are ¹commonly of

kourt du-ré.
courte durée.
short *duration.*

---

neu-vi-èm.——le pê-sheur é.l pti poi-son.
F. Neuvième.—Le Pêcheur et le Petit Poisson.
F. Ninth.———The Fisherman and the Small Fish.

un pê-sheur ti-ra d.un ri-vi-èr un poi-son trè p.ti.
Un Pêcheur 'tira d'une rivière un Poisson très-petit.
A Fisherman drew [out] of a river a Fish very small.

trè bi-in, di.l bon n.om; voi-la un n.eu-reû
Très bien, †dit le bon homme; voilà un heureux
Very well, said the good man; this is a lucky

ko-mans-man. mi-zé-ri-kord! s.é-cri-a le pti poi-son,
commencement. Miséricorde! s'¹écria le petit Poisson,
beginning. Mercy! exclaimed the little Fish,

an sa-ji-tan t.ô bou d.la li-gn, ke vou-lé vou fèr
en s'¹agitant au bout de la ligne, que †voulez-vous †faire
**in ²itself ¹agitating at the end of the line, what will you *to do*

de moi? je.n su-i pâ plu grô k.un
de moi? Je ne suis pas plus gros qu'une
(of)-with-me? I am not (more big)-larger- than a

she-vrèt: il vou z.an fo-drè plu.d
chevrette: il vous en †faudrait plus de
shrimp: it *to you* *of* *them would (be needful) -need—more (of)-than a-*

san d.ma ta-ill pour fèr un pla; é kèl pla! il. ne
cent de ma taille pour †faire un plat; et quel plat! Il ne
*hundred of my size *for to make a dish; and what dish! It*

su-fi-rè pâ pour vot dé-jeu-né. je vou prî,
†suffirait pas pour votre déjeuner. Je vous ¹prie,
would ²suffice ¹not for your breakfast. I ³you ¹beg [²of],

re-jté moi dan l.ô; il i a un gran non-bre de
¹rejetez-moi dans l'eau; il y a un grand nombre de
throw ²back ¹me into the water; there is a great number of

ˢ mur. mûr. jeune. jeûne. boite. boîte. ancre. ingrat. onde. un. amen.
⁴ j, as ſ in pleasure.   gn, as ni in union.   ill, as lli in William.

grô   poi-son   ki   fron   mi-eû   vo-   tr.a-fèr.
gros   poissons   qui   †feront   mieux   votre affaire.
large   fishes   which   will do   better   (your affair)-for you.

pti   t.a-mi   ré-pli-ka.l   pê-sheur: vou z.a-vé bô
Petit   ami,   ¹répliqua le Pêcheur: vous avez beau
Little' friend, replied the Fisherman: ⁵you (have fine)-¹it ²is ³in

          pri-é,   vou   sré   fri   dè   se soir.——s.ke
         ¹prier,   vous serez   †frit   dès   ce soir.—Ce que
*⁴vain-*to pray, you shall be fried (from)-²very-¹this evening.—What*

l.on n.a,   vô   mi-eû   ke.s   ke   l.on n.ès-pèr.
l'on a,   †vaut mieux   que ce que l'on ¹espère.
*one has is*worth better than what one hopes [for.]*

F.   di-zi-èm.——le li-on, le ti-gre,   é.l   re-nâr.
F.   Dixième.—Le Lion, le Tigre, et le Renard.
F.   Tenth.——The Lion, the Tiger, and the Fox.

un   li-on   é   un ti-gre, tou t.é-pu-i-zé, a fors de.s
Un   Lion   et un Tigre, tout épuisés, à force de   se
A   Lion and a Tiger, quite exhausted, by dint of (themselves

ba-tre   ô   su-jè   d.un jeun fan   k.il
†battre   au sujet d'   un jeune faon   qu'ils
to fight)-fighting-(at the subject of)-about-a young fawn which they

z.a-vè   tu-é,   fûr   t.o-bli-jé de.s   je-té   a
avaient ¹tué, furent ¹obligés de se   ¹jeter   à
*had   killed, were   obliged *of ³themselves ¹to ²throw-(to)-on the-*

tèr,   ne   pou-van   kon-ti-nu-é   leur   kon-ba.   pan-dan
terre, ne †pouvant ¹continuer   leur   combat.   Pendant
ground, not being able to continue their combat.   Whilst

k.il   z.é-tè   dan   sèt si-tu-a-si-on, un   rnâr   vin   é
qu'ils   étaient dans cette situation,   un   Renard †vint et
**that they were in this situation,   a   Fox   came and*

anl-va   leur prot,   san   k.ô-kun   dè   deû
¹enleva leur proie,   sans   qu'aucun   des   deux
carried off their prey, without (that any)-either- of the two

kon-ba-tan   pû   s.i o-pô-zé.   a-mi, di.l   li-on
combattans †pût   s'   y ¹opposer. Ami, †dit le Lion
*combatants could *himself. *to ²it *to ¹oppose. Friend, said the Lion*

ô   ti-gre,   voi-la.l   fiu-i de   not   sot   dis-put: èl   nou
au Tigre, voilà   le fruit de notre sotte dispute: elle nous
to the Tiger, there is the fruit of   our foolish dispute: it   ³us

anu. âne. te. écrit. mère. être. idole. gite. opéra. ôter. tout. voûta.
²at.   arm. tub. ale.   mare. there. idiom. eel. opera. over. too. fool.

z.a mi   or   d.é-ta   d.an-pê-shé   s.ko-kin de   rnâr
a †mis   hors   d'état   d'¹¹empêcher ce coquin de   Renard
¹has ²put out   of state   *of to prevent this rascally *of   Fox

d.anl-vé   not   proï; il nou z.a du-pé
d'¹¹enlever   notre proie; il nous a ¹dupé
(of to carry off)—from carrying off— our prey; he ³us ¹has ²duped

l.un n.é l.ô-tre.—   kan   deû sô   se   dis-put,
l'un et l'autre.—   Quand deux Sots se   ¹disputent,
(the one and the other)—both.—When two fools *themselves quarrel,

il   son t.or-di-nèr-man   lè   dup   de leur   sot   ke-rèl;
ils sont ordinairement les dupes de leurs sottes querelles;
they ²are ¹commonly the ²dupes of their foolish quarrels;

un troi-zi-èm   an   fè son pro-fi.
un troisième   en †fait son profit.
a   third   ⁴of ⁵it ¹makes ²his ³profit.

———

F. on-zi-èm.———le   lou   dé-gi-zé.
F. Onzième.—Le Loup déguisé.
F. Eleventh.———The ²Wolf ¹disguised.

un lou la tèr-reur d.un trou-pô, ne sa-vè ko-man
Un Loup la terreur d'un troupeau, ne †savait comment
A Wolf the terror of a flock, ²not ¹knew (how)—

       fèr   pour a-tra-pé   dè mou-ton: le bèr-gé é-tè
     †faire pour ¹attraper des moutons: le berger était
what—to do   *for   to catch *some sheep: the shepherd was

con-ti-nu-èl-man   sur   sè   gard.   l.a-ni-mal vo-ras
continuellement   sur ses gardes. L'animal   vorace
continually   on   his   guard. The ²animal ¹voracious

s.a-vi-za de.s   dé-gi-zé   d.la
s'¹avisa   de   se   ¹déguiser de   la
(himself advised of)—thought he would—²himself *to ¹disguise (of)—in-the

   pô   d.un   bre-bi   k.il   a-vè   t.anl-vé   kèlk   jour
peau d'une brebis qu'il avait ¹enlevée quelques jours
skin of a   sheep which he had carried away some   days

z.ô-pa-ra-van.   le   stra-ta-jèm lu-i ré-u-si   pan-dan
auparavant   Le stratagême lui ²réussit pendant
before.   The stratagem *to *him succeeded (during)—for—

   kèlk   tan;   mè z.an-fin.l bèr-gé dé-kou-vri l.ar-ti-fis,
quelque tems; mais enfin le berger †découvrit l'artifice,
some   time; but   at last the shepherd discovered the artifice,

ᵃ inur. mûr. jeune. jeûne. boile. boîte. ancre. ingrat. onde. un. amen.
⁴ j, as s in pleasure. gn, as ni in union. ill, as lli in William.

a-ga-sa   lè shi-in kon-tre   lu-i; il   lu-i   a-ra-shèr
¹agaça   les chiens contre   lui; ils lui ¹arrachèrent
provoked)-set-the dogs (against)-on-him; they*from*him pulled ³off

la toi-zon   de.d   su   lè   z.é-pôl,   é.l   mir
la toison de dessus les   épaules, et   le †mirent
¹he ²fierce *of *above (the)-his-shoulders, and ²him (put)-¹tore-

t.an pi-ès.——ne vou   fi-é   pâ   tou-jour   a l.èk-sté-ri-eur.
en pièces.—Ne vous ¹fiez pas toujours à l'extérieur.
in pieces.——* Yourself do ³trust ¹not ²always to the exterior.

un n.om de juj-man   é.d   pé-né-tra-si-on ne juj pâ
Un homme de jugement et de pénétration ne ¹juge pas
A man   of judgment and of penetration   judges not

slon   lè   z.a-pa-rans: il sè   k.il i a dè   lou
selon les   apparences: il †sait qu'il y a des Loups
according (the)-to-appearances. he knows that there are *some ²Wolves

dé-gi-zé   dan.l   mond.
déguisés dans le monde.
¹disguis'd in the world.

      F. dou-zi-èm.——lè   z.o-rè-ill du   li-è-vre.
      F. Douzième.—Les Oreilles du Lièvre.
       F. Twelfth.——The Ears of the Hare.

un li-on fu t.un jour blé-sé par lè korn d.un to-ro
Un Lion fut un jour ¹blessé par les cornes d'un taureau.
A Lion was one day wounded by the horns of a Bull.

dan sa ko-lèr,   il   ba-ni.d   son roi-yôm tout lè
Dans sa colère, il ²bannit de son royaume toutes les
In   his anger, he banished from his kingdom all   the

bêt z.a korn;   shè-vre, bé-li-é,   din   é   sèr
bêtes à cornes; chèvres, béliers, daims et cerfs
²beasts (at horns)-¹horned;- goats, rams, deers and stags

dé-kan-pèr t.ô-si-tô.   un li-è-vre, voi-yan l.on-bre de
¹décampèrent aussitôt. Un Lièvre, †voyant l'ombre de
 decamped immediately. A Hare, seeing the shadow of

sè   z.o-rè-ill, an   fu t.a-lar-mé, é.s   pré-pa-ra a
ses oreilles, en fut ¹alarmé, et se ¹prépara à
his   ears, *of*it was alarmed, and *himself prepared to

dé-kan-pèr   ô-si. a-di-eu, kou-zin, di-t.il a un n.ô-tre, il
décamper. aussi. Adieu, cousin, †dit-il à un autre, il
 decamp   also. Adieu, cousin, said he an other, *it

¹ami. âne. te. écrit. mère être. idole. gîte. opéra. ôter. tout. voûte
² at. arm, tub. ale. mare. there. idiom. eel. opera. over. too. fool.

fô ke.j part d.i-si: je krin k.on.n prèn
†faut que je †parte d'ici: je †crains qu'on ne †prenne
²must *that ¹I ³depart *from*here: I fear that they (not may take)

mè z.o-rè-ill pour dè korn. me pre-né
mes oreilles pour des cornes. Me †prenez
—will take— my ears for *some horns. ⁴Me ¹do ³take

vou pour un n.in-bé-sil? di.1 kou-zin: se son dè z.o-rè-ill
vous pour un imbécille? †dit le cousin: ce sont des oreilles,
²you for a fool? said the cousin: they are *some ears,

sur mon n.o-neur. on lè fra pa-sé pour dè
sur mon honneur. On les †fera *¹passer pour des
on my honour. They ³them ¹will ²make *to ⁴pass for *some

korn, ré-pli-ka l.a-ni-mal krin-tif; j.o-ré bô
cornes, ¹répliqua l'animal craintif; j'aurai beau
horns, replied the ²animal ¹fearful; I shall (have fine)-⁴in⁵vain-

dir é pro-tès-té, on n.é-kou-tra ni mè pa-rol
†dire et ¹protester, on n'¹¹écoutera ni mes paroles
*to ¹speak ²and *to ³protest, they will ²listen ¹neither [to] my words

ni mè pro-tès-ta-si-on.—l.i-no-sans né pa z.a
ni mes protestations.—L'innocence n'est pas à
nor [to] my protestations.——*The innocence is not (at

la-bri d.l.o-prè-si-on.
l'abri de l'oppression.
the shelter)-sheltered-from *the oppression.

F. trè-zi-èm.——l.om é la blèt.
F. Treizième.—L'Homme et la Belette.
F. Thirteenth.——The man and the Weasel.

mi-zé-ri-kord! s.é-kri-a un blèt, se voi-yan prîz par
Miséricorde! s'¹¹écria une Belette, se †voyant prise par
Mercy! exclaimed a Weasel, ²herself ¹seeing taken by

un n.om; je vou kon-jûr de.m lè-sé la
un homme.; je vous ¹conjure de me ¹laisser la
a man; I ²you ¹conjure *of ¹to ³me (to leave)-²grant-(the)- my-

vî; pu-is-ke s.è moi ki dé-li-vre vot mè-zon
vie; puisque c'est moi qui ¹délivre votre maison
life; since it is I who (deliver)-free- your house

dè sou-ri é dè ra. in-pèr-ti-nant,
des souris et des rats. Impertinente,
from *the mice and *from *the rats. Impertinent [creature,]

ᵢ *mur. mûr jeune. jeûne. boite. boîte. ancre. ingrat. onde. un. amon.*
ᴊ j, *as* s *in pleasure.* gn, *as* ni *in union.* ill, *as* lli *in William.*

ré-pli-ka	l.om,		ko-man	t.ôz	tu	te	van-tè.d
'répliqua	l'hômme,	comment		'oses-tu	te	'vanter	de
replied	*the man,*	*how*		*darest thou*	**thyself*	*boast*	*of*

bi·u. fè	z.i-ma-ji-nèr'	se	n.è	pâ	pour	moi	ke	tu	vi-in
biεnfaits	imaginaires?	Ce	n'est	pas	pour	moi	que	tu	†viens
²*servɩɩes*	¹*imaginary?*	*It*	*is*	*not*	*for*	*me*	*that*	*thou*	*comest*

z i-si	a	la	shas;	se	n.è	ke	pour	man-jé	le
ici	à	la	chasse;	ce	n'est	que	pour	'manger	le
hither	(*to*	*the*	*chase*)-*to hunt;-*	*it*	*is*	*only*	**for*	*to eat*	*the*

grin	ke	tu	trouv,	ô	dé-fô.d	sou-ri:	tu	mour-ra.
grain	que	tu	ιtrouves,	au	défaut	de souris:	tu	†mourras.
grain	*that*	*thou*	*findest,*	*at the*	*lack*	*of mice:*	*thou*	*shalt die.*

il	n.u	pâ	plu-tô	t.ash-vé	s.dis-kour,	k.il	la	tu-a.
Il	n'eut	pas	plustôt	'achevé ce	discours,	qu'il	la	'tua.
He	*had*	*no*	*sooner*	*finished this*	*discourse,*	*than he* ²*her*	¹*killed.*	

seû	ki	sou	pré-tèkst	de	shèr-shé	l.a-van-taj	dè
Ceux	qui	sous	prétexte	de	'chercher	l'avantage	des
Those	*who*	*under*	*pretext*	*of*	(*to seek*)-*seeking*-*the advantage of**		*the*

z.ô-tre,	leur	nu-iz,	é.ɴ	shèrsh	ke	leur	pro-pr-
autres,	leur	†nuisent,	et ne	'cherchent	que	leur	propre*
others,	²*them*	¹*injure,*	*and*	*seek*	*only*	*their*	*own*

in-té-rê,	peuv	se	rko-nê-tre	dan	sèt	fʌ-ble.
intérêt,	†peuvent	se	†reconnaître	dans	cette	fable.
interest,	*may*	²*themselves*	¹*recognise*	*in*	*this*	*fable.*

F. ka-tor-zi-èm.——le lou é l.âɴ ma-laʟ.
F. Quatorzième.—Le Loup et l'Ane malade.
F. *Fourteenth.——The* Wolf *and the* ²*Ass* ¹*sick.*

un	n.âɴ	é-tè	t.a-ta-ké		d.uɴ	fi-è-vre	vi-o-lant.
Un	Ane	était	'attaqué	d'	une	fièvre	violente.
An	*Ass*	*was*	(*attacked of*)-*seized with-*	*a*	²*fever*	¹*violent.*	

un	lou.d	bon	n.a-pé-ti	a-pre-nan	sèt	nou-vèl,	a-la
Un	loup de	bon	appétit	†apprenant	cette	nouvelle,	†alla
A	*Wolf of*	*good*	*appetite*	*hearing*	*this*	*news,*	*went*

ran-dre	viz-it	ô	ma-lad;	mè	z.il	trou-va	l.é-ta-blu
'rendre	visite	au	malade;	mais	il	'trouva	l'étable
to (*render*)-*pay a-*	*visit*	*to the*	*sick;*	*but*	*he*	*found*	*the stable*

fèr-mé.	il	fra-pa:	un	jeu-	n.âɴ,	fis	du	ma-lad,	alla
fermée.	Il	'frappa:	un	jeune	âne,	fils	du	malade,	†alla
ʟut.	*He*	*knocked: a*		*young*	*ass,*	*son*	*of the*	*sick,*	*went*

¹ ami. âne. te. écrit. mère. être. idole. gite. opéra. ôter. tout. vont*
² at. arm. tub. alo. mare. there. idiom. eel. opera. over. too. fool.

voir ki fra-pè. mon n.a-mi, di.l lou, de grâs
†voir qui ¹frappait. Mon ami, †dit le Loup, de grâce
to see who knocked. My friend, said the Wolf, (of grace)—pray-

ou-vré-moi* la port. ko-man s.port vot
†ouvrez-moi la porte. Comment se ¹porte votre
*open *to me the door. How (himself carries)—is— your*

pèr? je su-i vnu èks-prè pour le voir; s.è mon n.a-mi,
père? Je suis †venu exprès pour le †voir; c est mon ami,
*father? I am come expressly *for ³him ¹to ²see; he is my friend,*

é.j m.in-té-rès bô-koup a sa san-té.
et je m'¹intéresse beaucoup à sa santé.
and I (myself interest)—am ²interested— ¹much (to)—in—his health.

ô! mon pèr se port bô-koup mi-eû ke vou.n
Oh! mon père se ¹porte beaucoup mieux que vous
Oh! my father (himself carries)—is— much better than you

dé-zi-ré, ré-pon-di l.â-non; il m.a ko-man-dé de.n
ne ¹désirez, †répondit l'ânon; il m'a ¹commandé de ne
*not desire, replied the little ass; he ³me¹has ²commanded *of not*

lè-sé an-tré pèr-son.——il i a bô-kou.d jan
¹laisser ¹entrer personne.—Il y a beaucoup de gens
*to let ³come ⁴in [¹any] ²person.——There are many *of people*

don lè vi-zit z.ô ma-lad son t.ô-si in-té-ré-sé ke
dont les visites aux malades sont aussi intéressées que
*whose *the visits to the sick are as interested as*

sèl du lou a l.ân.
celle du Loup à l'Ane.
that of the Wolf to the Ass.

———

F. kin-zi-èm.——l.ân é son mê-tre.
F. Quinzième.——L'Ane et son Maître.
F. *Fifteenth.——The Ass and his Master.*

un n.ân trou-va par a-zâr un pô.d li-on, é
Un Ane ¹trouva par hasard une peau de Lion, et
An Ass found by chance (a)-the- skin of [a] Lion, and

s.an rvê-ti. in-si dé-gi-zé, il a-la dan lè
s' en †revêtit. Ainsi déguisé, il †alla dans les
²himself (of it)—³in ⁴it— ¹clothed. Thus disguised, he went into the

fo-rê, é ré-pan-di par-tou la tèr-reur é la kons-tèr-na-si-on:
forêts, et ¹répandit partout *la terreur et la consternation
*forests, and spread everywhere *the terror and *the consternation.*

³ mur. mûr. jeune. jeûne. boite. boîte. ancre. ingrat. onde. un. amen.
⁴ j, as s in pleasure. gn, as ni in union. ill, as lli in William

tou lè z.a-ni-mô fu-i-yè dvan lu-i. an-fin il ran-kon-tra
tous les animaux †fuyaient devant lui. Enfin il 'rencontra
all the animals fled before him. At last he met

son mê-tre k.il vou-lu t.é-pou-van-tèr A-si; mè.l bon
son maître qu'il †voulut ¹épouvanter aussi; mais le bon
his master whom° he wished to frighten a-so; but the good

n.om, a-pèr-se-van kèlk shôz de lon, ô deû
homme, ²apercevant quelque chose de long, aux deux
man, perceiving some thing °of long, (at the two)-

kô-té d.la têt d.l.a-ni-mal, lu-i di: mê-tre
côtés de la tête de l'animal lui †dit: maître
on both- sides of the head of the animal, ³him ¹said: master

bô-dè, koik vou soi-yé vê-tu kom un li-on,
Baudet, quoique vous soyez †vêtu comme un Lion
Ass, although you (may be)-are- clothed as a Lion,

vô z.o-rè-ill vou tra-is, é mon-tre ke vou n.êt
vos oreilles vous ²trahissent, et ¹montrent que vous n'êtes
your ears ²you ¹betray, and show that you are

ré-èl-man k.un n.âN.—un sô a tou-jour z.un n.an-droi
réellement qu'un Ane.—Un Sot a toujours un endroit
really but an Ass.—A Fool has always a (place)-

ki.l dé-kou-vre é.l an ri-di-kul.
qui le †découvre et le ⁴rend ridicule.
weak side-which ²him (discovers)-¹exposes-and ²him ¹renders ridiculous.

l.a-fèk-ta-si-on è t.un just su-jè.d mé-pri.
L'affectation est un juste sujet de mépris.
°The affectation is a just subject of contempt.

F. sè-zi-èm.——l.è-gle, la kor-nè-ill, é.l bèr-jé.
F. Seizième.—L'Aigle, la Corneille, et le Berger.
F. Sixteenth.—-The Eagle, the Crow, and the Shepherd.

un n.è-gle pla-nè dan l.èr: il vi t.un n.a-gnô, fon-di
Un Aigle ¹planait dans l'air: il †vit un agneau, ⁴fondit
An Eagle was hovering in the air: he saw a lamb, darted

sur lu-i, é l.anl-va dan sè sèr. un kor-nè-ill,
sur lui, et l'²enleva dans ses serres. Une Corneille,
upon him, and ²him ¹carried ³away in his talons. A Crow,

plu fè-ble, mè non mou-in glou-ton, vi sè t.èks-ploi é
plus faible, mais non moins gloutonne, †vit cet exploit et
e weak but not less greedy. saw this exploit and

ami.	âne.	te.	écrit.	mère.	être.	idole.	gîte.	opéra.	ôter.	tout.	voûte
at.	arm.	tub.	ale.	mare.	there.	idiom.	eel.	opera.	over.	too.	fool.

an-tre-pri d.l.i-mi-té; èl fon-di sur un bé-li-é plin.d
†entreprit de l'²imiter; elle ⁴fondit sur un bélier plein de
undertook **of** ³it ¹to ²imitate; she darted upon a ram full of

lèn é vou-lu s.an sè-zir; mè sè grif
laine et †voulut s'en ²saisir; mais ses griffes
wool and wished *herself *of ³it ¹to ²seize; but ' her claws [got]

s.an-ba-ra-sèr tèl-man dan la toi-zon, kèl ne
s'¹¹embarrassèrent tellement dans la toison, qu'elle ne
*themselves ²entangled ¹so in the fleece, that she ²not

pu s.é-sha-pé. â! â! di.l bèr-gé, je
†put s'¹échapper. Ah! ah! †dit le berger, je
†could [make her] *herself* to escape. Ah! ah! said the shepherd, I

vou ti-in: vou z.a-vé bô tâ-shé d.vou
vous ††iens: vous avez beau †tâcher de vous
²you ¹hold: ¹you (have fine)—³in ⁴vain— *to ²try *of ⁷yourself

dé-ba-ra-sé: vô z.é-for son ti-nu-til: vou sèr-vi-ré.d
débarrasser: vos efforts sont inutiles: vous †servirez de
⁵to ⁶extricate: your efforts are useless: you will serve (of)-for a-

jou-è a mè z.an-fan; vrè-man, il z.an sron bi-in n.èz.
jouet à mes enfans; vraiment, ils en seront bien aises.
play thing to my children; t-uly, ¹they ⁶of ⁷it ²will ³be ⁴very ⁵glad.

sla a-pran-dra a tout vot ras a.n pâ z.i-mi-té
Cela †apprendra à toute votre race à ne pas ¹imiter
That will teach *to all your race *to(not)—neither— to imitate

l.è-gle, ni a an-tre-pran-dre kèlk shôz ô.d- su. d
l'Aigle, ni à †entreprendre quelque chose au-dessus de
the Eagle, nor to undertake any thing above *of

vô fors.——dan tou.s ke vou z.an-tre-pre-né,
vos forces.—Dans tout ce que vous †entreprenez,
your capacities.—In all *what you undertake,

me-zu-ré vô fors.
¹mesurez vos forces.
measure your strength.

F. dis sè-ti-èm.——le shar-pan-ti-é él sinj.
F. Dix-septième.—Le Charpentier et le Singe.
F. Seventeenth.———The Carpenter and the Monkey.

un sinj re-gar-dè t.a-vè k.a-tan-si-on un shar-pan-ti-é
Un Singe ¹regardait avec attention un Charpentie
A Monkey looked with attention [at] a Carpenter

¹ mur. mûr. jeune. jeûne. boile. boite. ancre. ingrat. onde. un. amen.
⁴ j, as *s* in pleasure. *gn*, as *ni* in union. *ill*, as *lli* in William.

ki   fan-dè   t.un mor-sô.d   boi a-vèk   deû   kou-in   k.il
qui ⁴fendait un morceau de bois avec deux coins qu'il
who was splitting a   piece   of wood, with   two   wedges which he

mè-tè   dan   la   fant l.un n.a-prè l.ô-tre.   le shar-pan-ti-é,
†mettait dans la fente l'un après l'autre. Le Charpentier,
*put   in the cleft *the one after the other. The   Carpenter,*

lè-san   son n.ou-vraj a moi-ti-é fè, a-la   di-né.   le sinj
¹laissant son ouvrage à moitié fait, †alla ¹dîner. Le Singe
*leaving   his   work *at half done, went to dine. The Monkey*

vou-lu   de-vnir   fan-deur de bûsh,   é   vnan   t.ô
†voulut †devenir   fendeur   de bûche, et †venant au
wished to become [a] splitter of log, and   coming to the

mor-sô.d   boi   il   an   ti-ra   un kou-in, san   z.i rmè-tre
morceau de bois il en ¹tira un coin, sans   y †remettre
piece   of wood ¹he ²from ⁴it ²drew a wedge, without (there to put back)-

l.ô-tre; de ma-ni-èr   ke.l   boi,   n.é-yan ri-in
l'autre; de manière que le bois, n'ayant rien
putting in–the other; (of manner)–so–that the wood, having nothing

pour le   tnir   sé-pa-ré, se rfèr-ma sur le shan,   é
pour le †tenir séparé, se ¹referma sur le champ, et
**for ³it ¹to ²keep separate, *itself reclosed   immediately,   and*

a-tra-pan.l   sô   sinj   par lè deû   pi-é   de dvan,
attrapant le sot Singe par les deux pieds de devant,
*catching the silly Monkey by the   two   ²feet *of ¹fore,*

l.i tin   jus-k.a.s   ke.l   shar-pan-ti-é   rvin,   ki,
l' y †tint jusqu'à ce que le Charpentier †revînt, qui,
*¹him ³there ¹held until *that the Carpenter   returned, who.*

san sé-ré-mo-ni,   l.a-so-ma   pour   s.ê-tre
sans cérémonie, l'¹assomma pour s'être
without ceremony, ²him ¹knocked ³down for (himself to be)-having

mê-lé.d   son n.ou-vraj.——nè vou   mê-lé   ja-mè
¹mêlé de   son ouvrage.—Ne vous ¹mêlez jamais
*meddled (of)–with– his   work.———   *yourself ²meddle ¹never*

dè   z.a-fèr d.ô-tru-i, san bô-kou.d pré-kô-si-on.
des   affaires d'autrui, sans beaucoup de précaution.
*(of the)–with the-affairs of others, without much   *of precaution.*

ami.	âne.	te.	écrit.	mère	être.	idole.	gîte.	opéra.	ôter.	tout.	voûte.
at.	arm,	tub.	ale.	mare.	there.	idiom.	eel.	opera.	over.	too.	fool.

F. di z.u-i-ti-èm.—lè deû shè-vre.
F. Dix-huitième.—Les Deux Chèvres.
F. Eighteenth.—The two Goats.

deû shè-vre, a-prè z.a-voir brou-té, ki-tèr lè
Deux Chèvres, après avoir brouté, ¹quittèrent les
Two Goats, after (to have)-having-browsed, left the

pré pour a-lé shèr-shé for-tun sur kèlk
prés pour †aller ¹chercher fortune sur quelque
meadows *for to go (to fetch)-in search of-fortune on some

mon-ta-gn. a-prè bi-in dè tour, èl se trou-vèr
montagne. Après bien des tours, elles se ¹trouvèrent
mountain. After many *of *the turns, they ²themselves ¹found

vi-z.a-vi l.un de l.ô-tre; un ru-i-sô é-tè t.an tr
vis-à-vis l'une de l'autre; un ruisseau était entre
*opposite (the one)-each-*of *the other; a brook was betwixt*

èl, sur le kèl il i a-vè t.un plansh si é-troit,
elles, sur lequel il y avait une planche si étroite,
them, (on)-over- which there was a plank so narrow,

ke deû blèt o-rè t.a pèn pu pa-sé.d
que deux belettes auraient à peine †pu ¹passer de
that two weasles could ²have ¹hardly been able to pass (of

fron. mal-gré s.dan-jé, lè deû shè-vre
front. Malgré ce danger, les deux Chèvres
front)-abreast.- Notwithstanding this danger, the two goats

vou-lûr pa-sèr an-san-ble; ô-kun ne vou-lu
†voulurent ¹passer ensemble; aucune ne †voulut
would *to pass at the same time; none *not would

rku-lé. l.un pôz le pi-é sur la plansh, l.ô-tre
¹reculer. L'une ¹pose le pied sur la planche, l'autre
*to go back. *The one sets *the foot on the plank, the other

an fè t.ô-tan: èl z.a-vans, èl se ran-kon-tre
en †fait autant: elles ¹avancent, elles se ¹rencontrent
*of *it does as much: they ádvance, they ²one ³another ¹meet

ô mi-li-eû du pon, é fôt de rku-lé,
au milieu du pont, et faute de ¹reculer,
(at the)-in the-middle of the bridge, and (want of to draw back)-for not

èl ton-bèr l.un é l.ô-tre dan
elles ¹tombèrent l'une et l'autre dans
retreating,- they ²fell (the one and the other)-¹both- into

l.ô é.s noi-yèr.——l.ak-si-dan dè deû
l'eau et se ¹noyèrent.——L'accident des deux
the water and (themselves)-were-drowned.——The accident of the two

³ mur. mûr. jeune. jeûne. boite. boîte. ancre. ingrat. onde. un. amen.
⁴ j, as s in pleasure. gn, as ni in union. ill, as lli in William.

shè-vre n.è pas nou-vô dan.l shmin d.la for-tun
chèvres n'est pas nouveau dans le chemin de la fortune
goats is not new in the road, (of the)-to-fortune

é d.la gloir.
et de la gloire.
*nd *of *the glory.*

F. diz neu-vi-èm.——le shi-in é.l kro-ko-di-ill.
F. Dix-neuvième.—Le Chien et le Crocodile.
F. Nineteenth.——The Dog and the Crocodile.

un shi-in trè z.al-té-ré se trou-va ô bor du
Un Chien très altéré se ¹trouva au bord du
A Dog very thirsty ²himself ¹found (at the)-on the bank of the

nil. pour ne pâ z.ê-tre pri par lè mons-tre
Nil. Pour ne pas être †pris par les monstres
Nile. (For)-in order- not to be taken by the monsters

de sèt ri-vi-èr, il ne vou-lu pas s.a-rê-té; mè z.il
de cette rivière, il ne †voulut pas s'¹¹arrêter; mais il
*of that river, he wished not *himself to stop; but *he*

la-pa an kou ran. un kro-ko-di-ill él-van la têt
lapa en †courant. Un Crocodile ¹élevant la tête
lapped in running. A Crocodile raising (the)-his-head

ô dsu.d l.ô: a-mi, lu-i dman-da-t il, pour-koi
au dessus de l'eau: Ami, lui ¹demanda-t-il, pourquoi
**above *of the water: Friend,* to *him demanded he, why*

êt vou si prè-sé? j.é sou-van sou-è-té fèr
êtes vous si ¹pressé? J'ai souvent ¹souhaité †faire
are you so hurried? I have often wished to make

ko-nè-sans a-vèk vou, é je srè shar-mé, si vou
connaissance avec vous, et je serais ¹charmé, si vous
*acquaintance with you, and I should be *charmed, if you*

vou-li-é pro-fi-té d.sè- t.o-ka-zi-on, ki è la plu
†vouliez ¹profiter de cette occasion, qui est la plus
would profit (of)-by-this occasion, which is the most

fa-vo-ra-ble ke vou pu-i-si-é ja-mè trou-vé.
favorable que vous †puissiez jamais †trouver.
*favourable *that you (might be able)-will- ever *to find.*

vou.m fèt bô-kou d.o-neur, re-pon-di.l shi-in,
Vous me †faites beaucoup d'honneur, ⁴répondit le Chien,
*You ²me ¹de much *of honour, replied the Dog.*

¹ umi. âno. te. écrit. mère. être. idole. gite. opéra. ôter. tout. voûte.
² at. arm. tub. ale. mare. there. idiom. eel. opera. over. too. fool.

mè   s.è   pour   é-vi-té   dè   z.a-mi   kom   vou, ke.j   su-i
mais c'est pour ¹éviter des amis comme vous, que je suis
*but it is *for to avoid *some friends like you, that I am*

si prè-sé.——on.ɴ   peu t.ê-tre trop an   gard con-tre
si ¹pressé.——On ne †peut être trop en   garde contre
*so hurried.——We ²not ¹can *to be too much (in)-on our-guard against*

de   fô   z.a-mi,   é   dè   pèr-soɴ   d.uɴ   mô-vèz
de   faux amis,   et   des   personnes   d'une   mauvaise
**some false friends, and *of *the persons   of a   bad*

ré-pu-ta-si-on: il   fô   lè   fu-ir kom   dè   kro-ko-di-ill.
réputation: il   †faut les †fuir comme   des   Crocodiles.
*reputation: (it)-we- must ²them ¹shun as *some Crocodiles.*

———

F.   vin-ti-èm.——l.oi-zô   mo-keur é   la   mé-zanj.
F.   Vingtième.——L'Oiseau moqueur et la Mésange.
F. Twentieth.——The ²Bird ¹mocking and the Tit-mouse.

il i a   di t.on,   un sèr-tin n.oi-zô dan lè   z.ind
Il y a, †dit-on,   un certain oiseau dans les Indes
There is, (says one)-it is said,- a certain bird in the ²Indies

z.ok-si-dan-tal, ki sé   kon-tre-fèr le ra-maj de tou
Occidentales, qui †sait   †contrefaire le ramage de tout
¹West,   which knows [how] to mimic the warbling of all

t.ô- tr.oi-zô,   saɴ pou-voir   lu-i-mêm a-jou-tèr
autre oiseau,   sans †pouvoir   lui même ¹ajouter
other   (bird)-birds,-without (to be able)-being able-himself to add

ô-kun   son mé-lo-di-eû ô kon-sèr.   kom   un   d.sè
aucun son mélodieux au concert. Comme un de ces
any ²strain ¹melodious to the concert.   As   one of these

z.oi-zô   mo-keur,   pèr-shé sur lè   bransh   d.un n.ar-bre,
oiseaux moqueurs, perché sur les branches d'un arbre,
²birds ¹mocking,   perched on the branches of a tree,

é-ta-lè   son ta-lan   d.ri-di-ku-li-zé: s.è trè
¹étalait son talent de ¹ridiculiser: C'est très
was displaying his talent of (to ridicule)-ridiculing:- It is very

bi-in, di t.uɴ mé-zanj, par-lan t.ô   non de tou
bien, †dit une Mésange, ¹parlant au   nom de tous
well, said a Tit-mouse, speaking (at the)-in the-name of all

lè z.ô-tre z.oi-zô: nou vou   z.a-kor-don ke not   mu-zik
les autres oiseaux: nous vous ¹accordons que notre musique
*the other   birds: we *to ²you ¹grant that our music*

mur. mûr. jeune. jeûne. boite. boîte. ancre. ingrat. onde. un. ancn.
¹j, as *s* in pleasure. *gn*, as *ni* in union. *ill*, as *lli* in William.

n.è pâ san dé fô; mè.d grâs, do-né-nou z.ur
n'est pas sans défaut; mais de grâce, ¹donnez-nous un
is not without fault; but (of grace)-pray,- give us a

n.èr d.la vô-tre.——lè jan ki n.on d.ô-tre ta-lan ke
air de la vôtre.——Les gens qui n'ont d'autre talent que
tune of *the yours.——*The people who ²no ¹have *of other talent than

slu-i.d trou-vé dè fôt ka-shé, se
celui de ¹trouver des fautes cachées, se
that of (to find)-finding- *some ²faults ¹hidden, ²themselves

rand trè ri-di-kul, kan t.il veul ri-di-ku-li-zé
⁴rendent très-ridicules, quand ils †veulent ¹ridiculisr
¹render very ridiculous, when they wish to ridicule

seû ki tâsh de.s ran- dr.u-til ô pu-blik.
ceux qui ¹tâchent de se ⁴rendre utiles au public
those who endeavour *of ³themselves ¹to ²render useful to the public.

———

F. vin t.é-u-ni-èm.——l.a-vâr é la pî.
F. Vingt-et-unième.——L'Avare et la Pie.
F. Twenty *and first.——The Miser and the Magpie.

un n.a-vâr kon-tè son n.ar-jan tou lè jour.
Un Avare ¹comptait son argent tous les jours.
A Miser counted his money (all the days)-every day.-

un pî s.é-sha-pa d.sa kaj, vin sub-til-man
Une Pie s'¹échappa de sa cage, †vint subtilement
A Magpie *herself escaped from her cage, came slily

t.anl-vé un gi-né, é kou-ru la ka-shé dan z.un
¹enlever une guinée, et †courut la ¹cacher dans une
to take *away a guinea, and ran ³it ¹to ²hide in a

kre-vas du plan-shé. l.a-vâr a-pèr-se-van la pî.
crevasse du plancher. L'Avare ³apercevant la Pie:
crack of the floor. The Miser perceiving the Magpie:

â! â! s.é-kri-a t.il, s.è donk toi ki.m dé-rob mon
Ah! ah! s'¹écria-t-il, c'est donc toi qui me ¹dérobes mon
Ah! ah! exclaimed he, it is then thou who *to*me stealest my

tré-zor! tu.n peû.l ni-é; je.t pran sur
trésor! tu ne †peux le ¹nier; je te †prends sur
(treasure)-money!-thou ²not ¹canst ⁴it ³deny; I ²tnee ¹take (on

le fèt; ko-kin, tu mour-ra. dous-man,
le fait; coquine, tu †mourras. Doucement,
the fact)-in the act;- rogue, thou shalt die. Softly,

¹ ami. âne. te. écrit. mère. être. idole. gîte. opéra. ôter. tout. v. *ùla*
² at. arm. tub. ale. mare. there. idiom. eel. opera. over. too. fool.

dous-man, mon shèr mê-tre n.a-lé pâ si vit: je.m
doucement, mon cher maître, n'†allez pas si vite: je me
softly, my dear master, ¹do ³go ²not so fast: I *me

sèr de vo- tr.ar-jan, kom vou vou z.an sèr-vé
†sers de votre argent, comme vous vous en †servez
use *of your money, as ¹you *yourself*of ³il ²use

vou mêm: s.il fô ke.j pèrd la vî pour
vous-même: s'il †faut que je ⁴perde la vie pour
your self: ¹if*il ³must *that ²I ⁴lose (the)-my- life for

a-voir ka-shé un seul gi-né, ke mé-ri-té vou,
avoir ¹caché une seule guinée, que ¹méritez-vous,
(to have)-having-hidden one single guinea, what ¹do ³deserve ²you,

dit moi, vou, ki an ka-shé tan.d mil?——i!
†dites-moi, vous, qui en ¹cachez tant de mille?—Il
tell me, you, who*of*them hide so many *of thousand?—It

a-riv sou-van ke lè z.om se kon-dan
¹arrive souvent que les hommes se ¹condamnent
happens often that *the men *themselves condemn

t.eû mêm, an kon-da-nan lè vis dè z.ô-tre.
eux-mêmes, en ¹condamnant les vices des autres.
themselves, in condemning the vices of*the others.

F. vint deû-zi-èm.——le lou é lè bèr-jé.
F. Vingt-deuxième.—Le Loup et les Bergers.
F. *Twenty-second.———The Wolf and the Shepherds.*

un lou, plin.d dou-seur, se ra-pla tout
Un Loup, plein de douceur, se ¹rappela toutes
A Wolf, full of mildness, ²to ³himself ¹recalled all

lè kru-ô-té k.il a-vè ko-miz: il ré-zo-lu de.n ja-mè
les cruautés qu'il avait †commises: il †résolut de ne jamais
the cruelties *that he had committed: he resolved *of never

dé-vo-ré ni a-gnô, ni bre-bi, ni ô-kun n.ô- tr.a-ni-mal
¹dévorer ni agneaux, ni brebis, ni aucun autre animal.
to devour either lambs, or sheep, or any other animal.

j.i-ré pê-tre dan lè pré, di t.il: je
J'†tirai †paître dans les prés, †dit-il: je
I shall go (to)-and- graze in the meadows, said he; I

brou-tré plu-tô ke.d m.a-ti-ré la
brouterai plutôt que de m' ¹attirer la
shall ²browse ¹rather ³than *of (to myself)-⁶upon ⁷myself- ¹to ⁵draw *th.¹

³ mur. mûr. jeune. jeûne. boite. boîte. ancre. ingrat. onde. un. amen.
⁴ j, as s in pleasure. gn, as ni in union. ill, as lli in William.

èn u-ni-vèr-sèl: di-zan sè mô, il vi par le
haine universelle: †disant ces mots, il †vit par le
⁷hatred ⁶universal: saying these words, he saw (by)—through— the

trou d.un ê, un kon-pa-gni.d bèr-jé ki.s
trou d'une haie, une compagnie de Bergers qui se
gap of a hedge, a company of Shepherds who ²themselves

ré-ga-lè t.a-vè k.un ji-gô. ô! ô! s.é-kri-a-t.il, voi-la
'régalaient avec un gigot. Oh! oh! s'¹écria-t-il, voilà
¹regaled with a leg of mutton. Oh! oh! exclaimed he, behold

lè gar-di-in du trou-pô eû-mêm; ki ne.s
les gardiens du troupeau eux-mêmes, qui ne se
the guardians of the flock themselves, who *to* themselves

fon pâ skru-pul de.s re-pê-tre de mou-ton.
†font pas scrupule de se †repaître de mouton.
do not scruple *of ³themselves ¹to ²feed (of)—with— mutton.

kèl bru-i sè z.om n.o-rè t.il pâ fè,
Quel bruit ces hommes n'auraient-ils pas †fait,
What [a] noise ²these ³men ¹would ⁴have *they *not ⁵made,

s.il m.a-vè t.a-tra-pé a un tèl ban-kè!—lè z.om
s'ils m'avaient ¹attrapé à un tel banquet!—Les hommes
if they ³me ¹had ²caught at ²a ¹such banquet!—*The men

kon-dan kèlk foi, se k.il pra-tik sou-van
'condamnent quelquefois, ce qu'ils 'pratiquent souvent
²condemn ¹sometimes, what they ²practice ¹often

t.eû-mêm san skru-pul.
eux-mêmes sans scrupule.
themselves without scruple.

F. vint troi-zi-èm.——la kor-nè-ili é.l kor-bô.
F. Vingt-troisième.—La Corneille et le Corbeau.
F. Twenty-third.——The Crow and the Raven.

un kor-nè-ill a-vè trou-vé u n.u-î-tre: èl é-sé-ya
Une Corneille avait ¹trouvé une Huître: elle ¹essaya de
A Crow had found an Oyster: she tried *of

d.l.ou-vrir a-vèk son bèk: tout sè pèn fûr t.i-nu-til.
l'†ouvrir avec son bec: toutes ses peines furent inutiles.
²it ¹to ²open with her beak: all her troubles were useless.

ke fèt vou la, kou-zin? de-man-da un kor-bô. je
Que †faites-vous là, cousine? 'demanda un Corbeau. Je
What are ²doing ¹you there, cousin? asked a Raven. I

¹ami. âne. te. écrit. mère. être. idole. gîte. opéra. ôter. tout. voûte
² at. arm. tub. ale. mare. there. idiom. eel. opera. over. too. fool.

vou-drè　z.ou-vrir　u　n.u-î-tre,　ré-pon-di　la　kor-nè-ill;　mè
Jvoudrais †ouvrir une huître, ⁴répondit la Corneille; mais
　　would　*to open　an　oyster,　answered　the　Crow;　but

je.ɴ　pu-i　z.an vnir　a　bou.—　　　　　vou voi-la
je ne †puis en †venir à bout.—　　　　Vous voilà
 I ²not ¹can (of it to come at end)–bring it about.— You (there)—are—

an-ba-ra-sé　　pour peu.d　　shôz,　vrè-man: je　sé z.un bon
embarrassée pour peu de chose, vraiment: je †sais un bon
 embarrassed　for　little.*of thing,　truly:　I know a good

moi-yin　pour　l.ou-vrir.　de　grâs,　　　dit　le moi.
moyen pour l'†ouvrir.　De grâce,　†dites-le-moi.
 means　*for　³it ¹to ²open.　(Of grace,)–pray– tell it to me.

de　　tou mon keur;　pre-né　vot　proî,　　　él-vé-vou
De　tout mon cœur; †prenez votre proie, ¹élevez-vous
 (Of)-with-all my heart;　take　your prey,　raise yourself

dan l.èr, é lè-sé la ton-bé sur se ro-shé, ke vou
dans l'air, et ¹laissez-la ¹tomber sur ce rocher, que vous
 in the air, and let it *to fall on this rock, which you

voi-yé z.i-si prè.　la sot　kor-nè-ill su-i-vi l.a-vi du
†voyez ici près. La sotte Corneille †suivit l'avis du
 see here near.　The silly　Crow followed the advice of the

kor-bô, ki.s　sè-zi　d.l.u-î-tre, é la　go-ba.—
Corbeau, qui　se ²saisit de l'huître, et la　¹goba.—
 Raven,　who *himself seized *of the oyster, and ²it ¹swallowed³up.—

l.in-té-rê　a sou-van　bô-kou.d　pâr dan lè z.a-vi ke
L'intérêt a souvent beaucoup de part dans les avis que
 *The interest has often　much　*of share in　the advice that

l.on　donɴ:　on.ɴ　de-vrè　ja-mè　z.an　　　dman-dé
l'on ¹donne: on ne ³devrait jamais en　　¹demander
 one　gives:　one　ought　never (of it)–³any–　¹to ²ask

a dè　　jan z.ar-ti-fi-si-eû é　in-té-ré-sé.
à des　gens artificieux et intéressés.
 (to the)–from– ⁴people　¹artful　²and　³interested.

———

F.　vint ka-tri-èm.———la dind é la four-mi.
F. Vingt-quatrième.—La Dinde et la Fourmi.
 F. Twenty-fourth.———The Turkey and the Ant.

uɴ dind　se　prom-nè　t.a-vèk sè　pti　dan z.uɴ
Une Dinde se ¹promenait avec ses petits dans un
 A Turkey *herself was walking with her little ones in　a

¹ mur mûr. jeune. jeûne. boîte. boîte. ancre. ingrat. onde. un. amen.
⁴ j, as s in pleasure. gn, as ni in union. ill, as lli in William

boi:	il	ra-ma-sè	lè	pti	grin	k.il	trou-vè
bois:	ils	¹ramassaient	les	petits	grains	qu'ils	¹trouvaient
wood:	*they*	*picked up*	*the*	*small*	*grains*	*:which they*	*found*

dan	leur	shmin.		kom	il	z.a-van-sè,	il
dans	leur	chemin.		Comme	ils	¹avançaient,	ils
in	*their*	*way.*		*As*	*they*	*advanced,*	*hey*

	ran-kon-trèr	t.un	four-mi-li-èr.		a-pro-shé,	mè z.an-fan,
	¹rencontrèrent	une	Fourmilière.		¹Approchez,	mes enfans,
		met	*an*	*ant-hill.*		*Approach,* *my children,*

	di la	dind:	voi-si	un	tré-zor.		ne	krè-gné	pâ,	man-jé
	†dit la	Dinde:	voici	un	trésor.		Ne	†craignez	pas,	¹mangez
	said the	*Turkey:*	*here is*	*a*	*treasure.*		*Fear*	*not,*		*eat*

sè	pti	z.in-sèkt,	san	sé-ré-mo-nî:	un	four-mi	è	t.un
ces	petits	insectes,	sans	cérémonie:	une	Fourmi	est	un
these	*little*	*insects,*	*without*	*ceremony:*	*an*	*Ant*	*is*	*a*

	mor-sô	fri-an pour	un	din-do-nô.		ke	nou	se-ri-on
	morceau	friand pour	un	Dindonneau.		Que	nous	serions
	²bit	¹dainty for	*a*	*young Turkey.*		¹How	³we	⁴should ⁵be

z.eu-reû,	si	nou	pou-vi-on	z.é-sha-pé	ô	kou-tô	du
heureux,	si	nous	†pouvions	¹échapper	au	couteau	du
²happy,	*if*	*we*	*could*	*escape*	*⁶to the*	*knife*	*of the*

ku-i-zi-ni-é!	an	vé-ri-té,	l.om	è	trè	kru-èl	é	trè
cuisinier!	En	vérité,	l'homme	est	très	cruel	et	très
cook!	*In*	*truth,*	*⁶the man*	*is*	*very*	*cruel*	*and*	*very*

z.in-just	de	nou	dé-tru-ir	pour	sa-tis-fèr	sa	fri-an-diz.
¹injuste	de	nous	†détruire	pour	†satisfaire	sa	friandise.
unjust	*⁶of*	*³us*	*¹to ²destroy*	*⁶for*	*to satisfy*	*his*	*daintiness.*

un	four-mi	ki	grin-pè	sur	un n.ar-bre,	an-tan-di l
Une	Fourmi	qui	¹grimpait	sur	un arbre,	¹entendit le
An	*Ant*	*which was climbing(upon)-up-a*			*tree,*	*heard he*

dis-kour	d.la	dind,	é	lu-i	di:	a-van de		rmar-ké
discours de	la	Dinde,	et	lui	†dit:	Avant de		¹remarquer
discourse of	*the Turkey, and*	²to ³her			¹said:	*before (of)-you-⁶*	*to*	*remark*

lè	pé-shé	d.un	n.ô-tre,	èg-za-mi-né	vot	pro-pre	kon-si-ans;
les	péchés	d'un	autre,	¹examinez	votre	propre	conscience;
the	*sins*	*of*	*an other,*	*examine*	*your*	*own*	*conscience;*

vou.n	de-vri-é	pâ	pour	un	seul	dé-jeu-né,	dé-tru-ir
vous ne	²devriez	pas	pour	un	seul	déjeuner,	†détruire
you	*ought*	*not*	*for*	*a*	*single*	*breakfast.*	*⁶to destroy*

¹ ami. âne. te. écrit. mère être. idole. gîte. opéra. ôter. tout. voûte
² at. arm, tub. ale. mare. there. idiom. eel. opera. over. too. fool.

tou- t.un ras de four-mi.——nou voi-yon lè fôt
toute une race de Fourmis.—Nous †voyons les fautes
²whole ¹a race of Ants.——We see the faults

d.ô-tru-i, é nou som z.a-veu-gle sur lè nô-tre.
d'autrui, et nous sommes aveugles sur les nôtres.
of others, and *we are blind (on the ours)-to our own.-

F. vint sin-ki-èm.——lè deû tru-it é.l gou-jon.
F. Vingt-cinquième.—Les deux Truites et le Goujon.
F. Twenty-fifth.————The two Trouts and the Gudgeon.

un pè-sheur jta dan z.un ri-vi-èr sa li-gn ar-mé
Un Pêcheur ¹jeta dans une rivière sa ligne armée d'
A Fisherman threw into a river his line (armed of)-

d.un moush ar-ti-fi-si-èl; un jeun tru-it de
une mouche artificielle; une jeune Truite de
baited with— an ²fly ¹artificial; a young Trout of

trè bon n.a-pé-ti, a-lè t.a-va-lé l.a-pâ a-vè-k.a-vi-di-té:
très-bon appétit, †allait ¹avaler l'appât avec avidité:
very good appetite, was going to swallow the bait with greediness.

mè z.èl fu t.a-rê-té trè z.a pro-pô par sa mèr. mon
mais elle fut ¹arrêtée très à propos par sa mère. Mon
but she was stopped very a propos by her mother. My

n.an-fan, di t.èl, tou- t.é-mû, je tran-ble pour vou. de
enfant, †dit-elle, toute émue, je ¹tremble pour vous. De
child, said she, quite moved, I tremble for you. (Of

grâs, ne soi-yé ja-mè pré-si-pi-té, ou il peu t.i
grâce, ne soyez jamais ¹précipitée, où il †peut y
grace)-pray,-- ²be ¹never precipitate, where *it ²can ¹there

a-voir du dan-jé. ke sa-vé-vou si sèt bèl
avoir du danger. Que †savez-vous si cette belle
(to have)-be-*some danger. How do ²know ¹you whether this fine

a-pa-rans kè vou voi-yé, è ré-èl-man t.un moush?
apparence que vous †voyez, est réellement une mouche?
appearance that you see, is really a fly?

s.è peu t.ê-tre un pi-éj. kroi-yé moi, ma fi-ill, je su-i
C'est peut-être un piège. †Croyez-moi, ma fille, je suis
It is perhaps a snare. Believe me, *my daughter, I am

vi-è-ill, je ko-nè lè z.om, é.j sé.d koi il son
vieille, je †connais les hommes, et je †sais de quoi ils sont
old I know *the men, and I know of what they are

ˢmur. mûr. jeune. jeûne. boîle. boîte. ancre. ingrat. onde. un. aincn.
⁴j, as *s* in pleasure. *gn*, as *ni* in union. *ill*, as *lli* in William.

ka-pa-ble: il se tand dè pi-éj lè z.un z.ô
capables: ils se ⁴tendent des piéges les uns aux
*capable: they *to *themselves lay *some snares (the ones to the*

z.ô-tre: fô t.il s.é-to-né,
autres: †faut-il s' ¹étonner,
others)-for each other:— must (it one's self to astonish)—we be astonished

s.il z.an tand t.ô poi-son. a pèn
s'ils en ⁴tendent aux poissons. A peine
if they (of them)—²any— ¹lay (to the)-for the— fishes. Hardly

a-vè t.èl fi-ni.d par-lé. k.un gou-jon sè-zi
avait-elle ²fini de ¹parler, qu' un Goujon ²saisit
*had she ceased *of to speak (that)—when— a Gudgeon seized*

gou-lu-man la moush pré-tan-dû, é vé-ri-fi-a par son
goulument la mouche prétendue, et ¹vérifia par son
greedily the ²fly ¹pretended, and verified by his

n.èg-zan-ple la pru-dans de l.a-vi d.la mèr tru-it——
exemple la prudence de l'avis de la mère Truite.——
example the prudence of the advice of the mother Trout.——

il ne fô pa z.è-zé-man s.lè-sé pran-
Il ne †faut pas aisément se ¹laisser †prendre
*(it)—one— must not readily ²himself *to ¹allow to (take)—be taken—*

dr.ô z.a-pa-rans: lè plu bèl son kèlk foi
aux apparences: les plus belles sont quelquefois
(to the)-by- appearances: the finest are sometimes

tron-peûz.
trompeuses.
deceitful.

.

F. vint si-zi-èm.——le dog é l.é-pa-gneu..
F. Vingt-sixième.—Le Dogue et l'Epagneul.
F. Twenty-sixth.——The Mastiff and the Spaniel.

voi-zin, di t.un dog a un n.é-pa-gneul, un ptit
Voisin, †dit un Dogue à un Epagneul, une petite
Neighbour, said a Mastiff to a Spaniel, a little

prom-nad ne nou fra poin.d mal; k.an pan-sé
promenade ne nous †fera point de mal; qu'en ¹pensez-
*walk *to ³us ¹will ²do ⁴no *of harm; ¹what ⁵of ⁶it ²do ⁴think*

vou? de tou mon keur, ré-pon-di l.é-pa-gneul:
vous? De tout mon cœur, ⁴répondit l'Epagneul:
³you? (Of)—with— all my heart, answered the Spaniel:

10 *

¹ ami. áne. te. écrit. mère. être. idole. gìte. opéra. ôter. tout. voûte.
² at. arm. tub. ale. mare. there. idiom. eel. opera. over. too. fool.

mè   z.ou i-ron nou?   dan.l   vi-laj voi-zin,   ré-plik
mais où tirons-nous? Dans le village voisin, ¹réplique
but where shall ²go ¹we? Into the ²village ¹neighbouring, replies

le   dog: se n.è   pâ lou-in, vous sa-vé   k.nou z.i
le Dogue: ce n'est pas loin, vous †savez que nous y
*the Mastiff: it is not far, you know that we *there*

dvon   z.un vi-zit a nô ka-ma-rad.   lè   deû z.a-mi
'devons une visite à nos camarades. Les deux amis
owe a visit to our comrades. The two friends

part, é s.an-tre-ti-èn t.an   shmin de
†partent, et s'†entretiennent en   chemin de
set out, and (themselves entertain in)-talked on the— way. of

plu-zi-eur shôz z.in-di-fé-rant. a pèn fûr   t.il
plusieurs choses indifférentes. A peine furent- ils
several ²things ¹indifferent. Scarcely (were)-had- they

z.a-ri-vé dan.l   vi-laj, ke.l   dog ko-man-sa
¹arrivés dans le village, que   le Dogue ¹commença
arrived in the village, (that)-when-the Mastiff began

a mon-tré sa mô-vèz dis-pô-zi-si-on, an n.a-boi-yan, é an
à ¹montrer sa mauvaise disposition, en ¹aboyant, et en
to show his bad disposition, in barking, and ²in

mor-dan lè z.ô-tre shi-in: il fi tan.d bru-i, ke lè
¹mordant les autres chiens: il †fit tant de bruit, que les
*biting the other dogs: he made so much *of noise, that the*

pé-i-zan sor-tûr d.leur mè-zon,   se   jtèr
paysans †sortirent de leurs maisons, se ¹jetèrent
peasants came out of their houses, ²themselves ¹threw

t.in-di-fé-ra-man sur lè deû shi-in z.é-tran-jé, é lè
indifféremment sur les deux chiens étrangers, et les
indifferently on the two ²dogs ¹strange, and ²then

sha-sèr du vi-laj a   grand kou.d   bâ-ton—
¹chassèrent du village à grands coups de bâton—
¹chased from the village (at)-with- great strokes of stick.——

il ne fô pâ   s.a-so-si-é a-vèk dè jan d.un
,l ne †faut pas s' ¹associer avec des gens d'une
*(It)-we- must not *himself associate with *some people of a*

dis-pô-zi-si-on tur-bu-lant é an-por-té: kèlk tran-kil é
disposition turbulente et emportée: quelque tranquille et
⁴disposition ¹turbulent ²and ³passionate. however quiet and

ʼmur. mûr. jeune. jeûne. boite. boîte. ancre. ingrat. onde. un. anien.
ʻj, as *s* in pleasure. *gn*, as *ni* in union. *ill*, as *lli* in William.

pa-si-fik   ke   l.on   soi,   on   s.èks-pôz
pacifique que l'on soit, on s' ʼexpose
pacific   *that (one)-we-may be, (one himself exposes)—we expose

       a ê-tre mal-trè-té   é   ba-tu.
       à être maltraité et battu.
ourselves—to be badly treated and beaten.

     F.   vint   sè-ti-èm.——le   sinj   é.l   mu-lè.
     F. Vingt-septième.—Le Singe et le Mulet.
     F.   Twenty-seventh.——-The Monkey and the Mule.

un mu-lè   fi-èr   é   or-gè-ill-eû   se   prom-nè   sa
Un Mulet fier et orgueilleux se ʼpromenait çà
A Mule haughty and proud   *himself walked here

é la dan lè shan.   il   re-gar-dè   lè   z.ô-tre
et là dans les champs. Il ʼregardait les autres
and there in the fields. He looked [at] the other

z.a-ni-mô a-vèk mé-pri, par-lè san sès de sa mèr
animaux avec mépris, ʼparlait sans cesse de sa mère
animals with contempt, spoke without ceasing of his mother

la ju-man é van-tè par-tou la no-blès de sa
la jument et ʼvantait partout la noblesse de sa
the mare and boasted every where [of] the nobility of his

nè-sans   é   de   sè   z.an-sè-tre. mon pèr, di-sè t.il, é-te
naissance et de ses ancêtres. Mon père, †disait-il, était
birth and of his ancestors. My father, said he, was

t.un no-ble kour-si-é: é.j   pu-i, san va-ni-té, me glo-ri-fi-é
un noble coursier; et je †puis, sans vanité, me ʼglorifier
a noble courser; and I may, without vanity, *myself *to glory

d.ê-tre   sor-ti d.un dè plu z.an-si-èn fa-mi-ill,
d'être   †sorti d'une des plus anciennes familles,
(of to be)—in being-issued from one of the most ancient families,

fé-kond an gè-ri-é, an fi-lo-zof, é an lé-jis-la-teur.
féconde en guerriers, en philosophes, et en législateurs.
fertile in warriors, *in philosophers, and *in legislators.

il n.u pâ plu-tô di sè pa-rol, ke son pèr, ân
Il n'eut pas plustôt †dit ces paroles, que son père, âne
He had no sooner said these words, than his father, ass

in-firm é su-ra-né, ki é-tè prè d.lu-i, ko-man-sa a
infirme et suranné, qui était près de lui, ʼcommença à
infirm and superannuated, who was near *of him, began to

¹ ami. âne. te. écrit. mère. être. idole. gîte. opéra. ôter. tout. voûte
² at. arm. tub. als. mare. there. idiom. eel. opera. over. too. fool.

    brèr;   se ki lu-i   fi   ra-bè-sé.l   ka-kè,
†braire; ce qui lui †fît ¹rabaisser le caquet,
  bray;   *which* *to ²*him* (*caused to bring down the babblement*)--

          an   lu-i re-nou-vlan.l   sou-vnir de son
          en   lui ¹renouvelant le souvenir de son
¹*silenced*--(*in*)--*by*-- ²*to* ³*him* ¹*renewing the remembrance of his*

n.o-ri-jin é.d   son n.èk-strak-si-on la   dsu   un   sinj,
origine et de son extraction. Là dessus un Singe.
 origin and of his   extraction.   There upon   a Monkey.

a-ni-mal ru-zé, ki é-tè la par a-zâr, lui di t.an.l
animal rusé, qui était là par hasard, lui †dit en le
²*animal* ¹*cunning, who was there by chance,* ²*to* ³*him* ¹*said* *in ⁵*him*

si-flan: in-bé-sil ke tu è, sou-vi-ir- toi.d ton pèr;
¹sifflant: imbécille que tu es, †souviens toi de ton père;
⁴*hissing: fool   that thou art, remember* *thyself **of thy father;*

tu n.è ke.l   fis d.un n.ân.--par-mi lè pér-son ki.s
tu n'es que le fils d'un âne.--Parmi les personnes qui
thou art but the son of an ass.--Amongst the persons who

           vant   d.un no-ble èk-strak-si-on, dan lè pé-i
  se   ¹vantent d'une noble extraction, dans les pays
**themselves boast of a   noble extraction, in* *the ²*countries*

z.é-tran-jé, il i an n.a dan.l   kâ du mu.lè, é a ki
étrangers, il y en a dans le cas du Mulet, et à qui
¹*foreign, there* ²*some* ¹*are in the case of the Mule, and to whom*

on pou-rè t.a-pli-ké.l   sar-kasm du sinj.
on †pourrait ¹appliquer le sarcasme du Singe.
one could *to apply the sarcasm of the Monkey.

   F. vin t.u-i-ti-èm.----le sha, la blèt, é.l la-pin.
   F. Vingt-huitième.--Le Chat, la Belette, et le Lapin.
   F. Twenty-eighth.-- ----The Cat, the Weasel, and the Rabbit.

   un jeun la-pin sor-ti t.un jour de son trou; un
  Un jeune Lapin †sortit un jour de son trou; une
   A young Rabbit went out one day from his hole; ²*a*

   blèt   an   pri t.ô-si-tô po-sè-si-on. le la-pin, a son
  Belette en †prit aussitôt possession. Le Lapin, à son
   ³*Weasel* ⁶*of* ⁷*it* ⁴*took* ¹*presently* ⁵*possession. The Rabbit, at his*

   rtour, fu trè   sur-pri.d   trou-vèr un n.é-tran-jé dan
  retour, fut très †surpris de ¹trouver un étranger dans
   return, was very [much] surprised **of to find a stranger in*

¹ ınur. mûr. jeune. jeûne. boîte. boîte. ancre. ingrat. onde. un, amon.
⁴ j, as s in pleasure. gn, as ni in union. ill, as lli in William.

sa mè-zon.   o-la,   ma-dam la   blèt;   ke   fèt   vou
sa maison.   Holà, madame la Belette; que †faites-vous
his house.   Holla, madam *the Weasel; what are ²doing ¹you

z.i-si? se   n.è pâ   vot   de-meur, sor-té   d.mon trou.
ici? Ce n'est pas votre demeure, †sortez de mon trou.
here? This is not your residence, go out of my hole.

de   vot   trou! sur-man, mon pti   mi-gnon, vou · ni
De vôtre trou! sûrement, mon petit mignon, vous n'y
From your hole! surely, my little darling, ¹you ⁵of ⁶it

pan-sé pâ; je su-i shé moi.   é   bi-in, di.l   la-pin.
¹pensez pas; je suis chez moi. Eh bien, †dit le Lapin,
²do ⁴think ³not; I am at home. Well then, said the Rabbit,

san   bô-kou   dis-pu-té,   ra-por-ton nou   z.an   a
sans beaucoup ¹disputer, ¹rapportons-nous en   à
without much *to dispute, ¹let ³refer ²us *of *it to

grip-mi-nô: s.é-tè t.un   sha,   ar-bi-tre de tou   lè
Grippeminaud: c'était un Chat, arbitre de tous les
Grimalkin: this was a Cat, arbiter of all the.

di-fé-ran   ki   a-ri-vè   dan.l   voi-zi-naj.   la
différends qui ¹arrivaient dans le voisinage. La
differences which happened in the neighbourhood. The

blèt   kon-san-ti a l.ak-sèp-té   pour   ar-bi-tre.   il
Belette †consentit à l'¹accepter pour arbitre. Ils
Weasel consented *to ³him ¹to ²accept for arbiter. They

part, é a-riv de-van.l   juj.   a-pro-shé,   mè
†partent, et ¹arrivent devant le juge. ¹Approchez, mes
set out, and arrive before the judge. Draw near, my

z.an-fan, leur   di-t.il,   je su-i soûr.   il   z.a-prosh
enfans, leur †dit-il, je suis sourd. Ils ¹approchent
children, ³to ⁴them ¹said ²he, I am deaf. They approach

san.s   dé-fi-é   de ri-in.   grip-mi-nô,
sans   se ¹défier   de rien. Grippeminaud,
without (themselves to mistrust)-mistrusting-*of any. Grimalkin,

jtan lè   grif   z.an   mêm   tan .dè   deû
¹jetant les griffes en même tems des deux
throwing (the)-his- claws (in)-at the- same time (of the two)-

kô-té,   mi lè plè-deur   d.a-kor   an lè
côtés, †mit les plaideurs d'accord   en les
on both- sides, put the pleaders (of accord)-at rest- in ²them

| ami. | âno. | te. | écrit. | mère. | être. | idole. | gîte. | opéra. | ôter. | tout. | voûte. |
| at. | arm. | tub. | ale. | mare. | there. | idiom. | eel. | opera. | over. | too. | fool. |

kro-kan l.un n.é l.ô-tre. ——on se ru-in
'croquant l'un et l'autre. —On se ¹ruine
¹*eating* (*the one* *and* *the other*)–*both*.—*People* ³*themselves* ²*ruin*

sou-van par dè pro-sè; il vô mi-eû s.a-ko-mo-dé.
souvent par des procès; il †vaut mieux s'²¹accommoder.
¹*often* *by* *some* *law suits; it* *is* *better* *to compromise.*

F. vint neu-vi-èm.——l.an-fan é.l pa-pi-ill-on.
F Vingt-neuvième.—L'Enfant et le Papillon.
F. *Twenty-ninth.*———*The Child and the Butterfly.*

un n.an-fan, se prom-nan dan z.un jar-din, a-pèr-su
Un Enfant, se ¹promenant dans un jardin, ²aperçut
A *Child,* *himself* *walking* *in* *a* *garden,* *perceived*

t.un pa-pi-ill-on. fra-pé d.la bô-té é d.la va-ri-é-té
un Papillon. ¹Frappé de la beauté et de la variété
a *Butterfly.* *Struck* (*of*)–*with–the beauty* *and* *of* *the variety*

d.sè kou-leur, il le pour-su-i-vi de fleur an fleur
de ses couleurs, il le †poursuivit de fleur en fleur
of *its* *colours,* *he* ²*it* ¹*pursued* *from flower* (*in*)–*to–* *flower*

avè- k.un pè- n.in-fa-ti-ga-ble; èl lu-i san-blè lé-gèr,
avec une peine infatigable; elle lui ¹semblait légère,
with *an* ²*labour* ¹*indefatigable;* *it* ²*to* ³*him* ¹*seemed* *light,*

l.in-sèkt vo-lan é-tè bô: il tâ-shè kèlk-foi de.l
l' insecte ¹volant était beau: il ¹tâchait quelquefois de le
the ²*insect* ¹*flying was fine:* *he endeavoured sometimes* *of* ³*it*

sur-pran-dre par-mi lè feu-ill d.un rôz, ou sur un n.eu-ill-è,
†surprendre parmi les feuilles d'une rose, ou sur un œillet,
¹*to* ²*surprise* *amongst* *the leaves* *of a* *rose, or on a* *pink,*

é de.l kou-vrir a.vèk son sha-pô: un mo-man t.a-prè
et de le †couvrir avec son chapeau: un moment après
and *of* ³*it* ¹*to* ²*cover with his* *hat:* *a moment* *after*

il ès-pé-rè l.a-tra-pé sur un bransh de mirt, ou.l
il ¹espérait l'²¹attraper sur une branche de myrte, ou le
he hoped ³*it* ¹*to* ²*catch on a* *branch* *of* *myrtle, or* ³*it*

sè-zir sur un li.d vi-o-lèt: mè tou sè z.é-for fûr
²saisir sur un lit de violettes: mais tous ses efforts furent
¹*to* ²*seize on a bed of* *violets:* *but* *all his* *efforts* *were*

t.i-nu-til; l.in-kons-tan pa-pi-ill-on, an vol-ti-jan
inutiles; l'inconstant Papillon, en ¹voltigeant
useless; *the inconstant* *Butterfly,* *in* *flying abou*

KEY TO BOLMAR'S PERRIN'S FABLES.

³ mur. mûr. jeune. jeûne. boite. boîte. ancre. *in*grat. onde. un. ame*n*.
⁴ j, as *s* in plea*s*ure.   gn, as *n^j* in uni*on*.   ill, as *lli* in Wi*ll*iam.

kon-ti-ɲu-èl-man   de fleur an   fleur,   é-lu-dè   tout   sè
continuellement   de fleur en   fleur, ¹éludait toutes ses
continually   from flower (in)-to- flower,   eluded   all   his

pour-su-it.   an-fin   l.ob-sèr-van   t.a moi-ti-é   an-sé-vli   dan
poursuites.   Enfin l'¹observant à moitié ²enseveli dans
*pursuits.   At last   ²it ¹observing *at   half   buried   in*

z.un tu-lip, il   s.é-lan-sa sur la fleur, . é   l.a-ra-shan
une tulipe, il   s' ¹élança sur la fleur, et l'¹arrachant
*a   tulip, he *himself rushed on the flower, and ²it ¹snatching*

t.a-vèk   vi-o-lans,   il   é-kra-za.l   pa-pi-ill-on   a-di-eu.l
avec   violence,   il   ¹écrasa   le   Papillon   Adieu   le
with   violence, he   crushed   the   Butterfly   Farewell [to] the

plè-zir   don   t.il   s.é-tè   fla-té: il u
plaisir   dont   il   s'   était   ¹flatté: il eut
pleasure (of which)-with which-he ³himself (was)-¹had-²flattered: he had

bô-kou   de   rgrè   d.a-voir   .   tu-é   l.in-sèkt.——le
beaucoup de regret d'avoir   ¹tué l'insecte.—Le
*much   *of   regret (of to have)-at having-killed   the insect.—*The*

plè-zir   n.è   k.un pa-pi-ill-on pin: il peu   t.a-mu-zé   dan
plaisir   n'est qu'un papillon peint: il †peut ¹amuser dans
pleasure   is   but a   ²butterfly ¹painted: it may amuse in

la pour-su-it;   mè si on   l.am-bras   a-vèk   tro   d.ar-deur,
la poursuite; mais si on l'¹embrasse avec trop d'ardeur,
*the   pursuit;   but if one ²it ¹embraces with too much *of ardour,*

il pé-ri   dan   la jou-i-sans.
il ²périt dans la jouissance.
it perishes   in   the   enjoyment.

———

F. tran-ti-èm.——lè   deû   shvô.
F. Trentième.—Les deux Chevaux.
F. Thirtieth.——The two Horses.

deû   shvô   se   trou-vèr   t.un jour par a-zar
Deux Chevaux   se   ¹trouvèrent un jour par hasard
Two   Horses   ²themselves   ¹found   one day by chance

prè d.un boi;   l.un   n.é-tè   shar-gé   d.un sak de fa-rin.
près d'un bois; l'un était ¹chargé d' un sac de farine,
*near *of a wood; the one was   loaded (of)-with-a bag of flour,*

l.ô-tre   d.un   grand   som   d.ar-jan.   le dèr-ni-é,
l'autre d'   une grande somme d'argent. Le dernier
the other (of)-with-a   great   sum   of money.   The latter.

¹ami. âne. te. écrit. mère être. idole. gîte. opéra. ôter. tout. voûte.
² at. arm, tub. ale. mare. there. idiom. eel. opera. over. too. fool.

fi-èr de son far-dô,   mar-shè   têt le-vé: il
fier de son fardeau, ¹marchait   *tête levée: il
proud of his load,   *marched*   *[with his] head raised: he*

ran-pli-sè   l.èr de   sè   a-nis-man.   mi-zé-ra-ble
²remplissait l'air de   ses hennissemens.   Misérable
filled   the air (of)–with–his   neighings.   Miserable

ès-klav de   meû-ni-é,   sor du shmin,   di-t.il a l.ô-tre:
esclave de   meûnier, †sors du chemin, †dit-il à l'autre:
slave of [a] miller, get out of the way, said he to the other:

ne voi tu pâ ke.j   port un tré-zor?   un tré-zor! di
ne †vois-tu pas que je ¹porte un trésor? Un trésor! †dit
seest thou not that I carry a treasure? A treasure! said

tran-kil-man.l   pre-mi-é, je vou z.an   fè mon
tranquillement le premier, je vous en †fais mon
*³tranquilly   ¹the ²first,   I ²you *of *it ¹make my*

kon-pli-man; je n.é ja-mè z.u sè t.o-neur, je vou z.a-sûr;
compliment; je n'ai jamais eu cet honneur, je vous ¹assure;
compliment: I have never had this honour, I ²you ¹assure;

la fa-rin è ma sharj or-di-nèr.   dan   s.mo-man
la farine est ma charge ordinaire. Dans ce moment
**the flour is my ²load ¹usual. (In)–at– this moment*

il son t.a-ta-ké par un band de vo-leur, ki tonb
ils sont ¹attaqués par une bande de voleurs, qui ¹tombent
they are attacked by a gang of robbers, who fall

sur le shval shar-jé d.ar-jan, lu-i an-lèv son
sur le cheval chargé d' argent, lui ¹enlèvent son
*on the horse loaded (of)–with–money, *to *him carry off his*

tré-zor, é lès   pa-sé l.ô-tre é sa sharj.   frèr,
trésor, et ¹laissent ¹passer l'autre et sa charge. Frère,
*treasure, and let *to ⁶pass ¹the ²other ³and ⁴his ⁵load. Brother,*

di.l   shval du meû-ni-é, ou è t.a pré-zan vot
¹dit le Cheval du meûnier, où est à présent votre
said the Horse of the miller, where is at present your

tré-zor? vou z.èt plu pô-vre ke moi. a-pre-né k.lè
trésor? Vous êtes plus pauvre que moi. †Apprenez que les
treasure? You are more poor than I. Learn that the

gran post son sou-van dan-jreû pour seû ki
grands postes sont souvent dangereux pour ceux qui
great posts are often dangerous for those who

lè po-sèd: si, kom moi, vou n.a-vi-é por-té ke
les ¹possèdent: si, comme moi, vous n'aviez ¹porté que
²them ¹possess: if like me, you had carried only

³ mur. mûr. jeune. jeûne. boite. boîte. ancre. ingrat. ondo. un. amen.
⁴ j, as *s* in pleasure.   gn, as *ni* in union.   *ill,* as *lli* in William.

d. la   fa-riɴ,   vou   z. o-ri-é   pu   voi-ya-jé   an   sûr-té.——
de la farine, vous auriez put ¹voyager en sûreté.——
**of *the flour, you would have been able to travel in safety.——*

l. ob-jè   de   no- tr.or-geu-ill   è   sou-van   la   kôz   de   nô
L'objet de notre orgueil est souvent la cause de nos
The object of   our   pride   is   often   the   cause   of   our

ma-leur.
malheurs.
misfortunes.

F.   tran   t. é u-ni-èm.——le   li-on   é. l   li-on-sô
F. Trente- et- unième.——Le Lion et le Lionceau.
F. Thirty *and first.——The Lion and the   Whelp.

un   li-on-sô,   a-vid   d. a-plô-dis-man,   é-vi-tè   la
Un Lionceau, avide d'applaudissemens, ¹évitait la
A Whelp, eager of   applause,   shunned the

kon-pa-gnî   dè   li-on,   é   re-shèr-shè   sèl   dè   bêt
compagnie des Lions, et ¹recherchait celle des bêtes
company of the Lions, and sought that of the ¹beasts

vul-gèr   é   i-gno-ble.   il   pa-sè   tou   son   tan   a-vèk
vulgaires et ignobles. Il ¹passait tout son temps avec
¹vulgar ²and ³ignoble. He passed all his time with

dè z. âɴ; il   pré-zi-dè   t. a   leur   z. a-san-blé; il   ko-pi-è
des ânes; il ¹présidait à leurs assemblées; il ¹copiait
*some asses; he presided at their assemblies; he copied

leur z. èr é leur   ma-ni-èr: an n.un mô,   il   é-tè   t. âɴ
leurs airs et leurs manières: en un mot, il était âne
their airs and their manners: in *a word, he ¹was [⁵ɴn] ⁶ass

an   tou,   or-mi   lè   z. o-rè-ill.   an-flé. d
en tout,   hormis les oreilles. Enflé de
³in (all)—³every ⁴thing,—except the   ears. Puffed up (of)—with

va-ni-té,   il   se   ran   dan   la   rtrèt   de son pèr,
vanité il se ⁴rend dans la retraite de son père,
vanity, he *himself repairs (in)—to-the retreat of his father,

pour i   é-ta-lé   sè   râr   ka-li-té: il ne   pou-vè
pour y ¹étaler ses rares qualités: il ne †pouvait
*for there to make parade [of] his rare qualities: he   could

pâ   man-ké   d. an   n. a-voir de   ri-di-kul.   il   brè;
pas ¹manquer d'en avoir de ridicules. Il †brait;
not *to fail *of *them to have some ridiculous [ones]. He brays;

¹ ami. âne. te. écrit. mère. étre. idole. gîte. opera. ôter. tout. voûte.
² at. arm. tub. ale. mare. there. idiom. eel. opera. over. too. fool..

le li-on: tré-sa-ill-i. sô, lu-i di-t-il, se bru-i
le Lion ²tressaillit. Sot, lui †dit-il, ce bruit
the Lion starts up. Fool, ³to ⁴him ¹said ²he, this ²noise

dé-za-gré-a-ble mon-tre kèl kon-pa-gnî tu a fré-kan-té.
désagréable ¹montre quelle compagnie tu as ¹fréquentée.
¹disagreeable shows what company thou hast frequented.

lè sô dé-kou-vre tou-jour leur stu-pi-di-té. pour-koi
Les sots †découvrent toujours leur stupidité. Pourquoi
*The fools ²discover ¹always their stupidity. Why

êt vou si sé-vèr? de-man-da.l li-on-sô. not sé-na
êtes-vous si sévère? ¹demanda le Lionceau. Notre sénat
are you so *severe? asked the Whelp. Our senate

m.a tou-jour z.ad-mi-ré. ke ton n.or-geu-ill è mal
m'a toujours ¹admiré. Que ton orgueil est mal*
⁴me ¹has ²always ³admired. ¹How ⁵thy ⁶pride ⁴is ²badly

fon-dé! ré-pon-di.l pèr; sash ke lè li-on mé-prîz
¹fondé! ⁴répondit le père; †sache que les lions ¹méprisent
¹founded! answered the father; know that *the lions despise

se.k lè z.ân z.ad-mîr.——un sô trouv toujour z.un
ce que les ânes ¹admirent.—Un sot ¹trouve toujours un
what *the asses admire.———A fool ²finds always an

n.ô-tre sô ki l.ad-mir: se n.è pâ.l su-fraj de tèl
autre sot qui l'¹admire: ce n'est pas le suffrage de telles
other fool who ²him ¹admires: it is not the approbation of such

jan k.il fô bri-gé; s.è slu-i dè jan d.ès-pri,
gens qu'il †faut ¹briguer; c'est celui des gens d'esprit
people that (it)—one-must court; it is that of*the people of wit,

de mé-rit, é.d goû.
de mérite, et de goût.
*of merit, and *of taste.

F. trant deû-zi-èm.——la fo-rê é.l bû-shron.
F. Trente-deuxième.—La Forêt et le Bûcheron.
F. Thirty-second.————The Forest and the Wood-cutter.

un bû-shron a-la un jour au boi; il re-gar-dè.d
Un Bûcheron †alla un jour au bois; il ¹regardait
A Wood-cutter went one day (to the)—to a-wood; he looked

tou kô-té d.un n.èr an-ba-ra-sé; sur koi lè
de tous côtés d' un air embarrassé; sur quoi les
(of)-on- all sides (of)-with-an ²air ¹embarrassed; upon which the

ĭmur. mûr. jeune. jeûne. boite. boîte. ancre. ingrat. onde. un. aimex.
¹j, as s in pleasure. gn. as ni in union. ill, as lli in William.

z.ar-bre, a-vè- k.ux ku-ri-ô-zi-té na-tu-rèl a kèl- k.ò-tre
Arbres, •avec une curiosité naturelle à quelques autres
Trees, with a curiosity natural to some other

kré-a-tûr lu-i dman-dèr a-vè- k.an-prè-sman
créatures, lui ¹demandèrent avec empressement ce
creatures, *to ²him ¹asked with eagerness what

s.k.il shèr-shè: il ré-pon-di k.il n.a-vè bzou-in ke
qu'il ¹cherchait: il ⁴répondit qu'il n'avait besoin que
he looked for: he replied that he had ²need ¹only

d.un mor-sô.d boi pour fèr un mansh a sa koi-gné.
d'un morceau de bois pour †faire un manche à sa coignée.
of a piece of wood *for to ⁻make a handle to his hatchet.

lè z.ar-bre dé-li-bé-rèr, é il fu ré-zo-lu près-
Les Arbres ¹délibérèrent, et il fut †résolu presque
The Trees deliberated, and it was resolved almost

k.u-na-nim-man, ke.l bû-shron o-rè t.un bon mor-sô.d
unanimement, que le Bûcheron aurait un bon morceau
unanimously, that the Wood-cutter should have a good piece

frèn; mè z.a pèn l.u-t.il re-su, é u t.il a-jus-té
de frêne; mais à peine l'eut-il ³reçu, et eut-il ¹ajusté
of ash; but scarcely ⁴it ¹had ²he ³received, and had he adjusted

le mansh a sa koi-gné, k.il ko-man-sa a
le manche à sa coignée, qu' il ¹commença à
the handle to his hatchet, (that)–when–he began to

kou-pé a droit é a gôsh, é a t.. ill-é san
¹couper a droite et à gauche, et à ¹tailler sans
cut to [the] right and to [the] left, and to hew without

dis-tink-si on, de sort k.a-vèk le tan il a-ba-ti. lè
distinction, de sorte qu'avec le temps il †abattit les
distinction, (of sort)–so–that with *the time he felled the

z.ar-bre lè plu bô é lè plu gran d.la fo-rê. on
arbres les plus beaux et les plus grands de la Forêt. On
trees *the ¹finest ²and *the ³tallest of the Forest. (One

di k.a-lor le shèn par-la in-si ô ê-tre:
¹dit qu'alors le chêne ¹parla ainsi au hêtre:
ays)–it is said– that then the oak spoke thus to the beech-tree.

frèr, voi-la.l fru-i d.not sot gé-né-rô-zi-té.— ri-in d
frère, voilà le fruit de notre sotte générosité.—Rien de
brother, behold the fruit of our foolish generosity.—Nothing (of)–is-

plu ko-mun k.l.in-gra-ti-tud; mè s.è.l kon-ble
plus commun que l'ingratitude; mais c'est le comble le
more common than *the ingratitude; but it is the height of

¹ anu. âne. te. écrit. mère. être. idole. gîte. opéra. ôter. tout. voûte.
² at. arm. tub. ale. mare. there. idiom. eel. opera. over. too. fool.

d. la mé-shans-té, kan t. un n. in-gra se sèr,
la méchanceté, quand un ingrat se ˆsert,
*the wickedness, when an ungrateful [person] *himself uses,

kon-tre son bi-in-fè-teur, dè bi-in-fè k. il an
contre son bienfaiteur, des bienfaits qu'il en
against his benefactor, *some benefits which ¹he ⁴from ⁵him

n. a rsu.
a ³reçus.
²has ³received.

F. trant troi-zi-èm.——le kor-bô é. l fô-kon.
F. Trente-troisième.—Le Corbeau et le Faucon.
F. Thirty-third.————The Raven and the Falcon.

un jeun kor-bô, dan la vi-geur de l. âj, vo-lè
Un jeune Corbeau, dans la vigueur de l'âge, ¹volait
A young Raven, in the vigour of *the age, fled

par de-su lè mon-ta-gn, pour a-lé shèr-shé. d
par dessus les montagnes, pour †aller ¹chercher
above the mountains, *for to go [and] *to search

koi s. nou-rir: il ren-kon-tra un jour, dan z. un
de quoi se ²nourrir: il ¹rencontra un jour, dans un
where with ³himself ¹to ²nourish: he met one day, in a

trou, un vi-eû kor-bô tou plé é tou ma-lad é un
trou, un vieux Corbeau tout pelé et tout malade et un
hole, an old Raven quite bald and quite sick and a

fô-kon sha-ri-ta-ble ki lu-i a-por-tè kèlk shôz a
Faucon charitable qui lui ¹apportait quelque chose à
²Falcon ¹charitable which *to ²him ¹brought some thing to

man-jé; s. è t. un fè vé-ri-ta-ble, pil-pé. l ra-port. je
¹manger; c'est un fait véritable, Pilpai le ¹rapporte. Je
eat: it is a ²fact ¹true, Pilpay ²it ¹relates. I

su-i bi-in fou, di not jeu- n. é-tour-di kor-bô, de. m
suis bien fou, †dit notre jeune étourdi Corbeau, de
am very foolish, said our young heedless Raven, *of

do-né tan. d pèn, é. d m. èk-spô-zé
me ¹donner tant de peine, et de m' ¹exposer
*to ³myself ¹to ²give so much *of trouble, and *of ²myself *to ¹expose

a tan. d dan-gé pour me nou-rir: span-dan
à tant de dangers pour me ²nourrir: cependant
to so many *of dangers *for ³myself ¹to ²nourish: yet

³ m*u*r. n*o*r. jeune. je*û*ne. boite. boîte. ancre. ingrat. onde. un. anes.
⁴ j, as *s* in pleasure. *gn*, as *ni* in union. *ill*, as *lli* in Wi*lli*am.

a pè- n.é.j de koi man-jé; tan-di.k mon
à peine ai-je de quoi ¹manger; tandis que mon
hardly *have I* *wherewith* *to eat;* *whilst* *my*

bi-z*a*-yeul fè bo*n* shèr san sor-tir de
bisaïeul †fait bonne chère sans †sortir de
greatgrandfather makes good cheer without (to go out)—going out-of

son tr*o*u. ne bou-jon pâ d.i-si. il le fi é rès-ta
son trou. Ne ¹bougeons pas d'ici. Il le †fit et ¹resta
his hole. Let us ²move ¹not from here. He ²it ¹did and remained

tran-kil dan son kou-in; il a-tan-dè sa sub-sis-tans
tranquille dans son coin; il ⁴attendait sa subsistance
quiet in his corner: he waited his subsistence

du fô-kon: il fu tron-pé. l.a-pé-ti vin., le
du Faucon: il fut ¹trompé. L'appétit †vint, le
*from the Falcon: he was deceived. *The appetite came, the*

pour-voi-yeur ne pa-ru pa: an-fin se trou-van fè-ble,
pourvoyeur ne †parut pas: enfin se ¹trouvant faible,
purveyor appeared not: at last ²himself ¹finding weak,

a-prè z.a-voir jeû-né lon-tan, il vou-lu sor-tir;
après avoir ¹jeûné long-temps, il †voulut †sortir,
after (to have)—having-fasted [a] long time, he wished to go out.

sa fè-blès l.an n.an-pê-sha, é il mou-ru.d fin.——
sa faiblesse l'en ¹empêcha, et il †mourut de faim.——
*his weakness ²him *of *it ¹prevented, and he died of hunger.—*

fi-é vou z.a la pro-vi-dans; mè n.la tan-té pâ.
¹Fiez-vous à la providence; mais ne la ¹tentez pas.
*Trust *yourself to *the providence; but ⁴her ¹do ³tempt ²not.*

F. trant ka-tri-èm.——le lou é.l ka-bri.
F. Trente-quatrième.—Le Loup et le Cabri.
F. *Thirty-fourth.———The Wolf and the Kid.*

un lou trè stu-pid, é-yan bon n.a-pe-ti, trou-va un
Un Loup très stupide, ayant bon appétit, ¹trouva un
¹*A ⁴Wolf ²very ³stupid, having a good appetite, found a*

ca-bri ki sé-tè t.é-ga-ré. pti t.a-mi,
Cabri qui s'était ¹égaré. Petit ami,
Kid which (himself was misled)—had gone astray.—Little friend,

di l.a-ni-mal kar-na-si-é, je vou ren-kon-tre trè z a pr*o*-pô:
¹dit l'animal carnassier, je vous ¹rencontre très à propos:
said the²animal ¹carniverous. I ²you ¹meet very a propos:

¹ami. âne. te. écrit. mère. être. idole. gîte. opéra. ôter. tout. voûte.
² at. arm. tub. ale. mare. there. idiom. eel. opera. over. too. fool.

vou.m   fré   z.un bon   sou-pé;   kar je   n.é   ni
vous me   †ferez un bon   souper;   car je n'ai   ni
you   *to ³*me* ¹*will* ²*make a*   *good*   *supper;*   *for   I   have neither*

dé-jeu-né ni dî-né ô-jour-du-i, je vou z.a-sûr.   s.il fô
¹déjeuné ni ¹dîné aujourd'hui, je vous ¹assure. S'il †faut
breakfasted nor dined   to day,   I ²you ¹assure. If *it ²*must*

           ke.j   meur,   ré-pli-ka.l   pô-vre pti ka-ori, de grás,
que je †meure, ¹répliqua le pauvre petit Cabri, de grâce,
*that ¹*I* **may die,   replied the   poor   little   Kid, (of grace,)—*

                 do-né moi   un shan-son ô-pa-ra-vau: j ès-pèr   ke
¹donnez-moi une chanson auparavant: j'¹¹espère que
pray—   give **to me   a   song   first: I hope* *that

vou.N   me   rfu-zré   pâ   sèt   fa-veur: s.è   la
vous ne me ¹refuserez pas cette faveur: c'est la
you   *to ⁴me ¹will ³refuse ²not this   favour: it is   the

pre-mi-èr ke.j   vou z.è ja-mè dman-dé: j.é   ou-i
première que je vous aie jamais ¹demandée: j'ai †ouï
first   *that I *to ⁴*you* ¹*have* ²*ever*   ³*asked:*   *I have heard*

dir   ke vou   z.èt z.un mu-zi-si-in par-fè.   le   lou,
†dire que vous êtes un musicien parfait. Le Loup,
say   that you   are a   ²musician ¹perfect. The Wolf,

    kom un sô,   ko-man-sa   a   ur-lé,   ô li-eu.d
comme un sot, ¹commença à ¹hurler, au lieu   de
like   a   fool,   began   to   howl, (at the place)-instead-of

   shan-té: a.s   bru-i.l   bèr jé   a-kou-ru ta-vèk
¹chanter: à ce bruit le berger †accourut avec
(to sing)-singing:- at this noise the shepherd   ran   with

sè shi-in,   ki le mûr t.an fu-it.   trè bi-in, di-t.il,
ses chiens, qui le †mirent en   fuite. Très bien, †dit-il,
his dogs, which ²him ¹put (in)-to-flight. Very well, said he,

an s.an n a-lan, je n.é ke.s   ke.j   mé-rit: sla m.a-
er s'ten allant, je n'ai que ce que je ¹mérite: cela m'
**in going away,   I have but   what   I   merit: this* *to ³*me*

pran-dra   u n.ô-tre foi a.m   te-nir ô mé-ti-é.d
†apprendra une autre fois à   me †tenir au métier de
¹*will* ²*teach   an other time to* ²*myself* *to ¹*keep to the trade   of*

bou-shé, é non pâ z.a fèr   le mu-zi-si-in.——ko-nè-sé
boucher, et non pas à †faire   le musicien.——†Connaissez
butcher, and not   to (make)-act-the musician.——Know

vô ta-lan é vot ka-pa-si-té.   un n.in-bé-sil ne de-vrè
vos talens et votre capacité. Un imbécille ne ²devrait
your talents and your capacity.   A fool   ought

¹mur. mûr. jeune. jeûne. boite. boîte. ancre. ingrat. onde. un. amen.
⁴j, as *s* in pleasure. *gn*, as *ni* in un*ion*. *ill*, as *lli* in Wi*lli*am.

pâ pré-tan-dre i-mi-té un n.om d.ès-pri é.d jé-nî.
pas ⁴prétendre ¹imiter un homme d'esprit et de génie.
*not to pretend to imitate a man of wit and *of genius*

F. trant sin-ki-èm.———l.oi-zleur é.l merl.
F. Trente-cinquième.—L'Oiseleur et le Merle.
F. Thirty - fifth.————The Bird-catcher and the Black-bird.

un n.oi-zleur tan-dè t.un jour sè fi-lè a kô-té
Un Oiseleur ⁴tendait un jour ses filets à côté
A Bird-catcher spread one day his nets (at)—by the— side

d.un ê: un mèrl, ki é-tè pèr-shé sur un n.ar-bre,
d'une haie: un Merle, qui était ¹perché sur un arbre,
of a hedge: a Black-bird, which was perched on a tree,

le vî, é u la ku-ri-ô-zi-té de lu-i dman-dé
le †vit, et eut la curiosité de lui ¹demander ce
*²him ¹saw, and had the curiosity *of *to ³him ¹to ²ask*

s.k.il fe-zè. je bâ-ti z.un vil pour lè z.oi-zô,
qu'il †faisait. Je ²bâtis une ville pour les oiseaux,
what he was doing. I am building a town for the birds,

ré-pon-di-t.il: vou voi-yé ke j.la pour-voi.d
⁴répondit-il: vous †voyez que je la †pourvois de
answered he: you see that I ²it ¹provide (of)—with

vi-and, é.d tou.s ki è né-sé-sèr a la vî:
viande, et de tout ce qui est nécessaire à la vie:
*meat, and *of all what is necessary (to the)—for— life*

é-yan di sla, il a-la s.ka-shé dè-ri-èr la ê.
ayant †dit cela, il †alla se ¹cacher derrière la haie
having said that, he went ³himself ¹to ²hide behind the hedge

le mèrl le kroi-yan trè sin-sèr, dé-san-di
Le Merle le †croyant très - sincère, ⁴descendit de
The Blackbird ²him ¹believing very sincere, came down from*

d.l.ar-bre, an-tra dan la vil, é fu pri. l.om
l'arbre, ¹entra dans la ville, et fut †pris. L'homme
the tree, entered into the town, and was taken. The man

sor-ti d.sa ka-shèt, é kou-ru pour sè-zir sa proî.
†sortit de sa cachette, et †courut pour ²saisir sa proie.
*came out of his hidingplace, and ran *for to seize his prey.*

si s.è la, lui di.l pri-zo-ni-é, vot bon foi,
Si c'est là, lui †dit le prisonnier, votre bonne foi.
*If this is *there, ⁴to ⁵him ¹said ²the ³prisoner, your good faith,*

¹ami. âne. te. écrit. mère. être. idole. gîte. opéra. ôter. tout. voûte
² at. arm. tub. ale. mare. there. idiom. eel. opera. over. too. fool.

vo-   tr.o-nêt-té,   é la   vil   ke   vou   bâ-ti-sé,   vou
votre   honnêteté,   et la   ville que   vous   ²bâtissez, vous
your   honesty,   and the   town which   you   build,   you

         n.o-ré   ke trè peu d.a-bi-tan: ma-leur a moi
        n'aurez   que très peu d'habitans.   Malheur à moi de
        will have but   very few *of inhabitants.   Wo   to me (of)-for-

d.vou z.a-voir   . é-kou-té!   je   su-i la   dup   de   vot
vous avoir   ¹écouté!   Je suis la dupe   de   votre
⁴you (to have)—¹having-²listened [³to!] I   am the   dupe   of   your

four-brî.——mé-fi-é vou   dè   bèl   pa-rol   é   dè
fourberie.——¹Méfiez-vous des belles paroles et   des
imposture.——Distrust *yourselves *of the fine   words   and *of *the

ka-jol-rî   dè   z.om   tron-peur: il   se   vant
cajoleries des   hommes trompeurs: ils   se   ¹vantent
cajolings of *the   ²men   ¹deceitful: they *themselves boast

sou-van   k.lè   pro-jè   k.il   z.in-vant,   son   pour le
souvent   que les projets qu'ils ¹inventent, sont pour le
often   that the projects which they invent,   are   for *the

bi-in pu-blik; tan-di k.il   ne   shèrsh   ke leur in-té-rê
bien public; tandis qu'ils ne ¹cherchent que leur intérêt
²good   ¹public;   whilst they   seek   ⁴only ¹their ³interest

par-ti-ku-li-é.
particulier.
²private.

        F.   trant si-zi-èm.——le   rnâr   é.l   sha.
        F. Trente-sixième.——Le Renard et le Chat.
        F.   Thirty-sixth.——The   Fox   and the Cat.

     un   rnâr   é   un   sha, l.un   n.é   l.ô-tre
    Un   Renard et un Chat, l'un   et l'autre
     A   Fox   and a   Cat, (the one and the other)-both.

     fi-lo-zof,   voi-ya-jè   t.an-san-ble: il   fîr   t.an
    philosophes, ¹voyageaient ensemble: ils †firent en
    philosophers,   travelled   together: they made (in)-on the

   shmin   plu-zi-eur   ré-flèk-si-on fi-lo-zo-fik.   de   tout
   chemin plusieurs   réflexions philosophiques. De toutes
    road   several   ²reflections   ¹philosophical.   Of   all

   lè   vèr-tu   mo-ral   di   grav-man   mê-tre re-nâr,   la
  les vertus morales †dit gravement maître Renard, la
  the ²virtues ¹moral   said   ³gravely   ¹master   ²Fox,   *the

KEY TO BOLMAR'S PERRIN'S FABLES. 43

³ mur. mûr. jeune. jeûne. boite. boîte. ancre. ingrat. onde. un. amon
⁴ j, as *s* in pleasure.   *gn*, as *ni* in union.   *ill*, as *lli* in Wi*ll*iam.

mi-zé-ri-kord   è   t.a-su-ré-man   la   plu   grand.   k.an
miséricorde   est   assurément   la   plus grande.   Qu' en
mercy   *is*   *assuredly*   *the*   *greatest.*   ¹*What (is it)-*

                      dit vou,   mon saj   a-mi?   n.è til pâ vrè?
                      †dites-vous, mon sage ami?   N'est-il pas vrai?
⁴to ⁵that- ²do ⁴say ³you,   my   wise friend?   Is it no! true?

           san   dout,   ré-pli-ka   mi-nèt,   an   kli-gno-tan   lè
           Sans   doute,   ¹répliqua Minette,   en   ¹clignotant les
*Without doubt,   replied   Puss,   *in   twinkling (the)-her-*

z.i-eû;   ri-in.N   kon-vi-in   mi-eû   z.a un   kré-a-târ   ki a   d.la
yeux; rien ne †convient mieux à une créature qui a de la
*eyes; nothing   ²becomes ¹better *to a   creature who has *some*

san-si-bi-li-té.   pan-dan.k   sè   deû   fi-lo-zof
sensibilité.   Pendant que   ces   deux   philosophes
sensibility.   Whilst   these   two   philosophers

       mo-ra-li-zè   t.in-si, é.s   kon-pli-man-tè
       ¹moralisaient ainsi, et,   se   ¹complimentaient
moralized   thus, and (themselves)-²each ³other-   ¹complimented

mu-tu-èl-man   sur   la,   sa-jès   é   la   so-li-di-té   d.leur
mutuellement   sur   la   sagesse   et   la   solidité   de leurs
mutually   on   the   wisdom   and the   solidity   of their

ré-flèk-si-on, il   z.a-ri-vèr   t.a un   vi-laj,   ou   il i a-vè t.un
réflexions, ils   ¹arrivèrent à un village,   où   il y avait un
reflections, they   arrived   at a   village, where there was   a

kok   ki   s.ka-rè   sur un   fu-mi-é.   a-di-eu
Coq   qui   se   ¹carrait   sur un   fumier.   Adieu
*Cock which *himself was strutting   on   a   dung-hill.   Adieu [to]*

la mo-ral de   mê-tre   re-nâr;   il   cour,   sè-zi   sa   proï;
la morale de maître Renard; il †court, ²saisit sa proie.
the morality of master   Fox;   he   runs,   seizes   his prey.

é la   ¹manj.   dan.l   mêm   mo-man,   un   sou-ri
et la   ¹mange.   Dans   le   même   moment, une Souris
and ²it   ¹eats.   (In)-at-   the   same   moment,   a   ³Mousa

ri-in do-dû dé-kon-sèr-ta   la   fi-lo-zo-fî.d   mi-nèt.———ri-in
rien dodue ¹déconcerta la philosophie de Minette.—Rien
¹very ²plump disconcerted the   philosophy   of   Puss.———Nothing

n.è plu   ko-mun   n.ô   z.om   ke   d.a-voir   de   bon
n'est plus commun aux hommes que d'avoir de bonnes
*is more common to *the men   than *of to have *some good*

¹ ami. âne. te. écrit. mère. être. idole. gîte. opéra. ôter. tout. voûte.
at. arm. tub. ale. mare. there. idiom. eel. opera. over. too. fool.

nô-si-on   d.la ver-tu,   é.d   fèr   le kon-trèr   kan
notions   de la vertu,   et de †faire le contraire   quand
notions   *of *the virtue, and *of to do   the contrary   when

l.o-ka-zi-on   s.an   pré-zant.
l'occasion   s'   en   ¹présente.
the occasion   ²itself *of *it ¹presents.

F. trant   sè-ti-èm.——le links é la tôp.
F. Trente-septième.——Le Lynx et la Taupe.
F. Thirty-seventh.————The Lynx and the Mole.

un links é-tè   kou-shé au pi-é d.un n.ar-bre; il é-gu-i-zè
Un Lynx était ¹couché au pied d'un arbre; il ¹aiguisait
A   Lynx was   lain   at the foot of a tree; he whetted

sè dan é a-tan-dè   sa proi: dan sè t.é-ta, il é-pi-a
ses dents et ⁴attendait   sa proie: dans cet état, il ¹épia
his teeth and awaited [for] his prey: in this state, he spied

un   tôp a moi-ti-é an-sé-vlî   sou z.un pti mon-sô.d
une Taupe à moitié ²ensevelie sous un petit monceau de
a   Mole *to half   buried   under a little heap of

tèr   k.èl a-vè   t.é-lvé.   é-là!   lu-i di t.il,   ke.j
terre qu'elle avait ¹élevé.   Hélas! lui †dit-il, que je
ground which she had raised. Alas! ³to ⁴her ¹said ²he, how I

vou plin,   mon ami!   pô-vre kré-a-tûr! kèl u-zaj
vous †plains, mon amie! Pauvre créature!   quel usage
²you ¹pity,   my friend! Poor creature! what use

fet   vou d.la vî? vou   n.i   voi-yé gout.
†faites-vous de la vie? Vous n' y   †voyez goutte.
do ²make ¹you of *the life? You ²not *to *it ¹do ³see (drop)--at all.

sur-man ju-pi-tèr a trè mal a-ji an-vèr vou, de vou
Sûrement Jupiter a très mal ²agi envers vous, de vous
Surely Jupiter has ²very ³badly ¹acted towards you, *of ³you

pri-vé   d.la lu-mi-èr: vou fèt bi-in d.vou
¹priver de la lumière: vous †faites bien de vous
[to ²deprive of *the light: you do well *of ³yourself

en-tè-ré; kar vou z.êt plu d.a   moi-ti-é mort. je
¹enterrer: car vous êtes plus d' à   moitié morte. Je
¹to ²bury: for you are more (of to)--than-- half dead.   I

vou rmèr-si   d.vot bon-té, ré-pli-ka la tôp
vous ¹remercie de   votre bonté, ¹répliqua la Taupe
²you ¹thank (of)-for- your goodness, replied the Mole.

¹ *mur. mûr. jeune. jeûne. boite. boîte. ancre. ɛngrat. onde. un. amen.*
j, as s in pleasure. gn, as ni in union. ill, as lli in William.

je su-i trè kon-tant de s.ke ju-pi-tèr m.a
je suis très contente de ce que Jupiter m' a
*I am very content (of)–with– what Jupiter *to ³me ¹has*

a-kor-dé. je n.é pâ, il è vrè, vô z.i-eû pèr-san;
accordé. Je n'ai pas, il est vrai, vos yeux perçans;
²granted. I have not, it is true, your ²eyes ¹piercing;

mè j.é l.ou-ï èks-trêm-man fin é dé-li-kat. é-kou-té!
mais j' ai l' ouïe extrêmement fine et délicate. ¹Ecoutez!
but I have the hearing extremely fine and delicate. Hark!

j.an-tan z.un bru-i dè-ri-èr moi, ki m.a-vèr-ti de.m
J'⁴entends un bruit derrière moi, qui m' ²avertit de me
*I hear a noise behind me, which ²me ¹warns *of ³myself*

ga-ran-tir d.un dan-jé ki nou mnas: é-yan di
²garantir d' un danger qui nous ¹menace: ayant †dit
¹to ²protect from a danger which ²us ¹threatens: having said

sla, èl s.an-fon-sa an tèr. dan.l mêm
cela, elle s' ¹enfonça en terre, Dans le même
*this, she *herself sunk into [the] earth. (In)–at–the same*

ins-tan la flèsh d.un sha-seur pèr-sa.l keur du
instant la flèche d'un chasseur ¹perça le cœur du
instant the arrow of a hunter pierced the heart of the

links.—on.n doi pâ s.an-nor-geu-ill-ir dè fa-kul-té
Lynx.—On ne ³doit pas s' ²enorgueillir des facultés
Lynx.—One ought not ²one's self ¹to ²pride of the faculties

k.on n.a, ni mé-pri-zé sèl dè z.ô-tre.
qu'on a, ni ¹mépriser celles des autres.
*that one has, nor despise those of *the others.*

F. trant u-i-ti-èm.——le ra é l.u-i-tre.
F. Trente-huitième.—Le Rat et l' Huître.
F. Thirty-eighth.——The Rat and the Oyster.

un ra.d peu.d sèr-vèl, lâ.d vi-vre dan
Un Rat de peu de cervelle, las de †vivre dans
*A Rat of little *of brains, tired of (to live)–living– in*

la so-li-tud, se mi t.an têt de voi-ya-jé:
la solitude, se †mit en tête de ¹voyager:
**the solitude, (himself put)–took it–into [his] head *of to travel*

a pèn a-vè t.il fè kèlk mil: ke.l
à peine avait-il †fait quelques milles: Que le
hardly had he (made)–one– a few miles: ¹How ⁶the

46 KEY TO BOLMAR'S PERRIN'S FABLES.

¹ami. âne. te. ecrit. mère. être. idole. gîte. opéra. ôter. tout. voûte.
² at. arm. tub. ale. mare. there. idiom. eel. opera. over. too. fool.

mond è gran é spa-si-eû, s.é-cri-a t.il! voi-la lè z.alp,
monde est grand et spacieux, s'écria-t-il! Voilà les Alpes,
world ⁵*is* ²*great* ³*and* ⁴*spacious, exclaimed he!* *Behold the Alps,*

é voi-si lè pi-ré-né. la mou-in-dre tô-pi-ni-èr lu-i
et voici les Pyrénées. La moindre taupinière lui
and behold the Pyrenees. *The smallest mole-hill* ²*to* ³*him*

sam-blè t.ux mon-ta-gn. ô bou.d kèlk jour, le
¹semblait une montagne. Au bout de quelques jours, le
¹*seemed a mountain.* *At the end of some days, the*

voi-ya-jeur a-riv ô bor d.la mèr, ou il i a-vè
voyageur ¹arrive au bord de la mer, ou il y avait
traveller arrives at the border of the sea, where * *it there (has)-were-*

bô-kou d.u-î-tre: il kru d.a.bor ke s.é-tè
beaucoup d'Huîtres: il †crut d'abord que c' étaient
great many * *of Oysters: he believed at first* * *that they were*

dè vè-sô. par-mi tan d.u-î-tre tout klôz, un
des vaisseaux. Parmi tant d'huîtres toutes closes, une
* *some vessels.* *Among so many* * *of oysters all shut, one*

é-te t.ou-vèrt: le ra l.a-pèr-se-van. ke voi.j'
était †ouverte: le Rat l'¹³apercevant: Que †vois-je!
was open: the Rat ²*it* ¹*perceiving: What do* ²*see* ¹*I?*

di t.il. voi-si kèlk mèt pour moi; é si je.n me
†dit-il. Voici quelques mets pour moi; et si je ne me
said he. Behold some dishes for me; and if I ²*not* * *myself*

tromp, je fré bon shèr ô-jour-d.u-i. la dsu
¹trompe, je †ferai bonne chère aujourd'hui. Là-dessus
¹*mistake, I shall make good cheer to-day.* *Thereupon*

il a-prosh de l.u-î-tre, a-lonj un peu.l kou, é
il ¹approche de l'Huître, ¹alonge un peu le cou, et
he approaches * *of the Oyster, stretches a little (the)-his-neck, and*

foûr sa têt dan l.u-î-tre, ki se re-fèrm tou
fourre sa tête dans l'Huître, qui se ¹referme tout
thrusts his head into the Oyster, which ²*itself* ¹*closes all*

d un kou; é voi-la mé-sir ra-ta-pon pri kom
d'un coup; et voilà messire Ratapon †pris comme
(of a blow)-at once;—and behold squire Nibble taken as

dan z.un ra-ti-èr.—seû ki n.on t.ô-kun èks-pé-ri-ans du
dans une ratière.—Ceux qui n'ont aucune experience du
in a rat-trap.—Those who have no experience of the

mond son fra-pé d.é-ton-man ô mou-in-dre
monde sont ¹frappés d' étonnement aux moindres
world are struck (of)-with- astonishment at the smallest

³ mʉr. mûr. jeune. jeûne. boîte. boîte. ancre. ɪngrat. onde. ʉn. ameɴ
⁴ j, as s in pleasure.   gn, as ni in union.   ill, as lli in William.

z.ob-jè, é de-vi-èɴ   sou-van lè dup de leur i-gno-rans.
objets, et †deviennent souvent les dupes de leur ignorance.
objects, and ²become ¹often the dupes of their ignorance.

F. trant   neu-vi-èm.
F. Trente-neuvième.
F.   Thirty-ninth.

1.âɴ   sô-vaj   é   1.âɴ   du-mès-tik.
L'Ane sauvage et l'Ane domestique.
The ²Ass ¹wild and the ²Ass ¹domestic.

un n.âɴ   pê-sè   dan z.ʉn prè-rî ô-prè d.un boi.
Un Ane †paîssait dans une prairie auprès d'un bois.
An Ass grazed in a meadow near •of a wood.

un n.âɴ   sô-vaj   s.a-pro-sha   d.lu-i: frèr, di-t.il.
Un Ane sauvage s'   ¹approcha   de lui: Frère, †dit-il.
A ²Ass ¹wild •himself approached •of him: Brother, said he,

j.an-vî vot   sor: vot   mê-tre, a.s   k.il me
j'¹envie votre sort: votre maître, à ce qu'   il me
I envy your lot: your master, (to that which)—as—it ²to ³me

pa-rê, pran gran sou-in.d   vou; vou z.êt grô z.é
†paraît, †prend grand soin de vous; vous êtes gros et
¹appears, takes great care of you; you are big and

grâ; vot   pô   è   t.u-nî é lu-i-zant, é vou kou-shé
gras; votre peau est unie et luisante, et vous ¹couchez
fat; your skin is smooth and shining, and you lie

tout lè nu-i   sur ʉn bon li-ti-èr: tan-di.k
toutes les nuits   sur une bonne litière: tandis que
(all the nights)—every night—on a good litter; whilst •that

moi, je su-i z.o-bli-jé.d m.é-tan-dre sur la tèr. il ne
moi, je suis ¹obligé de m' ⁴étendre sur la terre. Il ne
•I, I am obliged •of ³myself ¹to ²stretch on the earth. He

fʉ pâ   lon- tan   san   shan-jé.d   lan-gaj.   le
fut pas long-temps sans ¹changer de langage.   Le
was not (a) long time without •to change of language. The

land-min il vi du kou-in du boi le mêm âɴ don
lendemain il †vit du coin du bois le même âne dont
next day he saw from the corner of the wood the same ass ¹whose

t.il a-vè tan t.an-vi-é.l bo-neur: il é-tè shar-jé.d
il avait tant ¹envié le bonheur: il était ¹chargé de
³he ⁴had ⁵so ⁶much ⁷envied •the ²happiness: he was loaded (of)—with

ami. úne. te. écrit. mère être. idole. gite. opéra. ôter. tout. voûte
² at. um. tub. ale. mare. there. idiom. eel. opera. over. too. fool.

deû pa-ni-é k.il pou-vè t.a pèn por-té; son mê-tre
deux paniers qu'il †pouvait à peine ¹porter; son maître
two baskets which he could hardly carry; his master

le su-i-vè, é.l fe-zè t.a-van-sé a kou.d
le †suivait, et le †fesait ¹avancer à coups de
*²him ¹followed, and ²him ¹made *to advance (to)—with— blows of* *¹

bâ-ton. ô! ô! di l.ân sô-vaj, se-kou-an lè
bâton. Oh! oh! †dit l'âne sauvage, ¹secouant les
stick. Oh! oh! said the ²ass ¹wild, shaking (the)—his-

z.o-rè-ill: ma foi, j.su-i fou de.m plin-dre: ma
oreilles: ma foi, je suis fou de me †plaindre: ma
*ears: truly, I am mad *of *myself to complain: my*

kon-di-si-on è pré-fé-ra-ble a sèl de mon frèr.——shak
condition est préférable à celle de mon frère.—Chaque
condition is preferable to that of my brother.—Every

kon-di-si-on a sè pèn é sè z.a-gré-man: l.om saj
condition a ses peines et ses agrémens: l'homme sage
condition has its troubles and its charms: the ²man ¹wise

ne.s plin pâ d.la si-èn, é n.an-vî pâ sèl
ne se †plaint pas de la sienne, et n'¹¹envie pas celle
**himself complains not of *the his, and envies not that*

dè z.ô-tre; pars k.l.on n.è râr-man t.ô-si eu-reû, ou
des autres; parce que l'on est rarement aussi heureux, ou
of others; because one is rarely as happy, or

ô-si ma-léu-reû k.l.on pans.
aussi malheureux que l'on ¹pense.
as unhappy as one thinks.

F. ka-ran-ti-èm.———le li-on, l.ân, é.l re-nâr.
F. Quarantième.—Le Lion, l'Ane, et le Renard.
F. Fortieth.————The Lion, the Ass, and the Fox.

un li-on, ou-bli-an t.un foi sa fé-ro-si-té, a-la a
Un Lion, ¹oubliant une fois sa férocité, †alla à
A Lion, forgetting (one time)—once— his ferocity, went to

la shas a-vè- k.un n.ân é un rnâr: il o-rè
la chasse avec un Ane et un Renard: il aurait
the chase with an Ass and a Fox: he ¹could ³have

sèr-tèn-man pu lè tu-é: mè z.il vou-lè
certainement †pu les ¹tuer: mais il †voulait
*²certainly *been *able ⁵them (to kill)—¹killed:— but he wished*

⁵mur. mûr. jeune. jeûne. boite. boîte. ancre. ingrat. ondᴏ. un. ameɴ.
⁴j, as s in pleasure. gn, as ni in union. ill, as lli in Willsm.

t.a-voir un dou-ble plè-zir. nô sha-seur . n.a-vè pâ z.é-té
avoir un double plaisir. Nos chasseurs n'avaient pas été
to have a double pleasure. Our hunters had not been

lon tan dan.l boi, lors-k.il prir t.un
long - temps dans le bois, lors qu'ils †prirent un
[a] *long time in the wood, when they caught a*

she-vreu-ill; il fu t.ô-si-tô tu-é. mê-tre bô-dè fra
chevreuil; il fut aussitôt ¹tué. Maître Baudet †fera
roe-buck; it was immediately killed. Master Ass will make

lè pâr, di.l li-on: il o-bé-i, é fi troi pâr d.la
les parts, †dit le Lion: il ²obéit, et †fit trois parts de
the shares, said the Lion: he obeyed, and made three shares of

proî, le plu kon-si-an-si-eûz-man k.il lu-i
la proie, le plus consciencieusement qu'il lui
the prey, the most conscientiously that it (to him)—³for ⁴him

fu po-si-ble. voi-si la vô-tre, di-t.il, ô li-on. m.r-rô,
fut possible. Voici la vôtre, †dit-il, au Lion. Maraud,
¹*was* ²*possible. Here is* **the yours, said he, to the Lion. Rogue,*

ré-pli-ka le roi dè z.a-ni-mô, il t.a-par-ti-in bi-in
¹répliqua le roi des animaux, il t' †appartient bien
replied the king of the animals, ¹*it* ⁴*thee* ³*becomes* ⁵*well*

vrè-man, de.m do-né la plu ptit pâr; tu
vraiment, de me ¹donner la plus petite part; tu
²*truly,* *of *to ³*me* ¹*to* ²*give the smallest shure; thou*

mour-râ. . a l.ins-tan il l.é-tan sur le ka-rô.
†mourras. A l'instant il l' ⁴étend sur le carreau.
shall die. Immediately he ²*him (stretches)—*¹*lays—(on the square)—*

é bi-in, mê-tre re-nâr, par-taj; tu â d.la
Eh bien, maître Renard, ¹partage; tu as de la
dead.— Well, master Fox, divide; thou hast some

kon-si-ans. l.a-ni-mal ru-zé mi lè troi pâr an-san-ble
conscience. L'animal rusé †mit les trois parts ensemble
conscience. The ²*animal* ¹*cunning put the three shares together*

pour le li-on, é.ɴ s.an ré-ʑɛr-va
pour le Lion, et ne s' en ¹réserva que
*for the Lion, and (to himself)—*²*for* ³*himself—**of *them ¹*kept but*

k.trè peu. ki è.s ki t.a a-pri a par-ta-jé si
très peu. Qui est-ce qui t'a †appris à ¹partager si
very little. Who *is *it *who *to ²*thee* ¹*taught [how] to share so*

bi-in? de-man-da sa ma-jès-té. ma foi, sîr, ré-pon-di.l
bien? ¹demanda sa majesté. Ma foi, Sire, ⁴répondit le
well? asked his majesty. Truly, Sire, answered the

¹ ami. âne. te. écrit. mère. être. idole. gîte. opéra. ôter. tout. voûte
² at. arm. tub. alc. mare. there. idiom. eel. opera. over. too. fool.

rnâr,   l.âN   a   é-té   mon   mê-tre.——l.om   saj
Renard, l'Ane   a   été   mon   maître.——L'homme   sage
Fox,   the Ass has been   my   master.——The ⁴man ¹wise

é   pru-dan   sè   ti-rèr   a-van-taj   dè   fôt   é
et   prudent   †sait   ¹tirer   avantage   des   fautes et
and ³prudent knows [how] to draw advantage from the faults and

dè   fo-lî   dè   z.ô-tre.
des   folies   des   autres.
from the follies of *the others.

F.   ka-rant   é   u-ni-èm.
F.   Quarante-et-unième.
F.   Forty *and first.

la   lè-ti-èr   é.l   po   t.ô   lè.
La   Laitière   et le   Pot   au   Lait.
The Milkmaid and the ²Pot *to *the ¹Milk.

uN   lè-ti-èr,   é-yan t.un   po   tô   lè   sur   la   têt,
Une Laitière, ayant un   pot   au   lait sur   la   tête,
A   Milkmaid, having   a   ²pot *to *the ¹milk on (the)-her-head,

a-lè   gè-man   t.ô   mar-shé: èl   kon-tè   t.an   n.èl
†allait gaiement au   Marché: elle ¹comptait en   elle-
went   gayly   to *the Market: she counted   (in)-to- her-

mêm   le   pri   d.son   lè.   u-i   pint   a   troi   sou   la
même   le   prix   de son   lait. Huit pintes à   trois sous la
self   the   price   of her milk. Eight pints at three cents the

pint,   fon   vint   kat   sou,   le   kont   è   just.   vint
pinte, †font vingt-quatre sous, le   compte est   juste.   Vingt-
pint,   make twenty-four cents, the reckoning is   just.   Twenty-

kat   sou   son   plu   k.il   ne.m   fô   pour   a-shté
quatre sous sont   plus   qu'il   ne me   †faut pour ¹acheter
four   cents are   more   than *it *to *me is necessary *for to buy

uN   poul.   la   poul   fra   dè   z.eû: sè   z.eu
une   poule. La   poule †fera   des   œufs: ces   œufs
a   hen.   The   hen   will (make)-lay- *some eggs: these eggs

de-vi-in-dron   pou-lè;   il   me   sra   fa-sil   de   lè
†deviendront   poulets;   il   me   sera   facile   de   les
will become   chickens; ¹it (to me)-⁵for ⁶me-²will ³be ⁴easy *of ⁹them

z..é-lvé   dan   la   ptit   kour   de   not   mè-zon,   é.j   dé fi
élever   dans   la   petite cour   de   notre maison,   et   je ¹défie
to ⁵raise   in   the   little court of   our   house,   and I   defy

mur. mûr. jeune. jeûne. boite. boîte. ancre. ingrat. onde. un. amen.
j, as s in pleasure. gn, as ni in union. ill, as lli in William.

le   rnâr,   tou   ru-zé   k.il è,   d.an   n.a-pro-shé.
le Renard, tout rusé qu' il est, d'en ¹approcher.
he Fox,   all   cunning (that)—as-he is, *of ³them ¹to ²approach.

ar. van-dan   mè   pou-lè,   j.o-ré   a-sé   pour   a-shté
En ¹vendant mes poulets, j' aurai assez pour ¹acheter
In   selling   my chickens, I shall have enough *for   to buy

un rob   neuv;   rouj,   je kroi;   ou-i, le rouj   me
une robe neuve; rouge, je †crois; oui, le rouge   me
a   ²gown ¹new;   red,   I believe; yes, *the red   ²me

kon-vi-in.l   mi-eû.   je.n   man-kré   pâ   d.a-man;
|convient le mieux. Je ne ¹manquerai pas d'   amans;
¹suits   *the best.   I   shall ²want ¹not (of)—for—lovers,

mè je lè re-fu-zré peu-t.ê-tre tous, mêm a-vèk dé-din.
mais je les ¹refuserai peut-être tous, même avec dédain.
but I ⁴them ¹shall ³refuse ²perhaps all, even with disdain.

la   dsu   la lè-ti-èr   fè   d.la   têt se qui.s
Là dessus la Laitière †fait de la   tête ce qui
There upon the Milkmaid does (of the)—with her-head what

         ras   dan son n.i-ma-ji-na-si-on: voi-la le po t.ô   lè
se ¹passe dans son imagination: Voilà le pot au   lait
*itself passes in   her   imagination: Behold the ²pot *to *the ¹milk

a   tèr!   a-di-eu rob, a-man, poul,   eû   é
à   terre! Adieu robe, amans, poule, œufs et
(to)—on the-ground! Adieu robe, lovers,   hen,   eggs and

pou-lè.——kèl è l.om   ki.n   fas
poulets.—Quel est l'homme qui• ne   †fasse
chickens.——Who is the man that ²not (does make)—¹does ³build-

dè   shâ-tô   z.an n.ès-pa-gn?   le saj   ô-si bi-in ke.l
des châteaux en Espagne?   Le sage aussi bien que
*some castles   in (Spain)—the air?—The wise as well   as

     fou: tou sè bâ-ti-man z.a-é-ri-in ne son.k   l.an-blêm
le fou: tous ces bâtimens aériens ne sont que l'emblême
the fool: all these ²buildings ¹airy   are but the emblem

du   po t.ô   lè.
du Pot au lait.
of the ²pot *to *the ¹milk

¹ami. âne. t°. écrit. mère. être. idole. gîte. opéra. ôter. tout. voûte
² at. arm. tub. ale. mare. there. idiom. eel. opera. over. too. fool

F. ka.rant deû-zi-èm.
F. **Quarante-deuxième.**
F. *Forty-second.*

le feu d.ar-ti-fis é.l bro-shé.
Le Feu d'artifice et le Brochet.
The Fire (of artifice)-work- and the Pike.

il i u t.a la fin d.un jour klèr é srin, un
Il y eut à la fin d'un jour clair et serein, un
*It there (had)-was-at the end of a ⁴day ¹clear ²and ³serene, a

feu d.ar-ti-fis sur uṅ ri-vi-èr; ô bru-i dè
Feu d'artifice sur une rivière: au bruit des
Fire (of artifice)-work- on a river: at the noise of the

pé-târ, é a la vû de mil sèr-pan-tô, tou lè
pétards, et à la vue de mille serpenteaux, tous les
crackers, and at the sight of [a] thousand serpents, all the

poi-son, gran z.é pti, fûr bô-koup é-fré-yé.
poissons, grands et petits, furent beaucoup ¹effrayés.
fishes, great and small, were much frightened.

â! s.é-kri-èr t.il, tran-blan.d peur, le mond
Ah! s'¹écrièrent-ils, ¹tremblant de peur, le monde
Ah! exclaimed they, trembling (of)-with- fear, the world

va fi-nir! ke sha-kun.d nou sonj a sa
†va ²finir! Que chacun de nous ¹songe à sa
is going to finish! (That)-let- each of us *may think (to)-of-his

kon-si-ans. nou.l mé-ri-ton bi-in, di t.un bro-shè
conscience. Nous le ¹méritons bien, †dit un Brochet
conscience. We ²it ¹deserve well, said a ²Pike

pé-ni-tan: nou nou *man-jon lè z.un lè z.ô-tre
pénitent: nous nous ¹mangeons les uns les autres
¹penitent: We *ourselves eat (the ones the others)-

san mi-zé-ri-kord; ma-leur ô plu fè-ble! je
sans miséricorde; malheur au plus faible! Je
each other- without mercy; wo to the most feeble! I

m.an rpan.d tout mon n.âm. ô ju-pi-tèr!
m' en †repens de toute mon âme. O Jupiter!
*myself ²of³it ¹repent (of)-with- all my soul. O Jupiter!

è pi-ti-é.d not ras: fè sè-sé s.feu
aie pitié de notre race: †fais ¹cesser ce feu
have pity (of)-on- our race: ¹cause ⁵to ⁶cease ²this ⁴fire

èk-stèr-mi-na-teur, j.t-an kon-jûr; é je.t pro-mèt
exterminateur, je t' en ¹conjure; et je te †promets
³exterminating, I ²thee *of *it ¹conjure; and I ²thee promise

¹ mur. mûr. jeune. jeûne. boîte. boîte. ancre. ingrat. onde. un. amon.
² j, as s in pleasure.   gn, as ni in union.   ill, as lli in William.

'z.ô   non de tou lè z.ô-tre, de.n   plu man-jé
au   nom de tous les autres,   de ne plus ¹mangei
(at the)-in the- name of all the others, *of no more to eat

seû.d   mon n.ès-pès.   pan-dan ke.l   poi-son   pé-ni-tan
ceux de mon espèce.   Pendant que le poisson pénitent
hose of   my   species. ·   Whilst the   ²fish   ¹penitent

t.in-plo-rè la klé-mans   de ju-pi-tèr, le feu   sè-sa: la peur
¹implorait la clémence de Jupiter, le feu ¹cessa: la peur
implored   the   clemency   of Jupiter, the fire ceased: the fear

sè-sa ô-si, é l.a-pé-ti rvin: sha-kun n.a-lor ne son-ja
¹cessa aussi, et l'appétit †revint: Chacun alors ne ¹songea
ceased   also,   and the appetite returned: Each   then   thought

k.a   dé-jeu-né, é.l   bro-shè   pé-ni-tan man-ja   un
qu' à ¹déjeuner, et le Brochet pénitent   ¹mangea un
only   to   breakfast,   and the   ²Pike   ¹penitent   ate   un

n.ô-tre bro-shè.——on fè   mil   pro-mès   kan t.on n.è
autre Brochet.—On †fait mille promesses quand on est
other   Pike.——One makes [a] thousand   promises   when he is

t.an dan-jé: an n.è t.on sor-ti,   on.n   pans pâ
en danger: en   est-on †sorti, on ne ¹pense pas
in danger: [¹when] ³of ⁴it *is *one *come ²out, he thinks no [more]

z.a lè   z.a-kon-plir.
à   les   ²accomplir.
* ; ³them (to accomplish)-¹of ²accomplishing.

———

F.   ka-rant   troi-zi-èm.——le   rnâr   é.l   kok.
F. Quarante-troisième.——Le Renard et le Coq.
F.   Forty-third.————The   Fox   and the Cock.

frèr, di t.un   rnâr de bon n.a-pé-ti, a un vi-eû kok
Frère, †dit un Renard de bon appétit, à un vieux Coq
Brother, said a   Fox   of good appetite, to an old   Cock

pèr-shé sur lè bransh d.un shèn, nou.n   som   plu
perché sur les branches d'un chêne, nous ne sommes plus
perched on the branches of an oak,   we ²no ¹are   mors

z.an   gèr: je vi-in   z.a-non-sé   un   pè   gé-né-ral
en   guerre: je †viens ¹annoncer une paix générale:
(in)-at-   war: I   come   to announce   a   ²peace ¹general:

dé-san   vit   ke.j   t.an-bras.   a-mi,   ré-pli-ka.l
¹descends vite que je t' ¹embrasse. Ami, ¹répliqua lo
descend   quickly   that   I ³thee ¹may ²embrace.   Friend, replied   the

¹ ami. âne. te. écrit. mère. être. idole. gîte. opéra. ôter. tout. voûte
² at. arm. tub. ale. mare. there. idiom. eel. opera. over. too. fool.

kok, je.n   pou-vè   z.a-pran-dre   un   nou-vèl   plu
Coq, je ne †pouvais †apprendre une nouvelle plus
Cock, I ²not ¹could   learn   a   ³news   ¹more

z.a-gré-a-ble; mè   z.a-tan z.un pti   mo-man, je voi deû
agréable; mais ⁴attends un petit moment, je †vois deux
²agreeable; but   wait   a ⁴little   moment, I   see   two

lé-vri-é   ki   vi-èn   nou   z.a-por-té   la pu-bli-ka-si-on
lévriers qui †viennent nous ¹apporter la publication
greyhounds which   come   ³us ¹to ²bring the   publication

d.la pê: il von vit, é il sron t.i-si dan z.un n.ins-tan:
de la paix: ils †vont vite, et ils seront ici dans un instant:
of the peace: they go fast, and they will be here in an instant:

j.a-tan-dré   leur a-ri-vé, a-fin   k.nou pu-i-si-on   nou
j' ¹attendrai leur arrivée, afin que nous †puissions nous
I shall wait their arrival, that we   may   *ourselves

z.an-bra-sé tou. lè ka-tre, é   nou ré-jou-ir d.la bon
¹embrasser tous les quatre, et nous ²réjouir de la bonne
embrace   all *the   four, and *ourselves rejoice of the   good

nou-vèl. vot   trè z.un-ble sèr-vi-teur, di.l   rnâr,
nouvelle. Votre très-humble serviteur, †dit le Renard,
news.   Your very humble servant, said the Fox,

a-di-eu; je.n   pu-i rès-té   plu lon tan: u
adieu; je ne †puis ¹rester plus long-temps: une
adieu; I   cannot remain (more long time)-any longer:- an

n.ô-tre foi nou   nou   ré-jou-i-ron du   suk-sè
autre fois nous nous ²réjouirons du   succès de
other time we *ourselves shall rejoice (of the)-at the- success of

d.sè t.a-fèr.   l.i-po-krit : ô-si-tô s.an-fu-i, trè
cette affaire. L'hypocrite aussitôt s' †enfuit, très-
this affair. The hypocrite immediately fled, very [much]

mé-koñ-tan   d.son stra-ta-gêm, é   not vi-eû kok
mécontent de * son stratagême, et notre vieux Coq
displeased (of)-with- his stratagem, and our old Cock

se   mi   t.a ba-tre   dè   z.êl, é a
se †mit à †battre   des   ailes, et à
(himself put)-began-* to (beat)-clap-(of the)-his- wings, and to

shan-té an dé-ri-zi-on d.l.in-pos-teur.—— il è bon.d sa-voir
¹chanter en dérision de l'imposteur.—Il est bon de †savoir
sing   in derision of the impostor.—It is good *yf to know

re-pou-sé   la rûz par la rûz, é de.s
¹repousser la ruse par la ruse, et de se
[how] to repulse *the cunning by *the cunning, and *of *one's self

mu̇r. mûr. jeu̇ne. jeûne. boi̇te. boîte. anci̇e. ingrat. onde. un. amo͞n
¹ j, as *s* in pleasure.   gn, as *ni* in union.   *ill*, as *lli* in William

mé-fi-é   dè z.in-si-nu-a-si-on   d.seû ki.s   son   dé-ja
¹méfier   des insinuations de ceux qui   se   sont déjà
*to mistrust *of the insinuations of those who *themselves are already*

dis-tin-gé   par   leur   mank   de   bo͞n   foi   é
distingués   par   leur   manque   de   bonne   foi   et
distinguished   (by)-for- their   want   of   good   faith   and

d.o-nêt-té.
d'honnêteté.
of honesty.

F.   ka-rant   ka-tri-èm.
F.   Quarante-quatrième.
F.   *Forty-fourth.*

l.a-rè-gné   é.l   vèr   a   soî.
L'Araignée et le   Ver à Soie.
*The Spider and the ²Worm *at ¹Silk.*

u   n.a-rè-gné   é-tè   t.o-ku-pé a   tan-dre   sa
Une Araignée   était ¹occupée à ⁴tendre   sa
A   Spider   was   busy•   (to spread)-in spreading-her*

toil   d.un kô-té d.u͞n   shan-bre a l.ô-tre.   un   vèr   a
toile   d' un côté d'une chambre à l'autre. Un Ver à
*web from one side of   a   chamber to the other. A ²worm *at*

soî;   lu-i   dman-da   pour koi   èl   an-ploi-yè   tan.d
Soie;   lui ¹demanda pourquoi elle ¹employait tant de
*¹Silk; *to ²her ¹asked   why   she   employed   so much *of*

tan   é.d   tra-va-ill   a   fèr un gran   non-bre   de li-gn
temps et de travail à †faire un grand nombre de lignes
*time and *of labour to make a   great   number   of   lines*

é.d   sèr-kle.   tè toi,   in-sèkt i-gno-ran͡,
et de cercles.   †Tais-toi,   insecte ignorant
*and *of circles. (Silence thyself)-hold thy tongue,-²insect ¹ignorant,*

ré-pon-di   l.a-rè-gné   an   ko-lèr; ne.m   trou-ble pâ;
˙épondit l'Araignée en   colère; ne me ¹trouble pas;
replied the Spider   in [a] passion;   ²me ¹trouble not;

je tra-va-ill pour trans-mè-tre mon   non a la pos-té-ri-té; la
je ¹travaille pour †transmettre mon nom à la postérité; la
*I   labour   to   transmit   my name to *the posterity; *the*

rno-mé   è   l.ob-jè   d.mè pour-su-it.   tu   n.é   k.un
renommée est l'objet de mes poursuites. Tu n'es qu'un
fame   is the object of my   pursuits.   Thou art but a

¹aını. âne. te. écrit. mère être. idole. gîte. opéra. ôter. tout. voule
²at. arm, tub. ale. mare. there. idiom. eel. opera. over. too. fool.

sô   d.rès-té an-fèr-mé dan ta ko-kill,   é   an-su-it
sot de ¹rester enfermé dans ta coquille, et ensuite d'
fool *of to remain shut up   in thy shell, and afterwards *of*

       d.i   mou-rir de fin: voi-la la ré-kon-pans é.l   fru-i.d
y †mourir de faim: voilà la récompense et le fruit de
¹*there* ¹*to* ²*die of hunger: this is the recompense and the fruit of*

ton n.ou·vraj.   pan-dan.k   dam   a-rè-gné   par-lè
ton ouvrage. Pendant que dame Araignée ¹parlait
thy work.   Whilst madam   Spider was speaking

t.a-vèk tan.d   bon san, un sèr-vant, an-tran dan la
avec tant de bon sens, une servante, ¹entrant dans la
*with so much *of* good sense, a servant, entering into the*

shan-bre pour do-né a man-jé   ô   vèr a soî,   vi
chambre pour ¹donner à ¹manger au Ver-à-Soie, †vit
*chamber *for to give (to eat)-food-to the ²Worm*at ¹Silk, saw*

la fe-zeûz de li-gn é.d sèr-kle, l.an-lva d.un kou
la faiseuse de lignes et de cercles, l' ¹enleva d'un coup
*the maker of lines and *of* circles, (her took up of a blow*

              d.son ba-lè, é   dé-tru-i-zi t.an
de   son balai, et †détruisit en
of)–swept her away with-her broom, and destroyed (in)-at the-

mêm   tan   l.a-rè-gné, son n.ou-vraj é sè z.ès-pé-rans
même temps l'Araignée, son ouvrage et ses espérances
same time the Spider,   her work and her hopes

de rnon.——il è trè ko-mun.d trou-vé dè sô ki
de renom.——Il est très-commun de ¹trouver des sots qui
*of renown.——It is very common *of* to find *some fools who*

mé-priz lè z.ou-vraj dè z.ô-tre é ki.s
méprisent les ouvrages des autres et qui se
*despise   the works   of *the others and who *themselves*

vant de leur pro-duk-si-on su-pèr-fi-si-èl, ki n.on
vantent de leur productions superficielles, qui n'ont
boast of their ²productions ¹superficial, which have

sou-van k.un jour d.èg-zis-tans.
souvent qu' un jour d'existence.
often but one day of existence.

ımŭr. mŭr. jeune. jeûne. boite. boîte. ancre. ingrat. onde. un. aınex. j, as s in pleasure. gn, as ni in union. ill, as lli in William.

F.   ka-rant   sin-ki-èm.
F.   Quarante-cinquième.
F.   *Forty-fifth.*

    le li-on   se   pré-pa-ran t.a la   gèr.
    Le Lion   se   préparant à la   Guerre.
    The.   Lion ²himself ₁preparing (to the)−for−War.

z.oi-zô,   mal-gré   leur ins-tin,   il   son t.ô-si fou
oiseaux,   malgré   leur instinct, ils sont aussi fous que
*The   war   being   declared   between   the   animals and the
birds, notwithstanding their instinct, they are as foolish as*

k.lè z.om;   le li-on an   do-na   a-vi a sè   su-jè, é
les hommes; le Lion en ¹donna avis à ses sujets, et
the men;   the Lion ³of ⁴it ¹gave ²advice to his subjects, and

leur   or-do-na   de.s   ran-dre a son   kan.   par-mi
leur ¹ordonna de   se   ⁴rendre à son camp. Parmı
*to ²them ¹ordered *of *themselves to repair to his camp.   Among*

un   gran   non-bre d.à-ni-mô   ki   o-bé-ir   t.ô z.or-dre de
un grand nombre d'animaux qui ²obéirent aux ordres de
*a   great   number of animals which   obeyed *to the orders of*

leur roi,   dè z.àx é   dè li-è-vre   se   trou-vèr   t.ô
leur roi, des ânes et des lièvres   se   ¹trouvèrent au
their king, some asses and some hares ²themselves ¹found   at the

ran-dé-vou   sha-   k.a-ni-mal   o-fri   sè   sèr-vis   pour
rendez-vous.   Chaque animal †offrit ses services pour
rendezvous.   Each   animal   offered his   services   for

le suk=sè   d.la gèr: l.é-lé-fan   dvè   por-té lè
le succès de la guerre: l' Eléphant ³devait   ¹porter les
the success of the war: the Elephant (ought)−was-to carry the

ba-gaj   d.l.ar-mé,   l.ours   an-tre-pri.d   fèr   lè
bagages de l' armée, l' ours †entreprit de †faire les
*baggage of the army, the bear   undertook *of to make the*

z.a-sô, le rnâr pro-pô-za   d.mé-na-jé lè   rûz   é
assauts, le Renard ¹proposa de ¹ménager les   ruses   et
*assaults. the   Fox   proposed *of to manage the manœuvres   and*

le stra-ta-gem, le sinj pro-mi   d.a-mu-zé l.èn-mi   par
es stratagêmes, le Singe †promit d' ¹amuser l' ennemi par
*the   stratagems, the Monkey promised *of to amuse the enemy   by*

sè tour.   ran-voi-yé,   di.1   shval,   lè z.àx, il son tro
ses tours. ¹Renvoyez,†dit le cheval, les ânes, ils sont trop
his tricks.   Send back, said the horse, the asses. they are too

¹mni. âne. te. écrit. mère. être. idole. gîte. opéra. ôter. tout. voûte
²at. arm. tub. ale. mare. there. idiom. eel. opera. over. too. fool.

loùr; é lè li-è-vre, il son su-jè a dè tèr-reur-
lourds; et les lièvres, ils sont sujets à des terreurs
*heavy; and the hares, they are subject to *some ²terrors*

pa-nik. point du tou, di.l roi dè z.a-ni-mô,
paniques. Point du tout, †dit le roi des animaux,
¹panick. Not (of the)-at- all, said the king of the animals,

no- tr.ar-mé ne srè pâ kon-plèt san z.eû: lè z.ân
notre armée ne serait pas complète sans eux: les ânes
our army would ²be ¹not complete without them: the asses

nou sèr-vi-ron de tron-pèt, é lè li-è-vre de
nous †serviront de trompettes, et les lièvres de
³us ⁴will ²serve (of)-for- trumpeters, and the hares (of)-for-

kou-ri-è.——il n.i a pou-in.d man-bre, dan z.un
courriers.——Il n' y a point de membre, dans un
*courǐers.——*It there (has)-is- no *of member, in a*

kor po-li-tik, ki.n pu-is ê-tr.u til. un n.om
corps politique, qui ne †puisse être utile. Un homme
*²body ¹political, who ²not ¹may *to be useful. A man*

de bon san sè ti-rèr a-van-tâj de tou.
de bon sens †sait 'tirer avantage de tout.
of good sense knows [how] to draw advantage from all.

F. ka-rant si-zi-èm.——la tu-lip é la rôz.
F. Quarante-sixième.——La Tulipe et la Rose.
F. Forty-sixth.——The Tulip and the Rose.

un tu-lip é un rôz é-tè voi-zin dan.l mêm
Une Tulipe et une Rose étaient voisines dans le même
A Tulip and a Rose were neighbours in the same

jar-din: èl z.é-tè l.un é l.ô-tre èk-strêm-man
jardin: elles étaient l' une et l' autre extrêmement
garden: they were (the one and the other)-both- extremely

bèl; span-dan.l jar-di-ni-é a-vè plu.d sou-in
belles; cependant le jardinier avait plus de soin
*beautiful; however the gardener (had)-gave- more *of care*

é plu d.a-tan-si-on pour la rôz. l.an-vî é la
et plus d' attention pour la Rose. L' envie et la
*and more *of attention (for)-to- the Rose. The envy and *the*

ja-lon-zî dè bô-té ri-val ne peuv pâ fa-sil-man
jalousie des beautés rivales ne †peuvent pas facilement
*jealousy of *the ²beauties ¹rival can not easily*

ᵏ m*ur*. mûr. j*eu*ne. jeûne. b*oi*te. boîte. ancro. ingrat. onde. *u*n. am*e*n.
ᵗ j, as *s* in pleasure. *gn*, as *ni* in union. *ill,* as *lli* in Will*ia*m.

    s.ka-shé.   la   tu-lip,   vèɴ   de   se
se   ¹cacher.   La Tulipe, vaine de ses
(themselves to hide)—be concealed.— The Tulip, vain of her

sharm z.èk-sté-ri-eur, é.ɴ   pou-van   su-por-té   la pan-sé
charmes extérieurs, et ne †pouvant ¹supporter la pensée
²*charms* ¹*exterior, and not being able to support the thought*

   d. ê-   tr.a-ban-do-né   pour   u   n.ô-tre,   re-pro-sha
d' être   ¹abandonnée   pour   une   autre,   ¹reprocha
of (to be)—being— abandoned for an other, reproached

   ô   jar-di-ni-é   sa   par-si-a-li-té.   pour-koi   ma   bô-té
au jardinier   sa partialité. Pourquoi ma beauté
**to the gardener [with] his partiality. Why* ²*my* ³*beauty*

è t.èl in-si né-gli-jé, lu-i   dman-da   t.èl?   mè kou-leur
est-elle ainsi ¹négligée, lui ¹demanda-t-elle? Mes couleurs
¹*is* **it thus neglected,* *to **him demanded she?* ³*My* ⁴*colours*

ne son t.èl pâ plu viv, plu va-ri-é é plu z.an-ga-jant
ne sont-elles pas plus vives, plus variées et plus engageantes
¹*are* *they ²*not* ⁵*more* ⁶*bright, more varied and more inviting*

ke sèl d.la rôz?   pour-koi   donk la   pré-fé-ré vou
que celles de la Rose? Pourquoi donc la ¹préférez-vous
than those of the Rose? ᴡ*hy then* ⁴*her* ¹*do* ³*prefer* ²*you*

z.a moi, é lu-i do-né vou tout vo-tra-fèk-si-on? ne
à moi, et lui ¹donnez-vous toute votre affection? Ne
to me, and *to ²*her* *do ¹*give* **you all your affection?*

soi-yé   pâ   mé-kon-tant,   bèl   tu-lip,   ré-pon-di.l
soyez pas mécontente, belle Tulipe, ⁴répondit le
Be not discontented, beautiful Tulip, answered the

jar-di-ni-é: je ko-nè vô bô-té, é.j lè z.ad-m'-
jardinier: je †connais vos beautés, et je les ¹admire
gardener: I know your beauties, and I ²*them* ¹*admire*

kom èl le mé-rit; mè z.il i a   dan ma rôz
comme elles le ¹méritent; mais il y a   dans ma Rose
as they **it descrve; but* **it there (has)—are— in my* ²*Rose*

fa-vo-rit dè z.ô-deur, é · dè sharm z.in-té-ri-eur, ke la
favorite des odeurs, et des charmes intérieurs, que la
¹*favourite* **some odours, and* *some ²*charms* ¹*interior, that* *the

bô-té   seul   ne   peu.m   pro-ku-ré.——la   bô-té
beauté seule ne †peut me procurer.—La beauté
beauty alone ²*not* ¹*can* *to ⁴*me* ³*procure.——**The ²*beauty*

¹ ami. âno. te. écrit. mère. être. idole. gîte. opéra. ôter. tout. voûte
² at. arm. tub. ale. mare. there. idiom. eel. opera. over. too. fool.

èk-sté-ri-eur   frap   d.a-bor;   mè z.il   fô   pré-fé-ré.l
extérieure 'frappe d'abord; mais il †faut 'préférer le
¹external   strikes   at first;   but (it)-we-must prefer *th*

mé-rit in-té-ri-eur.
mérite intérieur.
²merit ¹internal.

F. ka-rant   sè-ti-èm.———l.ân   é.l   li-on.
F. Quarante-septième.—L'Ane et le Lion.
F.   Forty-seventh.———The Ass and the Lion.

     le li-on   se   mi   t.un jour an   têt
     Le Lion   se   †mit   un jour en   tête d'
     The Lion (himself put)-³took ⁴it-¹one ²day into [his]   head *of

d.a-lé a la   shas: pour i   ré-u-sir,   il   se   sèr-vi
†aller à la chasse: pour y   ²réussir,   il   se   †servit
to go to the   chase: *for *to *it to succeed, he *himself made use

           d.l.ân: il le   post   dan dè   brou-sa-ill, a-vè-
de l'   Ane: il le 'poste dans des broussailles, avec
(of the)-of an-Ass: he ²him ¹places   in   some   brambles,   with

k.or-dre d.é-pou-yan-té   lè   bêt   d.la fo-rê, par lè   kri
ordre d'¹épouvanter les bêtes de la forêt, par les cris de
order *of to frighten the beasts of the forest, by the cries of

d.sa voi   ki   leur é-tè   t.in-ko-nû, a-fin   k.il   se
sa voix   qui   leur était inconnue,   afin   qu'il   se
his voice ¹which ⁴to ⁵them ²was ³unknown, in order that ³he ⁴himself

        jtâ   sur   èl   dan leur fu-it.   l.a-ni-mal   ô
      ¹jetât   sur elles dans leur fuite. L' animal aux
²might ³throw upon them   in   their flight. The animal (to the)-of the-

long z.o-rè-ill o-bé-i,   é   ko-man-sa   a   brèr   de
longues oreilles ²obéit, et 'commença à †braire de
long   ears   obeyed, and   began   to   bray (of)-with-

tout sa   fors;   par se stra-ta-jèm,   il   ran-pli de
toute sa force; par ce stratagème, il   ²remplit de
all his might; by this stratagem, he   filled   (of)-⁷with-

frè-yeur tout   lè   bêt   dè   z.an-vi-ron: in-ti-mi-dé par se
frayeur toutes les bêtes des environs: intimidées par ce
⁶terror   ¹all   ²the ³beasts ⁴of ⁵the ⁶environs: intimidated by this

nou-vô   pro-dij,   èl   shèrsh   lè san-ti-é   ki leur
nouveau prodige, elles 'cherchent les sentiers qui leur
new   prodigy, they   search   the paths ¹which ⁴to ²them

i mûr, mûr. jeune, jeûne. boite. boîte. ancre. ingrat. onde. un. amen.
¹j, as s in pleasure. gn, as ni in union. ill, as lli in William.

son ko-nu: mè z.ó li-eu d.é-vi-té.l
sont ²connus: mais au lieu d' ¹éviter
²are ³known: but (to the place)—instead— of (to avoid)—avoiding-

pi-éj èl tonb t.an-tre lè grif du li-on. lâ-sé.d
le piége elles ¹tombent entre les griffes du Lion. Lassé
the snare they fall into the claws of the Lion. Tired

kar-naj, le roi dè z.a-ni-mô ra-pèl mê-tre gri-zon,
de carnage, le roi des animaux ¹rappelle maître Grison,
of carnage, the king of the animals recalls master Jack Ass,

é lu-i or-don de.s tèr. le
et lui ¹ordonne de se ²taire. Le
and *to ²him ¹orders (of himself to silence)—to be silent.— The

bô-dè de-vnu fi-èr de sa pré-tan-dû bra-voùr,
Baudet ²devenu fier de sa prétendue bravoure,
Ass [having] become proud of his pretended bravery,

s.a-tri-bû tou l.o-neur de la shas. ke
s' ¹attribue tout l' honneur de la chasse. Que
²to ³himself ¹attributes all the honour of the chase. What

pan-sé vou du sèr-vis ke vou z.a ran-du ma voi?
¹pensez-vous du service que vous a ⁴rendu ma voix?
do ²think ¹you of the service that *to ⁵you ³has ⁴rendered ¹my ²voice?

èl a fè dè mèr-vè-ill, é j.o-rè z.é-té é-frè-yé
Elle a ²fait des merveilles, et j' aurais été ¹effrayé
It has done *some wonders, and I should have been frightened

moi-mêm., si je n.a-vè su ke tu n.è k.un n.ân.—
moi-mème, si je n' avais ²su que tu n'es qu'un Anc.—
myself, if I ²not ¹had known that thou art but an Ass.—

se-lu-i ki vant sè pré-tan-du z.òks-ploi, san z.a-voir
Celui qui ¹vante ses prétendus exploits, sans avoir
He who boasts [of] his pretended exploits, without (to have)-

du kou-raj, tronp seû ki ne.l ko-nês
du courage, ¹trompe ceux qui ne le ²connaissent
having-*some courage, deceives those who ⁴him ¹do ³know

pâ, é.s fè mo-ké.d seû ki.l
pas, et se ²fait ¹moque de ceux qui
³not, and ²himself ¹causes (to mock of)—to be mocked by-those who

ko nês.
le ²connaissent.
²him ¹know.

¹ ami. âne. te. écrit. mère. être. idole. gite. opéra. ôter. tout. voût.
² ut. arm. tub. ale. mare. there. idiom. eel. opera. over. too. fool.

F. ka-rant u-i-ti-èm.——l.âṅ mé-koṅ-tan.
F. Quarante-huitième.——L'Ane mécontent.
F. Forty-eighth.——The ²Ass ¹discontented.

un pô- vr.âṅ, tran-si.d froi, ô mi-li-eu
Un pauvre Ane, transi de froid, au milieu
A poor Ass, benumbed (of)—with-cold, (at the)—in the- middle

d.l.i-vèr sou-pi-rè t.a-prè.l prin-tan; il vin t.a-sé
de l' hiver 'soupirait après le printemps; il †vint assez
of *the winter sighed after the spring; it came ²enough

tô, é mê-tre bô-dè fu t.o-bli-jé de tra-va-ill-é de-pu-i.l
tôt, et maître Baudet fut 'obligé de 'travailler depuis
¹soon, and master Ass was obliged *of to labour from

ma-tin jus-k.ô soir: sla n.lu-i plè-zè pâ;
le matin jusqu' au soir: cela ne lui †plaisaît pas•
*the morning till *at *the evening: this *to ⁴him ¹did ³please ²not;

il é-tè na-tu-rèl-man pa-rè-seu: tou lè z.âṅ le son.
il était naturellement paresseux: tous les ânes le sont,
he was naturally lazy: all *the asses ²so ¹are.

il dé-zîr voir l.é-té; sèt sè-zon è bô-kou plu
Il ¹désire †voir l' été; cette saison est beaucoup plus
He desires to see the summer; this season is much more

z.a-gré-a-ble, *èl a-riv. â! k.il fè shô!
agréable; elle ¹arrive. Ah! qu' il †fait chaud!
agreeable; it arrives. Ah! ¹how ³it (makes)—¹is- ²warm.

s.é-kri-a mê-tre gri-zon: je su-i tou t.an n.ô:
s'¹écria maître Grison: je suis tout en eau:
exclaimed master Grizzle: I am all in (water)—perspiration-

l.ô-toṅ me kon-vi-in-drè bô-kou mi-eû. il se
l'automne me †conviendrait beaucoup mieux. Il se
*the autumn ³me ¹would ²suit much better. He ²himself

tron-pa an-kor; kar il fu t.o-bli-gé.d por té ô mar-shé
¹trompa encore; car il fut 'obligé de 'porter au marché
¹deceived still; for he was obliged *of to carry to *the market

dè pa-ni-é ran-pli.d poir, de pom, de
des paniers remplis de poires, de pommes, de
*some baskets filled (of)—with— pears, *of apples, *of

shou, é.d tout sort de pro-vi-zi-on: il n.a-vè pâ
choux, et de toutes sortes de provisions: il n'avait pas
cabbages, and *of all sorts of provisions: he had no

de rpô; a pè- n.a-vè t.il le tan.d dor-mir. sô ke
de repos; à peine avait-il le temps de †dormir Sot que
*of repose; hardly had he *the time *of to sleep. Fool that

⁵ mur. mûr. jeune. jeûne. boite. boîte. ancre. ingrat. **onde**. *un*. amen.
⁴ j, as *s* in pleasure.   *gn*, as *ni* in union.   *ill*, as *lli* in William.

j.é-tè   de.m   plin-dre   d.l.i-vèr,   di t.il;   j.a-vè
j'étais de me †plaindre de l' hiver, †dit-il; j'avais
*I was *of *myself to complain of *the winter, said he: I (had)-was-*

froi,   il è   vrè;   mè   du   mou-in je n.a-vè   ri-in n.a
froid, il est vrai; mais du   moins je n'avais rien à
cold,   it is true; but (of the)—at— least   I   had nothing to

fèr   k.a   boir é a   man-jé;   é.j   pou-vè.m
†faire qu'à †boire et à 'manger; et je †pouvais me
*do   but to   drink and to   eat;   and I   could   *myself*

kou-shé   tran-kil-man   tout   la   jour-né,   ko-   m.un
†coucher tranquillement toute la journée, comme un
lay   quietly   all   the   day,   like   an

n.a-ni-mal   d.in-por-tans, sur ma li-ti-èr.——shak   sè-zon
animal d'importance, sur ma litière.——Chaque saison de
animal   of importance,   on   my litter.——Each   season of

d.la vî   a sè   z.a-van-taj é sè   z.in-kon-vé-ni-an: l.om
la vie a ses avantages et ses inconvéniens: l'homme
**the life has its   advantages and its inconveniences: the ²man*

pru-dan ne.s   plin d.ô-kun.
prudent ne se †plaint d'aucune.
*¹prudent ⁴not *himself ³complains of any.*

•
————

F.   ka-rant   neu-vi-èm.
F. Quarante-neuvième.
F.   Forty-ninth.

le li-è-vre é   lè gre-nou-iñ.
Le Lièvre et les Grenouilles.
The Hare and the Frogs.

un   li-è-vre èk-strèm-man trist é ti-mi-l   f∍-ze dan
Jn Lièvre extrêmement triste et timide †fesait dans
⁴ Hare   extremely   sad   and timid   made   in

s\   jît,   sou z.un n.ar-bre,   mil ré-flèk-si-on sur le ma-leur
so. gîte, sous un arbre,   mille réflexions sur le malheur
his lair, under a   tree, [a] thousand reflections on the misfortune

le sa   kon-di-si-on.   la mou-in-dre shôz   m.é-frè,   di t.il: n-
de sa condition. La moindre chose m' 'effraie, †dit-il: ure
of his condition.   The least   thing   ²me ¹frightens, said he: o

n.on-bre su-fi   pour me   mè- tr.an   fu-it.   je.n   pv \
ombre †suffit pour me †mettre en   fuite. Je ne †p∨ r
*hadow suffices *for ³me ⁴to ²put (in)-to- flight   I ²not ¹ca*

13*

ami. âno. te. écrit. mère être. idole. gîte. opéra. ôter. tout. voûte
at. arm, tub. ale. mare. there. idiom. eel. opera. over. too. fool.

man-jé.1   mou-in-dre   mor-sô   san   krint,   é   sèt
¹manger   le moindre   morceau   sans   crainte,   et cette
*to eat   the least   morsel   without   fear,   and that

grand   krint   m.an-pêsh   sou-van.d   dor-mir
grande   crainte   m'   ¹empêche   souvent   de   †dormir
great   fear   ³me   ²prevents   ¹often   (of to sleep)-from

           il   s.an-dor-mi   span-dan   dan sè   réflèk-si-on
           Il   s'   †endormit   cependant   dans ces   réflexions:
sleeping.—¹He *himself ³fell ⁴asleep ²however in these reflections.

mè z.il fu   bi-in-tô   ré-vè-ill-é   par un   pti   bru-i t.o-ka-zi-o-né
mais il fut   bientôt   ¹réveillé   par un   petit   bruit occasioné
but he was soon. awakened by a little noise occasioned

par l.a-ji-ta-si-on dè feu-ill.   ma-leur a moi,   s.é-kri-a t.il,
par l'agitation des feuilles.   Malheur à moi,   s"écria-t-il.
by the agitation of the leaves.   Wo to me,   exclaimed he,

an sur-sô.   je su-i pèr-dü: voi-si un   meut de shi-in a mé
en sursaut, je suis ¹perdu: voici une   meute de chiens à mes
suddenly,   I am lost: behold a pack of dogs at my

trous!   il se   tron-pè: se n.é-tè.k   du   van.
trousses!   il se   ¹trompait: ce n'était que   du   vent.
heels!   he ²himself   ¹deceived: it was only (some)-the- wind.

il koûr t.ô tra-vèr dè   shan é   a-riv   bi-in-tô t.ô-prè
Il †court au travers des   champs et   ¹arrive   bientôt auprès
He runs through the   fields and   ²arrives   ¹soon near

d.un fo-sé.   a son n.a-prosh,   dè   gre-nou-ill   ki   é-tè
d'un fossé.   A son approche,   des   Grenouilles   qui   étaient
*of a ditch.   At his approach,   some   Frogs   which   were

sur le bor   pour pran-dre l.èr,   se   jtèr t.a-vèk
sur le bord   pour †prendre l' air,   se   ¹jetèrent avec
on the border *for to take the air, ²themselves ¹threw with

pré-si-pi-ta-si-on dan   l.ô.   ô! ô! di t.il   a-lors: je.n
précipitation dans l' eau.   Oh! oh! †dit-il alors: je ne
precipitation into the water. Oh! oh! said he then: I

su-i pâ.l   seul a-ni-mal ki   krè-gn.   ma pré-zans   é-frè
suis pas le seul animal qui †craigne: ma présence   ¹effraie
am not the only animal which fears: my presence frightens

ô-si   lè   jan,   èl   ré-pan l.a-larm   dan lè   ma-rè.
aussi les gens,   elle   ⁴répand l' alarme   dans les   marais.
²also *the ¹people,   it   spreads the alarm   in the   marshes.

mil   gre-nou-ill   s.an-fu-i.d   peur, é.s
Mille grenouilles s'†enfuient de   peur, et   se
[a] Thousand frogs fly (of)-through-fear, and ²themselves

¹ m*u*r. mùr. jeune. jeûne. boite. boîte. ancre. ingrat. onde. un. amen.
⁴ j, as *s* in pleasure. *gn*, as *ni* in union. *ill*, as *lli* in William.

kash t.a l.a-prosh d.un seul li-è-vre!—on n.è sou-van
ˈcachent à l' approche d'un seul lièvre!—On est souvent
¹*hide at the approach of a single hare!—One is often*

mé-kon-tan d.sa kon-di-si-on, pars k.on.n
mécontent de sa condition, parce qu' on ne
discontented (of)-with-his condition, because one does

ko-nè pâ sèl dè z.ô-tre.
†connait pas celle des autres.
²*know* ¹*not that of ⁎the others.*

F. sin-kan-ti-èm.——le sha é la sou-ri.
F. Cinquantième—Le Chat et la Souris.
F. Fiftieth.——The Cat and the Mouse.

un sou-ri ru-zé, èl le son prèsk tout, fu
Une Souris rusée, elles le sont presque toutes, fut
A ²Mouse¹ ¹cunning, ¹they ⁵so ²are ³almost ⁴all, was

priz dan z.un sou-ri-si-èr. un sha.d bon n.a-pé-ti
ˈprise dans une souricière. Un Chat de bon appétit
taken in a mousetrap. A Cat of good appetite

a-ti-ré par l.ô-deur du lâr, vin flè-ré le tré-bu-shè.
attiré par l' odeur du lard, †vint ˈflairer le trébuchet:
attracted by the odour of the bacon, came to smell the trap:

il i vi la sou-ri; kèl re-pâ pour mé-sir
il y †vit la souris; quel repas pour messire
he ²there ¹saw the mouse; what [a] repast for squire

grip-mi-nô! ma pti- t.a-mî, lu-i di t.il lor-gnan
Grippeminaud! Ma petite amie, lui †dit-il ¹lorgnant
Grimalkin! My little friend, ³to ⁴her ¹said ²he ogling

d.un n.èr i-po-krit la bèl pri-zo-ni-èr, ke
d' un air hypocrite la belle prisonnière, que
of)-⁴with-⁵an ⁷air ⁶hypocritical ¹the ²fair ³prisoner, what

fèt vou z.i-si? je su-i shar-mé d.vou voir; é
†faites- vous ici? Je suis ˈcharmé de vous †voir; et
*are ²doing ¹you here? I am charmed *of ³you ¹to ²see; and*

là d.vou fèr la gèr. nou
las de vous †faire • la guerre: nou
*tired ¹of (to you)-⁴against ⁵you-(to make)-²making-*the ³war· we*

¹ umi. âne. te. écrit. mère. être. idole. gite. opéra. ôter. tout. voûte.
² nt. arm. tub. ale. mare. there. idiom. eel. opera. over. too. fool.

z.a-von tro lon-tan vé-ku an n.i-ni-mi-ti-é: si vou pan-sé
avons trop long-temps †vécu en inimitié: si vous ¹pensez
have too long *time lived in enmity: if you think

kom moi, nou vi-vron dé-zor-mè an bon z.a-mi.
comme moi, nous †vivrons désormais en bons amis.
as I, we shall live henceforth (in)—as— good friends

de tou mon keur, ré-pon-di fi-nèt. koi! tou.d
De tout mon cœur, ¹répondit Finette. Quoi! tout
(Of)—with— all my heart, answered Finette. What! (all

bon? ou-i sur mon n.o-neur. for bi-in:
de bon? Oui sur mon honneur. Fort bien:
of good)—in earnest?— Yes on my honour. Very well:

min-tnan pour ran-dre not ré-kon-si-li-a-si-on du-ra-ble,
maintenant pour ⁴rendre notre réconciliation durable,
now *for to render our reconciliation durable.

ou-vré moi la port: il fô ke nou nou
†ouvrez-moi la porte: il †faut que nous nous
open me the door: *it ²must *that ¹we *ourselves

z.an-bra-si-on. a-vèk plè-zir: vou n.a-vé k.a lvé un
¹embrassions. Avec plaisir: vous n'avez qu'à ¹lever une
*may ³embrace. With pleasure: you have but to raise a

ptit plansh ki è d.l.ô-tre kô-té. grip-mi-nô
petite planche qui est de l'autre côté. Grippeminaud
little plank which is (of)—on—the other side. Grimalkin

sè-zi t.a-vèk sè pat le mor-sô.d bois ou pan-dè
²saisit avec ses pattes le morceau de bois où ⁴pendait
seized with his paws the bit of wood where hung

la plansh: il se bès, la plansh se lèv:
la planche: il se ¹baisse, la planche se ¹lève.
the plank: he *himself stoops, the plank *itself raises.

a-lor fi-nèt s.é-shap; le sha koûr, mè z.an
alors Finette s' ¹échappe; le Chat †court, mais en
then Finette *herself escapes; the Cat runs, but in

vin; la sou-ri é-tè dé-ja dan son trou.—il a-riv
vain; la Souris était déjà dans son trou.—Il ¹arrive
vain; the Mouse *was already in her hole.—It happens

kèlk-foi k.on sèr t.un pèr-son an vou-lan lu-i nu-ir
quelquefois qu'on †sert une personne en †voulant lui †nuire
sometimes that one serves a person in wishing ³him ¹to ²hurt

*mur. mûr. jeune. jeûne. boite. boîte. ancrc. ingrat. onde. un. amon
j, as s in pleasure. gn, as ni in union. ill, as lli in William

F.   sin-kan-   t.é   u-ni-èm.
F. Cinquante-et-unième.
F.   Fifty *and first.*

le   shan-pi-gnon   é.l   glan.
Le Champignon et le Gland.
The   Mushroom   and the   Acorn.

un   glan   ton-bé   d.un   shên,   vi t.a sè   kô-té   un
Un Gland, ¹tombé d' un Chêne, †vit à ses côtés un
An Acorn, fallen from an Oak, saw at his sides a

shan-pi-gnon.   fa-kin,   lu-i   di t.il,   kèl è ta ar-di-ès
Champignon. Faquin, lui †dit-il, quelle est ta hardiesse
*Mushroom.   Fop, ³to ⁴him ¹said ²he, what *is *thy boldness*

d.a-pro-shé   si   prè   de   tè   su-pé-ri-eur!   ko-man
d' ¹approcher si près de tes supérieurs! comment
**of to approach so near *of thy superiors! how*

t ôz tu   lvé   la   têt   dan   z.un   n.an-droi   an-no-bli
¹oses-tu ¹lever la tête dans un endroit ennobli
darest thou to raise (the)-thy-head in a place ennobled

par   mè   z.an-sê-tre   de-pu-i   tan.d   gé-né-ra-si-on?   ne
par mes ancêtres depuis tant de générations? Ne
*by my ancestors (since)-for-so many *of generations?*

sè tu   pâ   ki.j   su-i?   il-lus-tre   sè-gneur,   di.l
†sais - tu pas qui je suis? Illustre Seigneur, †dit le
knowest thou not who I am? Illustrious Lord, said the

shan-pi-gnon, je   vou   ko-nè   par-fèt-man   bi-in, é   vô
Champignon, je vous †connais parfaitement bien, et vos
Mushroom, I ²you ¹know perfectly well, and your

z.an-sê-   tr.ô-si: je.n   pré-tan   pâ   vou   dis-pu-té
ancêtres aussi: je ne ⁴prétends pas vous ¹disputer
*ancestors also: I do ²pretend ¹not *to *you to dispute*

l.o neur   de   vot   nè-sans,   ni   i   kon-pa-ré
l'honneur de votre naissance, ni y ¹comparer
he honour of your birth, nor (to it)-⁴with ⁵it-¹to ²compare

la mi-èn·   ô   kon-trèr   j.a-voû   ke.j   sè
la mienne: au contraire j' ¹avoue que je †sais
³mine: (at the)-on the- contrary I acknowledge that I ²know

z.a pèn   d.ou.j   su·'   vnu;   mè   j.é dè ka-li-té
à peine d' où je suis ²venu; mais j' ai des qualités
*¹hardly whence *am come; but I have *some qualities*

ke vou   n.a-vé   pâ; je   plè   z.ô pa-lè dè   z.om,
que vous n'avez pas; je †plais au palais des hommes
*that you have not; I please *to the palate of *the men.*

¹ami. âne. te. écrit. mère. être. idole. gîte. opéra. ôter. tout. voûte
²at. arm. tub. ale. mare. there. idiom. eel. opera. over. too. fool.

é.j don un fu-mè dé-li-si-eu ô vi-and lè plu
et je ¹donne un ſumet délicieux aux viandes les plus
and ⁵I *give* *a* ²*flavour* ¹*delicious* *to the* ⁶*meats* *the ⁷*most*

z.eks-kiz é lè plu dé-li-kat: ô li-eu.k vou, a-vèk tou
exquises et les plus délicats: au lieu que vous, avec tout
²*exquisite* ³*and* *the* ⁴*most* ⁵*delicate:* *whereas* *you, with* *all*

l. or-geu-ill de vô z.an-sê-tre é de vo- tr.èk-strak-si-on, vou
l' orgueil de vos ancêtres et de Votre extraction, vous
the *pride* *of* *your ancestors and* *of *your* *extraction,* *you*

n.èt pro-pre k.a an-grè-sé dè ko-shon.——l. om
n'êtes propre qu' à ¹engraisser des cochons.——L'homme
are *fit* *only to* *fatten* *some *pigs.*——*The man*

ki fond son mé-rit sur slu-i d.sè z.an-sê-tre é d.son
qui ¹fonde son mérite sur celui de ses ancêtres et de son
who grounds his *merit* *upon that* *of* *his ancestors* *and* *of his*

n.èk-strak-si-on, se ran ri-di-kul ô jan san-sé. un
extraction, se ⁴rend ridicule aux gens sensés. Une
extraction, ²*himself* ¹*renders ridiculous to* *the ²*people* ¹*sensible.* *An*

nè-sans il-lus-tre è peu.d sh.ôz d.èl mêm, si èl
naissance illustre est peu de chose d'elle-même, si elle
²*birth* ¹*illustrious is* [*a*] *little* *of *thing of itself,* *if it*

n.è sou-tnû par dè ka-li-té pèr-so-nèl.
n'est †soutenue par des qualités personnelles.
²*not* ¹*is* *supported* *by* *some ²*qualities* ¹*personal.*

F. sin-kant deû-zi-èm.
F. Cinquante-deuxième.
F. *Fifty-second.*

le pan, l.oî, é.l din-don.
Le Paon, l' Oie, et le Dindon.
The Peacock, the Goose, and the Turkey.

un pan é-tè prè d.un granj, a-vè- k.u- n.oî é un
Un Paon était près d'une grange, avec une Oie et un
A Peacock was *near* *of a *barn,* *with* *a Goose and a*

din-don; seû-si re-gar-dè le pan d.un n.eu-ill
Dindon, ceux-ci ¹regardaient le Paon d' un œil
Turkey; these *looked* [*at*] *the Peacock* (*of*)-*with-an* ²*eye*

an-vi-eu, é se mo-kè de son fast ri-di-kul
envieux, et se ¹moquaient de son faste ridicule
envious, and *themselves *mocked* *of *his* ²*pomp* ¹*ridiculous*

KEY TO BOLMAR'S PERRIN'S FABLES.   69

¹ *mur. mûr. jeune. jeûne. boite. boîte. ancre ingrat. onde. un. amen.*
¹ **j**, as *s* in pleasure.   *gn*, as *ni* in union.   *ill*, as *lli* in Wi*ll*iam

le pan, sûr de son * mé-rit su-pé-ri-eur, mé-pri-za . leur
Le Paon, sûr de son mérite supérieur, ¹méprisa leur
The Peacock, sure of his ²merit ¹superior, despised their

en-vî bâs, é é-ta-la sè bèl plum ki lè
nvie basse, et ¹étala ses ⸍ belles plumes qui les
²envy ¹base, and displayed his fine feathers which ²them

z.é-blou-îr. voi-yé z.a-vè kèl in-so-lans é a-vè
²éblouirent. †Voyez avec quelle insolence et avec
¹dazzled.   See   with   what   insolence   and   *with

kèl or-geu-ill se pro-mèn sèt kré-a-tûr ô-tèn,
quel orgueil se ¹promène cette créature hautaine,
*what pride *itself ⁴walks ¹this ³creature ²haughty,

s.é-cri.l din-don! fu t.il ja-mè z.oi-zô ô-si
s' ¹écrie le Dindon! Fut-il jamais oiseau aussi
exclaims the Turkey: Was (it)-there- ever * [³a] ·bird ¹so

vin? si on voi-yè.l mé-rit in-té-ri-eur, lè din-don
vain? Si on †voyait le mérite intérieur, les Dindons
²vain? If people saw *the ²merit ¹inward, the Turkies

on la pô plu blansh ke.s vi-lin pan. kèl
ont la peau plus blanche que ce vilain Paon. Quelles
have the skin more white than this vile Peacock. What

janb i-deûz, kèl grif lèd, di l.oî! kèl
jambes hideuses, quelles griffes laides, †dit l' Oie! Quels
²legs ¹hideous, what ²claws ¹ugly, said the Goose! What

kri z.o-ri-ble, ka-pa-ble d.é-pou-van-té les
cris horribles, capables d' ¹épouvanter les
²cries ¹horrible, capable of (to frighten)-frightening- the

i-bou mêm! il è vrè, se son dè dé-fô, ré-pli-ka.l
hiboux mêmes! Il est vrai, ce sont des défauts, ¹répliqua
owls themselves! It is true, these are *some defects, replied

pan: vou pou-vé mé-pri-zé mè janb é mè
le Paon: vous †pouvez ¹mépriser mes jambes et mes
the Peacock: you can despise my legs and my

kri; mè dè kri-tik tèl ke vou, ra-ill t.an vin:
cris; mais des critiques tels que vous, ¹raillent en vain:
cries; but *some critics such as you, rail in vain:

sa-shé ke si mè janb su-por-tè l.oî ou.l
†sachez que si mes jambes ¹supportaient l' Oie ou le
know that if my legs supported the Goose or the

din-don on n.o-rè ja-mè trou-vé sè dé-fô z.an
Dindon ou n'aurait jamais ¹trouvé ces défauts en
Turkey people would ²have ¹never found these defects in

¹ ani. áne te. écrit. méro. être. idole gîte. opéra. ôter. tout. voúte
² at. arm tub. ale. marc. there. idiom. eel. opera. over. too. fool.

vou.——lè fôt de-vi-èn vi-zi-ble dan la bô-té;
vous.—Les fautes †deviennent visibles dans la beauté
you.——*The faults become conspicuous in *the beauty;

mè s.è.l ka-rak-tèr d.l.an-vì, de n.a-voir dè
mais c'est le caractère de l' envie, de n'avoir des
but it is the character of *the envy, *of to have *some

z.i-eû ke pour dé-kou-vrir é san-su-ré de pti dé-fô,
yeux que pour †découvrir et ¹censurer de petits défauts,
eyes only *for to discover and censure *some little defects,

é d.ê- tr.in-san-si-ble a tout lè bô-té ré-èl.
et d'être insensible à toutes les beautés réelles
and *of to be insensible to all *the ²beauties ¹real.

F sin-kan troi-zi-em.——l.ân é sè mê-tre
F. Cinquante-troisième.—L' Ane et ses maîtres.
F. Fifty-third.———The Ass and his masters.

sou kèl é-toil ma-leu-reûz su-i.j né, di-zè t.un
Sous quelle étoile malheureuse suis-je †né, †disait un
Under what ²star ¹unfortunate am I born, said an

Nân, se plè-gnan t.a ju-pi-tèr! on.m fè lvé
Ane, se †plaignant à Jupiter! On me †fait ¹lever
Ass, *himself complaining to Jupiter! They ²me ¹make rise

a-van.l jour. je su-i plu ma-ti-neû ke lè kok; é
avant le jour. Je suis plus matineux que les coqs; et
before *the day light I am [a] more early riser than the cocks; and

pour-koi? pour por-té dè shou z.ô mar-shé; bèl
pourquoi? Pour ¹porter des choux au marché; belle
what for? *For to carry *some cabbages to *the market: fine

né-sé-si-té d.in-té-ron-pre mon so-mè-ill! ju-pi-tèr, tou-shé.d
nécessité d' †interrompre mon sommeil! Jupiter, touché
necessity *of to interrupt my sleep! Jupiter, touched

sa plint lu-i don un n.ô-tre mê-tre; é
de sa plainte lui ¹donne un autre maître; et
(of)—with—his complaint *to ²him ¹gives an other master; and

l.a-ni-mal ô long z.o-rè-ill pa-sa dè min
l' animal aux longues oreilles ¹passa des mains
the animal (at the)-of the- long ears passed from the hands

d.un jar-di-ni-é dan sèl d.un ko-roi-yeur. mê-
d'un jardinier dans celles d'un corroyeur. Maître
of a gardener into those of a currier Master

*mur. mûr. jeune. jeûne. boite. boîte. ancre. ingrat. onde. un. amen
‡j, as s in pleasure.   gn, as ni in union.   ill, as lli in William.

tr.a-li-bo-ron fu bi-in-tô là   d.la pe-zan-teur é   d.la
Aliboron fut bientôt las de la pesanteur et de la
Jack Ass was soon tired of the heaviness and of the

mô-vè-   z.ô-deur dè pô.   je.m   re-pan, di t.il,
mauvaise odeur des peaux. Je me †repens, †dit-il,
bad   odour of the skins. I *myself repent, said he,

d.a-voir ki-té mon pre-mi-é mê-tre: j.a-tra-pè
d' avoir 'quitté mon ₎premier maître: j''attrapais
*of to have left my first master: I caught

kèlk-foi   un   ptit feu-ill de shou ki ne.m   koû-tè
quelquefois une petite feuille de chou qui ne me ¹coûtait
sometimes a little leaf of cabbage which *to ²me ¹cost

ri-in; mè z.a pré-zan je n.é ke dè kou.   il shan-ja
rien; mais à présent je n'ai que des coups. Il ¹changea
nothing; but at present I have only *some blows. He changed

an.ko- r.un foi.d   mê-tre, é dvin   tân
encore une fois de   maître, et †devint   Ane
(again one time of)-once more his-master, and became [the] Ass

de   shar-bo-ni-é; ô-tre plint.   koi donk, di ju-pi-tèr
de charbonnier: autre plainte. Quoi donc, †dit Jupiter
of [a] coalman: other complaint. What then, said Jupiter

an ko-lèr, sè t.a-ni-mal si me don plu.d   mal
en colère, cet animal-ci me ¹donne plus de mal
in [a] passion, this animal *here ²me ¹gives more (of ill)-trouble-

ke di z.ô-tre.   a-lé trou-vé vot pre-mi-é mê-tre, ou
que dix autres. †Allez ¹trouver votre premier maître, ou
than ten others. Go *to find your first master, or

kon-tan-té vou   de   slu-i   k.vou z.a-vé.——on n.è
¹contentez-vous de celui que vous avez.—On n'est
content yourself (of)-with- him that you have.——One is

ja-mè kon-tan d.sa kon-di-si-on; la pré-zant, slon
jamais content de sa condition; la présente, selon
never content (of)-with-his condition; the present, according

nou, è tou-jour la pîr: a fors de shan-jé
nous, est toujours la pire: à force de ¹changer
[to] us, is always the worst: by dint of (to change)-changing

c.n.s   trouv   sou-van dan.l   kâ   d.l.ân   de
on se 'trouve souvent dans le cas de l' Ane de
one ²himself ¹finds often in the case of the Ass of

sèt fa-ble.
cette fable.
this fable.

14

anù àno. te. écrit. mère être. idole. gite. opéra. ôter. tout. voule
at. arm, tub. ale. mare. there. idiom. eel. opera. over. too. fool.

F.   sin-kant   ka-tri-èm.
F.   Cinquante-quatrième
F.   *Fifty-fourth.*

le   lou   é.l   shi-in.d   bèr-gé.
Le Loup et le Chien de Berger.
The Wolf and the ²Dog (of Shepherd)-¹shepherd's.-

un   lou   kou-ran t.a tra-vèr un fo-rê,   vin   prè   d.un
Un Loup †courant à travers une forêt, †vint près d'un
*A   Wolf   running through   a   forest, came near *of a*

trou-pô.d   mou-ton: il ran-kon-tra.l   shi-in   du   bèr-jé.
troupeau de moutons: il ¹rencontra le Chien du Berger.
flock   of   sheep: he   met   the   Dog of the Shepherd.

ke   fèt   vou   z.i-si, lu-i   dman-da.l   dèr-ni-é?   kèl
Que †faites-vous ici, lui ¹demanda le dernier? quelle
*What are ²doing ¹you here, *to *him asked   the   latter?   what*

a-fèr   i   a-vé vou?   je   fè   z.un   ptit
affaire y avez-vous? Je †fais   une petite
business ³here ¹have ²you?   I (make)—am taking— a little

prom-nad,   ré-pon-di.l   lou: je n.é pâ.d mô-vè
promenade, ⁴répondit le Loup: je n'ai pas de mauvais
*walk,   answered the Wolf: I have no *of bad*

dé-sin, je vou.l   pro-tèst, sur mon n.o-neur. vo-
dessein, je vous le ¹proteste, sur mon honneur. Votre
*design, I *to *you *it protest, on my honour. Your*

tr.o-neur!   sûr-man   vou ba-di-né: je.n vou-drè pâ
honneur! sûrement vous ¹badinez: je ne †voudrais pas
honour! surely you jest: I would not

re-svoir vo- tr.o-neur pour gaj de vo- tr.o-nêt-té
²recevoir votre honneur pour gage de votre honnêteté
receive your honour for [a] pledge of your honesty.

pou in.d tash a ma ré-pu-ta-si-on, je vou pri: mè
Point de tache à ma réputation, je vous ¹prie: mes
*No *of slur to my reputation, ¹I ⁴you ²beg [³of:] my*

san-ti-man d.o-neur son t.ô-si dé-li-ka, ke mè gran
sentimens d'honneur sont aussi délicats, que mes grands
sentiments of honour are as delicate, as my great

z èks-plo. son rno-mé. pan-dan ke.l lou fe-sè.l
exploits sont ¹renommés. Pendant que le Loup †fesait
exploits are renowned. Whilst the Wolf made

pa-né-ji-rik de son n.o-nêt-té, un n.a-gnô s.é-kart
le panégyrique de son honnêteté, un agneau s' ¹écarte
*the panegyric of his honesty, a lamb *itself strays*

mur. mûr. jeune. jeúne. boîte. boîte. ancre. ingrat. onde. un. amen.
¹j, as *s* in plea*s*ure.   gn, as *ni* in u*ni*on.   ill, as *lli* in Wi*lli*am.

du trou-pô: la tan-ta-si-on é-tè tro grand; il sè-zi
du troupeau: la tentation était trop grande; il ²saisit
from the flock: the temptation was too great; he seized

sa proî é l.an-por-ta a-vèk pré-si-pi-ta-si-on dan.l boi.
sa proie et l' ¹emporta avec précipitation dans le bois.
his prey and ²it ¹carried with precipitation into the wood.

an-di k.l.o-nê- t.a-ni-mal kou-rè de tout sa forç
Tandis que l' honnête animal †courait de toute sa force,
Whilst the honest animal ran (of)–with–all his might,

le shi-in kri-a a-prè lu-i, a-sé ô pour ê- tr.an-tan-du:
le Chien ¹cria après lui, assez haut pour être ⁴entendu:
the Dog cried after him, ²enough ¹loud *for to be heard

ô-la, ô, mo-si-eu.l lou! son.s la vô gran
Holà, ho, monsieur le Loup! Sont-ce là vos grands
Holla, ho, Mr. *the Wolf! Are these *there your great

z.èks-ploi, é lè san-ti-man d.o-neur don vou vné.d
exploits, et les sentimens d'honneur dont vous †venez
exploits, and the sentiments of honour of which you (come

par-lé?—— seû ki parl le
de ¹parler?— Ceux qui ¹parlent le
of to speak)–have just been speaking. —They who talk the

plu d.o-neur é.d san-ti-man, son t.or-di-nèr man
plus d'honneur et de sentimens, sont ordinairement
most of honour and of sentiments, are commonly

seû ki an n.on.l mou-in.
ceux qui en ont le moins.
those who *of*them have the least.

F. sin-kant sɪn-ki-èm.————l.é-ko é le i-bɔu.
F. Cinquante-Cinquième.—L'Echo et le Hibou.
F. Fifty-fifth.————The Echo and the Owl.

un i-bou; an-flé d.or-geu-ill é.d va-ni-té,
Un Hibou, ¹enflé d' orgueil et de vanité,
An Owl, puffed up (of)–with– pride and *of vanity.

ré-pé-tè sè kri lu-gu-bre a mi-nu-i, du kreû d.un
répétait ses cris lugubres à minuit, du creux d'un
repeated his ²cries ¹doleful at midnight, from the hollow of an

vi-eû shèn. d.ou pro-vi-in, di t.il, se si-lans ki
vieux chêne. D'où †provient, ¹dit-il, ce silence qui
ld oak. Whence proceeds, said he, this silence whi*h

74 KEY TO BOLMAR'S PERRIN'S FABLES.

ami. âne. te. écrit. mère. être. idole. gîte. opéra. ôter. tout. voûte.
²al. arm. tub. ale. mare. there. idiom. eel. opera. over. too. fool.

rè-gn dan.s   boi, si   s.n.ê pour fa-vo-ri-zé ma
'règne dans ce bois, si ce n'est* pour 'favoriser ma
reigns in this wood, if it ²not ¹is *for to favour my

mé-lo-di? sûr-man lè bo-kaj son shar-mé   d.ma
mélodie? Sûrement les bocages sont 'charmés de   ma
melody? Surely the groves are charmed (of)-with- my

voi; é kan je shant, tout la na-tûr é-kout. un
voix; et quand je 'chante, toute la nature 'écoute. Un
voice; and when I sing, all *the nature listens. An

n.é-ko ré-pèt dan.l mêm ins-tan. tout la na-tû-
Echo 'répète dans le même instant. Toute la nature
Echo repeats in the same instant. All *the nature

r.é-koute: le ro-si-gn-ol, kon-ti-nu-a le i-bou, a u-zur-pé
'écoute: Le Rossignol, 'continua le Hibou, a 'usurpé
listens: The Nightingale, continued the Owl, has usurped

mon droi; son ra-maj è mu-zi-kal, il è vrè; mè
mon droit; son ramage est musical, il est vrai; mais
my right; his warbling is musical, it is true; but

l.mi-in è bô-kou plu dou. l.é-ko ré-pè- t.an-kor.
le mien est beaucoup plus doux. L'Echo 'répète encore.
mine is much more sweet. The Echo repeats again.

è bô-kou plu dou. èk-si-té par se fan-tôm, le
Est beaucoup plus doux. 'Excité par ce fantôme, le
Is much more sweet. Excited by this phantom, the

i-bou, au lvé du so-lè-ill, mê-la sè kri lu-gu-bre
Hibou, au lever du soleil, 'mêla ses cris lugubres
Owl, at the rising of the sun, mingled his ²cries ¹doleful

a l.ar-mo-ni dè z.ô-tre z.oi-zô: mè dé-goû-té
à l' harmonie des autres oiseaux: mais dégoûtés
(to)-with-the harmony of the other birds: but disgusted

d.son bru-i, il le sha-sèr t.u-na-nim-man de
de son bruit, ils le 'chassèrent unanimement de
(of)-with- his noise, they ²him ¹chased unanimously from

leur so-si-é-té, é kon-ti-nû t.an-kor a.l pour-su-i-vre
leur société, et 'continuent encore à le †poursuivre
their society, and continue still *to ³him ¹to ²pursue

par-tou t.ou il pa-rè: de sort ke pour se
partout où il †paraît: de sorte que pour se
wherever *where he appears: (of sort)-so- that *for ³himself

mè-tre a l.a-bri d.leur pour-su-it, il fu-i
mettre à l' abri de leurs poursuites, il †fuit
*to *put ¹to *the ²shelter from their pursuits, he flies [from

⁵*mur. mûr. jeûne. jeûne. boîte. boîte. ancre. ingrat. onde. un. ames.*
⁴*,, as s in pleasure. gn, as ni in union. ill, as lli in William.*

la lu-mi-èr, é.s   plê   dan lè té-nè-bre.——lè
la lumière, et se †plaît   dans les ténèbres.—Les
the light, and (himself pleases)-delights- in *the darkness.——*The

z.om   vin   é   or-gè-ill-eû   pans   ke leur pèr-fèk-si-on
hommes vains et orgueilleux ¹pensent que leurs perfections
⁴*men* ¹*vain* ²*and* ³*proud* *think that their* ²*perfections*

z.i-ma-ji-nèr   son.l   su-jè   d.l.ad-mi-ra-si-on   dè   z.ô-tre,
imaginaires sont le sujet de l'admiration des autres,
¹*imaginary are the subject of the admiration of *the others,*

é.k   leur   pro-pre   fla-trî   son   la   voî   d.la
et que leurs propres flatteries sont la voix de la
and that their own flatteries are the voice of *the

rno-mé.
renommée.
renown.

F.   sin-kant   si-zi-èm.——lè   deû   lé-zâr.
F. Cinquante-sixième.—Les deux Lézards.
F.   Fifty-sixth————The two Lizards.

deû lé-zâr,   a-ni-mô   z.o-vi-pâr,   se   prom-nè
Deux Lézards, animaux ovipares, se ¹promenaient
Two Lizards, ²*animals* ¹*oviparous,* **themselves walked*

t.a leur loi-zir, su r.un mur èks-pô-zé ô so-lè-ill: il   se
à leur loisir, sur un mur exposé au soleil: ils se
at their leisure, on a wall exposed to the sun: they *themselves

rtîr   t.or-di-nèr-man   dan   lè   ê   é   dan   lè   trou
¹retirent ordinairement dans les haies et dans les trous
retire generally into *the hedges and into *the holes

dè   mu-ra-ill.   ke   not   kon-di-si-on   è   mé-pri-za-bl! di
des murailles. Que notre condition est méprisable! †dit
of *the walls. ¹*How* ⁴*our* ⁵*condition* ³*is* ²*contemptible!* *said*

l.un n.a son kon-pa-gnon.   nou z.èg-zis-ton, il è vrè;
l'un à son compagnon. Nous ¹existons, il est vrai,
**the one to his companion. We exist, it is true;*

me   s.è   tou: le plu   pti   si-ron   a   sla.d
mais c'est tout: le plus petit Ciron a cela de
but that is all: the smallest handworm has that (of)-in-

ko-mun n.a-vèk nou.   nou.ɴ   tnon   z.ô-kun   ran   dan
commun avec nous. Nous ne †tenons aucun rang dans
common with us. We hold no rank in

14*

¹ ami. âne. te. écrit. mère. être. idole. gîte. opéra. ôter. tout. voûte.
² at. arm. tub. ale. mare. there. idiom. eel. opera. over. too. fool.

la kré-a-si-on.   nou   ran-pon   kom   de   vil   z.in-sèkt,
la création.   Nous ¹rampons comme de vils insectes
*the   creation.   We   creep   like   *some vile insects,*

é   nou   som   sou-van   t.èk-spô-zé a ê-tre   fou-lé   ô
et nous sommes   souvent   ¹exposés à être   ¹foulés   aux
*and *we   are   often   exposed   to   be   trodden (to the*

pi-é   pa r.un n.an-fan. ke.n   su-i.j   né   sèr,
pieds   par un enfant.   Que ne suis-je †né cerf,
feet)-underfoot- by a child. Why ³not ¹am ²I ⁴born [a] stag,

ou kel- k.ô- tr.a-ni-mal, la   gloir   dè fo-rê?   ô
ou quelque autre animal, la gloire des forêts?   Au
or   some   other animal, the glory of the forests? (At the)-in the-

mi-li-eu de   sè   mur-mur z.in-just, un   sèr   ki é-tè
milieu   de   ces   murmures injustes,   un   cerf qui était
midst   of   these ²murmurs ¹unjust,   a   stag which was

t.ô z.a-boi,   fu   tu-é a la   vû   d.nô   deû
aux abois,   fut †tué à la   vue   de nos deux
*at *the bay, was killed (at the)-within-sight of our two*

lé-zâr.   ka-ma-rad,   di   l.ô-   tr.a slui ki
Lézards.   Camarade,   †dit l' autre à celui qui s'
*Lizards.   Comrade,   said the other to him who *himself*

s.é-tè   plin,   ne pan-sé vou● pâ   k.un   sèr,
était   †plaint, ne ¹pensez vous pas qu'   un   cerf,
(was)-had-complained, do ³think ¹you ²not that a   stag,

dan z.un pa-rè-ill si-tu-a-si-on, shan-jrè   vo-lon-ti-é sa
dans une pareille situation,   ¹changerait volontiers sa
in ²a ¹such   situation, would ²change ¹willingly his

kon-di-si-on a-vèk la nô-tre?   in-si,   kroi-yé moi, a-pre-né
condition avec la nôtre?   Ainsi, †croyez-moi, †apprenez
*condition with *the ours?   Thus,   believe me,   learn*

z.a ê-tre kon-tan   d.la   vô-tre,   é a.n   pâ   z.an-vi-é
à être content de la   vôtre, et à ne pas   ¹envier
*to be content (of the)-with- yours, and *to not to envy*

sèl dè z.ô-tre.   il   vô mi-eû z.ê-tre   lé-zâr vi-van
celle des autres. Il †vaut mieux être   Lézard †vivant
*that of *the others. It is   better to be [a] ²Lizard ¹living*

ke   sèr   mor.——un kon-di-si-on obs-kûr é mé-di o-kre
que   cerf mort.—Une condition obscure et médiocre
than [a] ²stag ³dead.——¹An ⁵condition ²obscure ³and ⁴middling

è   sou-van   la plu   sûr; èl   mè   lè   jan   z.a
est souvent la plus sûre; elle †met les gens à l'
*is often. the most sure, it puts *the people (to the)-in*

mur. mûr. jeuno. jeûno. boîte. boîte. ancre. ingrat. onde. un. amen.
j, as s in pleasure.   gn, as ni in union.   ill, as lli in William.

l.a-bri   dè   dan-jé   ô   kèl   son t.èk-spô-zé   seû   d.un
abri   des   dangers   aux quels sont ¹exposés   ceux   d'un
shelter from *the dangers to *the which ⁷are ⁸exposed ¹those ²of ³a

ran   plu   z.él-vé.
rang plus élevé.
⁴rank ⁴more ⁵elevated.

F.   sin-kant sè-ti-èm.———le lou é   l.a-gnô.
F.   Cinquante-septième.—Le Loup et l'Agneau.
F.   Fifty-seventh.———The Wolf and the Lamb.

un   n.a-gnô   bu-vè   pè-zi-ble-man t.a un   ru-i-sô: un
Un   Agneau   †buvait   paisiblement   à   un   ruisseau: un
A   Lamb   drank   peaceably   at   a   brook: a

lou   vin t.ô   mêm an-droi,   é   bu   bô-kou   plu   ô:
Loup †vint au   même endroit, et †but beaucoup plus haut:
Wolf came to the same place, and drank much   higher:

é-yan   t.an-vî.d ko-man-sé un ke-rèl a-vèk l.a-gnô,
ayant   envie de ¹commencer une querelle avec l'Agneau
having [a] desire *of to begin   a quarrel with the Lamb,

il   lu-i   dman-da   d.un   ton   sé-vèr,   pour-koi il
il   lui   ¹demanda   d'   un   ton   sévère,   pourquoi il
he *to ²him ¹asked   (of)-in-   a   ²tone ¹severe,   why   he

trou-blè   l.ô?   l.i-no-san   t.a-gnô, sur-pri   d.u-
¹troublait l' eau? L' innocent   Agneau, surpris   d'   une
troubled the water? The innocent Lamb, surprised (of)-at- ¹an

n.a-ku-za-si-on si   mal   fon-dé,   lu-i   ré-pon-di t.a-vè- k.u-
accusation   si   mal   fondée,   lui   ⁴répondit   avec   une
⁵accusation ¹so ²ill ³founded, *to ²him ¹answered   with   an

n.um-ble sou-mi-si-on,   k.il ne   kons-vè   pâ   ko-man
humble   soumission,   qu' il ne   ³concevait   pas   commen
humble   submission,   that he did   ²conceive ¹not   how

sla   pou-vè t.ê-tre.   mo-si-eu,   lu-i   di t.il,   vou   voi-yé
cela †pouvait être.   Monsieur,   lui   †dit-il,   vous †voyez
that   could *to be.   Sir,   ³to ⁴him ¹said ²he,   you   ¹ee

bi-in   ke.j   boi   plu   bâ,   ke   l.ô   koul   de
bien   que je †bois plus bas, que   l' eau ¹coule de
[very] well that I   drink lower, that the water flows from

vou z.a moi, é.k   par kon-sé-kant je.n   pu-i la trou-ble
vous à moi, et que par conséquent   je ne †puis la troubler
you to me, and that consequently   I ²not ¹can ⁴it ³trouble

ami. âno. te. écrit. mère être. idole. gîte. opéra. ôter. tout. voûte.
*at. arm, tub. ale. mare. there. idiom. eel. opera. over. too. fool

ma-rô, ré-pli-ka.l lou, il i a an-vi-ron si
Maraut, 'répliqua le Loup, il y a environ six
Knave, *replied* *the* *Wolf* *it* **there (has)-is-** *about* *six*

moi ke tu par-lâ mal de moi en mon n.ab-sans. je
mois que tu 'parlas mal de moi en mon absence. Je
months that thou spokest ill of me in my absence. I

n.é-tè pâ z.an-kor né. s.è donk ton frèr. je n.an n.é
n'étais pas encore †né. C'est donc ton frère. Je n'en ai
was not yet born. It is then thy brother. I have

pou-in, sur mon n.o-neur. le lou voi-yan k.il é-tè
point, sur mon honneur. Le Loup †voyant qu' il était
none, on my honour. The Wolf seeing that it was

t.i-nu-til de rè-zo-né plu lon tan kon-tre la
inutile de 'raisonner plus long-temps contre la
useless **of** *to reason (more long time)-any longer-against* **the**

vé-ri-té; ko-kin, di t.il, an ko-lèr, si s.n.è ni toi,
vérité: Coquin, †dit-il, en colère, si ce n'est ni toi,
truth: Knave, said he, in [a] passion, if it is neither thou,

ni ton frèr, s.è ton pèr, é s.è la mêm shôz.
ni ton frère, c'est ton père, et c'est la même chose
nor thy brother, it is thy father, and it is the same thing.

la-dsu il sè-zi.l pô- vr.i-no-san t.a-gnô, é.l
Là-dessus il ²saisit le pauvre innocent Agneau, et le
Thereupon he seized the poor innocent Lamb, and ²*him*

mi t.an pi-ès.——kan la ma-lis é la kru-ô-té son
†mit en pièces.—Quand la malice et la cruauté sont
(put)-'tore-in pieces.——When **the** *malice and* **the** *cruelty are*

jou-int a-vèk le pou-voir, il leur è t.è-zé de
†jointes avec le pouvoir, il leur est aisé de
joined with **the** *power,* ¹*it (to them)-*⁴*for* ⁵*them-* ²*is* ³*easy* **of**

trou-vé dè pré-tèkst pour ti-ra-ni-zé l.i-no-sans é
trouver des prétextes pour 'tyranniser l'innocence et
to find **some** *pretext.* **for to tyrannize over** **the innocence and**

pour èg-zèr-sé tout sort d.in-jus-tis.
pour 'exercer toutes sortes d' injustices.
for to exercise all *sorts of injustice.*

mu*r*. mûr. jeune. jeûne. boîte. boîte. ancre. ingrat. onde. un. amon.
j, as *s* in pleasure. *gn*, as *ni* in union. *ill*, as *lli* in William

F.   sin-kant   u-i-ti-èm.————l.è-gle   é   le   i-bou.
F.   Cinquante-huitième.——L' Aigle et le Hibou.
F.   *Fifty-eighth.*————*The Eagle and the Owl.*

l.è-gle   é   le i-bou,   a-prè   z.a-voir   fè   lon
L'Aigle et le Hibou,   après avoir   †fait   long
The Eagle and the Owl,   after (to have)-having- ¹*made* [³a] ¹*long*

tan   la gèr,   kon-vinr   d.un   pê; lè z.ar-ti-kle
temps la guerre, †convinrent d'   une paix; les articles
⁵*time* *the* ²*war,*   *agreed*   *(of)—on— a peace; the* ²*articles*

pré-li-mi-nèr • a-vè   t.é-té pré-a-la-ble-man si-gn-é par dè
préliminaires avaient été préalablement ¹signés par des
¹*preliminary   had   been   previously   signed by* *some

z.an-ba-sa-deur: l.ar-ti-kle le plu z.é-san-si-èl é-tè, ke.l
ambassadeurs: l' article le plus essentiel était, que le
ambassadors: the article the most essential was, that the

pre-mi-é ne man-jrè pâ lè pti   d.l.ô-tre. lè
premier ne ¹mangerait pas les petits de l' autre. Les
first ¹*should* ³*eat* ²*not the little ones of the other.* ⁴*Them*

ko-nè-sé vou dman-da le i-bou?   non, ré-pon-di
†connaissez-vous ⁴demanda le Hibou? Non, ⁴répondit
¹*do* ³*know* ²*you*   *asked   the Owl?   No,   answered*

l.è-gle.   tan   pi.   pè-gné lè moi, ou mon-tré
l' Aigle. Tant pis. †Peignez-les-moi, ou ¹montrez-
the Eagle. So much the worse. Describe them to me, or show

lè-moi: foi   d.o-nê- t.è-gle, je.n
les-moi: foi d'   honnête Aigle, je ne
them to me: (faith of)—upon the word of an-honest Eagle, ¹*I*

lè   tou-shré   ja-mè.   mè   pti   ré-pon-di l.oi-zô
les ¹toucherai jamais. Mes petits, ⁴répondit l' oiseau
⁵*them* ²*shall* ⁴*touch* ³*never. My little ones, replied the* ²*bird*

nok-turn, son mi-gnon, bô, bi-in fè; é il z.on la
nocturne, sont mignons, beaux, bien faits; et ils ont la
¹*nocturnal, are pretty, fine, well made; and they have the*

voi dous é mé-lo-di-euz; vou lè re-ko-nê-tré
voix • douce et mélodieuse; vous les †reconnaîtrez
voice sweet and melodious; ¹*you* ⁵*them* ²*will* ⁴*recognise*

è-zé-man t.a sè mark.   trè bi-in, je.n l.ou-bli-ré
aisément à ces, marques. Très bien, je ne l' ¹oublierai
³*easily (at)—by-these marks.   Very well, I* *it shall ²*forge*

pâ. il a-ri-va un jour ke l.è-gle a-pèr-su dan.l
pas. Il ¹arriva un jour que l' Aigle ³aperçut dans le
not. It happened one day that the Eagle perceived in the

¹ ami. âne. te. écrit. mère. être. idole. gîte. opéra. ôter. tout. voûté
² at. arm. tub. ale. mare. there. idiom. eel. opera. over. too. fool

kou-in d.un ro-shé de pti mons-tre trè lè, a-vè k.un
coin d'un rocher de petits monstres très laids, avec un
corner of a rock some little monsters very ugly, with ¹a

n.èr trist é lu-gu-bre. sè z.an-fan, di t.il, n.a-par-ti-en
air triste et lugubre. Ces enfans, †dit-il, n'†appartiennent
⁵air ²sad ³and ⁴mournful. These children, said he, ¹do. ³belong

pâ z.a no- tr.a-mi; kro-kon lè: ô-si-tô t.il se mi
pas à notre ami; ¹croquons-les: aussitôt il se †mit
²not to our friend; let us eat them: immediately he (himself put)-

t.a an fèr un bon rpâ. l.è-gle n.a·vè
à en †faire un bon repas. L'Aigle n'avait
*began-*to ⁶of ⁷them ¹to ²make ³a ⁴good ⁵repast. The Eagle (had)-*

pâ tor. le i-bou a-vè fè t.un fôs
pas tort. Le Hibou avait †fait une fausse
was-not [in the] wrong. The Owl had made a false

pin-tûr de sè pti: il n.an n.a-vè pâ le mou-in-dre
peinture de ses petits: ils n' en avaient pas le moindre
picture of his little ones: they ⁵of ⁷them ¹had ²not ³the ⁴least

trè.——lè pa-ran de-vrè t.é-vi-té a-vèk sou-in se
trait.—Les parens ³devraient ¹éviter avec soin ce
*⁵feature.——*The parents should *to avoid with care this*

fè-ble an-vèr leur z.an-fan ki lè ran sou-van t.a-veu-gle
faible envers leurs enfans qui les ⁴rend souvent aveugles
foible towards their children which ²them ¹renders often blind

sur leur dé-fô, é ki è kèlk-foi fa-tal ô z.un
sur leur défauts, et qui est quelquefois fatal aux uns
(upon)-to-their defects, and which is sometimes fatal (to the ones

é ô z.ô-tre.
et aux autres.
and to the others)—both to parents and children.

F. sin-kant neu-vi-èm.
F. Cinquante-neuvième
F. *Fifty-ninth.*

.e sha, lè sou-ri, é.l vi-eû ra.
Le Chat, les Souris, et le vieux Rat.
The Cat, the Mice, and the old Rat.

un sha, le flé-ô dè ra, a-vè dan sa vî kro·ké
Un Chat, le fléau des Rats, avait dans sa vie ¹croqué
A Cat, the scourge of the Rats, had in his life eaten

³ *mur. mûr. jeune. jeûne. boite. boîte. ancre. ingrat. onde. un. amen*
⁴ *j*, as *s* in plea*s*ure. *gn*, as *ni* in union. *ill*, as *lli* in Wi*lli*am

bô-kou.d   sou-ri: sèl ki rès-tè,   n.ô-zè   sor-tir
beaucoup de Souris: celles qui ¹restaient, n'²osaient †sortir
many *of* *Mice:* *those that rema*i*ned,* ²*not* ¹*dared to go ou*t

de leur trou, de   peur de   de-vnir   sa proi.
de leurs trous, de peur de   †devenir   sa proie
of their holes, (of)-for- fear of (to become)-becoming-his prey.

le sha   sa-vè   ke si lè   shôz   rès-tè   dan   sè t.é-ta:
Le Chat †savait que si les choses ¹restaient dans cet état,
The Cat knew that if the things remained in that state,

il   man-krè   de pro-vi-si-on; a-prè z.un   mûr dé-li-bé-ra-si-on
il ¹manquerait de provisions; après une mûre délibération
he should want *of provision; after a mature deliberation*

il   ré-so-lu   d.a-voir re-kour a un   stra-ta-jêm: pour sè t.é-fè
il †résolut d' avoir recours à un stratagême: pour cet effet
he resolved *of to have recourse to a stratagem: for this effect*

il   kon-tre-fi.l   mor, an.s   kou-shan tou.d   son
il †contrefit le mort, en se ¹couchant tout de son
he counterfeited the dead. in ²*himself* ¹*laying (all of his)—at full-*

lon a   tèr,   é é-tan-dan sè   kat   pat é
long à   terre, et ⁴étendant ses quatre pattes et
length (to)-on the- ground, and stretching his four paws and

sa keû.   lè   sou-ri,   sur-prîz   de voir leu- r.èn-mi
sa queue. Les Souris, surprises de †voir leur ennemi
his tail. The Mice, surprised *of to see their enemy*

dan sè t.é-ta,   mèt   le   né,   or de leur trou,
dans cet état, †mettent le   nez, hors de leurs trous,
in that state, put (the)-their-nose, out of their holes,

mon-   tr.un peu la   têt, pu-i   ran-tre, pu-i
¹montrent un peu la   tête, puis ¹rentrent, puis
show   a   little (the)-their-head, then re-enter, then

re-sort   é   a-vans   kat pâ: kan t.un vi-eû ra
†resortent et ¹avancent quatre pas: quand un vieux Rat
go out again and advance four steps: when an old Rat

ki sa-vè plu   d.un tour, é ki a-vè mêm pèr-du
qui †savait plus d' un tour, et qui avait même ¹perdu
who knew more (of)-than-one trick, and who had even lost

un pat é sa   keû   an   se   sô-van   d.un ra-ti-èr,
une patte et sa queue en se ¹sauvant d' une ratière,
a paw and his tail in ²*himself* ¹*saving from a rat-trap,*

voi-yan.l   dan-jé où   é-tè   lè   sou-ri par
†voyant le danger où   étaient les Souris par
seeing the danger (where)-in which- ³*were the* ²*mice by*

¹ ami. ánc. te. écrit. mère. être. idole. gîte. opéra. ôter. tout. voûte.
² at. arm. tub. ale. mare. there. idiom. eel. opera. over. too. foot.

leur ku-ri-ô-zi-té, s.é-kri-a: mè z.an-fan, je tran-ble pour vot
leur curiosité, s'¹écria: Mes enfans, je ¹tremble pour votre
their curiosity, exclaimed: My children, I tremble for your

sûr-té; n.a-pro-shé pâ plu prè. se sha ke vou
sûreté; n'¹approchez pas plus près. Ce Chat que vous
safety; do ²approach ¹not nearer. This Cat that you

kroi-yé mor, è t.ô-si vi-van ke vou z.é
†croyez mort, est aussi †vivant que vous et
believe dead, is as (living)—much alive— as you and

moi. s.è t.un pi-éj k.il vou tand: ô mou-in
moi: c'est un piége qu' il vous ⁴tend: au moins
I: it is a snare that ¹he (to you)—³for ⁴you— ²lays at °the least

ne peu t.il i a-voir de mal a.n pâ vou
ne †peut-il y avoir de mal à ne pas vous
²can °it ¹there (to have of)—be no—harm (to)—in— not ²yourselves

z.èks-pô-zé; ran-tré donk vit dan vô trou, é
exposer; ¹rentrez donc vite dans vos trous, et
(to expose)—¹exposing;— re-enter then quickly in your holes, and

sou-vné vou de sèt mak-sim, ke la pré-kô-si-on è
†souvenez-vous de cette maxime, que la précaution est
remember °yourselves °of this maxim, that °the precaution is

mèr de la sûr-té.
mère de la sûreté.
[the] mother of °the safety.

F. soi-san-ti-èm.——le sinj é le sha.
F. Soixantième.—Le Singe et le Chat.
F. Sixtieth.———The Monkey and the Cat.

mi-tis é fa-go-tin, slu-i si sinj é l.ô-tre sha.
Mitis et Fagotin, celui-ci Singe et l' autre Chat,
Puss and Pug, this [a] Monkey and the other [a] Cat,

vi-vè t.an-san-ble, an bon z.a-mi, dan z.un mai-zon.d
†vivaient ensemble, en bons amis, dans une maison
were living together, (in)—as— good friends, in (a)—the— house

sè-gneur. il z.a-vè t.é-té é-l.vé z.an-san-ble dè
de Seigneur. Ils avaient été ¹élevés ensemble dès
of [a] Lord. They had been brought up together from

leur plu tan-dre jeu-nès; mè.l sinj è tou-jour
leur plus tendre jeunesse; mais le Singe est toujours
their °more tender youth; but (the)—a—Monkey is always

KEY TO BOLMAR'S PERRIN'S FABLES   83

¹ mur. mûr. jeune. jeûne. boite. boîte. ancre. ingrat. onde. un. amen.
¹ j, as s in pleasure.   gn, as ni in union.   ill, as lli in William.

  sinj. é-tan tô kou-in du feu, il vîr rô-tir
 Singe. Etant au coin . du feu, ils †virent ²rôtir
[a] *Monkey. Being at the corner of the fire, they saw (to roast)–*

  dè mâ-ron. fa-go-tin an n.o-rè fè
 des marrons. Fagotin en aurait †fait
⁸roasting– ¹some ²chesnuts. Pug ⁷of ⁸them ¹would ³have ⁴made

vo-lon-ti-é un rpâ: mè z.il ne sa-vè ko-man s.i
volontiers un repas: mais il ne †savait comment s' y
³willingly ⁵a ⁶repast: but he ²not ¹knew how (himself to it

pran-dre.   pan-dan k.la sèr-vant é-tè
†prendre. Pendant que la servante était
to take)–to go about it.– Whilst the servant was

t..ab-sant, il di t.a mi-tis: frèr, je n.i-gnor pâ tè
absente, il †dit à Mitis: frère, je n' ¹ignore pas tes
absent, he said to Puss: brother, I am ²ignorant ¹not [of] thy

ta-lan; tu sé z.u n.in-fi-ni-té de pti tour: il fô ke
talens; tu ˙†sais une infinité de petits tours: il †faut que
talents; thou knowest an infinity of little tricks: ⁵it ²must ⁸that

 tu fas ô-jour-du-i un kou.d mê-tre. de tou
 tu †fasses aujourd'hui un coup de maître. De tout
·thou make to day a ²stroke ⁸of ¹master. (Of)–with– all

mon keur, di.l sha; ke fô t.il fèr? seul-man
mon cœur, †dit le Chat; que †faut-il †faire? Seulement
my heart, said the Cat; what must (it)–I–⁸to do? Only

 ti-ré lè mâ-ron du feu, ré-pon-di.l sinj. la
 ¹tirer les marrons du feu, ⁴répondit le Singe. Là.
⁸to draw the chesnuts from the fire, answered the Monkey. There

dsu mi-tis é-kar- t.un peu lè san- dr.a-vèk sa pat, é
dessus Mitis ¹écarte un peu les cendres avec sa patte, et
upon Puss scatters a little the ashes with his paw, and

pu-i la rtir; an-su-it il re-ko-mans; ti- r..un mâ-ron
puis la ¹retire; ensuite il ¹recommence; ¹tire un marron
then ²it ¹withdraws; afterwards he begins again; draws a chesnut

 du feu, pu-i deû, pu-i troi, é fa-go-tin lè krok.
 du feu, puis deux, puis trois, et Fagotin les ¹croque.
from the fire, then two, then three, and Pug ³them ¹eats.

sur sè z.an-tre-fèt, la sèr-vant an-tre dan la ku-i-zin,
Sur ces entrefaites, la servante ¹entre dans la cuisine,
In the meanwhile, the servant enters in the kitchen,

a-trap mi-tis sur le fè. vi-lin sha, s.é-kri
attrape Mitis sur le fait. Vilain Chat, s'¹écrie-t-
catches Puss (upon the fact)–in the act. Villain Cat, exclaimed

15

¹ ami. âne. te. écrit. mère. être. idole. gîte. opéra. ôter. tout. voûte
² at. arm, tub. ale. mare. there. idiom. eel. opera. oyer. ton. fool.

t.èl.   s.è   donk toi   ki   manj   lè   mâ-ron.   an   di-zan
elle: c'est donc toi qui ¹manges les marrons. En †disant
she: it is then thou who eatest the chesnuts. In saying

sla   èl   l.a-som   a-vèk   son   ba-lè.——lè   pti
cela elle l' ¹assomme avec son balai.—Les petits
that she ²him ¹knocks down with her broom.—The little

fri-pon   son   t.or-di-nèr-man   lè   dup   dè   gran,
fripons sont ordinairement les dupes des grands,
rogues are generally the dupes of *the great [ones,]

ki   s.an   sèrv   kom   le   sinj   se
qui s'   en †servent comme le Singe se
who *themselves ³of ⁴them ¹make ²use as the Monkey *himself

sèr-vi   d.la   pat   du   sha.
†servit de la patte du Chat.
made use of the paw of the Cat.

F. soi-sant   é u-ni-èm.
F. Soixante-et-unième.
F. *Sixty *and first.*

le   sha   é   lè   deû   moi-nô.
Le Chat et les deux Moineaux.
The Cat and the two Sparrows.

un jeun moi-nô a-vè t.é-té é-lvé a-vè- k.un sha trè
Un jeune Moineau avait été ¹élevé avec un Chat très
A young Sparrow had been raised with a Cat very

jeun; il   z.é-tè   t.in-tim   z.a.mi, é.n   pou-vè   prèsk
jeune; ils étaient intimes amis, et ne †pouvaient presque
young; they were intimate friends, and could hardly

pâ   se   s.ki-té.   leur   a-mi-ti-é   kru
pas se ¹quitter. Leur amitié †crût
*not (themselves)—²each ³other— ¹quit. Their friendship increased

t.a-vèk   l.âj: ra-ton   ba-di-nè t.a-vèk   pi-é-rô, é   pi-é-rô
avec l' âge: Raton ¹badinait avec Pierrot, et Pierrot
with *the age: Puss played with Pierrot, and Pierrot

ba-di-nè   t.a-vèk   ra-ton;   l.un   n.a-vèk son bèk, l.ô- tr.a-vèk
¹badinait avec Raton; l' un avec son bec, l' autre avec
played with Puss; the one with his beak, the other with

sè   pat;   le   dèr-ni-é   a-vè   sou-in de.n   pâ   z.é-tan-dre
ses pattes; le dernier avait soin de ne pas ⁴étendre
his paws; the latter (had)-took- care *of not to stretch

mur. mûr. jeune. jeûne. boite. boîte ancre. ingrat. ondo. un. aines
j. as s in pleasure. gn, as ni in union. ill, as lli in William.

sè grif.   un   jour   un   moi-nô   du   voi-zi-naj   vin
ʀes griffes.   Un   jour   un   Moineau   du   voisinage   †vin
his   claws.   One   day   a   Sparrow   of the neighbourhood came

ran-dre   vi-zit   a son ka-ma-rad.   bon   jour,   frèr,
⁴rendre   visite   à son camarade.   Bon   jour,   frère,
(to render)—to pay a— visit to his comrade.   Good day, brother,

di t.il.   bor jour,   ré-pon-di   l.ô-tre.   vot   sèr-vi-teur.   je
†dit-il.   Bon jour, ⁴répondit   l' autre.   Votre serviteur.   Je
said he.   Good day, answered   the other.   Your   servant.   I

su-i.l   vô-tre.   il ne   fûr   pâ   lon-tan   z.an-san-ble,
suis   le vôtre.   Ils ne furent pas   long-temps   ensemble,
am   yours.   They   were   not [a] long time   together,

k.il   sur-vin   t.uɴ   ke-rèl   an- tr.eû;   é
qu' il   †survint   une   querelle entr' eux;   et
(that it)—before there— happened a   quarrel   between them; ana

ra-ton pri.l   par-ti de pi-é-rô.   koi,   di t.il, sè t.é-tran-gé
Raton †prit le parti de Pierrot.   Quoi, †dit-il, cet étranger
Puss took the part of Pierrot.   What, said he, that stranger

è t.a-sé   ardi   pou   r.in-sul-té   no- tr.a-mi!   il   n.an sra
est assez   hardi   pour ¹insulter   notre ami!   Il   n'en sera
is ²enough ¹bold   *for   to insult   our friend!   It *of *it ¹shal,

pâ   z.in-si: la dsu   il   krok   l.é-trɴ-jé,   sau
pas   ainsi: là-dessus   il   ¹croque   l' étranger,   sans
³be ²not ⁴thus: thereupon   he   eats   the stranger,   without

sé-ré-mo-ni.   vrè-man,   di t.il,   un   moi-nô   è t.uu
cérémonies.   Vraiment, †dit-il,   un moineau   est un
ceremony.   Truly,.   said he,   a   Sparrow   is   a

mor-sô   fri-an: je.ɴ   sa-vè   pâ   k.lè   zʋi-zô   ûs
morceau friand: je ne †savais pas que les oiseaux eussent
²morsel ¹dainty: I   did ²know ¹not that *the birds   had

t.un goû   si   èks-ki   é   si dé-li-ka.   ve-né, mon   pti
un goût   si exquis   et si délicat. †Venez, mon petit
⁶a ⁷taste ¹so ²exquisite ³and ⁴so ⁵delicate. Come,   my little

t.a-mi, di t.il, a   l.ô-tre; il   fô   ke.j   vou   kro-
ami,   †dit-il, à l' autre; il †faut que je vous ¹croque
friend, said he, to the other; *it ²must *that ¹I ⁴you ³eat

k.ô-si: vou   ti-in-dré   kon-pa-gni   a   vot ka-ma-rad,
aussi: vous †tiendrez compagnie à   votre camarade;
⁵also: you   will keep   company   (to)—with— your comrade;

il a   kèlk   shôz   a   vou   dir.—ne   vou   fi-é pâ
il a quelque chose à vous †dire.—Ne   vous ¹fiez pas
he has some   thing   to ²you ¹tell—·   *Yourself trust not

ami. âne. te. écrit. mére. être. idole. gîte. opéra. ôter. tout. vous
²at. arm. tub. ale. mare. there. idiom. eel. opera. over. too. fool

z.a un n.en-mi, kèlk pro-tès-ta-si-on d.a-mi-ti-é, k.il
à un ennemi, quelques protestations d' amitié qu' il
*to an enemy, whatever protestations of friendship *that ¹he

vou fas, la kon-pa-gnî dè mé-shan e tou-jour
vous fasse. La compagnie des méchans est toujours
⁴to ⁵you ²may ³make. The company of the wicked is always

z.a krin-dre.
à craindre.
to (to fear)-be feared.

———

F. soi-sant deû-zi-èm.——le rnâr du-pé.
F. Soixante-deuxième.——Le Renard Dupé.
F. Sixty-second.———The Fox Duped.

un rnâr a-fa-mé a-pèr-su t.un poul ki ra-ma-se
Un Renard affamé ³aperçut une poule qui ¹ramassait
A ²Fox ¹famished perceived a hen which was picking up

dè vèr ô pi-é d.un n.ar-bre: il a-lè se
des vers au pied d'un arbre: il fallait se
*some worms at the foot of a tree: he was going ³himself

jté sur èl, kan t.il an-tan-di.l bru-i d.un tan-bour
¹jeter sur elle, quand il ⁴entendit le bruit d'un tambour
¹to ²throw upon her, when he heard the noise of a drum

sus-pan-du a l.ar-bre, é ke lè bransh, a-ji-té par la
⁵suspendu à l'arbre, et que les branches, agitées par la
suspended at the tree, and which the branches, agitated by the

vi-o-lans du van, fe-zè mou-voir. ô! ô! di
violence du vent, faisaient †mouvoir. Oh! oh! †dit
violence of the wind, caused to move. Oh! oh! said

mê-tre re-nâr, le-van la têt: èt vou la? je
maître Renard, ¹levant la tête: Etes-vous là? Je
master Fox, raising (the)-his-head: Are you there? I

sü-i z.a vou tou t.a l.eur. ki.k vou soi-yé.
suis à vous tout-à-l'heure. Qui que vous soyez,
am (to)-with- you instantly. Whoever you may be,

par le bru-i.k vou fèt, vou dvé z.a-voir plu.d
par le bruit que vous †faites, vous ³devez avoir plus
by the noise *that you make, you (ought)-must-*to have more

shèr k.un poul; s.è t.un rpâ trè z.or-di-nèr;
de chair qu'une poule; c'est un repas très-ordinaire;
*of flesh than a hen; it is a repast very common;

¹mur. mûr. jeune. jeûne. boite. boîte. ancre. ingrat. onde. un. amen.
¹j, as *s* in pleasure. *gn*, as *ni* in union. *ill*, as *lli* in William.

j.an n.é tan man-jé, k.j.an su-i
j' en ai tant ¹mangé que j' en suis
¹*of *them have ²so ³many ¹eaten that ¹I (of)—⁵with—⁶them (am)—²have

dé-goû-té de-pu-i lon tan; vou.m
¹dégoûté depuis long-temps; vous me
been— ⁴disgusted (since)—this— long time; you ³me

dé-do-ma-jré dè mô-vè rpâ k.j.é
¹dédommagerez des mauvais repas que j' ai
¹will ²indemnify (of the)—for the— bad repast *that I have

fè; vrè-man, j.vou trouv trè z.a pro-pô. é-yan di
¹faits; vraiment, je vous ¹trouve très à propos. Ayant †dit
made; truly, I ²you ¹find very a propos. Having said

sla, il grinp sur l.ar-bre, é la poul s.an-fu-i,
cela, il ¹grimpe sur l' arbre, et la poule s' †enfuit,
that, he climbs (upon)—up-the tree, and the hen *herself fled,

trè z.èz d.a-voir é-sha-pé a un dan-jé ô-si i-mi-nan.
très-aise d' avoir ¹échappé à un danger aussi imminent.
very glad *of to have escaped *to ³a ¹danger ¹so ²imminent.

le rnâr a-fa-mé sè-zi sa proi, é tra-va-ill dè
Le Renard affamé ²saisit sa proie, et ¹travaille des
The ²Fox ¹famished seised his prey, and works (of the)—with

grif é dè dan; mè kèl fu sa sur-priz,
griffes et des dents; mais quelle fut sa surprise,
his— claws and *of*the teeth; but what was his surprise,

kan t.il vi ke.l tan-bour é-tè kreû é vid, é k.il
quand il †vit que le tambour était creux et vide, et qu' il
when he saw that the drum was hollow and empty, and that he

n.i trou-vè ke.d l.èr ô li-eu.d *shèr. pou-san
n' y ¹trouvait que de l' air au lieu de chair. ¹Poussant
²there ¹found only *some air instead of flesh. Uttering

t.un pro-fon sou-pir: ma-leu-reû ke.j su-i, s.é-kri-a t.il.
un profond soupir: Malheureux que je suis, s'¹écria-t-il
a deep sigh: Unhappy that I am, exclaimed he;

kèl mor-sô dé-li-ka j.é pèr-du pour de l.èr, du
quel morceau délicat j' ai ¹perdu pour de l' air, du
what [a] ²morsel ¹delicate I have lost for *some air, *some

vid é du bru-i!——l.om pru-dan ne doi pâ
vide et du bruit!—L'homme prudent ne ³doit pas
emptiness and *some noise!—The ²man ¹prudent ought not

ki-té la ré-a-li-té pour dè z.a-pa-rans. se ki fè.l
quitter la réalité pour des apparences. Ce qui fait
to quit *the reality for *some appearances. What makes

¹ami. âne. te. écrit. mère. être. idole. gite. opéra. ôter. tout voûte
² at. arm. tub. ale. marc. there. idiom. eel. opera. over. too. fool.

plu.d bru-i, n.è pâ tou-jour le plu so-lid, ni.l
le plus de-bruit, n'est pas toujours le plus solide, ni le
most *of noise,* *is not always the most solid, nor the*

plu z.a-van-ta-jeú.
plus avantageux.
most advantageous.

F. soi-sant troi-zi-èm.——le pa-pi-ill-on é l.a-bè-ill.
F. Soixante-troisième.—Le Papillon et l'Abeille.
F.   *Sixty-third.*———*The Butterfly and the Bee.*

un pa-pi-ill-on, pèr-shé sur les feu-ill. d.un bèl eu-ill-e
Un Papillon, perché sur les feuilles d'un bel œillet,
A Butterfly, perched on the leaves of a fine pink,

van-tè t.a u- n.a-bè-ill la lon-geur é la va-ri-é-té
'vantait à une Abcille la longueur et la variété
boasted to a Bee [of] the length and [of] the variety

de sè voi-yaj. j.é pa-sé lè z.alp; j.é èg-za-mi-né
de ses voyages. J'ai 'passé les Alpes; j'ai 'examiné
of his travels. I have passed the Alps; I have examined

a-vèk sou-in tou lè ta-blô, é tout lè skulp-tûr dè
avec soin tous les tableaux, et toutes les sculptures des
with care all the pictures, and all the sculptures of the

gran mê-tre: j.é vu le va-ti-kan, le pap, é lè
grands maîtres: j' ai †vu le Vatican, le Pape, et les
great masters: I have seen the Vatican, the Pope, and the

kar-di-nô: je.m su-i pla-sé sur lè ko-lon
Cardinaux: je me suis   'placé sur les colonnes
Cardinals: I ³myself (am)-¹have- ²placed on the pillars

d.èr-kul. ma ptit mi-gnon, peû tu.t van-té
d' Hercule. Ma petite mignonne, †peux-tu te 'vanter
*of Hercules. My little darling, canst thou *thyself boast*

d.un n.o-neur san-bla-bl? ce n.è pâ tou; j.é vi-zi-té,
d'un honneur semblable? Ce n'est pas tout; j'ai 'visité,
·of ³an ⁴honour ²such? This is not all; I have visited,

a-vè k.u. n.an-ti-èr li-bèr-té, tou lè jar-din ki.s son
avec une entière liberté, tous les jardins qui se sont
*with an entire liberty, all the gardens which ²themselves *are*

pré-zan-té a ma vû dan mè voi-yaj; j.é ka-rè-sé lè
présentés à ma vue dans mes voyages; j' ai 'caressé les
¹presented to my sight in my travels; I have caressed the

mu̇r. mûr. jeune. jeûne. boile. boite. ancre. ingrat. ɔnde. un. ȧmcɴ.
[1] j, as *s* in pleasure.   gn, as *ni* in union.   ill, as *lli* in William.

vi-o-lèt,   lè   rōz   é   lè   z.eu-ill-è.   kon-vi-in,   pti
violettes, les   roses et   les   œillets.   †Conviens,   petit
violets,   the   roses   and   the   pinks.   Grant,   little

t.in-sèkt,   ke.j   ko-nè.l   mond.   l.a-bè-ill,   o-ku-pé,
insecte,   que je †connais le monde.   L'Abeille, occupée
insect,   that I   know   the world.   The Bee,   occupied,

lu-i   ré-pon-di   ˊfroid-man: vin   fan-fa-ron!   tu â   vu.l
lui   ⁴répondit   froidement: Vain fanfaron!   tu as †vu
ⁿto ²him ¹answered   coolly: Vain boaster! thou hast seen

mond;   mè z.an koi   kon-sist la   ko-nè-sans   ke   tu
le monde; mais en quoi ¹consiste la connaissance que tu
the world; but   in   what   consists the   knowledge   which thou

an n.â'   tu   â   vu   un   va-ri-é-té.d   fleur;   an
en as? Tu as †vu une variété   de fleurs;   en
²of ³it ¹hast? Thou hast seen a   variety   of flowers; ⁷from ⁸them

n.â tu   ti-ré   kèlk   shôz   d.u-til?   je   su-i
as tu   ¹tiré   quelque chose   d' utile?   Je suis
*hast ²thou ³drawn ⁴any ⁵thing *of ⁶useful?   I   am   [a]*

voi-ya-jeûz ô-si; va, é re-gard dan ma rûsh: mè
voyageuse aussi; †va, et ¹regarde dans ma ruche: mes
traveller   also;   go,   and   look   in   my   hive: my

tré-zor   t.a-pran-dron,   ke.l   bu   dè   voi-yaj
trésors   t'   †apprendront, que le but des voyages
*treasures *to ³thee ¹will ²teach,   that the object of *the travels*

è   de   rkeu-ill-ir   dè   ma-té-ri-ô,   ou   pour   l.u-zaj   é.l
est de ²recueillir des matériaux, ou pour l' usage et le
*is *of   to collect *some materials, either for the use and the*

pro-fi   d.la   vî   pri-vé,   ou   pour   l.a-van-taj   é   l.u-ti-li-té
profi de la vie privée, ou pour l' avantage et l' utilité
*profit of *the ²life ¹private, or for the advantage and *the utility*

d.la so-si-é-té.——un sô peu.s   van-té   d.a-voir
de la société.——Un sot †peut se ¹vanter d' avoir
*of *the society.——A fool can *himself boast of (to have)—*

voi-ya-jé;   mè   z.il . n.i   a   k.un   n.om   de
¹voyagé; mais il n' y   a   qu' un homme de
*having–travelled; but it *there (has)–is–only a   man   of*

goû   é   de   di-sèr-ne-man,   ki   pu-is   pro-fi-té.d
goût et de discernement, qui †puisse ¹profiter de
*taste and *of discernment, who can   profit (of)–by*

sè   voi-yaj.
ses voyages.
his travels.

[1] anii. âne. te. écrit. mère. être. idole. gîte. opéra. ôter. tout. voûte
[2] at. arm. tub. ale. mare. there. idiom. eel. opera. over. too. fool.

F.   soi-sant   ka-tri-èm.———lè   deû   z.ân.
F.   Soixante-quatrième.—Les deux Anes.
F.   Sixty-fourth.————The two Asses.

deû z.ân,   shar-jé sha-kun de   deû pa-ni-é,
Deux Anes, [1]chargés chacun de   deux paniers
Two Asses, loaded   each (of)—with— two baskets,

a-lè   lant-man t.ô mar-shé.   pour   se
†allaient lentement au marché. Pour   se
went   slowly   to *the market. *For [3]themselves

dé-zan-nu-i-yé an   shmin   il   z.an-trèr t.an kon-vèr sa-si-on
désennuyer en   chemin ils [1]entrèrent en conversation
[1]to [2]divert (in)—on the— way they entered into conversation

kom dè jan d.ès-pri é.d bon san. mê-
comme des gens d' esprit et de bon sens. Maître
as *some people of wit and *of good sense. Master

tr.a-li-bo-ron di t.a son ka-ma-rad gri-zon: frèr, ne trou-vé
Aliboron †dit à son camarade Grison: Frère, ne [1]trouvez
Jackass said to his comrade Ass: Brother, do [3]find

vou pâ ke lè z.om son.d gran fou, é tre
vous pas que les hommes sont de grands fous, et très
[1]you [2]not that *the men are *of great fools, and very

z.in-just? il pro-fan not non rès-pèk-ta-ble, é trèt
injustes? Ils [1]profanent notre nom respectable, et [1]traitent
unjust? They profane our [2]name [1]respectable, and treat

d.ân ki-konk è t.i-gno-ran, sô, ou stu-pid; il
d' âne quiconque est ignorant, sot, ou stupide; ils
(of)—as-ass whoever is ignorant, foolish, or stupid; they

son trè plè-zan, vrè-man, de pré-tan-dre èk-sè-lé
sont très-plaisans, vraiment, de [4]prétendre [1]exceller
are very pleasant, truly, *of to pretend to excel

ô dsu.d nou. ras stu-pid! leur mè-ill-eur z.o-ra-teur
au dessus de nous. Race stupide! leurs meilleurs orateurs
*above *of us. [2]Race [1]stupid! their best orators

ne son.k dè bra-ill-eur an kon-pa-rè-zon de vot
ne sont que des brailleurs en comparaison de votre
are but *some brawlers in comparison (of)—with—your

voi é de vot ré-to-rik. vou m.an-tan-dé, di
voix et de votre rhétorique. Vous m' [4]entendez, †dit
voice and *of *your rhetorick. You [2]me [1]understand, said

mê- tr.a-li-bo-ron? je vou z.an-tan trè bi-in, ré-pon-di
maître Aliboron? Je vous [1]entends très-bien, [1]répondit
master Jackass? I [2]you [1]understand very well, replied

³ mur. mûr. jeune. jeûne. boite. boîte. ancre. ingrat. ondo. un. amex
⁴ j, as s in pleasure. gn, as ni in union. ill, as lli in W'll'am

mê-tre gri-zon, drè-san lè z.o-rè-ill: je pu-i vou
maître Grison, ¹dressant les oreilles: je †puis vous
master *Ass,* *raising (the)–his– ears: I can* ²*you*

ran-dre la mêm jus-tis, é vou fèr le mêm
⁴rendre la même justice, et vous †faire le même
¹*render the same justice, and* *to ²*you (to make)–*¹*return–the same*

kon-pli-mar; s.è vou ki a-vé la voi bèl é
compliment; c'est vous qui avez la voix belle et
*compliment; it is you who have (the)–*¹*a–* ⁵*voice* ²*fine* ³*and*

mé-lo-di-eûz: le ra-maj du ro-si-gnol n.è ri-in n.an
mélodieuse: le ramage du rossignol n'est rien en
⁴*melodious: the warbling of the nightingale is nothing in*

kon-pa-rè-zon du vô-tre; vou sur-pa-sé ga-bri-èl-li.
comparaison du vôtre; vous ¹surpassez Gabrielli.
comparison (of the)–with–yours; you surpass Gabrielli.

in-si lè deû bô-dè se lou-è é.s
Ainsi les deux Baudets se ¹louaient et se
Thus the two Asses **themselves praised and* *themselves

kon-pli-man-tè sur l.ék-sè-lans é la
complimentaient sur l' excellence et la
complimented [each other] on the excellency and the

su-pé-ri-o-ri-té d.leur ta-lan.——la mêm shôz a-riv par-mi
supériorité de leurs talens.——La même chose ¹arrive parmi
superiority of their talents.——The same thing happens among

lè z.om: é il è trè ko-mun.d voir deû sô
les hommes: et il est très commun de †voir deux sots
**the men: and it is very common* **of to see two fools*

s.do-né mu-tu-èl-man dè
se ¹donner mutuellement des
(to themselves to give)–giving each other– mutually *some

lou-anj, k.il mé-rit t.ô-tan ke lè deû z.ân de
ouanges, qu' ils ¹méritent autant que les deux Anes de
praises, which they merit as much as the two Asses of

set fa-ble.
cette fable.
this fable.

ınn. âne. te. écrit. mère. être. idole. gîte. opéra. ôter. tout. voûte
¹at. arm. tub. ale. mare. there. idiom. eel. opera. over. too. fool

F. soi-sant sin-ki-èm.——la moush è la four-mi.
F. Soixante-cinquième.—La Mouche et la Fourmi.
F. *Sixty-fifth.*————*The Fly and the Ant.*

un . moush é un four-mi dis-pu-tè t.un jour sur
Une Mouche et une Fourmi ¹disputaient un jour sur
A Fly and an Ant disputed one day on

l.èk-sè-lans de leur kon-di-si-on. ô ju-pi-tèr, di la
l'excellence de leur condition. O Jupiter, †dit la
the excellency of their condition. O Jupiter, said the

pre-mi-èr, è t.il po si-ble ke l.a-mour pro-pre a-veu-gle
première, est-il possible que l' amour-propre ¹aveugle
*first, is it possible that *the ²love ¹self should blind*

lè jan, ô pou-in k.un n.a-ni-mal vil é
les gens, au point qu' un animal vil et
**the people, (to the point)—so much—that a ⁴animal ¹vile ²and*

ran-pan ôz se kon-pa-ré a la fi-ill du
¹rampant ¹ôse se ¹comparer à la fille du
³creeping ⁵should ⁶dare ⁹itself ⁷to ⁸compare to the daughter of the

so-lè-ill! mè, ma ptit mi-gnon, dit moi, je vou
soleil! Mais, ma petite mignonne, †dites-moi, je vous
sun! But, my little darling, tell me, I ²you

prî, vou pla-sé vou ja-mè sur la tèt d.un roî ou
¹prie, vous ¹placez-vous jamais sur la tête d'un Roi ou
¹pray, yourself ³do ⁶place ⁴you ⁵ever on the head of a King or

d.un n.an-preur! vou z.a-sé-yé vou a leur ta-ble?
d' un Empereur! Vous †asseyez-vous à leur table?
*of an Emperor! *Yourself do ²sit ¹you at their table?*

fré-kan-té vou leur pa-lè? je fè tou sla, é
Fréquentez-vous leur palais? Je †fais tout cela, et
Do ²frequent ¹you their palace? I do all that, and [a]

mil ô-tre shôz ke tout vot ras ne peu
mille autres choses que toute votre race ne †peut
thousand other things that all your race ²not ¹can

fèr. vou z.a-vé rè-zon, ré-pon-di froid man
†faire. Vous avez raison, ⁴répondit froidement
do. You (have reason)—are right- answered coolly

la four-mi, je.n fré-kant pou-in lè pa-lè, je.n me
la Fourmi, je ne ¹fréquente point les palais, je ne me
*the Ant, I do ²frequent ¹not *the palaces, I ⁴myself*

plas pou-in sur la têt dè z.an-preur, ni dè roi,
¹place point sur la tête des Empereurs, ni des Rois
*do ³place ²not on the head of *the Emperors, nor of *the Kings*

KEY TO BOLMAR'S PERRIN'S FABLES. 93

³ mur. mûr. jeune. jeûne. boute. boîte. ancre. ingrat. onde. un. amen.
⁴j, as *s* in pleasure. *gn*, as *ni* in union. *ill*, as *lli* in William

 je.N m.a-si-è pâ z.a leur ta-ble; mè.d grâs,
je ne m' †assieds pas à leur table; mais de grâce,
I *myself *do* ²*sit* ¹*not at their table; but (of grace)–pray,*

 dit moi a vot tour, ma prin-sès, ke dvi-in-dré
dites-moi à votre tour, ma princesse, que †deviendrez-
tell me (at)–in-your turn, my princess, what will become

 vou z.an n.i-vèr? vou mour-ré de fin, de froi, de
 vous en hiver? Vous †mourrez de faim, de froid, de
[of] you in winter? You will die of hunger, of cold, of

lan-geur, e.d mi-zèr: ô li-eu.k moi, je.m re-pô-zré
langueur, et de misère: au lieu que moi, je me ¹reposerai
*langour, and of misery: ·whereas *I, I ³myself ¹shall ²repose*

a-prè mè tra-vô: je vi-vré dan l.a-bon-dans, san
après mes travaux: je †vivrai dans l'abondance, sans
after my labours: I shall live in *the abundance, without

mé-lan-ko-lî. a-di-eu; fi-ill du so-lè-ill; a-lé z.a la kour
mélancolie. Adieu, fille du Soleil; †allez à la cour,
melancholy. Adieu, daughter of the Sun; go to the court,

é lè-sé moi fèr mon n.ou-vraj.——kan la va-ni-té
et ¹laissez-moi †faire mon ouvrage.—Quand la vanité
and leave me to do my work.——When *the vanity

è jou-int a la so-tiz é a la pô-vre-té, èl ran
est †jointe à la sottise et à la pauvreté, elle ¹rend
is joined to *the foolishness and to *the poverty, it renders

l.om ri-di-kul é mé-pri-za-ble: s.è la kon-di-si-on d.la
l'homme ridicule et méprisable: c'est la condition de la
*the man ridiculous and despicable: it is the condition of the

moush. u- n.o-nêt mé-di-o-kri-té, a-vèk kon-tant-man, è
Mouche Une honnête médiocrité, avec contentement, est
Fly. An honest mediocrity, with contentment, is

l.é-ta.l plu z.eu-reû, s.è slu-i d.la four-mi.
l'état le plus heureux, c'est celui de la Fourmi.
the ¹state *the ²most ³happy, it is that of the Ant.

  F. soi-sant si-zi-èm.——l.ours é l to-rô.
  F. Soixante-sixième.—L'Ours et le Taureau
  F. Sixty-sixth.——The Bear and the Bull.

un n.ours, é-lvé dan lè dé-zèr sô-vaj d.la si-bé-rî.
Un Ours, élevé dans les déserts sauvages de la Sibérie,
A Bear, bred in the ²deserts ¹savage of *the Siberia.

[1] ami. âne. te. écrit. mère être. idole. gite. opéra. ôter. tout. voûte
[2] at. arm, tub. ale. mare. there. idiom. eel. opera. over. too. fool.

u t.an-vî.d voir le mond: il é-tè ku-ri-eû;
eut envie de †voir le monde: il était curieux,
had [a] desire *of to see the world: " he was curious; [a]

shoz a-sé râr par-mi lè z.ours. dan sè voi-yaj, il
chose assez rare parmi les Ours.* Dans ses voyages, il
thing ²enough ¹rare among the Bears. In his travels, he

fi plu-zi-eur ré-flèk-si-on ku-ri-eûz é in-por-tant sur le
†fit plusieurs réflexions curieuses et importantes sur le
made ¹several ⁵reflections, ²curious ³and ⁴important on the

gou-vèr-ne-man dè di-fé-ran roi-yôm é dè di-fé-rant
gouvernement des différens royaumes et des différentes
government of the different kingdoms and of the different

ré-pu-blik: le ré-zul-ta fu k.ô-kun pé-i dan l.u-ni-vèr
républiques: le résultat fut qu'aucun pays dans l'univers
republics: the result was that no country in the universe

n.é-ga-lè.l si-in, pour la pèr-fèk-si-on du gou-ver-ne-man,
n'¹égalait le sien, pour la perfection du gouvernement,
equalled *the his, for the perfection of the government,

é pour la sa-jès dè loi. lè boi d.la si-bé-rî
et pour la sagesse des lois. Les bois de la Sibérie
and for the wisdom of the laws. The woods of *the Siberia

lu-i san-blè plu bô é plu shar-man k.lè
lui ¹semblaient plus beaux et plus charmans que les
²to ³him ¹appeared finer and more charming than the

fo-rê dè plu bèl kon-tré d.l.eu-rop: il é-tè
forêts des plus belles contrées de l' Europe: il était
forests of the finest countries of *the Europe: he was

t.in-bé-sil san dout: mè n.in-port, tou lè z.ours le
imbécille sans doute: mais n' importe, tous les ours le
foolish without doubt: but no matter, all *the bears ²so

son. un jour il vi dan z.un prè-rî un trou-pô.d
sont. Un jour il †vit dans une prairie un troupeau de
¹are. One day he saw in a meadow a herd of

vash. kèl z.a-ni-mô, di t.il! k.il son mè-gre!
vaches. Quels animaux, †dit-il! qu' ils sont maigres!
cows. What animals, said he! ¹how ³they ⁴are ²lean!

lè vash de si-bé-rî son bô-kou plu grôs é
Les vaches de Sibérie sont beaucoup plus grosses et
The cows of Siberia are much larger and

plu grâs tè toi, a-ni-mal i-gno-ran é stu-pid,
plus grasses. †Tais-toi, animal ignorant et stupide
fatter Hold thy tongue, ⁴animal ¹ignorant ²and ³stupid

³ mur. mûr. jeune. jeûne. boite. boîte. ancre. ingrat. onde. un. ameɴ.
¹ j, as *s* in pleasure. *gn*, as *ni* in union. *ill*, as *lli* in Wi*lli*am.

lɥ-i di t.un to-rô an ko-lèr, lè vô de.s
lui †dit un taureau en colère, les veaux de ce
¹*to* ⁵*him* ¹*said* ²*a* ³*bull* *in* [*a*] *passion, the calves of this*

pé-i si son plu grô k.lè beû du ti-in. il n.i
pays-ci sont plus gros que les bœufs du tien. Il n' y
country are larger than the oxen of **the thine. It* *there

a k.un n.ours ki pu-is a-voir la pré-zonp-si-on, de
a qu' un ours qui †puisse avoir la présomption, de
(*has*)-*is-only a bear that can* **to have the presumption,* *of

pré-fé-ré lè fo-rè d.la si-bé-rî a.s pé-i fèr-til é
¹préférer les forêts de la Sibérie à ce pays fertile et
to prefer the forests of **the Siberia to this* ⁴*country* ¹*fertile* ²*and*

a-gré-a-ble ke nou z.a-bi-ton.——s.è t.uɴ sot va-ni-té;
agréable que 'nous ¹habitons.——C'est une sotte vanité
agreeable which we inhabit.——It is a foolish vanity;

mè trè ko-muɴ, de pré-fé-ré sa pa-trî a tou
mais très-commune, de ¹préférer sa patrie à toute
but very common, *of to prefer (*his*)-*one's-country to all*

t.ô-tre. un n.om ki a dé-sin.d voir le mond,
autre. Un homme qui a dessein de †voir le monde,
others. A man who has [*a*] *design* **of to see the world,*

é.d ti-ré kèl- k.a-van-taj de sè voi-yaj, doi
et de ¹tirer quelque avantage de ses voyages, ³doit
and **of to draw some advantage from his travels, ought*

t.ê-tre èg-zan.d par-si-a-li-té é.d pré-ju-gé kon-tre le
être exempt de partialité et de préjugés contre les
to be exempt from partiality and from prejudices against *the

z.ô tre na-si·on.
autres nations.
other nations.

F. soi-sant sè-ti-èm.——le dog é.l lou.
F. Soixante-septième.——Le Dogue et le Loup.
F. *Sixty-seventh.*——*The Mastiff and the Wolf.*

un lou mè-gre é a moi-ti-é mɶr de fin, ran-kon-tra
Un Loup maigre et à moitié mort de faim, ¹rencontra
A Wolf lean and **at half dead of hunger, met*

prè d.un boi, un dog, grô, grà, é bi-in nou-ri
près d'un bois, un Dogue, gros, gras, et bien nourri,
near **of a wood, a Mastiff, big, fat, and well fed.*

¹ ami. âne. te. écrit. mère. être. idole. gite. opéra. ôter. tout. voûte
² at. arm. tub. ale. mare. there. idiom. eel. opera. over. boo. fool.

---

ko-man. di.l lou, vou z.a-vé trè bon mix!
Comment, †dit le Loup, vous avez très-bonne mine!
How, said the Wolf, you (have very good mien)—look very

je n.é ja-mè vu, je vou z.a-sûr, de kré-a-tûr ô-si
je n'ai jamais †vu, je vous ¹assure, de créature aussi
well!—I have never seen, I ²you ¹assure, (of)—a— creature so

bi-in fèt: mè ko-man sla se fè t.il ke vou
bien faite: mais comment cela se †fait-il que vous
well made: but how (that itself makes it)—is it—that you

vi-vi-é mi-eû.k moi? je pu-i dir san va-ni-té ke.
†viviez mieux que moi? Je †puis †dire sans vanité que
ªmay live better than I? I can say without vanity that

me a-zard sin-kant foi plu.k vou: é
je me hasarde cinquante fois plus que vous: et
I ²myself ¹expose fifty times more than you: and

span-dan j.meur prèsk de fin. il ne ti-in k.a
cependant je †meurs presque de faim. Il ne †tient qu'à
yet I ²die ¹almost of hunger. (It holds but to

vou, ré-pon-di.l shi-in, de vi-vre kom
vous, ¹répondit le Chien, de †vivre comme
you)—you have only,— answered the Dog, ·ªof to live like

moi: fèt se.k je fè. k.è.s ke s.è?
moi: †faites ce que je †fais. Qu' est-ce que c' est?
me: do what I do. What is it ªthat ªit ªis?

seul-man gar-dé la mè-zon.d nu-i. de tou
Seulement ¹garder la maison de nuit. De tout
Only to watch the house (of)—at-night. (Of)—with— all

mon keur; je ki-tré lè boi ou.j mèn un vi
mon cœur; je quitterai les bois où je ¹mène une vie
my heart; I shall quit the woods where I lead ¹a ⁵life

dûr é mi-zé-ra-ble, tou-jour z.èks-pô-zé ô z.in-jûr du
dure et misérable, toujours exposé aux injures du
²hard ³and ¹miserable, always exposed to the injuries of the

tan, é ou sou-van je.n trouv ri-in n.a man-jé.
temps, et où souvent je ne ¹trouve rien à ¹manger
weather, and where often I find nothing to eat.

è bi-in! su-i-vé moi. shmin fzan, le lou
Eh bien! ¹suivez-moi. Chemin †fesant, le Loup
Well follow me. (Way making)—journeying,—the Wolf

a-pèr-su ke.l kou du shi-in é-tè plé. ke voi.j?
¹aperçut que le cou du Chien était ¹pelé. Que †vois-je!
perceived that the neck of the Dog was bald. What do ²see ¹I!

mur. múr. jeune. jeûne. boite. boîte. ancre. ingrat. onde. un. amen
j, as *s* in pleasure.   gn, as *ni* in union.   ill, as *lli* in William.

  k.a-vé vou z.ô   kou? ô!
qu' avez-vous au   cou? Oh.
 (what have you at the)—what's the matter with your-neck? Oh!

ee n.è ri-in. mè z.an-kor, de grâs. sla vi-in
ce n'est rien. Mais encore, de grâce. Cela †vient
 it is nothing. But yet, (of grace)–pray. That comes

peu t.ê-tre du ko-li-é don   j.su-i z.a-ta-shé!
peut-être du collier dont je suis 'attaché!
 perhaps from the collar (of which)—by which—I am tied.

 a-lon. a-van-son.   k.a-vé vou?
'Allons. ¹Avançons. Qu' avez-vous?
 Let us go. Let us advance. (What have you)—what's the matter?—

non, ré-pli-ka.l lou, gar-dé tou vot bo-neur pour
Non, ¹répliqua le Loup, ¹gardez tout votre bonheur pour
 No, replied the Wolf, keep all your happiness for

vou; je pré-fèr la li-bèr-té d.a-lé, é de.m
vous; je ¹préfère la liberté d' †aller, et de me
 yourself: I prefer the liberty *of to go, and *of *myself

prom-né ou é kan t.il me plè, a la bon chèr
promener où et quand il me †plaît, à la bonne chère
 *to walk where and when it ²me ¹pleases, to the good cheer

ke vou fèt é ô ko-li-é don   vou z.êt
que vous †faites et au collier dont vous êtes
 that you make and to the collar (of which)—by which— you are

z.a-ta-shé.——soi-yé kon-tan   d.vot sor; é.n
attaché.—Soyez content de votre sort; et ne
 tied.————Be content (of)—with— your fate; and

sa-kri-fi-é ja-mè z.un plu gran bi-in a un moindre.
sacrifiez jamais un plus grand bien à un moindre.
 ²sacrifice ¹never a greater good to a less.

 F. soi-sant u-i-ti-èm.——le fô-kon é.l pou-lè.
F. Soixante-huitième.—Le Faucon et le Poulet
 F. Sixty-eighth.————The Falcon and the Chicken.

de tou lè z.a-ni-mô ke j.é ja-mè ko-nu, di- t.un
De tous les animaux que j' ai jamais †connus, *dit un
 Of all the animals that I have ever known, said a

fô-kon a un pou-lè, vou z.êt sèr-tès-man le plu
Faucon à un Poulet, vous êtes certainement le plus
 Falcon to a Chicken, you are certainly the most

¹ ami. áne. te. écrit. mère. être. idole. gîte. opéra. ôter. tout. voûte
² at. arm. tub. ale. mare. there. idiom sel. ,pera. over. too. fool

z.in-gra. kèl in-gra-ti-tud, de-man-da.i dèr-ni-é, a-vé
ingrat. Quelle ingratitude, ¹demanda le dernier, avez
ungrateful. What ingratitude, asked the latter, have

vou ja-mè z.ob-sèr-vé an moi? peu t.il i an n.a-voir
vous jamais ¹observée en moi? †Peut-il y en avoir
you ever observed in me? Can *it there (of it to have)-be-

un plu grand, ke sèl don vou z.êt kou-pa-ble
une plus grande, que celle dont vous êtes coupable
a greater, than that of which you are guilty

a l.é-gâr dè z.om? pan-dan.l jour il vou
à l'égard des hommes? Pendant le jour ils vous
towards *of *the men? During the day they ²you

nou-ris de grin; pan-dan la nu-i il vou
²nourrissent de grains; pendant la nuit ils vous
¹feed (of)-with- grains; during the night they ²you

don t.un plas kon-vna-ble ou vou pou-vé vou
¹donnent une place convenable où vous †pouvez vous
¹give a ²place ¹convenient where you can *yourself

ju-ché, é ou vou z.êt z.a l.a-bri dè z.in-jûr
¹jucher, et où vous êtes à l' abri des injures
roost, and where you are (at the shelter)-sheltered-from the injuries

du tan: mal-gré tou sè sou-in, kan t.il veul
du temps: malgré tous ces soins, quand ils †veulent
of the weather: notwithstanding all these cares, when they wish

vou z.a-tra-pé, vou z.ou-bli-é tout leur bon-té a vo-
vous ¹attraper, vous ¹oubliez toutes leur bontés à votre
³you ¹to ²catch, you forget all their bounties (at your

tr.é-gâr é vou vou z.é-for-sé lâsh-man
égard et vous vous ¹efforcez lâchement
regard)-towards you-and you *yourself ²endeavour ¹basely

d.é-sha-pé ô min d.seû ki vou nou-ris é
d échapper aux mains de ceux qui vous ²nourrissent et
*of to escape *to the hands of those who *you nourish and

ki vou loj; s.è se.k je.n fè ja-mè, moi ki
qui vous ¹logent; c'est ce que je ne †fais jamais, moi qui
*who ²you ¹lodge; it is what I ²do ¹never, I who

su-i z.un kré-a-tûr sô-vaj, un n.oi-zô.d proi, é ki.n
suis une créature sauvage, un oiseau de proie, et qui
am a ²creature ¹savage, a bird of prey, and who

leur é ô-ku. n.o-bli-ga-si-on. ô mou-in-dre ka-res
ne leur ai aucune obligation. Aux moindres caresses
¹to ⁵them ¹have ²no ³obligation. At the least caresses

mur. mŭr. jeune. jeûne. boite. boîte. ancre. ingrat. onde. un. aimen.
¹j, as *s* in pleasure.   gn, as *ni* in union.   ill, as *lli* in Wi*lli*am

k.il	me	fon	je	m.a-pri-voiz,	je.m		lès
qu' ils	me	†font	je	m' ¹apprivoise,	je	me	¹laisse
that they	**to*	²*me* ¹*make*	*I*	**myself* *grow tame,*	*I*	²*myself*	¹*allow*

pran-dre,	é.j	manj	sur	leur main.
prendre,	et je	¹mange	sur	leurs mains.
(to take)-to be taken-and	*I*	*eat*	*(on)-out of-*	*their hands.*

tou.s	ke	vou	dit	è	trè vrè:	mè.j	voi	ke
Tout	ce que	vous	†dites	est	très-vrai:	mais je	†vois	que
All	*that*	*you*	*say*	*is*	*very true:*	*but I*	*see*	*that*

ŕou.N	sa-vé	pâ	la rè-zon	ki.m	fè	fu-ir.	vou
vous ne	†savez	pas	la raison	qui	me †fait	†fuir.	Vous
you	*know*	*not*	*the reason*	*which*	²*me* ¹*makes*	**to fly.*	*You*

n.a-vé	ja-mè	vu	de	fô-kon	an	brosh:	mè
n'avez	jamàis	†vu	de	Faucon	en	broche:	mais
have	*never*	*seen*	*any*	*Falcon*	*(in)-on*	*the- spit:*	*but*

moi,	j.i	é	vu	mil	pou-lè.—	lè
moi, j'	y	ai	†vu	mille	Poulets.—	Les
**I,* ¹*I*	*(there)-*	⁴*on* ⁵*it-*	²*have* ³*seen*	*[a] thousand*	*Chickens.—*	*The*

ka-rès	z.èks-té-ri-eur	ne	son	pâ	tou-jour	z.un	preuv	de
caresses	extérieures	ne	sont	pas	toujours	une	preuve	de
²*caresses*	¹*exterior*	*are*		*not*	*always*	*a*	*proof*	*of*

l.a-mi-ti-é	ke	l.on	n.a	pour	kèl-k.un.	le	fourb,
l' amitié	que	l'on	a	pour	quelqu'un.	Le	fourbe,
the friendship	*that*	*one*	*has*	*for*	*(some one)-another.*	*The*	*cheat,*

sou	z.u-	n.a-pa-rans	plèn	d.a-mi-ti-é	ou.d	gé-né-rô-zi-té,
sous	une	apparence	pleine	d' amitié	ou	de générosité,
under	*an*	*appearance*	*full*	*of friendship*	*or*	*of generosity,*

kash	kèlk-foi	l.âm	la plu	noir:	il	ne	shèrsh
'cache	quelquefois	l' âme	la plus	noire:	il	ne	¹cherche
hides	*sometimes*	*the* ²*soul*	**the* ¹*blackest:*		*he*		²*seeks*

ke	son	pro-	pr.in-té-rê.
que	son	propre	intérêt.
only	*his*	*own*	*interest.*

F.	soi-sant	neu-vi-èm.——	le	ra	é	sè	z.a-mi.
F.	Soixante-neuvième.—		Le	Rat	et	ses	Amis.
F.	*Sixty-ninth.——*		*The*	*Rat*	*and*	*his*	*Friends.*

un	ra	vi-vè	dan	l.a-bon-dans,	prè	d.un	gre-ni-e
Un Rat		†vivait	dans	l' abondance,	près	d'un	grenier
A	*Rat*	*lived*	*in*	**the abundance,*	*near*	**of a*	*granary*

'ami. âne. te. écrit. mère être. idole. gîto. opéra. ôter. tout. voûte.
²ut. arm. tub. ale. mure. there. idiom. eel. opera. over. too. fool.

ou il i a-vè t.un grand kan-ti-té.d fro-man.
où il y avait une grande quantité de froment.
*where *it there (had)-was- a large quantity of wheat.*

mê-tre ronj ma-ill a-vè fè t.un trou, par ou
Maître Ronge-maille avait †fait un trou, par où
**Master Squire Nibble had made a hole, (by which)-through*

il a-lè vi-zi-té son ma-ga-zin, kan t.il lu- plè-zè.
il †allait ¹visiter son magasin, quand il lui ²plaisait
*which-he went to visit his store, when it *to ²him ¹pleased*

le pro-dig ne.s kon-tan-tè pâ.d s.an
Le prodigue ne se ¹contentait pas de s' en
*The prodigal *himself [was] ²contented ¹not *of ⁵himself(of it)-*

ran-plir, il a-san-blè tou lè ra du voi-zi-naj:
²remplir, il ¹assemblait tous les rats du · voisinage:
⁶with⁷it- ³to ⁴fill, he assembled all the rats of the neighbourhood

ve-né, mè z.a-mi, di-zè t.il, ve-né; vou vi-vré z.i-si
†Venez, mes amis, †disait-il, †venez; vous †vivrez ici
Come, my friends, said he, come; you will live here

dan l.a-bon-dans kom moi; s.è t.un tré-zor ke j.é
dans l' abondance comme moi; c'est un trésor que j' ai
*in *the abundance as I; it is a treasure which I have*

dé-kou-vèr. il u bô-kou d.a-mi, je n.an dout pâ:
¹découvert. Il eut beaucoup d' amis, je n'en ¹doute pas:
*discovered. He had many *of friends, I *of *it doubt not*

a-mi.d ta-ble, je veu dir: il i an n.a
Amis de table, je †veux †dire: il y en a
*²Friends *of ¹table, I wish to say: *it there *of *them (has)-are-*

bô-kou par-mi lè z.om. se-pan-dan.l mê-tre du
beaucoup parmi les hommes. Cependant le maître du
*many amongst *the men. Meanwhile the owner of the*

grin, voi-yan k.il di-mi-nu-è de jour an jour, koi-
grain, †voyant qu' il ¹diminuait de jour en jour, quoiqu'
grain, seeing that it diminished from day (in)-to- day, though

k.il n.i tou-shâ pâ, ré-zo-lu d.l.ô-té
il n' y ¹touchât pas, †résolut de l' ¹ôter
*¹he *to ³il (might touch)-²touched-¹not, resolved *of ⁵it ¹to ²take ⁴away*

du gre-ni-é: il le fi dè.l land-min: voi-la
du grenier: il le †fit dès le lendemain: voilà
from the granary: he ²it ¹did (from)-on- the following day: behold

ronj ma-ill a la bsas. eu-reûz-man, di t.il,
Ronge-maille à la besace. Heureusement, †dit-il,
Squire Nibble (to the wallet)-reduced to beggary. Happily, said he

¹ mur. mûr. jeune. jeûne. boite. boîte. ancre. ingrat. onde. un. amen
⁴ j, as s in pleasure. gn, as ni in union. ill, as lli in William.

j.é.d   bon   z.a-mi: il ne.m   lè-sron   pâ   man-ké,
j' ai   de bons amis: ils ne me 'laisseront pas 'manquer
I have *some good friends: ¹they ⁵me ²will ⁴let ³not *to want;

   il   me   l.on   ju-ré   san   foi.   le   ra   kon-tè
   ils   me   l' ont   'juré   cent fois.   Le Rat 'comptait
they ⁵to ⁶me ⁴it ²have ³sworn [a] hundred times. The Rat reckoned

  san   son   n.ôt.   il va shé   sè   z.a-mi; je.n   vou
  sans   son   hôte.   Il †va chez ses amis;   je ne vous
without his   host.   He goes to   his friends; I   ⁴you

   ko-nè   pâ,   di   l.un: l.ô-tre, vou z.ét z.un n.in-bé-sil;
 †connais pas, †dit l' un: l' autre, vous êtes un imbécille.
 ¹do ²know ²not, said the one: the other, you are a fool;

 un troi-zi-èm; vou z.êt z.un pro-dig; s.è   vot   fòt, si
 un troisième; vous êtes un prodigue; c'est votre faute, si
  a   third;   you   are   a prodigal; it is your fault, if

 vou z.êt dan   la mi-zèr: la plu-pâr   lu-i * fèr-mèr la
 vous êtes dans la misère: la plupart   lui 'fermèrent la
  you are in *the misery: the most part *to *him shut the

. port   ô   né.——   la mêm   shôz   a-riv   dan.l
  porte au   nez.——   La même   chose 'arrive dans
  door (at the nose)—upon him.—The same thing happens in

        mond.   êt vou   rish   é   pu-i-san, tou.l   mond
   le monde. Etes-vous riche et puissant, tout le monde
   the world. Are you rich and powerful, (all the world)-

         vou   flat   é   vou   ka-rès: vou.n   man-ké
         vous 'flatte et vous 'caresse: vous ne 'manquez
every body- *you flatters and ²you ¹caresses: you   ²want

 ja-mè.d   pa-ra-zit   ki.s   diz vô z.a-mi. si
 jamais de parasites qui se   †disent vos amis.   Si
 ¹never *of parasites who ²themselves ¹call your friends. If

   vou   de-vné   pô-vre,   il vou   z.a-ban-don,   é   mêm
   vous †devenez pauvre,   ils vous 'abandonnent, et même
   you   become   poor,   they ²you   ¹abandon,   and even

 vou   z.in-sult dan   vô   ma-leur.
 vous   'insultent dans vos   malheurs.
 ²you   ¹insult   in   your misfortunes.

ami. âne. te. écrit. mère. être. idole. gîte. opéra. ôter. tout. voûte
at. arm. tub. ale. mare. there. idiom. eel. opera. over. too. foul.

F. soi-sant di-zi-èm.——le sinj é.l lé-o-pâr.
F. Soixante-dixième.—Le Singe et le Léopard.
F. Seventieth.——The Monkey and the Leopard.

un sinj é un lé-o-pâr, kom deû shar-la-tan,
Un Singe et un Léopard, comme deux charlatans,
A Monkey and a Leopard, like two quacks,

a-vè sha-kun leur a-fish ô kou-in d.un grand rû.
avaient chacun leur affiche au coin d'une grande rue
had each their bill at the corner of a large street

le lé-o-pâr di-zè: mé-si-eu, je.n me vant pâ
Le Léopard †disait: Messieurs, je ne me ¹vante pas
The Leopard said: Gentlemen, I *myself boast not

d.ê-tre bou-fon kom mon voi-zin: mè ma
d' être bouffon comme mon voisin: mais ma
of (to be)-being-[a] buffoon like my neighbour: but my

gloir é mon mé-rit son ko-nu an tou li-eû: la kour
gloire et mon mérite sont †connus en tous lieux: la cour
glory and *my merit are known in all places: the court

é la vil on t.ad-mi-ré la bô-té.d mon kor:
et la ville ont ¹admiré la beauté de mon corps:
and the town have admired the beauty of my body:

èg-za-mi-né ma pô; èl è trè bi-in mark-té. an-tré,
ʾexaminez ma peau; elle est très bien marquetée. ¹Entrez,
examine my skin; it is very well spotted. Enter,

mé-si-eu, vou n.a-vé ja-mè vu un si bèl
messieurs, vous n'avez jamais †vu une si belle
gentlemen, ₀ you have never seen ³a ¹so ²fine

bi-ga-rûr. lè dam, a-prè ma mor, se
bigarrure. Les dames, après ma mort, se
variety of colours. The ladies, after my death, *themselves

dis-pu-tron l.o-neur d.a-voir un man-shon.d ma
disputeront l' honneur d' avoir un manchon de ma
will dispute the honour of (to have)-having-a muff of my

pô. le sinj, pla-sé vi z.a-vi, ré-pli-kè: n.é-kou-té
peau. Le Singe, placé vis-à-vis, ¹répliquait: N' ¹écoutez
skin. The Monkey, placed opposite, replied: Do ²listen

pa mon voi-zin; s.é t.un n.in-pos-teur, un n.a-ni-mal stu-pid
pas mon voisin; c'est un imposteur, un animal stupide
¹not [to] my neighbour; he is an impostor, ¹a ³animal ²stupid

é gro-si-é; il n.a pâ z.un grin d.ès-pri ni.d juj-man;
et grossier; il n' a pas un grain d'esprit ni de jugement;
and ¹clownish; he has not a grain of wit nor of judgment;

KEY TO BOLMAR & PERRIN'S FABLES. 103

³ mur. mûr. jeune. jeûne. boite. boîte. ancre. ingrat. onde. un. amour.
⁴ j, as s in pleasure. gn, as ni in union. ill, as lli in William

an n.un mô se n.è k.un lé-o-pâr, il è mar-ke-té, il
en un mot ce n'est qu' un Léopard, il est ¹marqueté, il
in a word he is but a Leopard, he is spotted, it

è vrè; mè s.è la tou son mé-rit. la di-vèr-si-té
est vrai; mais c'est là tout son mérite. La diversité
is true: but this is *there all his merit. The diversity

don t.il se vant tan, moi je l.é dan
dont il se ¹vante tant, moi je l' ai dans l'
of which he *himself boasts so much, *I I ²it ¹have in (the)-my-

l.ès-pri. mon n.a-yeul é-tè sinj du pap: je
esprit. Mon aïeul était Singe du Pape: je
mind. My grandfather was [a] Monkey of the Pope: I

sé z.i-mi-té tout sè sin-jrî: je sé
†sais ¹imiter toutes ses singeries: je †sais
know [how] to imitate all his apish tricks: I know [how]

dan·sé, sô-té, ka-bri-o-lé. an-tré, mé-si-eu, vou
¹danser, ¹sauter, ¹cabrioler. ¹Entrez, Messieurs, vous
to dance, to jump, to caper. Come in, Gentlemen, you

vè-ré tou sla pour kat sou: si vou n.èt pâ
†verrez tout cela pour quatre sous: si vous n'êtes pas
shall see all that for four cents: if you are not

kon-tan, on vou ran-dra vo- tr.ar-jan a la port.
contens, on vous †rendra votre argent à la porte
content, (one)-I-*to ³you ¹will ²return your money at the door.

fa-go-tin u bô-kou.d mond: pèr-son ne pa-ru
Fagotin eut beaucoup de monde: personne ne †parut
Pug had many· *of people: ²person ¹no appeared

mé-kon-tan d.a-voir vu la di-vèr-si-té.d sè tour
mécontent d' avoir †vu la diversité de ses tours
displeased (of to have)—at having-seen the diversity of his feats

de sou-plès.———il i a bô-kou.d jan dan.l
de souplesse.—Il y a beaucoup de gens dans le
of activity.——*It there (has)-are— many *of people in the

mond, don tou.l mé-rit ne kon-sist ke dan lè
monde, dont tout le mérite ne ¹consiste que dans les
world, whose whole *the merit consists only in *the

z.a-pa-rans. se n.è pâ dan l.a-bi-ill-man ke la
apparences. Ce n'est pas dans l' habillement que la
appearances. It is not in the dress that *the

di-ver-si-té doi plèr, s.è dan l.ès-pri.
diversité ¹doit †plaire, c'est dans l' esprit
diversity ought to please, it is in the mind.

ami. ăne. te. écrit. mère. être. idole. gîte. opéra. ôter. tout. voûte
at. arm. tub. ale. mare. there. idiom. eel. opera. over. too. fool.

F.   soi-sant on-zi-èm ——le   rnâr   é   la si-go-gn.
F. Soixante-onzième.—Le Renard et la Cigogne.
F.   Seventy-first.———The   Fox   and the   Stork.

un   si-go-gn ran-kuɴ-tra un   rnâr   ô   kou-in d.un
Une Cigogne 'rencontra un Renard au coin d'un
A   Stork   met   a   Fox   at the corner   of a

boi: bon jour, a-mi, lu-i di t.èl; il i   a
bois: Bon jour, ami, lui †dit-elle; il y a
wood: Good day, friend, ³to ¹him ¹said ²she; it *there (has)–is– [a]

lon tan ke   je.ɴ vou z.é vu: si vou
long-temps que je ne vous ai †vu: si vous
long time (that)–since– I *not ³you ¹have ²seen: if you

vou-lé, nou z.i-ron   di-nèr an-san-ble shé moi.
†voulez, nous †irons ¹dîner ensemble chez moi.
will,   we shall go [and] *to dine together at (me)–my house

vo-lon-ti-é, di   mê-tre   rnâr, je.ɴ   fè   pou-in.d
Volontiers, †dit maître Renard, je ne †fais point de
Willingly, said master   Fox,   I   make   no *of

sé-ré-mo-nî a-vèk mè z.a-mi: a   l.ins-tan   t.i.
cérémonies avec mes amis: à l' instant   ils
ceremonies with my friends: (at the instant)–immediately–they

part.   le   rnâr   a-vè bon n.a-pé-ti, lè   rnâr
!partent. Le Renard avait bon appétit, les Renards
set not. The Fox   had [a] good appetite, *the Foxes

    n.an   / mank   pâ; il ès-pé-rè fèr un bon
   n'en   'manquent pas; il 'espérait †faire un bon
[never] *of ²it ¹want *not; he hoped to make a good

rpâ;   mè z.il kon-tè san son n.ôt. dam si-go-gn
repas; mais il 'comptait sans son hôte. Dame Cigogne
repast; but he reckoned without his host. Mrs. Stork

   lu-i pré-zant un   â-shi   dan z.un bou-tè-ill si é-troit,
   lui 'présente un   hâchis dans une bouteille si étroite,
*to ²him ¹presents a minced-meat in a   bottle   so narrow,

   k.il   n.an pu goû-té. ko-man trou-vé vou
qu' il n' en †put 'goûter. Comment 'trouvez-vous
that he ²not *of ⁴it ¹could *to ³taste. How do ²find ¹you

sèt   vi-and, lu-i dman-da l.oi.zô? trè bon,
cette viande, lui 'demanda l' oiseau? Très bonne,
that meat *to *him asked the bird? Very good.

ré-pon-di l.a-ni-mal. man-jé donk: vou.ɴ   man-jé
'répondit l' animal. 'Mangez donc: vous ne 'mangez
answered the animal.   Eat   then: you   do *eat

³ mur. mûr. jeune. jeûne. ɒoite. boîte. ancre. ingrat. onde. un. annexe
⁴ j, as s in pleasure. · gn, as ni in union. ill, as lli in William

pâ: je vou pri, fèt kom moi. j.é a-sé man-jé,
pas: je vous ¹prie, †faites comme moi. J' ai assez ¹mangé,
¹not: I ²you ¹pray, do like me. I have ²enough ¹eaten,

ko-mèr. il fô ke vou vni-é dmin di-né
commère. Il †faut que vous †veniez demain ¹dîner
gossip. *It ²must *that ¹you *may more to-morrow to dine

shé moi. de tou mon keur; je n.i
chez moi. De tout mon cœur; je n' y
(at)-with- me. (Of)-with- all my heart; I *to *it

man-kré pɜ̀ dam si-go-gn i a-la; le rnâr
¹manquerai pas. Dame Cigogne y †alla; le Renard
shall ²fail ¹not. Mrs. Stork *there went; the Fox

l.a-tra-pa a son tour, é lu-i o-fri dan z.un pla
l' ¹attrapa à son tour, et lui †offrit dans un plat
²her ¹tricked (at)-in- his turn, and *to ²her ¹offered in· a plate

d.la bou-ill-î trè klèr, k.èl ne pu gou-té
de la bouillie très claire, qu' elle ne †put ¹goûter
some pap very thin, [of] which she ²not ¹could *to taste.

kou-raj, ko-mèr, di t.il, an la-pan; fèt kom si
Courage, commère, †dit-il, en ¹lapant; †faites comme si
Courage, gossip, said he, *in lapping; do as if

vou z.é-ti-é shé vou. vou.m ré-ga-lat z.i-yèr, il
vous étiez chez vous. Vous me ¹régalâtes hier, il
you were at (you)-home. You ²me, ¹treated yesterday, it

è just ke.j vou ré-gal ô-jour d.u.i. il ne
est juste que je vous ¹régale aujourd'hui. Il ne
is just that I ³you ¹should ²treat to-day. He

par-la pâ lon tan; il u bi-in-tô t.a-va-lé tout la
¹parla pas long-temps; il eut bientôt ¹avalé toute la
spoke not [a] long time; he had soon swallowed all the

bou-ill-i, é pour se van-jé d.la si-go-gn, ki s.é-tè
bouillie, et pour se ¹venger de la Cigogne, qui s'était
pap, and *for ³himself ¹to ²revenge of the Stork, who had

mo-ké d.lu-i la pre-mi-èr, il la pri par son lon
moqué de lui la première, il la †prit par son long
laughed (of)-at-him the first, he ²her ¹took by her long

kou, é l.é-tran-gla.—il è dan-jreû d.jou-é é.d
cou, et l' ¹étrangla.—Il est dangereux de ¹jouer et de
neck, and ²her ¹strangled.—It is dangerous *of to play and *of

trom-pé seû ki son plu for é plu ru-zé k.nou
tromper ceux qui sont plus forts et plus rusés que nous
to deceive those who are stronger and more cunning than we.

unit. ânc. te. écrit. mère être. idole. gîte. opéra. ôter. tout. voûte
²at. arm, tub. ale. mare. there. idiom. eel. opera. over. too. fool.

F. soi-sant dou-zi-èm.
F. Soixante-douzième.
F. *Seventy-second.*

la gre-nou-ill, l.é-kre-vis, é.l sèr-pan.
La Grenouille, l' Ecrevisse, et le Serpent.
The Frog, the Crawfish, and the Serpent.

un gre-nou-ill de-meu-rè dan.l voi-zi-naj d.un
Une Grenouille demeurait dans le voisinage d'un
A Frog lived in the neighbourhood of a

sèr-pan ki man-jè sè pti: sla lu-i fi
Serpent qui ¹mangeait ses petits: cela lui †fit
Serpent which ate her little ones: that *to ²her ¹caused

prèsk pèr-dre l.ès-pri: èl a-la un jour
presque ¹perdre l' esprit: elle †alla un jour
almost to lose (the wit)—her senses— she went one day

ran-dre vi-zit a u- n.é-kre-vis ki é-tè t.un de
¹rendre visite à une Ecrevisse qui était une de
(to render)—to pay-[a] visit to a Crawfish which was one of

sè ko-mèr, é lu-i fi kon-fi-dans de sè pèn:
ses commères et lui †fit confidence de ses peines:
her gossips, and *to ³her ¹made [the] confidence of her griefs:

dan l.a-mèr-tum de son keur, èl pro-fé-ra plu-zi-eur
dans l' amertume de son cœur, elle ¹proféra plusieurs
in the bitterness of her heart, she uttered several

z.in-pré-ka-si-on kon-tre le sèr-pan. l.é-kre-vis
imprécations contre le Serpent. L'Ecrevisse l'
imprecations against the Serpent. The Crawfish ²her

l.an-kou-ra-ja, l.a-su-ran k.on pou-rè trou-vé moi-yin
¹encouragea, l' ¹assurant qu' on †pourrait ¹trouver moyen
¹encouraged, ²her ¹assuring that one could *to find means

d.la dé-li-vré d.un voi-zin ô-si dan-jreû. an
de la ¹délivrer d' un voisin aussi dangereux. En
*of ³her ¹to ²deliver from ³a ⁴neighbour ¹so ²dangerous. In

vé-ri-té, ko-mèr, vou m.o-bli-jré, di ma-dam
vérité, commère, vous m' ¹obligerez, †dit madame
truth, gossip, you ³me ¹will ²oblige, said Mrs.

gre-nou-ill, si vou m.an-sè-gné sla. é-kou-té donk,
Grenouille, si vous m'-¹enseignez cela. ¹Ecoutez donc
Frog if you *to ²me ¹teach that. Hear then,

re-pli-ka ma-dam é-kre-vis. il i a dan z.un tèl
répliqua madame Ecrevisse. Il y a dans une telle
replied Mrs Crawfish *It there (has)—is— in ²a ¹such

' *mur. mûr.* jeune. jeûne. boite. .boîte. ancre. *ingrat. onde. un.* amen.
' j, as *s* in pleasure. *gn,* as *ni* in union. *ill,* as *lli* in Will*i*am

plas u*n* de mè ka-ma-rad, ki è trè grôs, é
place une de mes camarades, qui est très grosse, et
place one of my comrades, who is very big, and

k.on rgard kom un mons tre parmi nou;
qu' on 'regarde comme un monstre parmi nous,
whom they regard as a monster among us;

pre-né z.un non-bre su-fi-zan de pti vé-ron, é ran-je
'prenez un nombre suffisant de petits vérons, et 'rangez
take a ²number ¹sufficient of little minnows, and range

lè tous de-pu-i.l trou d.l.é-kre-vis jus-k.a la plas
les tous depuis le trou de l' Ecrevisse jusqu' à la place
*them all from the hole of the Crawfish *until to the place*

ou è.l sèr-pan: èl lè man-jra sèr-tèn-man
où est le Serpent: elle les 'mangera certainement
where ³is ¹the ²Serpent: she ⁴them ¹will ³eat ²certainly

tous l.un n.a-prè l.ô-tre, jus- k.a.s k.èl ⁕ vi-è n
tous l' un après l' autre, jusqu' à ce qu'elle .†vienne
*all *the one after the other, until *to *that she (may come)-*

a l.an-droi t.ou jî.l sèr-pan; é a-lor ma
à l' endroit où †gît le Serpent; et alors ma
-omes- to the place where lies the Serpent; and then my

ka-ma-rad le dé-vor-ra ô-si. la gre-nou-ill su-i-vi sè
camarade le 'dévorera aussi. La Grenouille †suivit cet
comrade ³him ¹will ²devour ⁴also. The Frog followed this

t.a-vi, é gou-ta.l dou plè-zir d.la van-jans; mè
avis, et 'goûta le doux plaisir de la vengeance; mais
*advice, and tasted the sweet pleasure of *the vengeance; but*

deû jour z.a-prè, l.é-kre-vis ki a-vè man-jé.l
deux jours après, l' Ecrevisse qui avait 'mangé le
two days after, the Crawfish which had eaten the

sèr-pan, pan-san t.an trou-vé d.ô-tre, a-la a la
Serpent, 'pensant en 'trouver d' autres, †alla à la
*Serpent, thinking *of *them to find some others, went to the*

shas dan l mêm voi-zi-naj, èl trou-va bi-i n-tô
chasse dans le même voisinage, elle 'trouva bientôt
chase in the same neighbourhood, she ²found ¹soon

l.an-droi t.ou é-tè la gre-nou-ill, é la man-ja
l' endroit où était la Grenouille, et la mangea
the place where ³was ¹the ²Frog, and ²her ¹ate

ô-si.——la van-jans a sou-van dè su-it fu-nèst,
aussi.——La vengeance a souvent des suites funestes
*also.——*The vengeance has often *some ²consequences ¹fatal.*

17

ami. âne. te. écrit. mère. être. idole. gîte. opéra. ôter. tout. voûte.
*at. arm. tub. ale. mare. there. idiom. eel. opera. over. too. fool.

mêm kan t.èl ré-u-si. on voi t.ô-si par sèt fa-ble.
même quand elle ²réussit. On †voit aussi par cette fable,
even *when* *it* *succeeds.* *One* *sees* *also* *by* *this* *fable,*

ke lè tron-peur son sou-van tron-pé z.eû mêm.
que les trompeurs sont souvent trompés eux-mêmes .
that the deceivers are often deceived themselves.

F. soi-sant trè-zi-èm.
F. Soixante-treizième.
F. *Seventy-third.*

lè deû sha é.l sinj.
Les deux Chats et le Singe.
The two Cats and the Monkey.

ro-di-ill-âr é mi-tis a-vè trou-vé un fro-maj; il
Rodillard et Mitis avaient ¹trouvé un fromage: ils
Puss and Grimalkin had found a cheese: they

ne pûr s.a-kor-dé. pour tèr-mi-né la dis-put,
ne †purent s' ¹accorder. Pour ¹terminer la dispute,
*²not ¹could *themselves *to agree. *For to terminate the dispute,*

il kon-san-tîr a s.an ra-por-té a un
ils †consentirent à s' en ¹rapporter à un
they consented (to themselves of it to relate)-to refer— to a

sinj. l.ar-bi- tr.ak-sèpt l.o-fis; il pro-du-i t.un
Singe. L' arbitre ¹accepte l' office; il †produit une
Monkey. The arbiter accepts the office; he produces a

ba-lans é mè dan shak ba-sin un mor-sô du
balance et †met dans chaque bassin un morceau du
balance, and puts in each basin a piece of the

fro-maj an dis-put. voi-yon, di t.il grav-man: se
fromage en dispute. †Voyons, †dit-il gravement: ce
cheese in dispute. Let us see, said he, . gravely: this

mor-sô pèz plu.k l.ô-tre: il fô.k j.an
morceau ¹pèse plus que l' autre: il †faut que j' en
*morsel weighs more than the other: *it ²must *that ⁴I ³of⁵it*

manj,— pour ré-du-ir l.un n.é l.ô-tre a un poi
¹mange, pour †réduire l' un et l' autre à un poids
*³eat, *for to reduce the one and the other to an ²weight*

e.é-gal. par se tour de sinj, le ba-sin o-pô-zé
égal. Par ce tour de Singe, le bassin opposé
equal. By ¹this ³trick (of Monkey)—²apish,-the ²basin ¹opposite

mûr. mûr. jeûne. jeûne. boîte. boîte. ancre. ingrat. onde. ur. amov.
¹j, as *s* in pleasure. *gn*, as *ni* in union. *ill*, as *lli* in William.

de-vin	le	plu	pzan,	se	ki	four-ni	t.a not	juj
†devint	le	plus	pesant,	ce	qui	²fournit	à notre	juge
became	*the*		*heaviest,*	*which*		*afforded*	*to our*	*²judge*

kon-si an-si-eû un nou-vèl rè-zon pour un se-gond
consciencieux une nouvelle raison pour une seconde
¹*conscientious* *a* *new* *reason* *for* *a* *second*

bou-shé. a-tan-dé, a-tan-dé, dîr lè deû sha,
bouchée. ⁴Attendez, ⁴attendez, †dirent les deux Chats,
youthful. *Wait,* *wait,* *said* *the* *two* *Cats,*

do-né nou z.a sha-k'in not pâr, é nou sron
donnez nous à chacun notre part et nous serons
give [³*of*] ⁴*us* ¹*to* ²*each* *our* *share,* *and we* *shall be*

sa-tis-fè. si vou z.êt sa-tis-fè, di.l sinj,
satisfaits. Si vous êtes satisfaits, †dit le Singe,
satisfied. *If* *you* *are* *satisfied,* *said the Monkey,*

la jus-tis ne l.è pâ. un kâ ô-si an-brou-ill-é ke
la justice ne l' est pas. Un cas aussi embrouillé que
*the justice *so is not. A case so intricate as

slu-i si, ne peu t.ê-tre dé-tèr-mi-né si tô: sur koi il
celui-ci, ne †peut être déterminé si tôt: sur quoi il
this, ²*not* ¹*can* *be* *determined* *so soon: upon which he*

ronj un mor-sô, é an-su-it l.ô-tre. ro-di-ill-âr é
¹ronge un morceau, et ensuite l' autre. Rodillard et
nibbles *one* *morsel,* *and* *then* *the other.* *Puss and*

mi-tis, voi-yan k.leur fro-maj di-mi-nu-è, pri-èr
Mitis, †voyant que leur fromage ¹diminuait, ¹prièrent
Grimalkin, *seeing* *that their* *cheese* *diminished,* *begged*

l.ar-bi-tre de.n se plu do-né.d pèn; mè
l' arbitre de ne se plus ¹donner de peine; mais
[*of*] *the arbiter* *of ¹*not* *to ⁴*himself* ⁶*more* ²*to* ³*give* ⁵*any* ⁷*trouble; but*

d.leur re-mè-tre se ki rès-tè. pâ si vit, je vou
de leur †remettre ce qui ¹restait. Pas si vite, je vous
*of *to ³*them* ¹*to* ²*give* *what* *remained.* *Not so fast,* *I* ²*you*

prî, mè z.a-mi, ré-pli-ka mè-tre fa-go-tin: nou nou
¹prie, mes amis, ¹répliqua maître Fagotin: nous nous
¹*pray,* *my friends,* *replied* *master* *Pug:* *we* *to *ourselves

dvon jus-tis a nou mêm ô-si bi-in k.a vou; se ki
¹devons justice à nous-même aussi bien qu' à vous; ce qui
owe *justice to ourselves* *as* *well* *as to you; what*

rèst m.è du an vèr-tu d.mon n.o-fis. sur koi
¹reste m' est ³dû en vertu de mon office. Sur quoi
remains ³*to* ⁴*me* ¹*is* ²*due* *in* *virtue* *of* *my* *office.* *Upon which*

aim. ane. ic. écrit. mère. être. idole. gîte. opéra. ôter. tout. voûte
² at. arm. tub. ale. mare. there. idiom. eel. opera. over. too. fool.

il a-va-la.l tou, é a-vèk bô-kou.d gra-vi-té, ran-voi-ya
il ¹avala le tout, et avec beaucoup de gravité, ¹renvoya
*he swallowed the whole, and with much *of gravity, dismissed*

lè plè-deur trè mé-kon-tan d.leur ar-bi-tre
les plaideurs très mécontens de leur arbitre
the pleaders very [much] dissatisfied (of)-with- their arbiter

é d.leur so-tîz.——il vô mi-eû s.a-kor-dé é
et de leur sottise.—Il †vaut mieux s' ¹accorder et
*and *of their foolishness.—It is *worth better to agree and*

pèr-dre kèlk shôz, ke.d s.èk-spô-zé a.s
¹perdre quelque chose, que de s' ¹exposer à se
**to lose some thing, than *of ³one's self ¹to ²expose *to*one's self*

ru-i-né par dè pro-sè.
¹ruiner par des procès.
*to ruin by *some law suits.*

———

F. soi-sant ka-tor-zi-èm.——l.a-bè-ill è la moush.
F. Soixante-quatorzième.—L' Abeille et la Mouche.
F. *Seventy-fourth.————The Bee and the Fly.*

re-tir toi, vil in-sèkt vo-lan, di-zè t.un jour u
¹Retire toi, vil insecte ¹volant, †disait un jour une
*Retire *thyself, vile ²insect ¹flying, said one day an*

n.a-bè-ill i-ri-té, a un moush .ki vol-ti-jè t.ô-tour de sa
Abeille irritée, à une Mouche qui ¹voltigeait autour de sa
*²Bee ¹irritated, to a Fly which frisked about *of her*

rûsh. vrè-man, il t.a-par-ti-in bi-in
ruche. Vraiment, il t' †appartient bien d'
*hive. Truly, it (to thee belongs)-becomes thee- well *of*

d.a-lé dan la kon-pa-gnî dè rèn de l.èr? vou
¹aller dans la compagnie des reines de l' air? Vous
to go into the company of the queens of the air? You

vou tron-pe, dam a-bè-ill; je.n re-shèrsh pâ la
vous ¹trompez, dame Abeille; je ne ¹recherche pas la
**yourself ¹deceive, Mrs. Bee; I seek not the*

kon-pa-gnî d.un na-si-on ô-si ke-rè-leûz é ô-si
compagnie d' une nation aussi querelleuse et aussi
company of a nation so quarrelsome and so

vin-di-ka-tiv k.la vô-tre. é pour-koi, ptit kré-a-tûr
vindicative que la vôtre. Et pourquoi, petite créature
*vindictive as *the yours. And why, ²little ³creature*

¹ mur. mûr. jeune. jeûne. boite. boîte. ancre. ingrat. onde. un. amen
¹ j, as *s* in pleasure. gn, as *ni* in union. ill, as *lli* in William.

in-pèr-ti-nant?   nou   z.a-von   lè   mè-ill-eur   loi;   not
impertinente? Nous† avons les meilleures lois; notre
¹*impertinent?* *We* *have* *the* *best* *laws;* *our*

gou-vèr-ne-man   è.l   shé   d.eu-vre   d.la   na-tûr;
gouvernement est le chef-d' œuvre   de la nature;
government *is the (chief of work)-master-piece-of* *the nature;*

nou   vi-von   dè   fleur   lè   plu   z.o-do-ri-fé-rant
nous †vivons des   fleurs les plus odoriférantes.
we *live* *(of the)-upon the-*³*flowers* *the* ¹*most* ²*fragrant:*

nou   z.an   ti-ron.l   suk   le   plu   dé-li-si-eû,   pour   an
nous   en   ¹tirons le suc le plus délicieux, pour en
we ²*from* ³*them* ¹*draw* ⁴*the* ⁷*juice* *the* ⁵*most* ⁶*delicious,* *for* ³*of* ⁴*it*

fèr   du mi-èl,   du mi-èl,   ki · è   t.é-gal ô   nèk-tár,
†faire du miel, du miel qui est égal au nectar;
¹*to* ²*make* *some honey,* *some honey which is equal to* *the nectar;*

ô   li-eu.k   toi,   mi-zé-ra-ble in-sèkt,   tu.n   vi.k
au lieu que toi, misérable insecte, tu ne †vis que d'
whereas *thou,* *miserable insect, thou* *livest but (of)-*

d.or-dûr.   nou   vi-von   kom   nou   pou-von,
ordures. Nous †vivons comme nous †pouvons,
upon- *filth.* *We* *live* *as* *we* *can,*

ré-pli-ka   tran-kil-man   la   moush;   la   pô-vre-té   n.è
¹répliqua tranquillement la Mouche; la pauvreté n'est
replied *quietly* *the* *Fly;* *the* *poverty* *is*

pâ blâ-ma-ble;   mè   la ko-lèr   l.è,   j.an   su-i sûr.   le
pas blâmable; mais la colère l' est, j' en suis sûre. Le
not blamable; but *the passion* *so is,* *I* ³*of* ⁴*it* ¹*am* ²*sure.* *The*

mi-èl   ke   vou   fèt   è   dou,   j.an   kon-vi-in: j.an
miel que vous †faites est doux, j' en †conviens: j' en
honey that you *make* *is* *sweet,* *I* *of* *it* *agree:* ¹*I* ⁵*of* ⁶*it*

n.é   kèlk-foi   goû-té;   mè   vot   keur   n.è
ai quelquefois ¹goûté; mais votre cœur n'est qu'
²*have* ³*sometimes* ⁴*tasted;* *but* *your* *heart* *is* *only*

k.a-mèr-tum; kar   pour   vou   van-jé   d.un   n.en-mi,   vou
amertume; car pour vous ¹venger d'un ennemi, vous
bitterness; for *for* ³*yourself* ¹*to* ²*revenge of an* *enemy,* *you*

vou   dé-tru-i-zé   vou mêm,   é   dan   vot   raj
vous ¹détruisez vous-même, et dans votre rage
yourself *destroy* *yourselves,* *and* *in* *your* ²*rage*

in-kon-si-dé-ré,   vou   vou   fèt   plu.d   mal   k.a
inconsidérée, vous vous †faites plus de mal qu' à
¹*inconsiderate,* *you* ²*to* ³*yourself* ¹*do* *more* *of harm than to*

¹ami.   âne.   te.   écrit.   mère.   être.   idole.   gîte.   opéra.   ôter.   tout.   voûte.
² at.   arm.   tub. ale.   mare. there. idiom. eel.   opera. over. too.   fool

vo- tr.ad-vèr-sèr.   croi-yé moi,   il vô   mi-eû   z.a-voir
votre adversaire.   †Croyez-moi, il †vaut mieux avoir
your *adversary.*   *Believe me,   it is* *worth better   to have*

dè   ta-lan mé-di-o-kre,   é   в.an   sèr-vir a-vèk
des talens médiocres,   et   s'   en   †servir avec
**some* *²talents* *¹indifferent,   and* *one's self* *of ³them* *¹to ²use with*

plu.d   dis-kré-si-on.—la va-ni-té é   la pré-zonp-si-on   son
plus de discrétion.—La vanité et la présomption   sont
more *of   discretion.—*The* *vanity and* *the   presumption   are*

lè   dé-fô   dè   pti   gé-nì, ki.s   pré-val
les défauts des petits génies, qui   se   †prévalent
the   defects of *the   little   geniuses, who* *²themselves   ¹pride*

dè   ka-li-té . d.leur ès-pri: sèl   du   keur son
des   qualités de leur esprit: celles du cœur sont
(of the)—upon the—qualities of their mind: those of the heart are

tou-jour pré-fé-ra-ble.
toujours préférables.
always   preferable

F.   soi-sant   kin-zi-èm.
F.   Soixante-quinzième.
F.   Seventy-fifth.

le   li-on, le   lou,   é   le   rnâr.
Le Lion, le Loup, et *le Renard.
The   Lion, the   Wolf, and the   Fox.

un li-on é-tè vi-eû, fè-ble é in-firm: tout lè   bêt
Un Lion était vieux, faible et infirme: toutes les bêtes
A Lion   was   old,   feeble and   infirm: all   the beasts

d.la fo-rê se   ran-dir   t.ɩ son n.an-tre pour lu-i
de la forêt se   ⁴rendirent à son antre   pour   lui
of the forest *themselves repaired to   his den* *for* *to ³him*

ran-dre leur de-voir.   le   rnâr seul   n.i   pa-ru
⁴rendre leurs devoirs. Le Renard seul n' y   †parut
to ²render their duties. The Fox   alone ⁴there ¹did ²appear

pâ.   le   lou   pri   sè t.o-ka-zi-on pour   fèr   sa
pas. Le Loup   †prit cette occasion   pour †faire sa
*¹not: The Wolf   took this   occasion   *for   to make his*

kour ô roi dè   z.a-ni-mô.   je   pu-i   z.a-su-ré   vot
cour au roi des animaux.   Je †puis   ¹assurer votre
courtesy to the king of the animals.   I   can   assure   your

mur. mûr. jeune. jeûne. boite. boîte. ancre. ingrat. onde. un. amen.
¹ j, as *s* in pleasure.   *gn,* as *ni* in union.   *ill,* as *lli* in William

ma-jès-té, di t.il, ke.s n.è k.l.or-geu-ill é l.in-so-lans
majesté, †dit-il, que ce n'est que l' orgueil et l' insolence
majesty,   said he, that it   is only *the   pride and *the insolence

ki an-pêsh le rnâr de pa-rê-tre a
qui 'empêchent le Renard de †paraître à
which   prevent   the   Fox (of to appear)-from appearing-at

la kour. il . n.i-gnor pâ vot ma-la-dî, é il n.a-tan
la cour. Il n' 'ignore pas votre maladie, et il n' 'attend
the court, He is ²ignorant ¹not of your sickness, and he   waits

ke vot mor pour s.an-pa-ré du trôn.
que votre mort pour s' 'emparer du trône.
only [for] your   death *for *himself to usurp *of the throne.

k.on.l fas ve-nir, di le
Qu' on le †fasse †venir, †dit le
(That one him may make to come)-let him be brought here,- said the

roi dè z.a-ni-mô. il vi-in, é soup-so-nan.l lou
roi des animaux. Il †vient, et 'soupçonnant le Loup
king of the animals.   He comes, and   suspecting   the Wolf

d.lu-i a-voir jou-é un mô-vè tour: je krin,
de lui avoir 'joué un mauvais tour: je †crains,
of *to ⁴him (to have)-²having-³played a   bad   trick: I   fear,

sir, di t.il, k.on.n m.è noir-si
Sire, †dit-il, qu' on ne m' ait ²noirci
Sire,   said he, that [some] one ³me (may have)-¹has-²blackened

dan vo- tr.ès-pri; mè pèr-mè-té ke.j vou
dans votre esprit; mais †permettez que je vous
in   your   mind; but   allow   (that 1)-me-¹to ³you

fas un ré-si fi-dèl dè rè-zon d.mon n.ab-sans
†fasse un récit fidèle des raisons de mon absence.
*may ²make ⁴a ⁶recital ⁵faithful of the reasons of   my   absence.

j.é-tè z.an pé-lé-ri-naj, é.j m.a-ki-tè d.un
J'étais en pélérinage, et je m' 'acquittais d'un
I was (in)-on-[a] pilgrimage, and I ³myself ¹was ²acquitting of a

veû ke j.a-vè fè pour vot ré-ta-blis-man. j.é
vœu que j'avais †fait pour votre rétablissement. J' ai
vow which I had   made for your   recovery.   I have

trou-vé dan mon shmin dè jan z.èk-spèr é sa-van,
trouvé dans mon chemin des gens experts et savans,
found   in   my   way   some ⁴people ¹skilful ²and ³learned,

ke j.é kon-sul-té sur vot ma-la-di; j.é
que j' ai 'consultés sur votre maladie· j' ai
whom I have consulted (on)-concerning- your   malady.   I have

¹ ami. âne. te. écrit. mère. être. idole. gîte. opéra. ôter. tout. voûte.
² at. ann. tub. ale. mare. there. idiom. eel. opera. over. too. fool.

é-té a-sé z.eu-reû pour a-pran-dre un rmèd in-fa-ill-i-ble
été assez heureux pour †apprendre un remède infaillible
*been ²enough ¹fortunate *for to learn an ²remedy ¹infallible.

kèl re-mèd? de-man-da.l li-on a-vè- k.an-près-man.
Quel remède? ¹demanda le Lion avec empressement.
What remedy? demanded the Lion with eagerness.

s.è, ré-pon-di mê-tre rnâr, la pô d.un lou p.é-kor-shé,
C'est, ¹répondit maître Renard, la peau d'un Loup écorché,
It is, answered master Fox, the skin of a ²Wolf ¹flayed,

an-tor-ti-ill-é tout shôd é tout fu-mant ô-tour de vot
entortillée toute chaude et toute fumante autour de votre
wrapped quite warm and all smoking round *of your

kor. le roi dè z.a-ni-mô a-prou-va le rmèd.
corps. Le roi des animaux ¹approuva le remède.
body. The king of the animals approved [of] the remedy.

a l.ins-tan on pran.l lou, on l.é-korsh, é.l
A l'instant on †prend le Loup, on l' ¹écorche, et la
Immediately they take the Wolf, they ²him ¹skin, and the

mo-nark s an-vlop de sa pô.——seû ki
monarque s' ¹enveloppe de sa peau.——Ceux qui
monarch ²himself ¹wraps ³up (of)–in– his skin.——Those who

tâsh de nu-ir ô z.ô-tre par de fô ra-por,
¹tâchent de †nuire aux autres par de faux rapports,
endeavour *of to hurt *to *the others by *some false reports,

son kèlk-foi lè vik-tim de leur mé-shan-sté.
sont quelquefois les victimes de leur méchanceté.
are sometimes the victims of their [own] wickedness.

F. soi-sant sè-zi-èm.——la shni-ill é la four-mi.
F. Soixante-seizième.——La Chenille et la Fourmi.
F. Seventy-sixth——The Caterpillar and the Ant.

un four-mi trè z.a-fé-ré tro-tè sa é la, a-vèk
Une Fourmi très affairée ¹trottait çà et là, avec
An Ant very busy trotted here and there, with

bô-kou d.an-près-man, pour trou-vé kèlk ptit
beaucoup d' empressement, pour ¹trouver quelques petites
much *of eagerness, *for to find some little

pro-vi-si-on: dam four-mi n.è pâ pa-rè-seûz, èl a
provisions: dame Fourmi n'est pas paresseuse, elle a
provisions: Mrs. Ant is not lazy, she (has

mur. mûr. jeune. jeûne. boite. boîte. ancrо. ingrat. onde. un. amen
j, as s in pleasure. gn, as ni in union. ill, as lli in William

rè-zon.   èl ran-kon-tra   dan   sè z.èks-kur-si-on un
raison.   Elle ¹rencontra dans ses excursions une
reason)—is right.   She   met   in   her excursions   a

shni-ill   ran-fèr-mé dan   sa   kok,   é   ki   n.a-vè ke
Chenille renfermée dans sa coque; et qui n'avait que
Caterpillar   shut up   in   her shell,   and which   had   but

peu.d   jour   a   i   rès-té   pour   de-vnir   pa-pi-ill-on.
   peu de jours à   y   ¹rester   pour †devenir Papillon
[a] few *of days *to ³there ¹to ²remain to   become [a] Butterfly.

le   si-èl   vou   gid   di.l   vèr,   an   sa-lu-an   la
Le ciel vous ¹guide †dit le Ver, en ¹saluant la
*The ²heaven ⁴you ¹may ³guide said the Worm, in   saluting the

pour-voi-yeûz: sèl si   san   ran-dre   le
pourvoyeuse: celle-ci   sans   ⁴rendre   le
purveyor: (this)–the latter–without   (to return)–returning–the

kon-pli-man   le   rsoi   d.un n.èr   dé-dè-gneû.
compliment   le   ³reçoit d'   un air   dédaigneux
compliment   ²it ¹receives (of)–with–   a   ²air   ¹disdainful.

pô-   vr.a-ni-mal, di t.èl,   ke   je.t   plin!   la na-tûr   a
Pauvre animal, †dit-elle, que je te †plains! la nature a
Poor   animal, said she,   how I ²thee   ¹pity! *the nature has

é-té trè dûr   an-vèr toj; an-kor si tu   pou-vè   mar-shé;
été très-dure envers toi; encore si tu †pouvais ¹marcher,
been very hard towards thee; yet   if thou couldst   *to walk;

mè tu.n   peû   te   rmu-é   dan ta   pri-zon.   le
mais tu ne †peux te ¹remuer dans ta prison. Le
but thou ²not ¹canst *thyself *to move in thy prison. *The

si-èl   soi   lou-é: j.é.d   bon   janb: èl   son
ciel soit ¹loué: j' ai de bonnes jambes: elles sont
heaven *may be praised: I have *some good   legs: they   are

ptit   z.a   la   vé-ri-té;   mè   z.èl   son   trè dé-ga-jé.
petites à la vérité; mais elles sont très-dégagées.
small   (at the)–in– truth;   but   they   are   very   supple.

èg-za-min   bi-in   mon   kor,   é   di   moi si   tu â   ja-mè
Examine bien mon corps, et †dis moi si tu as jamais
Examine   well   my   body,   and tell me if thou hast ever

vu   un   ptit   kré-a-tûr   ô-si   lèst   é   ô-si   bi-in
vu une petite créature aussi leste et aussi bien
seen   a   little   creature   so   spruce   and   so   well

pro-por-si-o-né   k.moi?   je   vè   dan   !è   shan
proportionnée que moi? Je †vais dans les champs
proportioned   as   I [am?] I   go   in   the   fields:

¹ aini. âne. te. écrit. mère. être. idolo. gîte. opéra. ôter. tout. voûte.
² at. arm, tub. ale. mare. there. idiom. cel. opera. over. too. fool

je.m   pro-mèn   ou   je   juj   a   pro-pô;   é
je me 'promène où je ¹juge à propos;   et
*I *myself walk wherever I (judge a propos)–think proper;–and*

mêm   kan   t.il me   plè, je   mont   ô   ô   dè z.ar-bre:
même quand il me †plaît, je ¹monte au haut des arbres:
even when it ²me ¹pleases, I mount to the top of the trees

je.....mè   s.è   tro   ja-zé: je   pèr   mon   tan.
je....mais c'est trop ¹jaser: je ⁴perds mon temps.
*I......but it is too much *to prattle: I am losing my time.*

a-di-eu, in-sèkt ran-pan.   la   shni-ill   mo-dèst   ne
Adieu, insecte rampant. La Chenille modeste ne
Adieu, ²insect ¹creeping. The ²Caterpillar ¹modest

ré-pon-di ri-in n.a l.ou-traj.   kèlk   tan   z.a-prè la
'répondit rien à l' outrage. Quelque temps après la
answered nothing to the outrage. Some time after the

four-mi re-pa-sa par le mêm ah-droi; mè lè shôz
Fourmi 'repassa par le même endroit; mais les choses
*Ant re-passed by the same place; but *the things*

z.é-tè   shan-jé; le vèr é-tè   de-vnu   pa-pi-ill-on.
étaient ¹changées: le Ver était †devenu Papillon.
were changed: the Worm (was)–had– become [a] Butterfly.

ô-la,   ô,   s.é-kri-a t.il,   a-rèt . un   peu,   ptit
Holà, ho, s'¹écria-t-il, 'arrête un peu, petite
Holla, ho, cried he, stop a little, little

pré-zomp-tu-eûz: je.t   don-ré un bon n.a-vi. ne
présomptueuse: je te ¹donnerai un bon avis. Ne
*presumptious creature: I *to ³thee ¹shall ²give a good advice.*

mé-priz ja-mè   pèr-son. a-di-eu, four-mi vèn
méprise jamais personne. Adieu, Fourmi vaine
⁹despise ¹never [any] person. Adieu, ⁴Ant ¹vain

é   or-gè-ill-eûz; me voi-la dan l.èr, é tu   ranp
et orgueilleuse; me voilà dans l' air, et tu 'rampes
²and ³proud; ²me ¹behold in the air, and thou creepest

z.an-kor.——l.or-geu-ill é la va-ni-té son mé-pri-za-ble. le
encore.—L' orgueil et la vanité sont méprisables. Le
*yet.——*The pride and *the vanity are despicable. *The*

vrè mé-rit è mo-dèst, é il n.in-sult a la kon-di-si-on.d
vrai mérite est modeste, et il n'¹insulte à la condition
*rue merit is modest, and *it insults *to the condition*

         per-son.
le   personne.
f [no] person.

mur. mûr. jeune. jeûne. boite. boîte. ancre. ingrat. onde. un. ames
j, as s in pleasure. gn, as ni in union. ill, as lli in William

F. soi-sant dis sè-ti-èm.——l.orm é.l noi-yé
F. Soixante-dix-septième.—L' Orme et le Noyer.
F. *Seventy-seventh.*——*The Elm and the Walnut-tree.*

un n.orm é-tè plan-té prè d.un noi-yé: il z.é-tè
Un Orme était ¹planté près d'un Noyer: ils étaient
An Elm was planted near *of a Walnut-tree: they were

bon voi-zin, an-si-in z.a-mi, é ja-zè sou-van
bons voisins, anciens amis, et ¹jasaient souvent
good neighbours, old friends, and prattled often

t.an-san-ble pour se dé-zan-nu-i-yé. le pre-mi-é di-zè
ensemble pour se ¹désennuyer. Le premier †disait
together *for ³themselves ¹to ²divert. The (first)-former- said

t.a l.ô-tre: a-mi, an vé-ri-té, j.é just su-jè de.m
à l' autre: ami, en vérité, j' ai juste sujet de me
to the other: friend, in truth, I have just subject *of *myself

plin-dre de mon sor. il è vrè, je su-i ô, vèr é
†plaindre de mon sort. Il est vrai, je suis haut, vert et
to complain of my fate. It is true, I am tall, green and

ma-jès-tu-eû; mè je su-i sté-ril; mal-gré tou mè
majestueux; mais je suis stérile; malgré tous mes
majestic; but I am sterile; notwithstanding all my

z.é-for, je.n port pou-in.d fru-i; je don de l.on-bre,
efforts, je ne ¹porte point de fruit; je ¹donne de l' ombre,
efforts, I bear no *of fruit; I give *some shade,

s.è tou. voi-zin, lu-i di.l noi-yé, je vou
c'est tout. Voisin, lui †dit le Noyer, je vous
this is all. Neighbour, ⁴to ⁵him ¹said ²the ³Walnut-tree, I ²you

plin. vou.n por-té pou-in.d fru-i, j.an kon-vi-in;
†plains. Vous ne ¹portez point de fruit, j' en †conviens
¹pity. You bear no *of fruit, I *of *it agree;

je sou-è-trè pou-voir par-ta-jé lè mi-in z.a-vèk vou
je ¹souhaiterais †pouvoir ¹partager les miens avec vous
I should like to be able to share mine with you

vou sa-vé ke.l si-èl dis-tri-bû sè fa-veur kom
vous †savez que le ciel ¹distribue ses faveurs comme
you know that *the heaven distributes its favours as

il lu-i plè. vou z.èt plu ô k.moi, il è vrè;
il lui †plaît. Vous êtes plus haut que moi, il est vrai
it *to *it pleases. You are taller than I, it is ¹true

mè j.é.l mè-ill-eur lô. un n.ar-bre ki.n port pâ.l
mais j' ai le meilleur lot. Un arbre qui ne porte pas
but I have the best lot. A tree which bears no

¹ ami. âne. te. écrit. mère. être. idole. gîte. opéra. ôter. tout. voûte
² at. arm. tub. ale. mare. there. idiom. eel. opera. over. too. fool.

fru-i,   n.è   k.un n.ar-bre a dmi.   ne   vou
de fruit, n'est qu' un arbre à demi. Ne vous
*of fruit is but ²a ³tree *at ¹half.   ⁴yourself

z.a-fli-gé   pâ, mon n.a-mi; il ne vou   z.an   vi-in-dra pâ
¹affligez pas, mon ami, il ne vous en †viendra pas
do ³afflict ²not, my friend, ¹it ⁵to ⁶you *of *them ²will ⁴come ³not

z.a fors de vou   plin-dre: il fô
à force de vous †plaindre: il †faut
*at strength of yourself to complain)—by complaining:—one must

sę   sou-mè-tre a.s   k.or-don la pro-vi-dans.
se †soumettre à ce qu' ¹ordonne la providence.
²himself *to ¹submit to what ²ordains *the ¹providence.

tan-di.k le noi-yé ba-bi-ill-âr mo-ra-li-zè t.in-si un
Tandis que le Noyer babillard ¹moralisait ainsi une
Whilst the ²Walnut-tree ¹prattling moralized thus a

troup d.an-fan in-té-ron-pi son dis-kour a   kou.d
troupe d' enfans †interrompit son discours à   coups.
troop of children interrupted his discourse (at)—with— blows

        pi-èr é.d bâ-ton, pour fèr ton-bé lè noi:
de pierres et de bâtons, pour †faire ¹tomber les noix:
of stones and of sticks, *for to make *to ³fall ¹the ²walnuts:

il re-soi mil blè-sûr: a-di-eu sa vèr-dûr, é sè
il ³reçoit mille blessures: adieu sa verdure, et ses
it receives [a] thousand wounds: adieu [to] its verdure, and *its

fru-i. se n.è pâ tou; a-prè z.a-voir   in-si
fruits. Ce n'est pas tout; après avoir   ainsi
fruits. This is not all; after (to have)—having— thus

mal-trè-té le pô-vre noi-yé, lè z.an-fan mont sur
maltraité le pauvre Noyer, les enfans ¹montent sur
ill-treated the poor Walnut-tree, the children climb on

sè t.ar-bre fru-i-ti-é, é an romp lè bransh, pour
cet arbre fruitier, et en †trompent les branches, pour
this ²tree ¹fruitful, and *of*it break off (the)—its— branches, *for

le dé-pou-ill-é dè fru-i   k.lè pi-èr, é lè bâ-ton
le ¹dépouiller des fruits que les pierres et les bâtons
¹to ²rob of the fruits which the stones and the sticks

n.a-vè pâ fè ton-bé: shar-gé.d   noi il
n'avaient pas †fait ¹tomber: chargés de   noix ils
had   not caused ¹to fall: loaded (of)—with— nuts they

mur. mûr. jeune. jeûne. boite. boîte. ancre. ingrat. onde. un. unes.
¹j, as ʃ in pleasure. gn, as ni in union. ill, as lli in William.

dé-sand, é von lè man-jé soʊ l.orm.——il è
¹descendent, et †vont les ¹manger sous l' Orme—Il est
descend, and go ³them ¹to ²eat under the Elm.—It is

kelk-foi˙ dan-jreù d.ê-tre tro- p.u-til
quelquefois dangereux d' être trop utile.
sometimes dangerous ⁴of to be too useful.

F. soi-sant di z.u-i-ti-èm.
F. Soixante-dix-huitième.
F. Seventy-eighth.

le shi-in.d bèr-gé é.l lou.
Le Chien de Berger et le Loup.
The ²Dog ⁴of ¹Shepherd ['s] and the Wolf.

un lou, la˙ tèr-reur dè boi, fe-zè t.un gran ĸar-naj
Un Loup, la terreur des bois, †fesait un grand carnage.
A Wolf, the terror of the woods, made a great carnage

par-mi lè bre-bi. an vin.l bèr-gé lu-i a-vè
parmi les brebis. En vain le Berger lui avait
among the sheep. In vain the Shepherd (to him)—⁴for ⁵him—¹had

tan-du dè pi-éj: an vin.l shi-in a-vè sui-vi
¹tendu des ⸝piéges: en vain le Chien avait †suivi
²laid ⁴some ³snares: in vain the Dog had followed [a]

lon tan sè tras: le lou, an sur-té dan z.un boi
long-temps ses traces: le Loup, en sûreté dans un bois
long time his traces: the Wolf, in safety in a ²wood

z.é-pè se ré-ga-lè.l jour dè vol
épais se ¹régalait le jour des vois
¹thick ⁴himself ³regaled [during] the day (of the)—with the— thefts

k.il a-vè ko-mi la nu-i. kom bri-fò
qu' il avait †commis la nuit. Comme Brifaut
that he had committed [during] the night. As Ringwood

tra-vèr-sè t.ʊn fo-rê, il trou-va par a-zâr la rtrait de
¹traversait une forêt, il †trouva par hasard la retraite de
went through a forest, he found by chance the retreat of

son n.èɴ-mi. sus-pan-don la gèr pour un mo-man,
son ennemi. ⁴Suspendons la guerre pour un moment.
his enemy. Let us suspend ⁴the war for a moment,

lu-i di t.il, é rè-zo-nor z.an n.a-mi. un trèv
lui †dit-il, et ¹raisonnons en amis. Une trève
³to ⁴him ¹said ²he and let us reason (in)—as— friends. A truce.

18

¹ ami. âne. te. écrit. mère. être. idole. gîte. opéra. ôter. tout. voûte.
² at. arm. tub. ale. mare. there. idiom. eel. opera. over. too. fool.

un trèv? de tou mon keur. le shi-in
Une trêve? De tout mon cœur. Le Chien
A truce? (Of)—with— all my heart. The Dog

ko-man-sa in-si: ko-man t.un n.a-ni-mal ô-si for é
commença ainsi: Comment un animal aussi fort et
commenced thus: ¹How ³an ⁴animal ⁵to ⁶strong ⁷and

ô-si no-ble ke vou peu t.il a-ta-ké un pô- vr.a-gnô,
aussi noble que vous †peut-il ¹attaquer un pauvre agneau,
*⁸so ⁹noble ¹⁰as ¹¹you ²can *he *to attack a poor lamb,*

fè-ble é san dé-fans? vou de-vri-é dé-dè-gné un
faible et sans défense? Vous ³devriez ¹dédaigner une
weak and without defence? You ought to disdain ³a

nou-ri-tûr si ko-mun. n.i a t.il pâ d.ô-tre
nourriture si commune. N' y a- t-il pas d' autres
*⁴food ¹so ²common. ²there (has)—¹are—*it ³no *of other*

bêt dan lè fo-rê, ki vou frè t.un
bêtes dans les forêts qui vous †feraient un
beasts in the forests, which (to you)—⁷for ⁸you—¹would ²make ³a

rpâ plu no-ble? lè grand z.âm son gé-né-reûz,
repas plus noble? Les grandes âmes sont généreuses,
*⁴repast ⁵more ⁶noble? *The great souls are generous,*

lè pol-tron seul son vin-di-ka-tif é kru-èl. kroi-yé
les poltrons seuls sont vindicatifs et cruels. †Croyez
**the cowards only are revengeful and cruel. Believe*

moi; soi yé brâv, é-par-gné les bre-bi. a-mi, ré-pli-ka.l
moi; soyez brave, ¹épargnez les brebis. Ami, ¹répliqua
me; be brave. spare the sheep. Friend, replied

lou, pe-zé la shôz mûr-man: la na-tûr nou
le Loup, ¹pesez la chose mûrement: la nature nous
*the Wolf, weigh the thing maturely; *the nature ³us*

z.a fè bêt de proî; kom tèl, kan la fin
a †faits bêtes de proie; comme telles, quand la faim
*¹has ²made beasts of prey; as such, when *the hunger*

l.or-don, il è né-sé-sèr k.lè lou manj.
l' ¹ordonne, il est nécessaire que les Loups ¹mangent.
¹it ¹orders, it is necessary that the Wolves eat.

si vou z.a-vé tan.d zèl pour la sûr-té dè bre-bi,
Si vous avez tant de zèle pour la sûreté des brebis,
*If you have so much *of zeal for the safety of the sheep,*

a-le par-lé a vot mê-tre: ré-pé-té lu-i vot
¹allez ¹parler à votre maître. ¹répétez-lui votre
*⁴go [and] *to speak to your master. repeat to him your*

mur. mûr. jeune. jeûne. boite. boîte. ancre. ingrat. onde. un. amen.
j, as s in pleasure. gn, as ni in union. ill, as lli in William.

dis-kour pa-té-tik. un lou.n manj un bre-bi
discours pathétique. Un Loup ne ¹mange une brebis
²discourse ¹pathetic. A Wolf eats a sheep

ke râr-man; di mil son dé-vo-ré par lè z.om:
que rarement; dix mille sont dévorées par les hommes:
but seldom; ten thousand are devoured by *the men:

il pré-tand t.an n.ê-tre lè pro-tèk-teur é lè z.a-mi,
ils ¹prétendent en être les protecteurs et les amis,
they pretend *of *them to be (the)-their-protectors and *the friends,

é il z.an son lè dès-truk-teur lè plu kru-èl.—
et ils en sont les destructeurs les plus cruels.—
and they *of *them are (the)-their- ³destroyers *the ¹most ²cruel.—

un pré-tan-du a-mi è pîr k.un n.en-mi dé-kla-ré.
Un prétendu ami est pire qu' un ennemi déclaré.
A pretended friend is worse than a ²enemy ¹declared.

F. soi-sant diz neu-vi-èm.——le i-bou pré-sonp-tu-eû.
F. Soixante-dix-neuvième.—Le Hibou présomptueux.
F. Seventy-ninth.———The ²Owl ¹presumptuous.

un jeun i-bou, ô-si vin k.un pti mê-tre de pa-ri,
Un jeune Hibou, aussi vain qu'un petit-maître de Paris,
A young Owl, as vain as a (little master of Paris)-

s.é-tan vu pa- r.a-zâr dan z.un
s' étant †vu par hasard dans une
Parisian fop-³himself (being)-¹having-²seen by chance in a

klèr fon-tèn, kon-su la plu ô- t.o-pi-ni-on d sa
claire fontaine, ³conçut la plus haute opinion de sa
clear fountain, conceived the highest opinion of his

bô-té é.d sè pèr-fèk-si-on. je su-i, di t.il, la gloir
beauté et de ses perfections. Je suis, †dit-il, la gloire
beauty and of his perfections. I am, said he, the glory

d.la nu-i, é l.or-ne-man dè boi. se srè
de la nuit, et l' ornement des bois. Ce serait
of the night, and the ornament of the woods. It would be [a]

do-maj, si la ras dè z.oi-zô lè plu z.a-kon-pli
dommage, si la race des oiseaux les plus accomplis
(damage)-pity,- if the race of the ³birds *the ¹most ²accomplished

é-tè t.é-tint; tèl è la ras dè i-bou. plin 1.sè
était éteinte; telle est la race des hibous. Plein de ces
was extinct; such is the race of the owls. Full of these

ami. âne. te. écrit. mère. être. idole. gîte. opéra. ôter. tout. voûte.
at. arm. tub. ale. mare. there. idiom. eel. opera. over. too. fool

pan-sé   z.or-gè-ill-euz,   il   a-la   trou-vé   l.è-gle, pour lu-i
pensées   orgueilleuses,   il   †alla 'trouver l' aigle, pour lui
²thoughts   ¹proud,   he   went   to *find the eagle, *for *to ³him

dman-dé   sa   fi-ill   an   ma-ri-aj.   sa   dmand   fu   rsû,
demander sa fille   en mariage.   Sa demande fut ³reçue
¹to ²ask   his daughter in marriage. His   demand was received.

kom   vou   pou-vé   z.è-zé-man   dvi-né,   a-vèk   tou.l
comme vous †pouvez   aisément   ¹deviner, avec tout le
     as   you   may   easily   guess,   with all the

dé-din   k.èl   mé-ri-tè.   ma   fi-ill!   di.l   roi   dè
dédain   qu' elle ¹méritait.   Ma fille! †dit le roi des
disdain which   it   deserved. My daughter! said the king of the

z.oi-zô   tou   sur-pri, sûr-man   vou   ba-di-né: ma   fi-ill
oiseaux tout surpris, sûrement vous ¹badinez: ma fille
birds   quite surprised, surely   you   jest: my daughter

ne   so-rè   t.ê-tre   la   kon-pa-gn   d.un   sha   u-an: vou
ne †saurait être la   compagne   d' un   chat-¹huant: vous
²not ¹could *to be the   companion of an (cat hooting)—owl:—you

n.è-mé   k.lè   té-nè-bre,   é   èl   n.èm   k.la lu-mi-èr;
n'¹aimez que les ténèbres, et elle n'¹aime que la lumière;
    like   ²only *the ¹darkness, and she   likes only *the light;

span-dan,   si vou   vou-lé,   dmin   ma-tin,   vnir
cependant, si vous †voulez, demain matin, †venir
however, if you   wish, ²to-morrow ³morning, *to ¹come [and]

me   trou-vé   ô   lvé   du   so-lè-ill, ô
me   ¹trouver   au lever   du   soleil,   au
²me   (to find)—¹meet— at the rising of the sun, (at the)—in the

mi-li-eu   du   fir-ma-man,   nou   z.a-rê-tron   lè   z.ar-ti-klo
milieu   du   firmament,   nous ¹arrêterons les   articles
middle of the   firmament,   we   shall conclude the ²articles

pré-li-mi-nèr.   j.i   kon-san,   di l   ga-lan: je   n.i
préliminaires.   J' y †consens, †dit le galant: je n'   y
¹preliminary.   I ²to ³it ¹consent, said the   lover: I *to *it

man-kré   pá,   a-di-eu,   jus-   k.ô   rvoir.
manquerai pas, adieu, jusqu' au   revoir.
shall ²fail ¹not, adieu, until (to the to see again)—we meet again

le   land-min   le i-bou   vo-la   an   l.èr, mè   z.é-blou-i par
Le lendemain le Hibou ¹vola en l' air; mais ²ébloui par
The next day   the Owl   flew   in the air;   but dazzled by

le so-lè-ill,   il   n.an   pu   su-por-te   lè   rè-yon: il
le soleil,   il   n' en   †put 'supporter les   rayons: il
the   sun,   he ²not *of *it ¹could ³support (the)—his— rays: he

¹mur. múr. jeune. jeûne. boite. boîte. ancre. ingrat. onde. un. qmen.
¹j, as *s* in pleasure. *gn*, as *ni* in union. *ill*, as *lli* in William.

ton-ba sur un ro-shé, ou il fu pour-su-i-vi par tou lè
tomba sur un rocher, où il fut †poursuivi par tous les
fell upon a rock, where he was pursued by all the

z oi-zô, té-mou-in d.sa sot pré-zonp-si-on, é d.ou il
oiseaux, témoins de sa sotte présomption, et d'où il
birds, [the] witnesses of his foolish presumption, and whence he

s.é-sha-pa dan.. kreû d.un vi-eû shên. il i
s' ¹échappa dans le creux d'un vieux chêne. Il y
**himself escaped into the hollow of an old oak. He ²there*

vé-ku.l rèst de sè- jour, dan l.ob-sku-ri-té pour la
†vécut le reste de ses jours, dans l' obscurité pour la
*¹lived the remainder of his days, in *the obscurity for *the*

kèl la na-tûr l.a-vè dé-zi-gné.—lè pro-jè
quelle la nature l' avait ¹désigné.—Les projets ·d'
*which *the nature ³him ¹had ²designed.—The projects of*

d.an-bi-si-on se tèr-min prèsk tou-jour * z.ô
ambition se ¹terminent presque toujours au
*ambition *themselves terminate almost always to the*

dé-za-van-taj de seû ki lè kon-soiv, é ki n.on
désavantage de ceux qui les ³conçoivent, et qui n'ont
disadvantage of those who ²them ¹conceive, and who have

ni lè ta-lans, ni lè ka-li-té né-sé-sèr pour lè
ni les talens, ni les qualités nécessaires pour les
*neither the talents, nor the ²qualities ¹necessary *for ³them*

fèr ré-u-sir: il se rand la ri-zé du
†faire ²réussir: ils se ⁴rendent la risée du
*to ²make *to succeed: they ²themselves ¹render the laughing stock of the*

pu-blik par leur vèn pré-zonp-si-on.
public par leur vaine présomption.
public by their vain presumption.

F. ka-tre vin-ti-èm.——le bouk é le rnâr.
F. Quatre-vingtième.—Le Bouc et le Renard
F.   Eightieth———The Goat and the Fox.

un vi-eû bouk, a long barb, é.d grand
Un vieux Bouc, à longue barbe, et de grande
An old Goat, (at)-with-[a] long beard, and of great

èk-spé-ri-ans, a-vè pa-sé la jour-né dan lè shan, a
expérience, avait ¹passé la journée dans les champs, à
experience, had passed the day in the fields, (to

18*

¹ ami. ûne. tè. écrit. nière être. idole. gîte. opéra. ôter. tout. voûte
² at. arm. tub. ale. mare. there. idiom. eel. opera. over. too. fool.

fèr   dè ré-flèk-si on   fi-lo-zo-fik   · sur la na-tûr
†faire   des réflexions philosophiques sur la nature
make)—making—*some ²reflections ¹philosophical on the nature

é sur la kon-di-si-on dè   z.ô-tre z.a-ni-mô: le ré-zul-ta
et sur la condition des autres animaux: le résultat
and *on *the condition of the other animals: the result

fu   k.il é-tè kon-tan   d.son sor.   trè
fut qu' il était content de   son sort.   Très
was that he was content (of)—with— his fate. Very [much]

sa-tis-fè.d   lu-i mêm é.d sè ré-flèk-si-on, il s.an
satisfait de   lui-même et de ses réflexions, il s'en
pleased (of)—with— himself and *of his reflections, he *himself

rtour-na   vèr le soir dan son n.é-ta-ble.   an   pa-san
retourna   vers le soir dans son étable. En ¹passant
returned   towards the evening in his stable. *In passing

prè d.un pu-i, il i vi t.un rnâr, il fe-sè   klèr
près d'un puits, il y †vit un Renard, il †fesait clair
near *of a well, he ²there ¹saw a Fox, it (made)—was—²light

de l.uн.   ka-ma-rad,   ke   fèt vou z.i-si a   sè-
de lune. Camarade, que †faites-vous ici à cette
*of ¹moon. Comrade, what ¹are ³doing ²you here at this

t.eur? lu-i dman-da t.il.   pre-né vou z.un bin?   non,
heure? lui ¹demanda-t-il. ¹Prenez-vous un bain? Non,
hour? *to *him demanded he. Are ²taking ¹you a bath? No,

ré-pon-di.l   rnâr, je manj d.un from-maj ki è
¹répondit le Renard, je ¹mange d'un fromage qui est
answered the Fox, I am eating *of a cheese which is

dé-li-si-eû: voi-yé vou la brèsh ke j.i   é
délicieux: †voyez-vous la brèche que j' y   ai
delicious: do ²see ¹you the breuch which I (there)—³in ⁴it—¹have

fèt? ou? i-si.   dé-san-dé vit, si vou z.an
†faite? Où? Ici. ¹Descendez vite, si vous en
²made? Where? Here. Come down quick, if you (of it)—²for

vou-lé; s.è du vrè fro-maj d.an-gle-tèr:
†voulez; c'est du vrai fromage d'Angleterre:
*any— ¹wish; it is *some genuine ²cheese (of England)—¹English—

vou   n.an n.a-vé ja-mè gou-té.d   mè-ill-eur; il an
vous n' en avez jamais ¹goûté de mcilleur; il en
you *of *it have never tasted (of)—any—better; (it of it)—

rèst an-kor a-sé pour vou.   me pre-né vou
¹reste encore assez pour vous. Me †prenez-vous
there—remains still enough for you. ¹Me ³do ³take ²you

KEY TO BOLMAR'S PERRIN'S FABLES. 125

mu. mûr. jeune. jeûne. boîte. boîte. ancre. ingrat. onde. un. amen.
¹j, as s in pleasure. .gn, as ni in union. ill, as lli in William

pour un n.in-bé-sil, ré-pli-ka l.a-ni-mal a barb?
pour un imbécille, 'répliqua l' animal à barbe!
for *a* *fool,* *replied* *the* *animal* *(at)-of the- beard?*

n.a-vé vou pâ ont de man-tir ô-si
N'avez vous pas honte de †mentir aussi
(have)–are– you not (shame)–ashamed–*of to lie so

in-pu-da-man, é.d vou-loir me fèr a-kroir
impudemment, et de †vouloir me †faire †accroire
impudently, and *of to wish *to ³me ¹to ²make *to believe

un tèl ab-sur-di-té. a-lé, a-lé, mo-si-eu le rnâr;
une telle absurdité. †Allez, †allez, monsieur le Renard:
²an ¹such absurdity. Go, go, Mr. *the Fox;

il i a lon tan ke.j vou ko-nè:
il y a long-temps que je vous †connais:
(it there is)–it is–[a] long time (that)–since–I ³you (know)–¹have

je n.i-gnor pâ tout vô fi-nès, é j
je n' 'ignore pas toutes vos finesses, et je
²known:–I am ²ignorant ¹not [of] all your cunnings, and I

su-i tro vi-eû pour ton-bé dan vô pi-éj. a-di-eu,
suis trop vieux pour 'tomber dans vos piéges. Adieu, je
am too old *for to fall into your snares. Adieu, I

j.vou sou-èt un bon nu-i: un a-fèr prè-sant
vous ¹souhaite une bonne nuit: une affaire pressante
*to ²you ¹wish a good night: an ²business ¹urgent

m.an-pêsh de m.a-rê-té: de-min a la
m' 'empêche de m' ¹arrêter: demain à la
⁴me ³prevents (of myself to stop)–from stopping:–to-morrow at the

mê- m.eur je vi-in-dré vou rvoir: an n.a-tan-dan,
même heure je †viendrai vous †revoir: en ⁴attendant,
same hour I will come ³you ¹to ²see: (in waiting)-

man-jé vot fro-maj.———l.om saj é pru-dan
'mangez votre fromage.—L' homme sage et prudent
meanwhile,–eat your cheese.——The ⁴man ⁵wise ²and ³prudent

n.é-kout pâ lè ka-rès, ni lè pro-mès d un
n' ¹écoute pas les caresses, ni les promesses d'un
listens not [to] the caresses, nor *the promisses of a

fourb, ki.n shèrsh ke son pro- pr.in-té-rê.
fourbe, qui ne 'cherche que son propre intérêt.
cheat, who seeks only his own interest.

L 2

¹ ami. âne. te. écrit. mèrc. être. idole. gîte. opéra. ôter. tout. voûté
² at. arm. tub. ale. mare. there. idiom. eel. opera. over. too. fool.

F. ka-tre vin t. u-ni-èm.——le li-è-vre é la tor-tû.
F. Quatre-vingt - unième.—Le Lièvre et la Tortue.
F. Eighty-first.————The Hare and the Tortoise.

un li-è-vre kou-ran dan z.un boi, trou-va dan son
Un Lièvre †courant dans un bois, ¹trouva dans son
A Hare running in a wood, found in his

shmin un tor-tu ki san-blè t.a pèn se rmu-é,
chemin une Tortue qui ²semblait à peine se ¹remuer
way a Tortoise which ²seemed ¹hardly *herself to move,

lè tor-tû son na-tu-rèl-man lant: èl por-tè sa
les tortues sont naturellement lentes: elle ¹portait sa
the tortoises are naturally slow: she carried her

mè-zon sur son dô. kèl drôl de fi-gûr, di
maison sur son dos. Quelle drôle de figure, †dit
house upon her back. What [a] droll *of figure, said

trot-vit, an s.a-rê-tan! a-mî vou n.a-vé pâ
Trottevite, en s' ¹arrêtant! Amie vous n'avez pas
Trot-quick, *in *himself stopping! Friend you have not [a]

dé-sin d.a-lé lou-in ô-jour-du-i? il vou fô
dessein d' †aller loin aujourd'hui? il vous †faut
design *of to go far to-day? (it to you must)–it takes you–

t.u n.eur pour fèr un pâ. pô-vre kré-a-tûr! je vou
une heure pour †faire un pas. Pauvre créature! je vous
an hour *for to make a step. Poor creature! I ²you

plin d.ê- tr.o-bli-jé.d por-té par-tou un far-dô
†plains d' être ¹obligée de ¹porter partout un fardeau
¹pity *of to be obliged *of to carry every where ³a ⁴burthen

si pzan. je vou rmèr-sî, lu-i di la tor-tû: mè
si pesant. Je vous ¹remercie, lui †dit la Tortue: mais
¹so ²heavy. I ²you ¹thank, ⁴to ⁵him ¹said ²the ³Tortoise: but

mal-gré ma lan-teur é mon far-dô, je pa-rí ke
malgré ma lenteur et mon fardeau, je ¹parie que
notwithstanding my slowness and my burthen, I bet that

j.a-ri-vré plu-tô.k vou a kèlk plas ke vou
j' ¹arriverai plustôt que vous à quelque place que vous
I shall arrive sooner than you at any place that you

vou-dré no-mé. plu-tô-k moi! vou ra-do-té.
†voudrez ¹nommer. Plustôt que moi! vous ¹radotez
will name. Sooner than I! you doze.

non, vou di.j, je.n ra-dot pâ; pa-ri-on. j.i
Non, vous †dis-je, je ne ¹radote pas; ¹parions. J' y
No. ³to ¹you ²say ¹I, I dose not: let us bet. ¹I ³to ⁴i

¹ mur. mûr. jeune. jeûne. boite. boîte. ancre. ingrat. onde. un. ameN.
⁴ j, as *s* in pleasure.   *gn,* as *ni* in union.   *ill,* as *lli* in Wil*l*iam.

kon-san.   lè   deû   pa-ri-eur   part.   le   li-è-vre   è
†consens.   Les deux parieurs †partent.   Le Lièvre est
²*consent.*   *The   two   betters   set out.   The   Hare   is*

bi-in-tô   prè   d.la   plas   don   t.il   z.é-tè
bientôt   près de la place dont   ils étaient
soon   near   *of the   place (of which)—on which–they   (were)–had-

kon-vnu;   mè   z.il   mé-priz   uN   vik-toir   si   è-zé: il
†convenus; mais il   ¹méprise une victoire si aisée: il
agreed;   but   he   despised   ³a   ⁴victory   ¹so   ²easy: he

re-tourn,   é   voi   la   tor-tû   ki   a-vans   lant-man.
¹retourne, et †voit la Tortue 'qui ¹avance lentement.
returns,   and sees   the Tortoise who advances   slowly.

je su-i bi-in fou, di t.il, de.m   sèr-vir de ma vi-tès;
Je suis bien fou, †dit-il, de me †servir de ma vitesse;
I am very foolish, said he, *of *myself to use *of my swiftness;

mon n.an-ta-go-nist   n.a   k.a   a-van-sé,   pan-dan ke.j
mon antagoniste n' a qu' à ¹avancer, pendant que je
my   antagonist   has only to   advance,   whilst *that I

m.a-mu-zré   a   brou-té: je   la   de-vans-ré
m' ¹amuserai à ¹brouter: je la ¹devancerai
³myself ¹shall ²amuse (to   brouse)–in brousing:–I ³her ¹shall ²overtake

kan t.il me   plè-ra.   trot-vit   s.a-rêt, broût
quand il me †plaira. Trottevite s' ¹arrête, ¹broute
when it *to ³me ¹shall ²please. Trot-quick *himself stops, brouses

é   an-su-it   s.an-dor,   dan son   jît.   span-dan   dam
et ensuite s' †endort dans son gîte. Cependant dame
and   then   falls asleep   in his   lair,   Meanwhile Mrs.

tor-tû a-van-sa é a-ri-va a la plas, a-van ke.l
Tortue ¹avança et ¹arriva à la place; avant que le
Tortoise advanced and arrived at the place, before *that the

li-è-vre fu t.é-vè-ill-é.—la non-sha-lans é la pré-zonp-si-on
Lièvre fut ¹éveillé.—La nonchalance et la présomption
Hare was awakened.—*The carelessness and *the presumption

gât sou-van lè boN z.a-fèr: se n.è pâ.l tan.d
¹gâtent souvent les bonnes affaires: ce n'est pas le temps
²spoil ¹often *the good affairs: it   is   not the time

dor-mir, kan t.on n.a kèlk shôz de kon-sé-kans
de †dormir, quand on a quelque chose de conséquence
*of to sleep, when one has some   thing of consequence

¹ ami. âne. te. écrit. mère. être. idole. gîte. opéra. ôter. tout. voûte.
² at. arm. tub. ale. mare. there. idiom. eel. opera. over. too. fool.

a tèr-mi-né; é il ne sèr de ri-in d.a-voir dè ta-lan, si
à ¹terminer; et il ne †sert de rien d' avoir des talens, si
*to terminate; and it avails *of nothing *of to have *some talents, if*

l on n.an fè pâ z.un bon n:u-zaj.
l' on n' en †fait pas un bon usage.
one ⁷of ⁸ther: ¹does ³make ²not ⁴a ⁵good ⁶use.

F. ka-tre vin deû-zi-èm.——la lig dè shi-in.
F. Quatre-vingt-deuxième.—La Ligue des Chiens.
F. Eighty-second.————The League of the Dogs.

un jour les shi-in tinr t.un di-èt. nou som
Un jour les Chiens †tinrent une diète. Nous sommes
One day the Dogs held a meeting. We are

bi-in fou, di briz-fèr a mi-rô, de nou
bien fous, †dit Brisefer à Miraut, de nous
*very foolish, said Rockwood to Jowler, *of (ourselves)–³each ⁴other–*

dé-shi-ré; é pour-koi? sou-van pour un ba-ga-tèl,
¹déchirer; et pourquoi? Souvent pour une bagatelle,
¹to ²tear; and ²for ¹what? Often for a trifle,

pour un n.ô dé-shar-né ki a rès-té u-i jour sur le
pour un os décharné qui a ¹resté huit jours sur le
for a ²bone ¹picked which has remained eight days on the

pa-vé: soi-yon z.a-mi, sè-son nô ke-rèl é
pavé: soyons amis, ¹cessons nos querelles et
pavement: let us be friends, let us cease our quarrels and

fe-zon z.un lig: do-non nou
†fesons une Ligue: ¹donnons nous
let us make a League: (let us give to ourselves)–let us shake-

lè pat. s.è bi-in di, s.é-kiî un dog,
les pattes. C'est bien †dit, s'¹¹écrie un Dogue,
*the paws. It is well said, exclaimed a Mastiff, [the]

ɔ-ra-teur de l.a-san-blé; pou-in d.a-ni-mal ki pu-is
orateur de l' assemblée; point d'animal qui †puisse
*orato: of-the assembly; no *of animal which can*

nou ré-zis-té, si nou dmeu-ren tous u-ni: mè si nou
nous ¹résister, si nous ¹demeurons tous unis: mais si nous
*to ²us ¹resist, if we remain all united: but if we

som di-vi-zé, pou-in.d fa-kin ki.n pu-is
sommes ¹divisés, point de faquin qui ne †puisse
are divided, no *of fop (what not may)–but will-

¹mur. mûr. jeune. jeûne. boîto. boîte. ancre. ingrat. onde. ˽ ˽ ımex.
j, as s in pleasure. gn, as ni in union. ill, as lli in William.

nou sha-sé a kou.d pi-èr. nô li-gé fon
nous ¹chasser à coup de pierres. Nos ligués ¹font
²us ¹chase (at)-with-blow of stones. Our confederates make

sèr-man de dmeu-ré tou-jour z.u-ni: dan l.ins-tan
serment de ¹demeurer toujours unis: dans l' instant
oath *of to remain always united: in (the)-an-instant

t.il part: l.a-mour de la ré-pu-blik lè z.a-nim: il
ils ¹partent: l' amour de la république les ¹anime: ils
they set out: the love of the republic ²them ¹animates: they

von t.a la shas, é trouv bi-in-tô t.un fan: il
¹vont à la chasse, et ¹trouvent bientôt un faon: ils l'
go to the chase, and ²find ¹soon a fawn: they ²it

l.a-tak, le té-ras, é.l dé-shîr; il ne s.a-ji
¹attaquent, le ¹terrassent, et le ¹déchirent; il ne s' ¹agit
¹attack, ²it ¹prostrate, and ²it ¹tear; it is question

plu ke de.l par-ta-jé; s.è.l pou-in dé-li-ka: nô
plus que de le ¹partager; c'est le point délicat: nos
*more only *of ³it ¹to ²share; it is the ²point ¹delicate: our

li-gé se ke-rèl. moi, di briz-fèr,
ligués se ¹querellent. Moi, †dit Brisefer,
confederates *themselves quarrel. I, said Rockwood,

kom le plu brav, j.an veû z.a-voir la moi-ti-é; je
comme le plus brave, j' en ¹veux avoir la moitié; je
as the most brave, ⁴I ⁶of ⁷it ²will *to ³have ⁴the ⁵half; I

l.é a-ta-ké.l pre-mi-é. je l.é é-tran-glé, di
l' ai ¹attaqué le premier. Je l' ai ¹étranglé, †dit
³it ¹have ²attacked the first. I ³it ¹have ²strangled, said

mi-rô. un troi-zi-èm ré-pli-ka: re-gar-dé mè dan;
Miraut. Un troisième ¹répliqua: ¹regardez mes dents;
Jowler. A third replied: look [at] my teeth;

vou z.i vè-ré z.an-kor le san d.la bêt. lè
vous y ¹verrez encore le sang de la bête. Les
you *there will ²see ¹yet the blood of the beast. The

shi-in son fu-ri-eû; leur fu-reur s.a-kroi; bi-in-tô t il
Chiens sont furieux; leur fureur s' ¹accroit; bientôt ils
Dogs are furious; their fury *itself increases; soon they

ko-mans t.a.s dé-shi-ré lè z.un lè z.ô-tre.
¹commencent à se ¹déchirer les uns les autres.
begin *to *themselves to tear (the ones the others)

tan-di.k sè kon-fé-dé-ré n.é-kout qu'
Tandis que ces confédérés n'¹écoutent qu'
each other. Whilst these confederates listen only [to

¹ ami. âne. te. écrit. mère. être. idole. gîte. opéra. ôter. tout. v.*ide*
² at. arm. tub. ale. mare. there. idiom. eel. opera. over. too. fool

   ün   raj   bru-tal,   il   voî   vnir   un   troup de
une rage brutale, ils †voient †venir une troupe de
  a   ²rage ¹brutal, they   see   (to come)—coming— a   troop of

     lou: voi-là nô   shi-in trè z.an-ba-ra-sé: il   fô
Loups: voilà nos Chiens très-embarrassés: il †faut
   Wolves: behold our   Dogs   very embarrassed: (it)-they- must

   pran-dre la   fu-it; il la   pren;   mè   kèlk   z.un
†prendre la fuite; ils la †prennent; mais quelques-uns
   *to take *the flight; they ³it ¹take; but   some   *ones

  ne   pûr   pâ   bou-jé   d.la   plas é .   dvinr   la
ne †purent pas ¹bouger de la place et †devinrent la
  could   not *to move from the place and   became   the

   proî dè   lou.——la di-san-si-on par-mi lè shèf è
proie des Loups.—La dissention parmi les chefs est
   prey of the Wolves.—*The dissention among *the chiefs is

   la ru-in dè so-si-é-té, ô li-eu.k la   kon-kord   lè
la ruine des sociétés, au lieu que la concorde les
   the ruin of *the societies,   whereas *the   concord ²them

   min-ti-in   é lè for-ti-fî.
†maintient et les ¹fortifie.
   ¹maintains and ²them ¹fortifies.

   F.   ka-tre vin troi-zi-èm.——lè   deû   li-vre.
   F.   Quatre-vingt-troisième.—Les deux Livres.
   F.   Eighty-third.————The two   Books.

   il i a-vè   dan la bou-tik d.un li-brèr deû
Il y avait dans la boutique d'un libraire deux
  *It there (had)-were- in   the   shop   of a bookseller two

  li-vre kôt a kôt sur un plansh: l.un n.é-tè neuf,
Livres côte-à-côte sur une planche: l' un était neuf,
   Books side by side on   a   board: the one was new,

  re-li-é an ma-ro-kin, é do-ré sur transh;   l.ô-
relié en marroquin, et doré sur tranche; l' autre
  bound in morocco, and gilt (on edges)-edged-; the other

  tr.é-tè vèr-mou-lu, é re-li-é an vi-eû par-she-min.
était vermoulu, et relié en vieux parchemin. Qu'
  was worm-eaten, and bound in old   parchment. (That)-let-

  k.on m.ôt d.i-si, s.é-kri-a.l li-vre neuf. si-èl!
on m' ôte d' ici, s'¹écria le Livre neuf. Ciel!
  one ²me ¹take away from here, exclaimed the ²Book ¹new. Heavens

¹ınur. mûr. jeûne. jeûne. boite. boîte. ancre. ingra. ²de. un. amea
⁴j, as s in pleasure. gn, as ni in union. ill, as lli in William.

ke.s   bou-kin   san.l   moi-zi!   je.n   pu-i   rès-te
que ce   bouquin   †sent le   moisi!   Je ne   †puis   ¹rester
how that   old book   smells (the)-of- mould!   I ²not   ¹can *to remain

ô-prè.d   sèt   kar-kas   a   moi-ti-é   pou-rî.   é!   de
auprès de   cette   carcasse   à   moitié   pourrie.   Eh!   de
near   *of   that   ³carcass   *at   ¹half.   ²decayed.   Ah! (of

gràs,   .   di.l   vi-eû   li-vre,   un peu mou-in.d   dé din:
grâce,   †dit le vieux Livre, un peu moins de dédain:
grace)-pray- said the   old   Book, a little less *of disdain.

sha-kun n.a   son mé-rit: vou   vné.d   sor-tir
chacun a   son mérite: vous †venez de   †sortir
every one   has his   merit: you (come of)-have just-*to come out

     d.la   près: vou z.i-gno-ré   vot   sor.   j.é   pà-sé
de la   presse: vous ¹ignorez votre sort. J' ai ¹passé
from the   press: you are ignorant of your fate.   I have passed

par   plu-zi-eur z.é-di-si-on; on.n   m.a   ja-mè   vu   dan
par   plusieurs   éditions; on ne m' a jamais †vu dans
through   several   editions;   one   ⁴me ¹has ²never ³seen in

la   bou-tik d.un n.é-pi-si-é, ni dan   sèl.   d.un ba-u-ti-é·
la boutique d'un épicier, ni dans celle d'un bahutier.
the   shop . of a grocer,   nor in   that   of a trunk-maker:

vou   sèr-vi-ré   peu t.ê-tre bi-in-tô t.a fèr   dè   kor-nè é
vous †servirez peut-être bientôt à †faire des cornets et
you   will ²serve ³perhaps   ¹soon   to   make *some   bags and

du   kar-ton,   ou   a   an-vlo-pé   du   fro-maj.
du   carton,   ou   à   ¹envelopper   du   fromage.
*some   pasteboard,   or   to   wrap up   *some   cheese.

in-pu-dan!   ré-pli-ka l   li-vre   an   ma-ro-kin,   sès   ton
impudent!   ¹répliqua le Livre en marroquin, ¹cesse ton
Impudent!   replied   the   Book in   morocco,   cease   thy

lan-gaj   in-pèr-ti-nan,   é   rtir   toi   d.i-si.   un
langage impertinent,   et ¹retire-toi d' ici.   Un
²language ¹impertinent, and   retire *thyself from here.   A

mo-man.d   kon-vèr-sa-si-on.   non, je.n   veû   pà   vou
moment de conversation.   Non, je ne †veux pas vous
moment   of   conversation.   No,   I   will   not ²to ³you

z.é-kou-té.   sou-fré   du   mou-in ke.j   vou   ra-kont
écouter.   †Souffrez   du   moins que je vous ¹raconte
¹listen.   Suffer   (of the)-at- least that   I ²to ³you *to ¹relate

¹ami. àne. te. écrit. mère. être. idole. gìte. opéra. ôter. tout. voûte
² at. arm. tub. ale. mare. there. idiom. eel. opera. over. too. fool.

```
        non,     vou    di.j,       tè-zé        vou:       vou.m           fèt
        Non,    vous   †dis-je,    'taisez      vous:     vous me        †faites
         No,   *to ³you  ²tell ¹I,  hold your   tongue:    you *to ²me   *make

        ont.        pan-dan      k-lè    deû    voi-zin     par-lè     t.in si,
        honte.    Pendant que    les    deux   voisins   'parlaient    ainsi,
        ¹shame.    Whilst        the    two   neighbours   spoke       thus,

        un    n.om    de  lè-tre       vin    dan   la   bou-tik      du      li-brèr
        un   homme   de  lettres      †vint  dans  la   boutique     du      libraire
         a    man    of   letters     came    in   the   shop         of the  bookseller

        pour    ash-té     dè   li-vre:     il   voi.l    bou-kin,   l.ou-vre,
        pour   'acheter   des   Livres:    il   †voit le  bouquin,   l'†ouvre,
        *for    to buy   some   Books:     he   sees the  old book,  ²it  ¹opens,

        an    li    kèlk      paj,   l.ad-mir  é    l.a-shèt;    s.é-tè
        en   †lit  quelques  pages  l' 'admire et  l' 'achète;  c'était
        ⁴of ⁵it  ¹reads  ²some   ³pages,   ²it 'admires and  ²it  ¹buys;   it was

        t.un  li-vre  râr   é   ku-ri-eû.   il   ou-vre  l.ô-tre;  s.é-tè  d.la
        un    livre   rare  et  curieux.    Il  †ouvre   l' autre; c'était de la
         a   ⁴book   ¹rare ²and ³curious.   He  opens   the other; it was  some

        po-é-zi,  je  veû  dir    d.la   prôz    ri-mé,    il   an   li.i
        poésie,   je †veux †dire de la   prose   rimée,    il   en  †lit
        poetry,    I  mean  to say some   ²prose  ¹rhymed, he  ⁷of ⁸it  ¹reads

             ti-tre  é    kèlk    paj:      ô.l     sô   li-vre,   s.é-kri-a
         le titre   et  quelques pages:   Oh le   sot  Livre,    s'¹¹écria
         ²the ³title ⁴and  ⁵some  ⁶pages:  Oh the silly Book,    exclaimed

            l.om    de   goû,    an.l    re-mè-tan   t.a    sa  plas,
         l' homme  de   goût,  en le   †remettant    à      sa  place,
         the man    of   taste,  *in  ²it ¹putting  ³again (to)-in-its  place.

        voi-la    du    ma-ro-kin    pèr-du!—se.ɴ    son    pâ ' le
        voilà    du    marroquin    perdu!—Ce ne    sont    pas  les
        here is *some  morocco      lost!——It         (are)-is- not the

        z.a-bi     ki    fon.l    vrè   mé-rit;    mè.s    son    lè
        habits    qui   †font le  vrai  mérite;   mais    ce sont les
        garments  which  make *the true merit;    but      it (are)-is- the

             ku-li-té   du   keur    é.d   l.ès-pri.
          qualités    du  cœur   et   de l' esprit.
          qualities    of the heart  and of the  mind
```

¹ mûr. mûr. jeune. jeûne. boîte. boîte. ancre. ingrat. onde. un. arien.
⁴ j, as s in pleasure. gn, as ni in union. ill, as lli in Will am.

F. ka-tre vin ka-tri-èm.
F. Quatre-vingt-quatrième.
F. *Eighty-fourth.*

le shval, le lou é le rnâr
Le Cheval, le Loup et le Renard.
The Horse, the Wolf and the Fox.

un rnâr, trè ru-zé koik trè jeun vi dan
Un Renard, très-rusé quoique très-jeune †vit dans
A Fox, very cunning, though very young, saw ³in

z.un prè-rî un shval: il koûr t.a un lou a-vè-
une prairie un Cheval: il †court à un Loup avec
⁴a ⁵meadow ¹a ²Horse: he runs to a Wolf with

k.an-près-man. kou-zin, vné voir l.a-ni-mal
empressement. Cousin, †venez †voir l' animal
*eagerness. Cousin, come [and] *to see the ²animal*

le plu drôl ke vou z.é-yé ja-mè vu. è t.il
le plus drôle que vous ayez jamais †vu. Est-il
*(the most droll)–¹drollest–*that you *may have ever seen. Is it*

plu for ke neu? je.n pui vou an fèr le
plus fort que nous? Je ne †puis vous en †faire le
*stronger than we? I ²not ¹can ⁵to ⁶you *of ⁴it (to make the*

por-trè; mè vné vou vè-ré. ke
portrait; mais †venez vous †verrez. Que
portrait;)–³describe – but come you shall see. What

sè t.on' s.è peu t.ê-tre un prof k.la for-tun
†sait on? C'est peut-être une proie que la fortune
*does ²know ¹one? It is perhaps a prey that *the fortune*

nou pro-kûr. il von mo-si-eu, di le rnâr,
nous ¹procure. Ils †vont. Monsieur, †dit le Renard,
**to ²us ¹procures. They go. Sir, said the Fox,*

nou som vô trè z.um-ble é trè z.o-bé-i-san
nous sommes vos très-humbles et très-obéissans
*we are your very humble and *very obedient*

sèr-vi-teur. de grâs, kèl è vot non? le shval,
serviteurs: de grâce, quel est votre nom? Le Cheval,
servants: (of grace)–pray-what is your name? The Horse,

ki n.é-tè pâ sô, leur ré-pon-di: li-zé mon non
qui n'était pas sot, leur ⁴répondit: †Lisez mon nom
who was no fool, ²to ³them ¹answered: Read my name,

mé-si-eu, vou.l pou-vé; mon kor-do ni-é l.a
messieurs, vous le †pouvez; mon cordonnier l' a
gentlemen. ¹you ⁴it ²can [³do;] my shoemaker ⁸it ¹has

[1] ami. âne. te. écrit. mère. être. idole. gîte. opéra. ôter. tout. voûte.
[2] at. arm. tub. ale. mare. there. idiom. eel. opera. over. too. icul.

mi sou mon ta-lon. le rnâr s.èks-ku-za: je.n
[1]mis sous mon talon. Le Renard s' [1]excusa: je ne
[2]put under my heel. The Fox [2]himself [1]excused: I

sé pâ lir, di t.il, mè pa-ran ne m.on
[1]sais pas [1]lire, [1]dit-il, mes parens ne m' ont
know not [how] to read, said he, my parents *to [3]me [1]have

ri-in n.an-sè-gné; il son pô-vre; seû du lou son
rien [1]enseigné; ils sont pauvres; ceux du Loup sont
[1]nothing [2]taught; they are poor; those of the Wolf are

rish, é lu-i on fè t.a-pran-dre a lir é a
riches, et lui ont [1]fait [1]apprendre à [1]lire et à
rich, and *to [3]him [1]have [2]made *to learn to read and *to

é-krir. se n.è pâ tout; il è gra-mè-ri-in,
[1]écrire. Ce n'est pas tout; il est grammairien,
write. This is not all; he is [a] grammarian, [a]

po-èt, fi-lo-zof, po-li-tik, é ré-to-ri-si-in. le
poète, philosophe, politique, et rhétoricien. Le
poet, [a] philosopher, [a] politician, and [a] rhetorician. The

lou, fla-té par se dis-koùr, s.a-pro-sha pour
Loup, flatté par ce discours, s' [1]approcha pour
Wolf, flattered by this discourse, *himself approached *for

lir le non; mè le shval lu-i do-na un ru-ad,
[1]lire le nom; mais le Cheval lui [1]donna une ruade,
to read the name; but the Horse *to [2]him [1]gave *a kick,

é lu-i ka-sa lè dan: an-su-it, a-ni-san é
et lui [1]cassa les dents: ensuite, [2]hennissant et
and *to *him broke (the)-his-teeth: then, neighing and

tri-on-fan, il se mi t.r ga-lo-pé, shar-mé
[1]triomphant, il se [1]mit à [1]galoper, [1]charmé
triumphing, . he (himself put)-set out-to gallop, pleased

d.a-voir re-pou-sé la rûz par la rûz. la dsu
d' avoir [1]repoussé la ruse par la ruse. Là dessus
*of to have repulsed *the cunning by *the cunning. Thereupon

le rnâr kou-ru t.ô lou: kou-zin, di t.il, je su-i
le Renard [1]courut au Loup: cousin, [1]dit-il, je suis
the Fox ran to the Wolf: cousin, said he, I am

trè fâ-shé d.l.ak-si-dan, je vou z.a-sûr; mè sla nou
très-fâché de l' accident, je vous [1]assure; mais cela nous
very sorry of the accident, I [2]you [1]assure; but that *to [2]us

mon-tre ke nou.n de-vons pas nou fi-é ô
montre que nous ne [3]devons pas nous [1]fier aux
shows that we ought not [3]ourselves to [2]trust to the

m*ur.* m*û*r. je*u*ne. je*û*ne. bo*i*te. bo*î*te. *a*ncre. *i*ngrat. onde. un. a*m*en.
*'*j, as *s* in pleasure.   *gn*, as *ni* in union.   *ill*, as *lli* in Wi*ll*iam.

ta-lon du shval.———lè z.a-vi d.un n.om ru-zé son
talons du Cheval.———Les avis d'un homme rusé sont
heels of the Horse.———-The advices of a ²man ¹cunning are

t.or-di-nèr-man dan-jreû z.a su-i-vre: il s.a-plô-di
ordinairement dangereux à †suivre: il s' ²applaudit
*generally dangerous to follow: he *himself ²boasts*

sou-van d.sè rûz, é in-sult mêm seû k.il
souvent de ses ruses, et ¹insulte même ceux qu' il
¹often of his tricks, and ²insults ¹even those whom he

a tron-pé.
a ¹trompés.
has deceived.

————

F.   ka-tre   vin   sin ki-èm.
F.   Quatre-vingt-cinquième.
F.   Eighty-fifth.

le sou-ri-sô é sa mèr.
Le Souriceau et sa Mère
The Young Mouse and his Mother.

un sou-ri-sô ki n.a-vè ja-mè vu.l mond,
Un Souriceau qui n'avait jamais †vu le monde,
A Young Mouse which had never seen the world,

s.a-vi-za.d · pran-dre l.èr d.la kam-pa-gn;
s' ¹avisa de †prendre l' air de la compagne;
*(himself advised)—resolved— *of to take the ²air *of *the ¹country;*

mè z.a pè- n.u t.il fè t.un mil, k.il re-tour-na an
mais à peine eut-il †fait un mille, qu' il ¹retourna en
but hardly had he made a mile, (that)—when-he returned in

grand ât dan son trou. ô ma mèr! s.é-kri-a t.il:
grande hâte dans son trou. Oh ma Mère! s'¹écria-t il;
*great haste into his hole. Oh *my Mother! exclaimed he;*

j.é vu l.a-ni-mal le plu z.èks-tra-or-di-nèr ki fu
j' ai †vu l' animal le plus extraordinaire qui fut
*I have seen the ³animal *the ¹most ²extraordinary that ²was*

ja-mè. il a l.èr tur-bu-lan é in-ki-è, le rgâr
jamais. Il a l' air turbulent et inquiet, le regard
¹ever. He has (the)—a—⁴air ¹turbulent ²and ³unquiet, (the)—a— ⁴look

fa-roush é i-ri-té, é la voi per-sant: un mor-sô.d
farouche et irrité, et la voix perçante: un morceau
¹wild ²and ³irritated, and (the)—a—²voice ¹piercing: a morsel

¹ ami. ânc. te. écrit. mère. être. idole. gîte. opéra. ôter. tout. voûte
² at. arm. tub. ale. mare. there. idiom. eel. opera. over. two. fool.

shèr,   ô-si   rouj   ke   du   san,   kroî sur sa têt,
de chair, aussi rouge que du sang, †croît sur sa tête
of flesh,   as   red   as *some blood, grows on his head,

é   un   n.ô-tre   sou   sa   gorj.   kan t.il   m.a vu,
et un autre sous sa gorge. Quand il m' a †vu,
and an other under his throat. When he ²me (has seen)-¹saw,

il   s.è mi   z.a   ba-tre sè kô-té a-vèk sè brâ,
il s' est †mis   à †battre ses côtés avec ses bras,
he (himself is put)-began-to beat his sides with his arms,

il   a   é-tan-du   la   têt,   ou-vèr   la   boush
il   a   ⁴étendu   la   tête, †ouvert la   bouche
he *has stretched out (the)-his-head, opened (the)-his- mouth.

kom   s.il   vou-lè   m.a-va-lé, é il a fè tan.o
comme s' il †voulait m' ¹avaler, et il a †fait tant
as if he wished ³me ¹to ²swallow, and he *has made so much

          bru-i,   ke   moi   ki,   grâs   ô   di-eû,   é   du
de bruit, que moi qui, grâces aux dieux, ai du
*of noise, that I who, thanks to the gods, have *some

kou-raj,   j.an   n.é   pri la fu-it de
courage, [even] j'   en   ai †pris la fuite de
courage, [even] I *from *him have taken *the flight (of)-through-

peur.   san   lu-i   j.o-rè   fè   ko-nè-sans
peur.   Sans   lui j'   aurais †fait connaissance
fear. (Without) but for- him I should have made acquaintance

a-vè k.un n.ô- tr.a-ni-mal, la plu bèl kré-a-tûr ke vou
avec un autre animal, la plus belle créature que vous
with an other animal, the finest creature that you

z.é-yé   ja-mè   vû: il a   l.èr   dou,   be-nin é
ayez   jamais †vue: il a l'   air   doux, benin et
*may have ever seen: he has (the)-a-⁵air ¹mild, ²benign ³and

gra-si-eû; il a la   pô   vlou-té   kom   la nô-tre:
gracieux; il a la   peau veloutée   comme la nôtre:
⁴gracious; he has (the)-a- ²skin (velveted)-¹velvet- like *the ours:

il a u- n.un-ble kon-tnans, un rgâr mo-dest, é.d
il a une humble contenance, un regard modeste, et de
he has an humble countenance, a ²look ¹modest, and *some

    bô   z.i-eû lu-i-zan: je kroi k.il è.l   gran
beaux yeux luisans: je †crois qu' il est le grand
fine ²eyes ¹sparkling: I believe that he is (the)-a- great

t.a-mi   dè   ra; * kar   il a dè   z.o-rè-ill   pa-rè-ill   z.ô
ami des Rats; car il a des oreilles pareilles aux
friend of the Rats; for he has *some ears similar to *the

' mun. mûr. jeune. jeûne. boîte. boîte. ancre. ingrat. onde. un. amen.
' j, as s in pleasure. gn, as ni in union. ill, as lli in William.

nô-tre.	il	a-lè.m		par-lé	kan	l.ô-tre	par	le
nôtres.	Il	faillait		'parler	quand	l' autre	par	le
ours.	He	was going	³to	⁴me ¹lo	²speak	when the	other	by the

son	d.sa	voi,	m.a	fè	pran-dre	la fu-it.	mon
son	de sa	voix,	m' a	†fait	†prendre	la fuite.	Mon
sound	of	his	voice,	²me ⁶has	¹caused	to take ⁵the flight.	My

fis,	di la	mèr,	vou	l.a-vé	z.é-sha-pé bèl.
fils,	†dit la	mère,	vous l'	avez	'échappé belle.
son,	said the mother,	(you it	have	escaped	fine)—you had a

	sè	t.a-ni-mal,	a-vèk	son	n.èr	dou-sreû,	è
	Cet	animal,	avec	son	air	doucereux,	est
narrow escape.	That	animal,	with	his	²air	¹mildish,	is

t.un sha,	ki	sou z.un	mi-noi	z.i-po-krit,	kash	un
un chat,	qui	sous un	minois	hypocrite,	'cache	une
a cat,	which	under a	²countenance	¹hypocritical,	hides	an.

ên	in-pla-ka-ble	kon-tre moi,	kon-tre vou,	é	kon-tre
haine	implacable	contre moi,	contre vous,	et	contre
²hatred	¹implacable	against me,	against you,	and	against

tout	not	ras:	il nou	manj,	kan	t.il	peu	nou
toute	notre	race:	il nous	'mange,	quand	il	†peut	nous
all	our	race:	he	²us ¹eats,	when	he	can	²us

z.a-tra-pé.	l.ô- tr.a-ni-mal	ô		kon-trèr	è	t.un
'attraper.	L' autre animal	au		contraire	est	un
⁶to ¹catch.	The other animal	(at the)	—on the—	contrary	is	a

kok,	é	sèr-vi-ra	peu t.ê-	tr.un	jour	a	no
coq,	et	†servira	peut-être	un	jour	à	nos
cock,	and	will serve	perhaps	one	day	(tu)-for-	our

rpâ.—il	ne	fô	ja-mè	ju-jé	dè	jan	sur
repas.—Il	ne	†faut	jamais	'juger	des	gens	sur
repast.—(It)—we-	must	never	⁶to judge of ⁵the	people	ton

lè	z.a-pa-rans.
les	apparences.
(he)-by-	appearances.

F ka-tre vin si-zi-èm.——le shi-in é.l sha
F Quatre-vingt-sixième.—Le Chien et le Chat.
F. Eighty-sixth.————The Dog and the Cat.

la-ri-don,	le	mè-ill-eur	shi-in d	son n.ès-pès,	vi-vê
Laridon,	le	meilleur	Chien de	son espèce,	†vivait
Larder,	the	best	Dog of	his species,	lived

¹ ami. âne. te. écrit. mère être. idole. gîte. opéra. ôter. tout. voûte
² at. arm, tub. ale. mare. there. idiom. eel. opera. over. too. fool.

pè-zi-ble-man dan z.un mè-zon: il é-tè t.è-mé é ka-rè-sé
paisiblement dans une maison: il était ¹aimé et. ¹caressé
quietly in a house: he was loved and caressed

du mê-tre é d.la mê-très, dè z.an-fan
du maître et de la maîtresse, des enfans
*(of the)—by the— master and *of the mistress, *of the children*

é dè va-lè. il z.é-tè tous sè z.a-mi; j.an
et des valets. Ils étaient tous ses amis; j' en
*and *of the servants. They were all his friends; *I *of *it*

n.èk-sèpt un sha don t.il ti-ra l.o-rè-ill un jour, an
¹excepte un Chat dont il ¹tira l' oreille un jour, en
*except a Cat whose ²he ³pulled *the ¹ear one day, in*

dis-pu-t'an t.un n.ô: se sha é-tè ja-lou dè ka-rès
¹disputant un os: ce Chat était jaloux des caresses
disputing [for] a bone: this Cat was jealous of the caresses

ke l.on fsè t.ô shi-in. tu me.l
que l'on †fesait au Chien. Tu me
*that (one made to the)—they bestowed upon the—Dog. Thou *to ³me [¹for]*

pè-ra, · di ra-ton a-vèk dè z.i-eû z.an-fla-mé; tu peû
le ¹paieras, dit Raton avec des yeux enflammés; tu †peux
*⁶it ⁵shalt ²pay, said Puss with *some ²eyes ¹inflamed; thou mayest*

t.a-tan-dre a pi k.a la pa-rè-ill. le
t' ¹attendre à pis qu' à la pareille. Le
**thyself expect *to worst (than to the like)—in return. The*

shi-in.n ré-pon mô, ronj son n.ô, é va
Chien ne ⁴répond mot, ronge son os, et †va
Dog ²not ¹answers [a] word, gnaws his bone, and goes

an-sü-it ka-rè-sé sa mê-très. span-dan.l trê-tre
ensuite ¹caresser sa maîtresse. Cependant le traître
afterwards to caress his mistress. However the perfidious

sha mé-dit jour é nu-i, ko-man t.il pou-ra.s
Chat ¹médite jour et nuit, comment il †pourra se
Cat meditates day and night how he shall be able ³himself

van-jé du shi-in. ke fè t.il! ob-sèr-vé la
venger du Chien. Que †fait-il! ¹Observez la
¹to ²revenge (of the)—upon the— Dog. What does he! Observe the

rûz de ra-ton: la mê-très a-vè t.un srin ki la
ruse de Raton: la maîtresse avait un serin qui la
cunning of Puss: the mistress had a canary-bird which ²her

shar-mè par son ra-maj; èl an n.é-tè fol:
charmait par son ramage; elle en était folle
¹charmed by his warbling; she (of it)—³about ⁴it— ¹was ²crazy

KEY TO BOLMAR'S PERRIN'S FABLES.

³ *mur. mûr. jeune. jeûne. boite. boîte. ancre. ingrat. onde. un.* amen
⁴ j, as *s* in plea*s*ure. *gn*, as *ni* in un*i*on. *ill,* as *lli* in Wi*lli*am

il é-pi.l mo-man k.il n.i a pèr-son,
il ¹épie le moment qu' il n' y a personne,
*he watches the moment (that)-when-*it *there (has)-is- no body,*

sôt sur la kaj, la fè . ton-bé, é tû l.oi-zô
¹saute sur la cage, la †fait ¹tomber, et ¹tue l' oiseau.
leaps on the cage, ²it ¹causes to fall, and kills the bird:

an-su-it il le port tou ron-jé a la loj du shi-ın.
ensuite il le ¹porte tout rongé à la loge du Chien.
then he ²it ¹carries all gnawed to the lodge of the Dog.

je vou lès a pan-sé.l bru-i ke fi la
Je vous ¹laisse à ¹penser le bruit que †fit la
I . ²you ¹leave to think [of] the noise that ³made ¹the

mê-très, kan t.èl ne vi plu son srin. dan.l
maîtresse, quand elle ne †vit plus son serin. Dans
²mistress, when she no ²saw ¹more her canary-bird. In

mo-man tout la mè-zon è t.an n.a-larm, ma-ri,
le moment toute la maison est en alarme, mari,
(the)-a- moment all the house is in uproar, husband

fam, an-fan, sèr-vant é va-lè; on koûr, on
femme, enfans, servantes et valets; on †court, on
wife, children, servants and domestics; they run, they

shèrsh, é an-fin on trouv sa kar-kas ô-prè
¹cherche, et enfin on ¹trouve sa carcasse auprès de
*search, and at last they find his carcass near *of*

d.la-ri-don. â! le pèr-fid! s.é-krî la dam; il fô
Laridon. Ah! le perfide! s'¹écrie la dame; il †faut
*Larder. Ah! *the traitor! exclaimed the lady; *it ²must*

k.il meur: pou-in.d par-don pour sè t.in-gra.
qu' il †meure: point de pardon pour cet ingrat
**that (he)-¹you- die: no *of pardon for this ungrateful*

koi! man-jé l.oi-zô fa-vo-ri d.sa mê-très! le
Quoi! ¹manger l' oiseau favori de sa maîtresse! Le
[dog.] What! to eat the ²bird ¹favourite of his mistress! The

krim è t.é-norm: vit k.on l.a-som.
crime est énorme: vite qu' on l' ¹assomme.
crime is enormous: quick (that)-let- one ²him ¹knock ³down.

a l.ins-tan le pô-vre shi-in tonb sou lè kou.
A l' instant le pauvre Chien ¹tombe sous les coups:
Immediately . the poor Dog falls under the blows:

sha-kun.l pleur; per-son ne pran sa
chacun le ¹pleure; personne ne †prend sa
every one ³him ¹weeps [²for;] nobody (takes)-undertakes- his

140 KEY TO BOLMAR'S PERRIN'S FABLES.

¹ *ami*. âne. te. écrit. mère. être. idole. gite. opéra. ôter. tout. voûte
² *at*. arm. tub. ale. mare. there. idiom. eel. opera. over. too. fool.

dé-fans.   s.è   do-maj,   diz t.il;   mè   k.i   fèr?
défense. C'est dommage, †disent-ils; mais qu' y †faire?
defence.   *It is   a pity,   said they;   but   what (to it to do)-*

             il è   mor.——un · n.ɛɴ-mi nu-i   kèlk foi   plʋ k
             il est mort.—Un ennemi †nuit quelquefois plus
ʛ to be done? he is   dead,——an enemy   injures   sometimes   more

          san   t.a-mi.ɴ   sèrv.
que   cent   amis   ne †servent.
than [a] hundred friends *not   serve.

           F. ka-tre   vin   sè-ti-èm.——lè   sinj.
           F. Quatre-vingt-septième.—Les Singes
           F.   Eighty-seventh.——The Monkeys.

un na-vir, shar-jé   d.un gran non-bre de   sinj
Un navire, chargé d'   un grand nombre de Singes
A   vessel, loaded (of)—with— a great   number   of Monkeys

é.d   geu-non,   vnè   d.a-ri-vé   dan
et de Guenons, †venait d' ¹arriver   dans
and of She-Monkeys,   (came · of to arrive)—had just arrived— in

z.un por: le dé-bi.d   sèt   mar-shan-diz é-tè sûr; kar ki
un port: le débit de cette marchandise était sûr; car qui
a   port: the sale of   this   merchandise   was sure; for who

è.s   ki   n.èm   pâ   lè   sin-jri?   lè
est-ce   qui   n' ¹aime pas les singeries? Les
is (it)-there- that   does ²like ¹not *the   apish tricks? The

né-go-si-an   z.a-lèr   t.a la   vil   pour   a-non-sé   leur
négocians †allèrent à la ville pour ¹annoncer leur
merchants   went   to *the town   *for   to announce their

kar-gè-zon,   é   lè   ma-tlô   fir   de   mêm   pour
cargaison, et les matelots †firent de   même pour
cargo,   and the   sailors   did *of [the] same   *for

a-lé   boir   é.s   ré-jou-ir: pèr-son   ne
†aller †boire et   se   ²réjouir: personne ne
to go to drink and *themselves to rejoice: nobody   *not

rès-ta   dan.l   vè-sô,   k.lè sinj   dan   sè
¹resta dans le vaisseau, que les Singes. Dans ces
remained in the   vessel, except the Monkeys.   In   these

sir-kons-tans,   un   vi-eû   ma-gô   se   lva   pour
circonstances, un vieux magot se ¹leva pour
circumstances   an   old   baboon *himself got up *for

' *mur. mûr. jeune. jeûne. boite. boîte. ancre. ingrat. onde. un. amen*
' *j. as s in pleasure. gn, as ni in union. ill, as lli in William.*

a-ran-gé sè ka-ma-rad; je mé-dit un bon tour, di t.il
'haranguer ses camarades; Je 'médite un bon tour, †dit-il
to harangue his comrades; I meditate a good trick, said he

grav-man; voi-si u- n.o-ka-zi-on fa-vo-ra-ble ki s.o-fre
gravement; voici une occasion favorable qui s' toffre
gravely; see what a ²opportunity ¹favourable *¹¹at *itself offers

de nou dé-li-vré d.l.ès-kla-vaj: ne la lè-son
de nous 'délivrer de l' esclavage: ne la 'laissons
*of ³ourselves ¹to ²deliver from *the slavery: ⁴it ¹let ²us ⁴allow

pâ z.é-sha-pé: si vou z.è-mé vot li-bèr-té, â-ton
pas 'échapper: si vous 'aimez votre liberté, 'hâtons
³not ⁶to ⁷escape: if you love your liberty, let us haste

not re-tour. j.é vé-ku par-mi lè z.om; je sé
notre retour. J' ai †vécu parmi les hommes; je †sais
our return. I have lived amongst *the men; I know

ko-man t.il nou trèt: il nou li konf dè
comment ils nous 'traitent: ils nous 'lient comme des
how they ²us ¹treat: they ²us ¹tie as *some

z.ès-klav par le mi-li-eu du kor, é nou fon
esclaves par le milieu du corps, et nous †font
slaves by the middle of the body, and *to ²us ¹do [a]

mil a-va-nî. je sé gou-vèr-né un vè-sô:
mille avanies. Je †sais 'gouverner un vaisseau:
thousand injuries. I know [how] to govern a vessel:

si vou vou-lé, je sré.l pi-lot, é vou sèr-vi-ré.d
si vous †voulez, je serai le pilote, et vous †servirez
if you wish, I shall be the pilot, and you shall serve

ma-tlô. tout l.a-san-blé s.é-kri-a: par-ton
de matelots. Toute l' assemblée s'¹écria: †Partons.
(of)-as- sailors. All the assembly exclaimed: Let us go off

li-bèr-té! li-bèr-té! lè sinj dé-mâr t.ô-si-tô, il
Liberté! liberté! Les Singes 'démarrent aussitôt, ils
Liberty! liberty! The Monkeys unmoor immediately. they

mèt t.a la voil, é.l van lè fa-vo-riz. a
†mettent à la voile, et le vent les 'favorise. A
(put at the)-set- sail, and the wind ²them ¹favours. N

pèn ûr t.il ki-té.l bor. ke.l pi-lot leur di.
peine eurent-ils 'quitté le bord, que le pilote leur †dit:
sooner had they quitted the shore, than the pilot ²to ³them ¹said

mé-si eu, un n.o-raj nou mnas: mè.n krè-gné pâ·
Messieurs, un orage nous 'menace: mais ne †craignez pas,
Gentlemen, a storm ²us ¹threatens: but fear not:

ami. âne. te. écrit. mère. être. idole. gîte. opéra. ôter. tout voûte.
at. arm. tub. ale. mare. there. idiom. eel. opera. over. too. fool.

tra-va-ill-é, é kon-té sur mon n.a-drès. il di-zè vrè,
travaillez, et comptez sur mon adresse. Il †disait vrai.
work, and depend on my skill. He said true

kan t.a l.o-raj. a l.ins-tan lè flô mu-jis, é
quant à l' orage. A l'instant les flots ²mugissent, et
as to the storm. Instantly the waves roar, and

mnas d.an-glou-tir le n.ou vô pi-lot é lè
¹menacent d' ²engloutir le nouveau pilote et les
threaten *of to swallow up the new pilot and the

ma-tlô: tou l.é-ki-paj è kons-tèr-né: ki.n le srè
matelots: tout l' équipage est ¹consterné: qui ne le serait
sailors: all the crew is affrighted: who ⁴so ¹would ³be

pâ z.an pa-rè-ill kon-jonk-tûr? an-fin.l vè-sô è
pas en pareilles conjonctures? Enfin le vaisseau est
²not in such [a] predicament? At last the vessel is

bri-zé kon-tr.un ro-shé, é voi-la.l pi-lot, lè ma-tlô,
¹brisé contre un rocher, et voilà le pilote, les matelots,
broken against a rock, and behold the pilot, the sailors,

lè sinj, é lè geu-non ô fon d.la mèr.——il
les Singes, et les Guenons au fond de la mer.——Il
the Monkeys, and the She-Monkeys, at the bottom of the sea.—— It

è ri-di-kul d.an-tre-pan-dre dè shôz ô dsu.d
est ridicule d' †entreprendre des choses au dessus de
is ridiculous *of to undertake *some things above *of

sa ka-pa-si-té.
sa capacité.
(his) -our- capacity.

F. ka-tre vin u-i-ti-èm.
F. Quatre-vingt-huitième.
F. *Eighty-eighth.*

le bouk san barb
Le Bouc sans Barbe.
The He-Goat without [a] Beard.

un bouk, ô-si vin k.un bouk puis ê-tre, a-fèk-tè
Un Bouc, aussi vain qu'un Bouc †puisse être, ¹affectait
A He-Goat, as vain as a He-Goat can be, affected

de.s dis-tin-gé dè z.ô- tra-ni-mô d.son n.ès-pès:
de se ¹distinguer des autres animaux de son espèce:
of ³himself ¹to ²distinguish from the other animals of his species:

KEY TO BOLMAR'S PERRIN'S FABLES. 113

¹ mur. mûr. jeune. jeûne. boite. boîte. ancre. ingrat. onde. un. amon.
⁴j, as *s* in pleasure. gn, as *ni* in union. *ill*, as *lli* in Wi*ll*iam.

il a-lè sou-van t.ô bor d.un klèr fon-tèn, é i
il †allait souvent au bord d'une claire fontaine, et y
he   went   often   to the brink of a   clear   fountain, and there

ad-mi-rè son n.i-maj. je ê, di t.il, sèt vi-lèn barb:
¹admirait son image. Je †hais,†dit-il, cette vilaine Barbe:
admired . his image.   I   hate, said he, this   ugly Beard:

ma jeu-nès è ka-shé sou.s dé-giz-man. il ré-zo-lu
ma jeunesse est ¹cachée sous ce déguisement. Il †résolut
my   youth   is   hidden under this   disguise.   He resolved

d.la fèr kou-pé; pour sè t.é-fè il
de la †faire ¹couper; pour cet effet il
*⁵of ³it (to make)–¹to ²have– *to ⁴cut; for this (effect)-purpose-he*

s.a-drè-sa a un bar-bi-é: s.é-tè t.un sinj, ki
s' ¹adressa à un barbier: c'était un singe, qui
(himself addressed)-applied-to a barber: it was a monkey, who

rsoi.l bouk a-vèk po-li-tès; le fè t.a-soir sur
³reçoit le Bouc avec politesse; le †fait †asseoir sur
*receives the Goat   with   politeness; ²him ¹makes *to sit down on*

un shèz de boi, lu-i mè t.un sèr-vi-èt sou.l
une chaise de bois, lui †met une serviette sous le
*a   chair of wood, *to *him puts a   napkin under (the)-his*

man-ton, é.l raz. lors k.il u fè, mo-si-eu,
menton, et le ¹rase. Lorsqu'il eut †fait, Monsieur
chin,   and ²him ¹shaves. When he had done,   Sir,

di mê-tre fa-go-tin, je kont sur vot pra-tik: vou
†dit maître Fagotin, je ¹compte sur votre pratique: vous
said master Pug,   I   count upon your   custom: you

n.a-vé ja-mè z.é-té si bi-in râ-zé: vot vi-zaj è
n'avez jamais été si bien ¹rasé: votre visage est
have never been so well shaved: your   face   is [as]

t.u-ni kom un glas. le bouk, fi-èr dè lou-anj
uni comme une glace. Le Bouc, fier des louanges
smooth as   a looking-glass. The Goat, proud of the praise

de son bar-bi-é, kit son si-éj, é koûr sur lè
de son barbier, ¹quitte son siége, et †court sur ce
of his barber,   quits   his   seat, and runs   on the

mon-ta-gn voi-zin: tout lè shè-vre s'
montagnes voisines: toutes les chèvres s'
²mountains ¹neighbouring: all the goats ²themselves

s.a-san-ble t.ô-tour de lu-i é ou-vre de gran z.i-eu
¹assemblent autour de lui et †ouvrent de grands yeux
*assemble   round *of him and (open   some great eyes)-*

20

¹ami. âne.   te.   écrit.   mère.   être.   idole.   gîte.   opéra.   ôter.   tout.   voûte
² at.   arm.   tub.   ale.   mare.   there.   idiom.   eel.   opera.   over.   too.   fool.

koi!   san   barb,   s.é-kri-a un   d.an-   tr.èl?
Quoi! sans Barbe, s'¹écria une d' entre elles?
stare at him. What! *without Beard, exclaimed one of* *between them?*

ki   è.s   ki   vou   z.a   in-si   dé-fi-gu-ré?   ke   vou   z.êt
Qui est-ce qui vous a ainsi ¹défiguré? Que vous êtes
Who is it that ⁴*you* ¹*has* ²*thus* ³*disfigured?* *How* ²*you* ³*are*

sot,   ré-pon-di.l   bouk,   é.k   vou   ko-nè-sé   peu.l
sottes, ¹répondit le Bouc, et que vous †connaissez peu
¹*silly,* *replied* *the Goat, and how* ²*you* ³*know* ⁴*little*

mond!   voi-yé   vou   z.ô-jour d.u-i   dè
le monde! †Voyez-vous aujourd'hui   des
[*of*] *the world!* *Do* ²*see* ¹*you* (*to day*) —*now a days—*some*

na-si-or   si-vi-li-zé   por-té   d.la   barb?   par-tou t.ou
nations civilisées ¹porter de la Barbe?   Partout où
²*nations* ¹*civilized* *wear* (*some Beard*)—*beards?* *Wherever*

nou   z.a-lon,   ne.s   mok   t.on   pâ.d   nou?
nous †allons, ne se ¹moque- t-on pas de nous?
we go, **themselves* ¹*do* ⁴*laugh* [⁵*at*] ³*people* ²*not* *of* ⁶*us?*

lè   z.an-fan   mêm   nou   z.in-sult   é   nou   prèn   par
Les enfans même nous ¹insultent et nous †prennent par
**The* ²*children* ¹*even* ⁴*us* ³*insult* *and* ²*us* ¹*take by*

le   man-ton.   a-lé,   a-lé,   kroi-yé   moi,   su-i-vé   mon
le menton. †Allez, †allez, †croyez-moi, †suivez mon
the chin. *Go, go, believe me, follow my*

n.èg-zan-ple   é   sè-sé   d.ê-tre   ri-di-kul.   frèr,   ré-pli-ka
exemple et ¹cessez d' être ridicules. Frère, ¹répliqua
example and cease **of* *to be ridiculous. Brother,* *replied*

un n.ô-tre   bouk,   vou   z.êt   z.un   n.in-bé-sil;   si   lè   z.an-fan
un autre Bouc, vous êtes un imbécille; si les enfans
another Goat, you are a fool; if **the children*

peuv   mor-ti-fi-é   vo-   tr.or-geu-ill,   ko-man   sou-ti-in-dré
†peuvent ¹mortifier votre orgueil, comment †soutiendrez
can mortify your pride, how will ²*sustain*

vou.l   ri-di-kul   de   tou · not   trou-pô?——s.è.l
vous le ridicule de tout notre troupeau?—C'est le
you the ridicule of all our flock?——It is its

ka-rak-tèr   d.un   fat   de.s   dis-tin-gé   par   dè
caractère d'un fat de se ¹distinguer par des
character of a fop **of* ²*himself* ¹*to* ²*distinguish by* **some*

mur. mûr. jeune. jeûne. boite. boîte. ancre. ingrat. onde. un. amen.
j, as s in pleasure. gn, as ni in union. ill, as lli in William.

ma-ni-èr z.a-fèk-té: mè z.il de-vi-in sou-van la ri-zé.d
manières affectées: mais il †devient souvent la risée
²*manners* ¹*affected:* *but he* ²*becomes* ¹*often the laughing-stock*

seû ki.l ko-nès.
de ceux qui le †connaissent.
of those who ²*him* ¹*know.*

F. ka-tre vin neu-vi-èm.
F. Quatre-vingt-neuvième.
F. *Eighty-ninth.*

le sha sô-vaj é le rnâr.
Le Chat Sauvage et le Renard.
The ²*Cat* ¹*Wild and the Fox.*

un sha sô-vaj é un rnâr se ran-kon-trèr
Un Chat Sauvage et un Renard se ¹rencontrèrent
A ²*Cat* ¹*Wild and a Fox* *themselves *met*

dan z.un boi: kon-pèr, di.l dèr-ni-é ô
dans un bois: Compère, †dit le dernier au
in a wood: Compeer, said the (last)-latter- to the

pre-mi-é, je su-i shar-mé.d vou ran-kon-tré: il i
premier, je suis ¹charmé de vous ¹rencontrer: il y
(first)-former-I am charmed *of ³*you* ¹*to* ²*meet: it* *there

a lon tan ke je.n vou z.é vu.
a long-temps que je ne vous ai †vu.
(has)-is-[a] long time (that)-since- I *not ³*you* ¹*have* ²*seen.*

vou shèr-shé san dout un dé-jeu-ne. si vou vou-lé,
Vous ¹cherchez sans doute un déjeuner: si vous †voulez
You seek without doubt a breakfast: if you wish,

nou sron z.a-so-si-é, é nou par-ta-jron la proî.
nous serons associés, et nous ¹partagerons la proie.
we shall be partners, and we shall share the prey.

de tou mon keur, ré-pon-di.l sha sô-vaj, je
De tout mon cœur, ⁴répondit le Chat Sauvage, je
(Of)-with- all my heart, answered the ²*Cat* ¹*Wild, I*

fi z.i-èr un trè mô-vè sou-pé, é.j vou z.a-sûr
†fis hier un très-mauvais souper, et je vous ¹assure
made yesterday a very bad supper, and I ²*you* ¹*assure*

ke j.o-rè bzou-in.d fèr un bon dé-jeu-ne
que j' aurais besoin de †faire un bon déjeuner
that I *should *have *want* **of to make a good breakfast.*

¹ ami. âne. te. écrit. mère. être. idole. gîte. opéra. ôter. tout. voû
² at. arm. tub. ale. mare. there. idiom. eel. opera. over. too. fool.

a-lon. lè deû z.a-so-si-é part, é shmin fzan
†allons. Les deux associés 'partent, et chemin †fesant
let us go. The two associates set out, and (way making)

il z.an-tre t.an kon-vèr-sa-si-on. mê-tre rnâr,
ils ¹entrent en conversation. Maître Renard
journeying-they enter into conversation. Master Fox,

a ni-mal ki n.è pâ.l mou-in vin, ko-mans
animal qui n'est pas le moins vain, 'commence à
[an] animal which is not the least vain, begins to

é-ta-lé sè bèl ka-li-té. je su-i.l plu ru-zé de
¹étaler ses belles qualités. Je suis le plus rusé de
display his fine qualities. I am the most cunning of

tou lè z.a-ni-mô: kan j.é an-vî d.un poul,
tous les animaux: quand j' ai envie d' une poule,
all the animals: when I have [a] desire (of)-for- a hen,

il fô k.èl soi trè fin pour m.é-sha-pé·
il †faut qu' elle soit très-fine pour m' ¹échapper:
**it ²must *that ¹she be very cunning *for ³me ¹to ²escape*

j.an n.é man-jé bô-koup an ma vî. je.m
j' en ai ¹mangé beaucoup en ma vie. Je me
*I *of *them have eaten many in my life. I *myself*

ri dè pi-éj; j.é plu.d mil
†ris des piéges; j' ai plus de mille
laugh (of the)-at the snares; I have more (of)-than-[a] thousand

fi-nès pour lè z.é-vi-té. mil, di ru-mi-na-gro-bi!
finesses pour les ¹éviter. Mille, †dit Ruminagrobis!
*contrivances *for ³them ¹to ²avoid. Thousand, said Ruminagrobis!*

je vou z.an fé-li-si-t: j.n.an n.é pâ tan, moi;
je vous en ¹félicite: je n' en ai pas tant, moi
*I ²you *of *them ¹congratulate: I *of *them have not so many, *I;*

mè j.é.d bon grif ki.m su-fiz pour
mais j' ai de bonnes griffes qui me †suffisent pour
*but I have *some good claws which *to ²me ¹suffice *for*

me ti-ré de tout sort d.an-ba-râ. le
me ¹tirer de toutes sortes d' embarras. Le
¹myself ¹to ²extricate from all sorts of embarrassments. The

rnâr a-lè ré-pli-ké; mè z.il n.an n.u pâ.l
Renard 'tallait 'répliquer; mais il n' en eut pas le
*Fox was going to reply; but he *of *it had not *the*

tan. il vir tou t.a kou plu-zi-eur shi-in ki
temps: ils †virent tout à coup plusieurs chiens qui
time: they saw presently several dogs which

nur. mûr. jeune. jeûne. boite. boîte. ancre. ingrat. onde. un. amen
¹j, as *s* in pleasure. *gn*, as *ni* in union. *ill*, as *lli* in Wil*l*iam.

vnè   se   jté   sur eû.   kou-zin, di.l   ma-tou,
†venaient se ¹jeter sur eux. Cousin, †dit le matou,
came ³*themselves* ¹*to* ²*throw upon them.* *Cousin, said the cat,*

vou n.a-vé pou-in.d tan z.a per-dre: ti-ré.d vot
vous n'avez point de temps à ⁴perdre: ¹tirez de votre
you have no *of time to lose: draw from your

sèr-vèl vô mil fi-nès: pour moi, voi-si la
cervelle vos mille finesses: pour moi, voici la
brain your thousand contrivances: for me, here is *the

mi-èn. dan l.ins-tan ru-mi-na-grô-bi grin-pa sur un
mienne. Dans l'instant Ruminagrobis ¹grimpa sur un
mine. Immediately Ruminagrobis climbed upon a

n.ar-bre, ou il de-meu-ra an sûr-té: l.ô-tre fu pri
arbre, où il ¹demeura en sûreté: l' autre fut †pris
tree, where he remained in safety: the other was taken

é dé-vo-ré par lè shi-in, mal-gré tout sè fi-nès.——
et ¹dévoré par les chiens, malgré toutes ses finesses.——
and devoured by the dogs, notwithstanding all his finesses.——

la mè-ill-eur de tout lè fi-nès è d.a-voir a-sé
La meilleure de toutes les finesses est d' avoir assez
The best of all *the finesses is *of to have ²enough

d.a-bil-té pour é-vi-té lè z.an-bûsh de sè z.en-mi.
d' habileté pour ¹éviter les embûches de ses ennemis.
*of ¹skill *for to avoid the snares of (his)—one's— enemies.

———

F. ka-tre vin di-zi-èm.
F. Quatre-vingt-dixième.
F. *Ninetieth.*

lè poi-son é.l kor-mo-ran.
Les Poissons et le Cormoran.
The Fishes and the Cormorant.

un vi-eû kor-mo-ran, é-yan la vû kourt, *
Un vieux Cormoran, ayant la vue courte,
An old Cormorant, (having the sight short)–being near

é-tè or d.é-ta.d voir sa proî ô
était hors d' état de †voir sa proie au
sighted,– was (out of state of)–not able–to see his prey at the

fon d.l.ô. ke fi t.il' il s.a-vi-za
fond de l' eau. Que †fit- il? Il s' ¹avisa d'
bottom of the water. What did ²do ¹he? He (himself advised of)–had

¹ *umi. âne. te. écrit. mère. être. idole. gite. opéra. ôter. tout. voûte*
² *at. arm. tub. ale. mare. there. idiom. eel. opera. over. too. fool.*

d.un stra-ta-jêm: il vi t.un karp dan z.un n.é-tan.
un stratagême: il †vit une Carpe dans un étang
recourse to-a stratagem: he saw a Carp in a pond.

a-mî, lu-i di t.il, n.é-yé pâ peur de moi,
Amie, lui †dit-il, n'ayez pas peur de moi,
Friend, ³*to* ⁴*him* ¹*said* ²*he, (have not fear)—be not afraid-of me,*

je vi-in z.èks-prè i-si pour vou do-né un n.a-vi
je †viens exprès ici pour vous ¹donner un avis
I come purposely here *for *to ³you ¹to ²give a ²advice

sa-lu-tèr: si vou z.a-vé kèl- k.é-gâr pour vou mêm,
salutaire: si vous avez quelque égard pour vous-même
¹*salutary: if you have any regard for yourself,*

pour vô frèr é seur, é pour tout la ras dè
pour vos frères et sœurs, et pour toute la race des
for your brothers and sisters, and for all the race of the

poi-son, a-lé dè.s mo-man, leur dir
poissons, †allez dès ce moment, leur †dire
fishes, go (from)—²very—¹this ³moment, *to ⁶them [⁴and] *to ⁵tell

de ma pâr, ke.l mê-tre de sè t.é-tan è dé-tèr-mi-né
de ma part, que le maître de cet étang est déterminé
from (my part)—me,—that the master of this pond is determined

a.l pê-shé dan u-i jour. dam karp naj
à le ¹pêcher dans huit jours. Dame Carpe ¹nage
to ²*it* *to ¹*fish in eight days. Mrs. Carp swims*

sur le shan pour a-non-sé ô poi-son sèt tè-ri-ble
sur le champ pour ¹annoncer aux poissons cette terrible
immediately *for *to announce to the fishes this terrible*

nou-vèl. on koûr, on s.a-san-ble, on dé-put
nouvelle. On †court, on s' ¹assemble, on ¹député
news. They run, they *themselves *assemble, they send*

a l.oi-zô la mêm karp, pour le rmèr-si-é de.s
à l' oiseau la même Carpe, pour le ¹remercier de
to the bird the same Carp, *for ³him ¹to ²thank (of

* k.il lè z.a a-vèr-ti du dan-jé ki
ce qu' il les a ²avertis du danger qui
that which he)—for having—²them *has ¹*warned of the danger which*

lè mnas, é pour le pri-é d.leur do-né
les ¹menace, et pour le ¹prier de leur ¹donner
¹*them* ¹*threatens, and* *for [³of] ⁴him ¹to ²beg *of *to ⁷them ⁵to ⁶give

lè moi-yin d.an n.é-sha-pé. sè-gneur kor-mo-ran, di
les moyens d' en ¹échapper. Seigneur Cormoran, †dit
the means *of *of *it *to escape. Lord Cormorant, said*

¹ mur. mûr. jeune. jeûne. boite. boîte. ancre. ingrat. onde. un. amen.
⁴ j, as s in pleasure. gn, as ni in union. ill, as lli in William.

l.am-ba-sa-dris, lè z.a-bi-tan d.sè t.é-tan vou rand
l' ambassadrice, les habitans de cet étang vous ⁴rendent
*the ambassadress, the inhabitants of this pond *to ²you ¹render*

mil grâs, é vou prî ‹ leur dir
mille grâces, et vous ¹prient de leur †dire
*[a] thousand thanks, and [²of] ³you ¹beg *of *to ⁶them ⁴to ⁵tell*

se k.il fô k.il fas? a-vèk plè-zir; vou
ce qu' il †faut qu' ils †fassent? Avec plaisir: vous
*what *it ²must *that ¹they *may do? With pleasure: you*

n.a-vé k.a shan-jé.d plas. ko-man fron nou?
n'avez qu' à ¹changer de place. Comment †ferons-nous?
*have but to change *of place. How shall ²do ¹we?*

n.an soi-yé pâ z.an pèn: tou lè poi-son, gran z.é
N' en soyez pas en peine: tous les Poissons, grands et
**of *it be not in trouble: all the Fishes, great and*

pti, n.on k.a s.a-san-blé sur la sur-fas
petits, n' ont qu' à s' ¹assembler sur la surface
*small, have but *to *themselves to assemble on the surface*

de l.ô: j.lè por-tré l.un n.a-prè l.ô-tre a ma
de l' eau: je les ¹porterai l' un après l' autre à ma
*of the water: I ³them ¹will ²carry *the one after the other to my*

pro-pre de-meur; pèr-son n.an sè.l shmin.
propre demeure; personne n' en †sait le chemin:
own residence; nobody (of it)—⁴to ⁵it—¹knows ²the ³way:

il z.i sron t.an sûr-té: il i a un vi-vi-é klèr é
ils y seront en sûreté: il y a un vivier clair et
*they ³there ¹will ²be in safety: *it there (has)—is—a ⁴pond ¹clear ²and*

frè, in-ko-nu a tou.l mond. lè poi-son
frais, inconnu à tout le monde. Les Poissons
³fresh, unknown to (all the world)—every body. The Fishes

krûr le trê-tre, é a-prè z.a-voir é-té por-te
†crurent le traitre, et après avoir été ¹portés
believed the traitor, and after (to have)—having—been carried

l.un n.a-prè l.ô-tre dan.l vi-vi-é, il de-vinr la
l' un après l' autre dans le vivier, ils †devinrent la
**the one after the other into the pond, they became the*

proi du kor-mo-ran, ki lè man-ja sha-kun n.a son
proie du Cormoran, qui les ¹mangea chacun à son
prey of the Cormorant, which ²them ¹ate every one (at)—in- his

tour.—il è trè z.in-pru-dan de.s mè- tr.ô
tour.—Il est très-imprudent de se †mettre au
*turn.—It is very imprudent *of ³one's self ¹to ²put (to the)—into the-*

¹ ami. âne. te. écrit. mère. être. idole. gîte. opéra. ôter. tout. voûte.
² at. arm. tub. ale. mare. there. idiom. eel. opera. over. too. foul.

pou-voir d..un n.ex-mi, é..d lu-i dman-dé a-vi dan
pouvoir d' un ennemi, et de lui ¹demander avis dans
*power   of an   enemy, and ⁴of *to ⁵him ¹to ²ask ³advice in*

z.ux shôz ou   il è t.in-té-rè-sé.
une chose où il est ¹intéressé
a thing (where)—in which—he is interested.

F. ka-tre vin on-zi-èm.——le por-trè par-lan.
F. Quatre-vingt-onzième.——Le Portrait ¹parlant.
F.   Ninety-first.———The ²Portrait ¹speaking.

un n.om s.é-tè fè ti-ré,
Un homme s' était †fait ¹tirer,
A   man (himself was made to draw)—had his likeness taken,

l.a-mour pro-pre èm lè por-trè: il vou-lè t.a-voir
l' amour propre ¹aime les portraits: il †voulait avoir
*the ²love ¹self likes *the portraits: he wished to have*

l.a-vi.d sè z.a-mi sur le si-in. vou vou tron-pé,
l' avis de ses amis sur le sien. Vous vous ¹trompez,
*the advice of his friends upon *the his. You ²yourself ¹deceive,*

s.n.è pâ la vot por-trè, di l.un, vou n.èt
ce n'est pas là votre Portrait, †dit l' un, vous n'êtes
*this is not *there your Portrait, said the one, you are*

k.é-bô-shé: le pin-tre è t.un n.i-gno-ran; il vou z.a
qu' ¹ébauché: le peintre est un ignorant; il vous a
*but sketched: the painter is *an ignorant; he ³you ¹has*

ti-ré noir, é vou z.èt blan. le por-trè vou
¹tiré noir, et vous êtes blanc. Le Portrait vous
drawn black, and you are white. The Portrait ²you

re-pré-zant lè é vi-eû, di t.un n.ô-tre, é san
représente laid et vieux, †dit un autre, et sans
¹represents ugly and old, said an other, and without

fla-tri, vou z.èt jeux é bô. le pin-tre vou
flatterie, vous êtes jeune et beau. Le peintre vous
*flattery, you are young and beautiful. The painter *to *you*

z.a fè lè z.i-eû é.l né tro pti, di t.un troi-zi-èm;
a †fait les yeux et le nez trop petits, †dit un troisième;
has made the eyes and the nose too little, said a third;

il fô re-tou-shé.l por-trè. le pin-tre a bô
il †faut ¹retoucher le Portrait. Le peintre a beau
*he must *to retouch the Portrait The painter (has fine)-*

m*u*r. m*û*r. je*u*ne. je*û*ne. bo*i*te. bo*î*te. *a*ncre. *i*ngrat. on*d*e. *u*n. ame*n*.
j, as *s* in plea*s*ure. *gn*, as *ni* in u*ni*on. *ill*, as *lli* in Wi*lli*am.

            sou-tnir   k.il   è   trè bi-in   ti-ré,   il   fô
          †soutenir qu' il est très-bien ¹tiré, il †faut
tries in vain–to maintain that it is   very well drawn, *it ²must

    k.il   re-ko-mans.   il tra-va-ill, fè mi̯ɛû é
qu' il ¹recommence. Il ¹travaille, †fait mieux et
*that ¹*he* **may begin again.* *He* *works,* *does better and*

ré-u-si t.a son · gré. il ' se tron-pa an-kor: lè z.a-mi
²réussit à son gré. Il se ¹trompa encore: les amis
succeeds to his mind. He ²*himself* ¹*deceived yet: the friends*

kon-da-nèr tou l.ou-vraj. é bi-in, leur di.l
condamnèrent tout l' ouvrage. Eh bien, leur †dit le
condemn all the work. Well then, ⁴*to* ⁵*them* ¹*said* ²*the*

pin-tre, mé-si-eu, vou sré kon-tan: j.m.an-gaj
peintre, messieurs, vous serez contens: je m' ¹engage
³*painter, gentlemen, you shall be content: I* ²*myself* ¹*pledge*

a vou sa-tis-fèr, ou.j brû-lré mon pin-sô: re-vné .
à vous †satisfaire, ou je ¹brûlerai mon pinceau: †revenez
*to ¹*you* ³*to* ⁴*satisfy, or I will burn my brush: come again*

dmin, é vou vè-ré.   lè   ko-nè-seur z.é-tan
demain, et vous †verrez. Les connaisseurs étant
to-morrow, and you shall see. The connoisseurs being

par-ti, le pin-tre di t.a l.om: vô z.a-mi.n son.k
†partis, le peintre †dit à l' homme: Vos amis ne sont
gone, the painter said to the man: Your friends are

    dè kri-tik z.i-gno-ran: si vou vou-lé, vou z.an
que des critiques ignorans: si vous †voulez, vous en
but *some ²*critics* ¹*ignorant: if you will, you* ⁵*of* ⁵*it*

vè-ré la preuv: j.ô-tré la têt d.un san-bla-ble
†verrez la preuve: j' ¹ôterai la tête d' un semblable
¹*shall* ²*see* ³*the* ⁴*proof: I shall take out the head from a similar*

por-trè, vou mè-tré la vô- tr.a la   plus.
Portrait, vous †metterez la vôtre à la   place
Portrait, you will put **the yours (at the)-in its–place.*

  j.i kon-san; a dmin donk; a-di-eu. le lan-dmin
J' y †consens; à demain donc; adieu. Le lendemain
I ²*to* ³*it* ¹*consent;* **at to-morrow then; adieu. The* ²*day* ¹*following*

la   troup   dè   ko-nè-seur   s.a-san-bla: le
la troupe des connaisseurs s' ¹assembla: le
the company of *the connoisseurs **themselves assembled: the*

pin-tre leur mon-tra.l   por-trè dan z.un n.an-droi t.ob-skur,
peintre leur ¹montra le Portrait dans un endroit obscur
painter *to ²*them* ¹*showed the Portrait in u* ²*place* ¹*dark,*

¹ ami. âne. te. écrit. mère. être. idole. gîte. opéra. ôter. tout. voûte
² at. arm. tub. ale. mare. there. idiom. eel. opera. over. too. fool

   é   a   un   sèr-tèn   dis-tans.   mé-si-eu.l   por-trè. vou
et à une certaine distance. Messieurs le Portrait vous
ind at a   certain   distance.   Gentlemen ²*the* ³*Portrait* *to* ⁵*you*

   plè   t.il,   a   pré-zan?   dit,   k.an   pan-sé vou?
†plaît- il, à présent? †Dites, qu' en ¹pensez-vous?
'*does* ³*please* **it, at present?*   *Say,*   *what* ⁴*of* ⁵*it* ¹*do* ³*think* ²*you?*

   j.é   rtou-shé   la   têt   a-vèk   gran   sou-in.   s.n.é-tè
J' ai ¹retouché la tête avec grand soin. Ce n'était
I have   retouched   the   head · with   great   care.   It   was

pâ   la   pèn   de   nou   fèr   re-vnir,
pas   la   peine   de   nous †faire   †revenir,
not [*worth*] *the   trouble   of*   ²*us* (*to make*) ¹*making—* **to come back.*

pour ne nou   mon-tré   k.u   n.é-bôsh: s.n.è   pâ
pour ne nous ¹montrer qu' une ébauche: ce n'est pas
*for   ³*us*   ¹*to* ²*show* *but   *a*   *sketch:*   *this*   *is*   *not*

· la   no- tr.a-mi.   vou   vou   tron-pé,   mé-si-eu,   di
là notre · ami. Vous vous ¹trompez, messieurs, †dit
**there our friend.   You* ²*yourselves* ¹*deceive,   gentlemen,   said*

la   têt   dè-ri-èr   le   ta-blô,   s.è   moi mêm.——
la tête derrière le tableau, c' est moi-même.——
the head   behind   the   picture,   it   is   myself.——

   n.an-tre-pre-né   pâ.d   kon-vin-kre   par   dè
N' †entreprenez pas de †convaincre par des
   Do ²*undertake*   ¹*not* *of   *to convince*   *by*   *some

rè-zon-man,   dè   kri-tik   z.i-gno-ran ou   pré-vnu: il
raisonnemens, des critiques ignorans ou prévenus: ils
reasoning, *some ⁴*critics* ¹*ignorant* ²*or* ³*prepossessed: they*

ne   veul   ni   an-tan-dre   ni   voir   la vé-ri-té.
ne †veulent ni ⁴entendre ni †voir la vérité
are ²*willing* ¹*neither to understand nor to see the truth.*

   F.   ka-tre   vin   doù-zi-èm.
   F. Quatre-vingt-douzième.
   F   Ninety-second.

   le   sha   é   le   la-pin.
   Le Chat et les Lapins.
   The   Cat   and   the   Rabbits.

un sha, a-vè- k.un n.èr de mo-dès-ti a-fèk-té, é-tè
Un Chat, avec un air de modestie affectée, était
A   Cat, with   an   air   of ²*modesty* ¹*affected,* (*was*)—*had*·

mur. mûr. jeune. jeûne. boite. boîte. ancre. ingrat. onde. un. amen.
¹j, as *s* in pleasure. *gn,* as *ni* in union. *ill,* as *lli* in William.

t.an-tré, dan z.un ga-rèn peu-plé.d   la-pin: ô-si-tô
'entré dans une garenne peuplée de   Lapins: aussitôt
entered into a warren peopled (of)–with–Rabbits: presently

tout la ré-pu-blik a-lar-mé se sô-va dan sè
toute la république alarmée se 'sauva dans ses
all the republic alarmed *themselves flew in their

trou. mi-tis lè z.i su-i-vi, é.s pos-ta ô-prè
trous. Mitis les y †suivit, et se 'posta auprès
holes. The cat ²them *thither ¹followed, and²himself ¹stationed near

d.un tè-ri-é, re-mu-an la keû, a-lon-jan.l
d' un terrier, 'remuant la queue, 'alongeant le
*of a burrow, shaking (the)–his– tail, lengthening (the)–his–

kor é sè-ran lè z.o-rè-ill. lè la-pin lu-i
corps et 'serrant les oreilles. Les Lapins lui
body and joining (the)–his– ears. The Rabbits ⁴to ⁵her

an-voi-yèr dè dé-pu-té: il pa-rûr dan l.an-droi.l
envoyèrent des députés: ils †parurent dans l' endroit
sent ²some ³deputies: they appeared in the ²place

plu z.é-troi d.l.an-tré du tè-ri-é. a-prè
le plus étroit de l' entrée du terrier. Après
*the ¹narrowest of the entrance (of the)–to the–burrow. After

z.a-voir èg-za-mi-né sè grif: ke shèr-shé vou
avoir 'examiné ses griffes: Que 'cherchez vous
(to have)–having– examined his claws: What do ²search ¹you

z.i-si? lu-i · dman-dèr t.il. ri-in: je vi-in seul-man
ici? lui 'demandèrent-ils. Rien: je †viens seulement
here? *to *him demanded they. Nothing: I come merely

pour é-tu-di-é lè meurs de vot na-si-on. an ka-li-té.d
pour 'étudier les mœurs de votre nation. En qualité de
*for to study the manners of your nation. In quality of

ti-lo-zof, je par-koûr tou lè pé-i pour
philosophe, je †parcours tous les pays pour m'
[a] philosopher I travel over all the countries *for ³myself

m.in-for-mé dè kou-tum é dè loi.d sha- k.ès-pès
informer des coutumes et des lois de chaque espèce
¹to ²inform of the customs and of the laws of every species

à s-ni-mô. lè dé-pu-té, sin-ple é kré-dul,
d' animaux. Les députés, simples et crédules,
of animals. The deputies, simple and credulous,

ra-por-tèr t.a leur ka-ma-rad, ke sè t.é-tran-jé si
rapportèrent à leurs camarades, que cet étranger si
related to their comrades, that that stranger so

¹ ami. ânc. te. écrit. mère. être. idole. gîte. opéra. ôter. tout. voûte.
² at. arm. tub. ale. mare. there. idiom. eel. opera. over. too. fool.

vé-né-ra-ble par son min-ti-in mo-dèst é par sa fou-rùr
vénérable par son maintien modeste et par sa fourrure
venerable by his ²*countenance* ¹*modest and* *by *his ²*fur*

ma-jès-teûz, é-tè t.un fi-lo-zof so-bre, dé-zin-té-rè-sé,
majestueuse, était un philosophe sobre, désintéressé,
¹*majestic, was a* ⁴*philosopher* ¹*sober,* ²*disinterested,*

pa-si-fik, ki a-lè seul-man re-shèr-shé la
pacifique, qui †allait seulement ¹rechercher la
³*pacific, who went [about] merely to seek* *the

sa-jès de pé-i z.an pé-i: k.il vnè.d bô-kou
sagesse de pays en pays: qu' il †venait de beaucoup
wisdom from country (in)-to-country: that he came from many

d.ô-tre li-eû: k.sa kon-vèr-sa-si-on é-tè t.èks-trêm-man
d' autres lieux: que sa conversation était extrêmement
**of other places: that his conversation was extremely*

t.a-mu-zant: ke s.é-tè t.un fi-lo-zof bra-min, é.k
amusante: que c' était un philosophe Bramin, et que
amusing: that he was a ²*philosopher* ¹*Bramin, and that*

par kon-sé-kan il n.a-vè gard de kro-ké lè
par conséquent il n' avait garde de ¹croquer les
consequently ¹*he* ³*not (had guard)*-²*would-**of *to eat *the

la-pin, pu-isk s.é-tè t.un n.ar-ti-kle de sa foi, de.n pou-in
Lapins, puisque c' était un article de sa foi, de ne point
Rabbits, since it was an article of his faith, *of not

man-jé.d shèr. se bô dis-kour tou-sha l.a-san-blé,
¹manger de chair. Ce beau discours ¹toucha l' assemblée
to eat **of meat. This fine discourse touched the assembly,*

é il fu ré-zo-lu.d sor-tir, é.d fèr ko-nè-sans
et il fut †résolu de †sortir, et de †faire connaissance
and it was resolved **of to go out, and* **of to make acquaintance*

a-vèk le fi-lo-zof bra-min. gar-dé vou z.an bi-in,
avec le philosophe Bramin. ¹Gardez-vous- en bien,
with the ²*philosopher* ¹*Bramin. (Guard yourself of it well)*-

s.é-kri-a un vi-eû la-pin ru-zé, ki a-vè t.é-té
s'¹écria un vieux Lapin rusé, qui avait été
beware of it-exclaimed an old ²*Rabbit* ¹*cunning, which had been*

lon tan leur o-ra-teur: se pré-tan-du fi-lo-zof
long-temps leur orateur: ce prétendu philosophe m'
[a] long time their orator: that pretended philosopher ³*to* ⁴*me*

m.è sùs-pèkt; é si vou vou-lé.m kroir, vou.n
est suspect; et si vous †voulez me †croire, vous
(is)-'*appears-*²*suspicious; and if you will* ²*me* ¹*believe, you*

¹ınuı. mûr. jeune. jeûne. boîte. boîte. ancre. ingrat. onde. un. ames.
¹j, as *s* in pleasure. *gn,* as *ni* in union. *ill,* as *lli* in Wil!:am.

        sor-ti-ré   pâ.d   vô   trou.   mal-gré   lu-i   on   va
ne †sortirez pas de vos trous. Malgré   lui on †va
will ²go ³out ¹not of your holes. In spite [of] him they go

    an-lu-é.1   bra-min, ki é-tran-gla   ô   pre-mi-é sa-lu deû
¹saluer le Bramin, qui ¹étrangla au premier salut deux
to salute the Bramin, who strangled at the first salute two

  z.ou troi   la-pin: lè z.ô-tre   se   sô-vèr   dan leur
.ou trois Lapins: les autres   se   ¹sauvèrent dans leur
or three Rabbits: the others *themselves fled   into their

trou, trè   z.é-fré-yé, é trè   on-teû de leur
trous, très   effrayés, et très   honteux de leur
holes, very [much] frightened, and very [much] ashamed of their

kré-du-li-té.—mé-fi-é vou d.un n.i-po-krit; sè   kon-plè-sans
crédulité.—¹Méfiez-vous d'un hypocrite; ses complaisances
credulity.—Distrust *yourself *of a hypocrite: his complaisances

é sè z.an-près-man   part   sou-van d.un *keur pèr-fid.
et ses empressemens †partent souvent d' un cœur perfide.
and his   eagerness   ²proceed ¹often from a ²heart ¹perfidious

---

        F. ka-tre vin trè-zi-èm.
        F. Quatre-vingt-treizième.
        F.   Ninety-third.

   le   juj-man,   la   mé-moir, é l.i-ma-ji-na-si-on.
Le Jugement, la Mémoire, et l' Imagination.
The Judgment,   the   Memory, and the Imagination.

  mé-sir   juj-man,   dam   mé-moir,   é   dmoi-zèl
Messire Jugement, dame Mémoire, et demoiselle
Sir   Judgment,   Lady   Memory, and   Miss

i-ma-ji-na si-on, an-fan d.un   mêm pèr,   vi-vè t an
Imagination, enfans d' un   même père, †vivaient en
Imagination, children of (a)-the- same father, lived   in

ko-mun, é a-vè la mêm a-bi-ta-si-on: il   i   a-vè
commun, et avaient la même habitation: il y avait
common, and had the same habitation: *it there (had)-was-

gran- d.u-ni-on en- tr.eû; mai z.èl ne   du-ra pâ
grande union entre eux; mais elle ne ¹dura pas
great   union between them; but   it   did ²last ¹not {a}

lon tan;   l.u-meur trou-bla bi-in-tô la pê an-tre
long-temps; l' humeur ¹troubla bientôt la paix entre
long times; *th: [ill] humour ²troubled ¹soon the peace between

21

ami. âne. te. écrit. mère. être. idole. gîte. opéra. ôter. tout. voûte.
² at. arm. tub. ale. mare. there. idiom. eel. opera. over. ton. fool

le frèr é lè seur, shôz a-sé ko-muɴ par-mi lè
le frère et les sœurs, chose assez commune parmi les
the brother and the sisters, [a] *thing* ²*enough* ¹*common amongst* *the

pa-ran. l.i-ma-ji-na-si-on su-i-vè sè sa-ill-î, é ra-ill-è
parens. L' Imagination †suivait ses saillies, et ¹raillait
relations. **The Imagination followed its sallies, and jeered*

la mé-moir, pars k.èl ne sè-sè.d ba-bi-ill-é
la Mémoire, parce qu'elle ne ¹cessait de ¹babiller
the Memory, because it ²*not* ¹*did* ³*cease* **of to prattle.*

le juj-man, là du ka-kè d.l.uɴ, é dè
Le Jugement, las du caquet de l' une, et des
The Judgment, tired of the talkativeness of the one, and of the

ra-ill-rî z.in-pèr-ti-nant de l.ô-tre, mur-mu-rè t.a-vèk
railleries impertinentes de l' autre, ¹murmurait avec
²*railleries* ¹*impertinent of the other, murmured with*

rè-zon: il z.a-vè san sès dè ke-rèl. voɴ
raison: ils avaient sans cesse des querelles. Vous
reason: they had ²*without* ³*ceasing* *some ¹*quarrels. You*

z êt fol, ma seur i-ma-ji-na-si-on. é vou ma seur
êtes folle, ma sœur Imagination. Et vous ma sœur
are foolish, **my sister Imagination. And you my sister*

mé-moir, vou z.êt z.uɴ ba-bi-ill-ard. vou z.êt z.un vrè
Mémoire, vous êtes une babillarde. Vous êtes un vrai
Memory, you are a prattler. You are a true

pé-dan, mon frèr, ré-pli-kèr lè deû seur: il
pédant, mon frère, ¹répliquèrent les deux sœurs: il
pedant, **my brother, replied the two sisters: (it)—we*

fô nou sé-pa-ré; k.an pan-sé vou? nou.ɴ
†faut nous ¹séparer; qu' en ¹pensez-vous? Nous ne
must *us **to separate; what* ⁴*of* ⁵*it* ¹*do* ³*think* ²*you? We*

pou-ron ja-mè nou z.a-kor-dé. on.s sé pàr;
†pourrons jamais nous ¹accorder. On se ¹sépare,
shall ²*be* ³*able* ¹*never* **ourselves to agree. They* **themselves separate;*

on.s kit.......a-di-eu........lè voi-la tou
on se ¹quitte......Adieu......Les voilà tous
*they (themselves)—*²*each* ³*other-*¹*quit..........Adieu......*²*Them* ¹*behold all*

troi ki shèrsh t.u n.a-bi-ta-si-on: il z.an
trois qui ¹cherchent une habitation: ils en
three (who seek) —seeking— a habitation: they *of *them

¹rou-vèr bi-in-tô t.uɴ, se-lu-i shé ki a-la la mé-moir,
trouvèrent bientôt une. Celui chez qui †alla la Mémoire,
²*found* ¹*soon one. He to whom* ²*went* *the ¹*Memory.*

mur. mûr. jeune. jeûne. boite. boîte. ancre. ingrat. onde. un. ames
j, as ż in pleasure. gn, as ni in union. ill, us lli in William.

de-vin sa-van: il a-pri lang, is-toir, po-li-tik,
devint savant: il †apprit langues. histoire, politique,
became learned: he learned languages, history, politics,

ma-té-ma-tik, fi-lo-zo-fî, té-o-lo-jî, an n.un mô il
mathématiques, philosophie, théologie, en un mot il
mathematics, philosophy, theology, in a word he

a-pri tou. il a-vè vu lè ru-in de pal-mîr;
†apprit tout. Il avait †vu les ruines de Palmyre,
learned (all)—every thing. He had seen the ruins of Palmyra;

par-lè.d ro-mu-lus, de ré-mus é d.la louv;
¹parlait de Romulus, de Rémus et de la Louve;
spoke of Romulus, of Remus and of the She-Wolf;

sa-vè.l jour. leur é la mi-nut
†savait le jour, l' heure et la minute qu'
knew the day, the hour and the minute (that)—when

k.an-tou-èn pèr-di la ba-ta-ill d.ak-si-on........ki a-vè van-du
Antoine ¹perdit la bataille d' Actium.....Qui avait ¹vendu
Anthony lost the battle of Actium.....Who had sold

du vi-nè-gre a a-ni-bal, a son pa-saj dè z.alp....
du vinaigre à Hannibal, à son passage des Alpes....
some vinegar to Hannibal, at his passage of the Alps......

la ô-teur dè ko-lon d.èr-kul é dè
La hauteur des Colonnes d' Hercule et des
The height of the (Columns)—pillars— of Hercules and of the

pi-ra-mid d.é-jipt, a un pous prè.....la fi-gûr é
Pyramides d' Egypte, à un pouce près....La figure et
*Pyramids of Egypt, to an inch *near.....The figure and*

la ô-teur de la tour de ba-bèl: ke.n sa-vè t.il pâ?
la hauteur de la Tour de Babel: que ne †savait-il pas?
the height of the Tower of Babel: what did ³know ¹he ²not?

l.i-ma-ji-na-si-on fi.d son n.om un po-èt ar-di,
L' Imagination †fit de son homme un poète hardi,
**The Imagination made of her man a poet bold,*

fré-né-tik é èks-tra-va-gan. mé-sîr juj-man fi
frénétique et extravagant. Messire Jugemen' †fit ue
frantic and extravagant. Sir Judgment made of

d.son n.ôt un n.o-nê- t.om, a-mi du vrè, ne
son hôte un honnête homme, ami du vrai, ne
*his host an honest man, [a] friend of *the truth,*

ju-jan ja-mè par pré-van-si-on, ko-nè-san
jugeant jamais par prévention, †connaissant
judging never (by prevention)—through prejudice,— knowing

mi. âne. te. écrit. mère. être. idole. gîte. opéra. ôter. tout. voûte.
at. arm. tub. ale. mare. there. idiom. eel. opera. over. too. foul.

la vèr-tu é la pra-ti-kan, an n.un mô, il an fi t.un
la vertu et la 'pratiquant, en un mot il en †fit un
*the virtue and ²it 'practising, in a word, he ²of ³him ¹made a

fi-lo-sof.——ne vou z.an-nor-gè-ill-i-sé pâ.d vô
philosophe.——Ne vous ²enorgueillissez pas de vos
philosopher.—— *Yourselves ¹do ³be ⁴proud ²not of your

ta-lan; il son par-ta-jé; pèr-son ne lè z.a tous; mè
talents; ils sont 'partagés; personne ne les a tous; mais
talents; they are divided; nobody ²them ¹has all; but

lè z.un son plu z.u-til ô jan r.u-min
les uns sont plus utiles au genre-humain
(the ones)-some- are more useful to *the ²kind (human)-¹man-

k.lè z.ô-tre.
que les autres.
than *the others.

F. ka-tre vin ka-tor-zi-èm.
F. Quatre-vingt-quatorzième.
F. Ninety-fourth.

lè voi-ya-jeur é.l ka-mé-lé-on.
Les Voyageurs et le Caméléon.
The Travellers and the Cameleon.

deû d.sè jan k.on pou-rè trè bi-in n.a-plé
Deux de ces gens qu' on †pourrait très-bien 'appelei
Two of those people that one could very well *to call

kou-reur; ki n.on.k deû z.i-eû, é ki span-dan
coureurs; qui n'ont que deux yeux, et qui cependant
runners; who have but two eyes, and who however

vou-1rè tou voir é tou ko-nê-tre; ki,
†voudraient tout †voir et tout †connaître; qui,
would like *all to see and (all)-²every ³thing- *to ¹know; who,

pour pou-voir dir: j.é vu tèl shôz, je doi
pour †pouvoir †dire: J' ai †vu telle chose, je ³dois
*for to be able to say: I have seen such [a] thing, I ought

bi-in.l sa-voir, i-rè t.ô z.an-ti-pod; deû voi-ya-jeur,
bien le †savoir, †iraient aux Antipodes; deux Voyageurs,
⁴well ³it ¹to ²know, would go to the Antipodes; two Travellers,

an n.un mô, par-kou-ran l.a-ra-bi, rè-zo-nè sur le
en un mot, †parcourant l'. Arabie, 'raisonnaient sur le
in a word, running over *the Arabia, reasoned on the

³ mur. mûr. jeune. jeúne. boîte. boîte. ancre. ingrat. onde. un. amen.
⁴ j, as s in pleasure.   gn, as ni in union.   ill, as lli in William.

ka-mé-lé-on.		l. a-ni-mal	sin-gu-li-é!	di-zè	l. un.
Caméléon.	L'	animal	singulier!	†disait	l' un:
Cameleon.	*The [what a]	²animal	¹singular!	said	the one:

de   ma   vî   j. n. é   vu   son   san-bla-ble.   il   a   la
de   ma   vie je n' ai †vu   son   semblable.   Il   a   la
(of)-in-my   life   I   ²not ¹have seen   his   like.   He has the

têt   d. un poi-son, le   kor   ô-si   pti   ke   slu-i   d. un
tête d' un poisson, le corps aussi petit que celui d' un
head   of   a   fish,   the body as   small as   that   of   a

lé-zâr, a-vèk sa long   keû; son   pâ   è   tar-dif, é   sa
lézard, avec sa longue queue; son pas est tardif, et sa
lizard, with his long   tail; his step is   slow, and his

kou-leur bleû.........alt la,   di   l. ô-tre,   èl   è   vert,   je
couleur bleue.....Halte-là, †dit l' autre, elle est verte, je
colour   blue........Hold there, said the other, it is green,   I

l. é   vû   de   mè   deû z. i-eû; vû,   vou   di. j,
l' ai †vue de   mes   deux yeux; †vue, vous †dis-je,
¹it ¹have ²seen (of)-with-my two   eyes; seen, ³to ⁴you ²say ¹I

a mon n. èz. je   pa-rî   k. èl   è   bleû,   ré-pli-ka
à mon aise.   Je ¹parie qu' elle est bleue, ¹répliqua
at   my   ease.   I   bet   that   it   is   blue,   replied

l. ô-tre: je l. é   vû   mi-eû. k   vou.   je sou-ti-in
l' autre: je l' ai †vue mieux que vous. Je †soutiens
the other: I ³it ¹have ²seen better than you. I maintain

k. èl è   vèrt.   é   moi, k. èl   è   bleû.   nô
qu' elle est verte. Et moi, qu' elle est bleue. Nos
that   it   is green. And I, that   it   is blue. Our

voi-ya-jeur   se   do-nèr   le   dé-man-ti;
Voyageurs   se   ¹donnèrent   le   démenti:
Travellers (themselves)-²each ³other- ¹gave the   lie:

oi-in-tô   t. il z. an vi-èn   t. ô z. in-jûr: il   z. a-lè
bientôt   ils   en †viennent aux injures: ils †allaient
soon   they *of *it   come   to *the insults: they were *going

t. an vnir ô min;   eu-reûz-man   un
en   †venir aux mains,   heureusement un
*of *it (to come to the hands)-coming to blows;- happily   a

troi-zi-èm   a-ri-va.   é!   mé-si-eu, kèl   vèr-tij!   ô-la
troisième   ¹arriva.   Eh! Messieurs, quel vertige!   Holà
third   arrived.   Eh! Gentlemen, what whim!   Holla

donk! kal-mé vou   z. un peu, j. vou prî. vo-lon-ti-é,
donc! ¹calmez-vous   un   peu, je vous ¹prie. Volontiers
then! calm yourselves a little. I ³you ¹beg ²of. Willingly.

21*

¹ ami. âne. te. écrit. mère être. idole. gîte. opéra. ôter. tout. voûte.
² at. arm. tub. ule. mare. there. idiom. eel. opera. over. too. fool.

di l.un; mè ju-jé not ke-rèl. de koi
†dit l' un; mais ¹jugez notre querelle. De quoi s'
said *the one;* *but* *judge* *our* *quarrel.* **of** *what (itself*

s.a-ji t.il! mo-si-eu sou-ti-in ke.l
²agit-il? Monsieur †soutient que le
acts it)–is the question? *[This] Gentleman* *maintains* *that the*

ka-mé-lé-on è ver; é moi, j.di k.il è bleû. soi-yé
Caméléon est vert; et moi, je †dis qu' il est bleu. Soyez
Camelion *is green; and* *I,* *I say that* *it is blue.* *Be*

d.a-kor, mé-si-eu, il n.è ni l.un ni
d' accord, messieurs, il n'est ni l' un ni
(of agreement)–reconciled– *gentlemen,* *it is neither the one nor*

l.ô-tre; il è noir. noir! vou ba-di-né. je.n ba-din
l' autre; il est noir. Noir! vous ¹badinez. Je ne ¹badine
the other; it is black. *Black! you jest.* *I jest*

pâ, j.vou z.a-sûr: j.an n.é un dan z.un boît, é
pas, je vous ¹assure: j' en ai un dans une boîte, et
*not, I ²you ¹assure: I *of *them have one in a box, and*

vou.l vè-ré dan z.un n.ins-tan. a-lors pour lè
vous le †verrez dans un instant. Alors pour les
*you ³it ¹shall ²see in an instant. Then *for ³them*

kon-fon-dre, le grâv ar-bi-tre ou-vre la boît, é l.a-ni-mal
¹confondre, le grave arbitre †ouvre la boîte, et l' animal
¹to ²confound, the grave arbiter opens the box, and the animal

pa-rè blan kom d.la nèj. voi-la nô
†paraît blanc comme de la neige. Voilà nos
*appears [as] white as *some snow. Behold our*

voi-ya-jeur tou t.é-to-né. a-lé, an-fan, a-lé, di.l
Voyageurs tout étonnés. †Allez, enfans, †allez, †dit
Travellers all astonished. *Go, children, go, said*

saj rèp-til: vou z.a-vé tou troi tor é rè-zon:
le sage reptile: vous avez tous trois tort et raison:
the sage reptile: you (have)–are– all three wrong and (reason)

vou m.a-vé kon-si-dé-ré sou di-fé-ran ra-por:
vous m' avez ¹considéré sous différens rapports:
right:– you ³me ¹have ²considered under different (reports)–

a-pre-né z.a ê-tre mo-dé-ré dan vô dé-si-zi-on,
†apprenez à être modérés dans vos décisions,
circumstances:– learn to be moderate in your decisions,

e.k prèsk tou t.è ka-mé-lé-on pour
et que presque tout est Caméléon pou'
and that almost (all)–every thing– is Cameleon for

¹ mur. mûr. jeune. jeûne. boite. boîte. ancro. ingrat. onde. un. amen.
¹ j, as s in pleasure. gn, as ni in union. ill, as lli in William.

vou.—il ne fô ja-mè sou-tnir sè z.o-pi-ni-on a-vè
vous.—Il ne †faut jamais †soutenir ses opinions avec
you.—(It)-one- must never maintain his opinions with

k.o-pi-ni-â-tre-té; sha-kun n.a la si-èn. il è ri-di-kul de
opiniâtreté; chacun a la sienne: il est ridicule de
obstinacy; every one has *the his: it is ridiculous *of

vou-loir i a-su-jè-tîr tou.l mond. il
†vouloir y ²assujettir tout le monde. Il
to wish ⁵to ⁶it ¹to ²subject (all the world)-³every ⁴body. (It)-one-

fô sa-voir dou-té dè shôz ki.n son pà
†faut †savoir ¹douter des choses qui ne sont pas
must *to know [how] to doubt *of the things which are not

z.é-vi-dant: s.è t.un moi-yin.d par-ve-nir a la vé-ri-té.
évidentes: c'est un moyen de †parvenir à la vérité.
evident; it is a means of (to attain)-attaining-*to the truth.

F. ka-tre vin kin-zi-èm.
F. Quatre-vingt-Quinzième.
F. Ninety-fifth.

l.a-bè-ill é l.a-rè-gné.
L' Abeille et l' Araignée.
The Bee and the Spider.

u- n.a-bè-ill é u- n.a-rè-gné dis-pu-tè t.un jour a-vèz
Une Abeille et une Araignée ¹disputaient un jour avec
A Bee and a Spider disputed one day with

bô-kou.d sha-leur, la kèl dè deû èk-sè-lè dan
beaucoup de chaleur, la quelle des deux ¹excellait dans
much *of heat, which of the two excelled in

lè z.ou-vraj d.âr ou.d jé-nî. pour moi, di
les ouvrages d' art ou de génie. Pour moi, †dit l'
the works of art or *of genius. As for me, said the

l.a-rè-gné, je pu-i.m van-té d.ê-tre la mè-ill-eur
Araignée, je †puis me ¹vanter d' être la meilleure
Spider, I can *myself *to boast of (to be)-being-the best

ma-té-ma-ti-si-èn d.l.u-ni-vèr. pèr-son ne sé
mathématicienne de l' univers. Personne ne †sait
mathematician of the universe. Nobody knows [how]

for-mé a-vèk tan d.âr ke moi dè li-gn, dè
former avec tant d' art que moi des lignes, des
to form with so much *of art as I *some lines. *some

¹ami. âne. te. écrit. mère. être. idole. gîte. opéra. ôter. tout. voûte.
² at. arm. tub. ale. mare. there. idiom. eel. opera. over. too. fool.

s.an-gle é dè sèr-kle près- k.in-pèr-sep-ti-ble a la vû;
angles et des cercles presque imperceptibles à la vue,
angles and *some circles almost imperceptible to the sight;

é tou sla san kon-pâ é san z.ô-kun n.ins-tru-man.
et tout cela sans compas et sans aucun instrument.
and all that without dividers and without any instrument.

le mi-èl ke vou fèt é don vou vou van-té
Le miel que vous †faites et dont vous vous ¹vantez
The honey which you make and of which you *yourself boast

tan, vou.l dé-ro-bé ô z.èrb é ô
tant, vous le ¹dérobez aux herbes et aux
so much, you *it steal (to the)-from the- herbs and (to the)

fleur. il è vrè, ré-pli-ka l.a-bè-ill, vou
fleurs. Il est vrai, ¹répliqua l' Abeille, vous
from the- flowers. It is true, replied the Bee, you

fèt dè li-gn, dè z.an-gle é dè sèr-kle; mè
†faites des lignes, des angles et des cercles; mais
make *some lines, *some angles and *some circles; but

vo- tr.ou-vraj è t.ô-si su-pèr-fi-si-èl ke vou mêm; un
votre ouvrage est aussi superficiel que vous-même; un
your work is as superficial as yourself; a

ba-lè dé-tru-i l.un n.é l.ô-tre san re-sours.
balai †détruit l' un et l' autre sans ressource.
broom destroys (the one and the other)-both- without resource.

le lar-sin don vou m.a-ku-zé, ne fè t.ô.kun tor
Le larcin dont vous m' ¹accusez, ne †fait aucun tort
The theft of which you ²me ¹accuse, does no harm

ô z.èrb é ô fleur: èl ne sou-fre pâ la
aux herbes et aux fleurs: elles ne †souffrent pas la
to the herbs and to the flowers: they suffer not the

mou-in-dre di-mi-nu-si-on d.leur kou-leur ni d.leur bo-
moindre diminution de leur couleur ni de leur bonne
least diminution of their colour nor of their good

n.ô-deur. ô-kun jar-di-ni-é ne.m shas de son
odeur. Aucun jardinier ne me ¹chasse de son
smell. No gardener ²me ¹drives ³away from his

jar-din; ô kon-trèr s.è la k.on bâ-ti
jardin; au contraire c' est là qu' on ²bâtit
garden; (to the)-on the- contrary it is there that they build

dè shâ-tô pour moi é pour mè seur. ô li-eu
des châteaux pour moi et pour mes sœurs. Au lieu
*some castles for me and for my sisters. Instead

mur. mûr. jeune. jeûne. boite. boîte. ancre. ingrat. onde. un. amen.
j, as *s* in pleasure. *gn*, as *ni* in union. *ill*, as *lli* in William.

de dé-tru-ir   mon n.ou-vraj   on n.an n.a.l
de †détruire   mon ouvrage   on en a   le
of (to destroy)—destroying— my work   they [5]of [6]it (has)—[1]take—[2]the

plu gran sou-in: on   re-keu-ill le mi-èl ke.j   fè: il
plus grand soin: on   [2]recueille le miel que je †fais: il
[3]greatest [4]care: they gather the honey that I make: it

èk-sèl par sa dou-seur, tou.s   ke   l.ès-pès an-ti-èr
[1]excelle par sa douceur, tout ce que l' espèce entière
*excels by its sweetness, all that *which the [2]species [1]whole*

dè z.a-rè-gné   peu fèr de plu   ku-ri-eû.
des Araignées †peut †faire de plus   curieux.
*of *the Spiders can *to do of (more)—the most— curious.*

je.n vou parl pâ dè di-fé-ran z.u-zaj d.la sir:
Je ne vous [1]parle pas des différens usages de la cire:
I   [4]to [5]you [1]do [3]speak [2]not of the different uses of the wax:

il son san non-bre. a-lé   fré-kan-té, si vou
ils sont sans nombre. †Allez   [1]fréquenter, si vous
*they are without number. Go [and] *to frequent, if you*

z.ô-zé, lè pa-lè dè roi, vou z.i vè-ré   mil
osez, les palais des rois, vous y †verrez   mille
dare, the palaces of the kings, you [3]there [1]will [2]see [a] thousand

bou-jî.   on trou- v.an-kor   mon n.ou-vraj dan
bougies. On [1]trouve encore   mon ouvrage dans
wax candles. [2]People [3]find (yet)—[1]besides— my work in

lè tan-ple dè di-eû: on brûl ma sir sur leur
les temples des dieux: on [1]brûle ma cire sur leurs
the temples of the gods: people burn my wax on their

z.ô-tèl; é vou z.èt trop eu-reûz, de pou-voir vou
autels; et vous êtes trop heureuse, de †pouvoir vous
*altars; and you are too happy, *of to be able [3]yourself*

foû-ré dan z.un pti vi-lin kou-in ou pèr-son ne
[1]fourrer dans un petit vilain coin où personne ne
to [2]place in a little ugly corner where nobody

pu-is vou voir. a-di-eu, ptit kré-a-tûr ri-di-kul é.
†puisse vous †voir. Adieu, petite créature ridicule et
*can [2]you *to [1]see. Adieu, little [4]creature [1]ridiculous [2]and*

pré-zonp tu-eûz: vou z.èt plèn de poi-zon, é vô
présomptueuse: vous êtes pleine de poison, et vos
[3]presumptuous: you are full of poison, and your

z.ou-vraj vou rsan-ble. tra-va-ill-é z.a vô li gn
ouvrages vous [1]ressemblent. [1]Travaillez à vos lignes
works [2]you [1]resemble. Work at your lines

ami. âne. te. écrit. mère. être. idole. gîte. opéra. ôter. tout. voûte
at. arm. tub. ale. mare. there. idiom. eel. opera. over. too. fool.

é a vô sèr-kle: on lè dé-tru-i sou-van dan.l
et à vos cercles: on les †détruit souvent dans le
and at your circles: people ³them ²destroy ¹often *in the

mêm ins-tan k.vou lè fèt: mon n.ou-vraj è
même instant que vous les †faites: mon ouvrage est
*same instant *that you ²them ¹make: my work is

tu-til, é dur-ra plu lon tan k.vou.—on.v
utile, et ¹durera plus long-temps que vous—On
useful, and will last (more long time)-longer-than you.—One

doi t.a-pré-si-é l.ès-pri, la si-ans é lè z.âr,
ne ²doit ¹apprécier l' esprit, la science et les arts,
ought not to value *the wit, *the science and the arts,

k.a pro-por-si-on k.il kon-tri-bû t.ô plè-zir
qu' à proportion qu' ils ¹contribuent aux plaisirs
only (to)-in- proportion (that)-as-they contribute to the ²pleasures

pèr-mi, ou ô bo-ñeur d.la vî.
permis, ou au bonheur de la vie.
(permitted)-¹lawful- or to the happiness of *the life.

F. ka-tre vin sè-zi-èm.
F. Quatre-vingt-seizième.
F. Ninety-sixth.

le sè-gneur é.l pé-i-zan..
Le Seigneur et le Paysan.
The Lord and the Peasant.

un pé-i-zan a-ma-teur du jar-di-naj, a-ve t.un jardin
Un Paysan amateur du jardinage, avait un jardin
A Peasant, lover of *the gardening, had a garden

pro-pre é spa-si-eû: il i kroi-sè d.l.o-sè-ill, d.la
propre et spacieux: il y †croissait de l' oseille, de la
neat and spacious: he ²there ¹raised *some sorrel, *some

lè-tû, dè z.ognon, dè shou, é tout sort de
laitue, des ognons, des choux, et toutes sortes de
lettuce, *some onions, *some cabbages, and all sorts of

pro-vi-zi-on, mèm dè fleur. sèt fé-li-si-té fu trou-blé
provisions, même des fleurs. Cette félicité fut ¹troublée
provisions, even *some flowers. This felicity was troubled

par un li-è-vre: not pé-i-zan s.an plè-gni t.a un
par un lièvre: notre Paysan s' en ¹plaignit à un
by a hare: our Peasant *himself ²of ²it ¹complained to a

mur. mûr. jeune. jeûne. boite. boîte. ancre. ingrat. onde. un. amen.
j, as s in pleasure. gn, as ni in union. ill, as lli in William

sè-gneur du voi-zi-naj. se mô-di t.a-ni-mal, di t.il,
Seigneur du voisinage. Ce maudit animal, †dit-il,
Lord of the neighbourhood. This wicked animal, said he.

vi-in soir é ma-tin pran-dre son rpâ dan mon
†vient soir et matin †prendre son repas dans mon
comes evening and morning to take his repast in my

jar-din, é.s ri dè pi-éj; lè pi-èr é
jardin, et se †rit des piéges; les pierres et
garden, and *himself laughs (of the)-at the-snares; the stones and

lè bâ-ton ne peuv le sha-sé; il è sor-si-é,
les bâtons ne †peuvent le ¹chasser; il est sorcier,
the sticks ²not ¹are ³able ⁶him ⁴to ⁵drive ⁷away; he is [a] sorcerer,

je kroi. sor-si-é! vou ba-di-né, di.l sè-gneur:
je †crois. ˙Sorcier! vous ¹badinez, †dit le Seigneur:
I believe. Sorcerer! you jest, said the Lord:

fu t.il di-a-ble, mi-rô l.a-tra-pra; j.vou z.an
fut-il diable, Miraut l'. ¹attrapera; je vous en
was he [a] demon, Jowler ³him ¹will ²catch; I *to ²you *of *it

ré-pon, mon bon n.om: vou z.an sré dé-fè, sur
¹réponds, mon bon homme: vous en serez †défait sur
¹warrant, my good man: you ⁴of ⁵it ¹shall ²be ³rid, on

mon n.o-neur. é kan, mo-si-eu? dè dmin:
mon honneur. Et quand, Monsieur? Dès demain: je
my honour. And when, Sir? To morrow: I

j.vou.l pro-mè: kon-té la dsu. vrè-man
vous le †promets: ¹comptez là-dessus. Vraiment
*to ²you *it ¹promise: depend (thereupon)–upon it. Truly

j.vou z.an sré trè z.o-bli-jé. le land-min,
je vous en serai très ¹obligé. Le lendemain,
¹I ⁷to ⁸you ⁹for ¹⁰it ²shall ³be ⁴very [⁵much] ⁶obliged. The next day,

le sè-gneur vin t.a-vèk sè jan: voi-yon dé-jeu-non,
le Seigneur †vint avec ses gens: †voyons ¹déjeunons,
the Lord came with his servants: (let us see)–well- let us breakfast,

di t.il: vô pou-lè son t.il tan-dre? vô jan-bon z.on
†dit-il: vos poulets sont-ils tendres? ˙Vos jambons ont
aud he: ²your ³chickens ¹are *they tender? Your hams (have

trè bon min. mo-si-eu, il son *a vot
très-bonne mine. Monsieur, ils sont à votre
very good mien)–look well. Sir, they are at your

sèr-vis. vrè-man j.le rsoi !è tou mon
service. Vraiment je les ²reçois de tout mon
service. Truly I ²them ¹accept (of)–with- ill my

¹ami. âne. te. écrit. mère. être. idole. gîte. opéra. ôter. tout. voûte
² at. arm. tub. ale. mare. there. idiom. eel. opera. over. too. fool.

keur.   il dé-jeun trè bien a-vèk tout sa kon-pa·gnî,
cœur.   Il 'déjeune très-bien avec toute sa compagnie,
heart.   He breakfasts very well with all his company,

shi-in, shvô   z.é va.lè, jan.d   bon n.a-pé-ti. il
chiens, chevaux et valets, gens de bon appétit.   Il
dogs,   horses   and groom s, people of good appetite. He

ko-mand   dan   la mè-zon du pé-i-zan, manj   sè
commande dans la maison du Paysan,   'mange ses
commands   in   the house of the Peasant, eats   his

jan-bon é sè pou-lè, boi   son vin, é ri.d
jambons et ses poulets, †boit son vin, et †rit de
hams   and his chickens, drinks his wine, and laughs (of)—at

sa stu-pi-di-té. le dé-jeu-né fi-ni, sha-kun.s   pré-p'àr:
sa stupidité.   Le déjeuner fini, chacun se 'prépare:
his stupidity.   The breakfast finished, each one ²himself ¹prepares:

lè kor é lè shi-in   fon t.un tèl tin-ta-mâr ke.l
les cors et les chiens †font un tel tintamarre   que le
the horns and the dogs make ²a ¹such noise   that the

bon   n.om   an n.è t.é-tour-di.   on   ko-mans la
bon homme   en est ²étourdi. On 'commence la
good man *of *it is stunned. They begin   the

shas; a-di-eu sa-lad, o-zè-ill, o-gnon, fleur, dan z.un
chasse; adieu salade, óseille, ognons, fleurs, dans un
chase; adieu salad, sorrel, onions, flowers, in an

n.ins-tan.l po-ta-jé è dan z.un pô- vr.é-ta. span-dan
instant le potager est dans un pauvre état. Cependant
instant the kitchen garden is in a poor state. Yet

le li-è-vre jî sou z.un grô shou: on.l   gèt, on.l
le lièvre †gît sous un gros chou: on le 'guette, on
the hare lies under a large cabbage: they ²him ¹watch, they

         lans, il se   sôv   par un grand   ou-vèr-tûr
le 'lance, il se 'sauve par une grande ouverture
²him ¹start, he *himself escapes through a great gap

k.l. on n.a-vè fèt par or-dre du sè-gneur pour i
que l'on avait †faite par ordre du Seigneur pour y
that they had made by order of the Lord *for *there

fèr pa-sé lè shvô: in-si il fè t.a-vèk sè jan
faire 'passer les chevaux: ainsi il †fît avec ses gens
to make *to ³pass ¹the ²horses: thus he made with his people

plu.d dé-gâ dan.l jar-din du bon · n.om, ke tou
plus de dégât dans le jardin du bon homme, que tous
more *of havock in the garden of the good man, than all

¹ m*u*r. m*ú*r jeu*n*e. jeû*n*e. boi*t*e. boî*t*e. ancr*é*. ingrat. ond*e*. u*n*. a*men*.
¹ j, as *s* in plea*s*ure. *gn*, as *ni* in un*i*on. *ill*, as *lli* in Wi*lli*am

lè li-è-v*r*e du pé-i n. an n. o-rè pu fèr.——il
les lièvres du pays n' en auraient †pu †faire.—Il
the hares of the country *not *of *it would have been able to make.—It

vô mi-eû sa-voir pèr-dre u*n* ba-ga-tèl san.*s*
†vaut mieux †savoir ⁴perdre une bagatelle sans
is *worth better *to *know to lose a trifle without

plin-dre, ke. d s. èks-po-zé a
se †plaindre, que de s' 'exposer à
(one's self to complain)—complaining,-than *of ³one's self ¹to ²expose to

fèr u*n* pèrt kon-si-dé-ra-ble: pars ke lè *r*mèd
†faire une perte considérable: parce que les remèdes
*to make a ²loss ¹considerable: because the remedie.

k. l. on pran, son kèlk foi pir ke.*l* mal don
que l'on †prend, sont quelquefois pires que le mal dont
hat one takes, are sometimes worse than the evil of which

. on. *s* plin.
on se †plaint.
one *himself is complaining.

F. ka-tre vin dis sè-ti-èm.
F. Quatre-vingt-dix-septième.
F. *Ninety-seventh.*

le né-go-si-an é son voi-zi*n*
Le Négociant et son Voisin.
The Merchant and his Neighbour.

sèr-tin né-go-si-an, di pil-pé, de pèrs ou d *la*
Certain Négociant, †dit Pilpay, de Perse ou de la
[A] certain Merchant, said Pilpay, of Persia or of *the

shin, a-lan t. un jour fèr un voi-yaj, mi t. an dé-pô
Chine, †allant un jour †faire un voyage, †mit en dépôt
China, going one day to make a voyage, put in deposit

shé son voi-zin un kin-tal de fèr: n. é-yan
chez son Voisin un quintal de fer: n'ayant
(at)-with- his Neighbour a hundred weight of iron: having

pâ z. u tou. l suk-sè k. il ès-pé-rè, il s. an rtour-na
pas eu tout le succès qu' il 'espérait, il s'en 'retourna
not had all the success that he hoped, he came back

a la mè-zon. la pre-mi-èr shôz k. il fi t. a
à la maison. La première chose qu' il †fit à
(to the house)-home. The first thing *that he did (at)—on

22

¹ ami. âno. te. écrit. mère être. idole. gîte. opéra. ôter. tout. voûte
² at. arm. tub. ale. mare. there. idiom. eel. opera. over. too. fool.

son rtour, fu d.a-lé shé soa n.a-mi: mon fer di t.il.
son retour, fut d' †aller chez son ami: †Mon fer †dit-il.
his return, was *of to go to his friend: My iron said he.

vot fèr! je su-i fâ-shé.d vou ‿ z.a-non-sé un mô-vèz
Votre fer! je suis ¹fâché de vous ¹annoncer une mauvaise
Your iron! I am sorry *of ³to ⁴you ¹to ²announce *a bad

nou-vèl. un n.ak-si-dan è t.a-ri-vé, ke
nouvelle. Un accident est ¹arrivé, que
news. An accident (is arrived)–has happened that

pèr-son ne pou-vè pré-voir, un ra l.a tou man-jé;
personne ne †pouvait †prévoir; un rat l' a tout ¹mangé;
nobody could foresee; a rat ³it ¹has ⁴all‿ ²eaten;

mè k.i fèr? il i a tou-jour
mais qu' y †faire? Il y a toujours
but what (to it to do)–is to be done? *It there-(has)–is- always

dan z.un gre-ni-é kèlk trou par ou sè
dans un grenier quelque trou par où ces
in a garret some hole (by where)–through which–those

pti z.a-ni-mô z.an-tre, é fon mil dé-gâ. le
petits animaux ¹entrent, et †font mille dégats. Le
little animals enter, and do [a] thousand injuries. The

né-go-si-an s.é-ton d.un tèl pro-dij,
Négociant s' ¹étonne d' un tel prodige,
Merchant (himself astonishes)–is astonished–(of)–at–²a ¹such prodigy,

é fin de.l kroir: kèlk z.eur z.a-prè il trouv
et †feint de le †croire: quelques heures après il ¹trouve
and feigns *of ³it ¹to ²believe: some hours after he finds

l.an-fan.d son voi-zin dan z.un n.an-droi t.é-kar-té, il le
l' enfant de son Voisin dans un endroit écarté, il le
the child of his Neighbour in a ²place ¹retired, he ²him

mèn shé lu-i é l.an-fèrm a klé
mène chez lui et l' ¹enferme à clef
¹leads (at him)–²to his house–and ²him ¹shuts ³up (at)–with the–key

dan z.un shan-bre: le land-min il in-vit le pèr a
dans une chambre: le lendemain il ¹invite le père à
in a chamber: the next day he invites the father to

sou-pé. dis-pan-sé moi, je vou z.an su-pli; tou
souper. ¹Dispensez-moi, je vous en ¹supplie; tous
supper. Excuse me, I ³you *of *it ¹beg [²of;] all

lè plè-zir son pèr-du pour moi. on m.a dé-ro-bé
les plaisirs sont ⁴perdus pour moi. On m' a ¹dérobé
*the pleasures are lost for me. One *to ³me ¹has ²robbed

mur. mûr. jeune. jeûne. boite. boîte. ancro. ingrat. onde. un. amen.
j, as *s* in pleasure. *gn*, as *ni* in union. *ill*, as *lli* in William.

       mon fis: je n.é   k.lu-i; mè ke   di.j?   é-làs
       mon fils: je n' ai que lui; mais que †dis-je? Hélas
[*of*] *my son: I have only him; but what do ²say ¹I? Alas*

je.N   l.é   plu.   je su-i fâ-shé   c.a-pran-dre
je ne l' ai plus. Je suis ¹fâché d' †apprendre
I ³no ²him ¹have more. I am sorry *of (to learn)-to hear-

sèt nou-vèl. la pèrt d.un fi z.u-nik doi
cette nouvelle. La perte d' un fils unique ³doit
  this news. The loss of an ²son ¹only (ought)-¹must-

vou z.ê-tre trè san-si-ble: · mè mon shèr
vous être très-sensible: mais mon cher
⁵to ⁶you *to ²be ⁷very (sensible)-⁴afflicting:- but my dear

voi-zin, je vou di-ré   k.i-yèr ô soir, kan.j
Voisin, je vous †dirai qu' hier au soir, quand
Neighbour, I *to ³you ¹shall ²tell that yesterday *at *the evening, when

      par-ti d.i-si, un i-bou an-lva vot fis. me
je †partis d' ici, un hibou ¹enleva votre fils. Me
I departed from here, an owl carried away your son. ⁴Me

pre-né vou pour un n.in-bé-sil, de vou-loir me fèr
¹prenez-vous pour un imbécille, de †vouloir me †faire
¹do ³take ²you for a fool, *of to wish ³me ¹to ²make

a-kroir un tèl **man-sonj**?   koi! un i-bou ki   pèz
†accroire un tel mensonge? Quoi! un hibou qui ¹pèse
*to believe ²a ¹such lie? What! ²an ³owl ⁴which ⁵weighs

tou t.ô plu   deû z.ou troi li-vre, peu t.il
tout au plus   deux ou trois livres, †peut-il
*all ⁶at ⁷the (more)-⁸most- ⁹two ¹⁰or ¹¹three ¹²pounds, ¹can *he

an-lvé un n.an-fan ki an pèz ô mou-in
¹enlever un enfant qui en ¹pèse au moins
³carry away a child who *of *them weighs at *the least

sin-kant? la shôz me pa-rè t.ab-surd é in-po-si-ble.
cinquante? La chose me †paraît absurde et impossible.
  fifty? The thing ²to ³me ¹appears absurd and impossible

je.N pu-i vou dir ko-man sla.s   fit;
Je ne †puis vous †dire comment cela se †fût;
I ²not ¹can *to ⁴you ³tell how that (itself did)-happened;-

mè   j.l.é vu.d   mè z.i-eû, vou di.j.
mais je l' ai †vu de mes yeux, vous †dis-je.
but I ³it ¹have ²seen (of)-with- my eyes, ³to ⁴you ²say ¹I

    d.a-ill-eur, pour-koi trou-vé vou   z.é-tranj é
D'ailleurs, pourquoi ¹trouvez-vous étrange et
    Besides why do ²find ¹you [it] strange and

ami. âne. te. écrit. mère. être. idole. gîte. opéra. ôter. tout. voûte.
²at. arm. tub. ale. mare. there. idiom. eel. opera. over. too. fool.

in-po-si-ble, ke lè i-bou d.un pé-i ou. un seul ra
impossible, que les hiboux d'un pays où un seul rat
impossible, that the owls of a country where a single rat

manj un kin-tal de fèr, an-lèv t.un n.an-fan
¹mange un quintal de fer, ¹enlèvent un enfant
eats a hundred weight of iron, [should] carry away a child

ki.n pèz k.un dmi kin-tal? le voi-zin
qui ne 'pèse qu' un demi quintal? Le Voisin
which weighs but ²a ¹half hundred weight? The Neighbour

sur sla, trou-va k.il n.a-vè pá z.a fèr a
sur cela, ¹trouva qu' il n'avait pas à †faire à
upon that, found that he had not to (★)-deal-(to)-with-

un sô, é il ran-di.l fèr ô né-go-si-an an n.é-shanj
un sot, et il ⁴rendit le fer au Négociant en échange
a fool, and he returned the iron to the Merchant in exchange

de son fis.——il è ri-di-kul de vou-loir fèr
de son fils.——Il est ridicule de †vouloir †faire
*(of)-for- his child.——It is ridiculous *of to wish to make [people]*

kroir dè z.in-po-si-bi-li-té. kan t.un kont è
†croire des impossibilités. Quand un conte est
**to believe *some impossibilities. When a story is*

t.ou-tré on n.a tor de shèr-shé a.l
outré on a tort de ¹chercher à
extravagant one (has wrong of to search)-is wrong to endeavour-to

kon-ba-tre par dè rè-zon-man.
le †combattre par des raisonnemens.
*¹it ¹combat by *some reasoning.*

———

F. ka-tre vin di z.u-i-ti-èm.
F. Quatre-vingt-dix-huitième.
F. *Ninety-eighth.*

le sèr-pan é lè gre-nou-ill.
Le Serpent et les Grenouilles.
The Serpent and the Frogs.

un sèr-pan, de-vnu vi-eû é in-firm, ne pou-vè
Un Serpent, devenu vieux et infirme, ne †pouvait
A Serpent, become old and infirm, was ²able

plu z.a-lé shèr-shé sa nou-ri-tûr: il é-tè sur le
plus †aller ¹chercher sa nourriture: il était sur le
*¹not to go [and] *to look for his food: he was on the*

mur. mûr. jeune. jeûne. boite. boîte. ancre. ingrat. onde. un. amen
j, as s in pleasure.   gn, as ni in union.   ill, as lli in William

pou-in.d   mou-rir   de fin.   dan sèt ma-leu-reûz
point de †mourir   de faim.   Dans cette malheureuse
point of *(to die)-dying-* *of hunger.* *In this unhappy*

si-tu-a-si-on, il dé-plo-rè dan sa so-li-tud lè z.in-fir-mi-té
situation, il ¹déplorait dans sa solitude les infirmités de
situation, he deplored in his solitude the infirmities of

d.l.âj,   é   sou-è-tè   t.an vin   d.a-voir la   fors   k.il
l' âge, et ¹souhaitait en vain d' avoir la force qu' il
the age, and wished in vain *of to have the strength which he

a-vè   t.û   dan   sa   jeu-nès.   span-dan   la   fin
avait eue dans sa jeunesse. Cependant la faim
had had in his youth.   However *the ²hunger

prè-sant   lu-i   an-sè-gna,   ô li-eu.d   sè
·pressante lui ¹enseigna, au lieu de ses
¹pressing *to ⁴him ³taught, (at the place)-instead- of his

la-man-ta-si-on, un stra-ta-gêm pour trou-vé.d   koi.s
lamentations, un stratagême pour ¹trouver de quoi
lamentations, a stratagem *for to find (of what)-

           nou-rir; il se trê-na lant-man t.ô
       se ²nourrir; il se ¹traîna lentement au
wherewith-³himself ¹to ²nourish; he *himself crept slowly to the

bor   d.un   fo-sé   ou   il   i   a-vè   t.un gran non-bre
bord d' un fossé où il y avait un grand nombre
brink of a ditch where *it there (had)-was- a great number

de   gre-nou-ill.   é-tan   t.a-ri-vé a.s li-eu.d   dé-lis
de Grenouilles. Etant ¹arrivé à ce lieu de délices
of Frogs. (Being)-having-arrived at that place of delights

é   d.a-bon-dans,   le   sèr-pan   pa-rè-sè   trè   trist   é
et d'¹ abondance, le Serpent †paraissait très triste et
and of abundance, the Serpent appeared very sad and

ek-strêm-man ma-lad; sur koi   un gre-nou-ill   lèv
extrêmement malade; sur quoi une Grenouille ¹lève
extremely sick; upon which a Frog raises

la   têt,   é   lu-i   dmand   s.k.il   shèrsh'
la tête, et lui ¹demande ce qu' il ¹cherche!
(the)-her-head, and *to ²him ¹asks what he searches?

d.la   nou-ri-tûr: je su-i prè.d   mou-rir   de   fin
De la nourriture: je suis près de †mourir   de faim;
*some food: I am near (of to die)-dying- of hunger

de gras,   è-dé moi dan mon n.èk-strêm be-sou-in: il   i
de grâce, ¹aidez-moi dans mon extrême besoin: il y
(of grace)-pray,-help me in my extreme want: it *there

22*

'am'. âne. te. écrit. mère être. idole. gîte. opéra. ôter. tout. voûte
² at. arm, tub. ale. mare. there. idiom. eel. opera. over. too. fool.

a deû jour ke.j n.é ri-in manjé,
a deux jours que je n' ai rien ¹mangé, je
(*has*)–*is*–*two days* (*that*)–*since*–*I have* ²*any* ³*thing* ¹*eaten,* 1

j.vou z.a-sûr. ke vou fô t.il? é-lâs!
vous ¹assure. Que vous †faut-il? Hélas!
²*you* ¹*assure. What* (*to you must it*)–*do you want? Alas!*

j.é bô-kou de rgrè de.s ke j.é fè
j' ai beaucoup de regret de ce que j' ai †fait
I have much *of regret (*of*)–*for– what I have done*

dan ma jeu-nès: ô-tre-foi je man-jè lè kré-a-tûr de
dans ma jeunesse: autrefois je ¹mangeais les créatures de
in my youth: formerly I ate the creatures of

vo- tr.ès-pès ke.j pou-vè pran-dre; mè a pré-zan je
votre espèce que je †pouvais †prendre; mais à présent je
your species that I could catch; but now I

su-i si ma-leu-rcû ke je.ɴ pu-i ri-in n.a-tra-pé pour
suis si malheureux que je ne †puis rien ¹attraper pour
am so unfortunate that I can ²*nothing* *to ¹*catch* *for

vi-vre. je.m re-pan trè sin-sèr-man d.ma kru-ô-té,
†vivre. Je me †repens très sincèrement de ma cruauté,
to live. I **myself repent very sincerely of my cruelty,*

d.ma gour-man-diz, é d.a-voir man-jé tan.d
de ma gourmandise, et d' avoir ¹mangé tant
of my gluttony, and (*of to have*)–*for having– eaten so many*

gre-nou-ill, ke je.ɴ pu-i vou z-an dir
de Grenouilles, que je ne †puis vous en †dire
**of Frogs, that I* ²*not* ¹*can* *to ⁴*you* *of *them *to ³*tell*

le non-bre. je vi-in z.i-si pour vou dman-dé
le nombre. Je †viens ici pour vous ¹demander
the number. I come here *for (*to you*)–³*your–* ¹*to* ²*ask*

par-don; é pour vou mon-tré la sin-sé-ri-té de mon
pardon; et pour vous ¹montrer la sincérité de mon
pardon; and *for *to ³*you* ¹*to* ²*show the sincerity of my*

rpan-tir, je m.o-fre a ê-tre vo- tr.ès-klav, a vou
repentir, je m' †offre à être votre esclave, à vous
repentance, I ²*myself* ¹*offer to be your slave,* *to ²*you*

z.o-bé-ir, é a vou por-té sur mon dô, par-tou t.ou il
²obéir, et à vous ¹porter sur mon dos, partout où il
¹*obey, and* *to ³*you* ¹*to* ²*carry on my back, wherever it*

vou plè-ra. lè gre-nou-ill, shar-mé dè
vous †plaira. Les Grenouilles, charmées des
²*you* ¹*shall* ²*please. The Frogs, charmed* (*of the*)–*with the-*

¹ m*u*r. m*û*r. je*u*ne. je*û*ne. b*oi*te. bo*î*te. *a*ncre. *i*ngrat. *o*nde. *u*n. ame**n**
⁴ j, as *s* in pleasure. *gn*, as *ni* in union. *ill*, as *lli* in William

pro-tès-ta-si-on du sèr-pan, ak-sèpt sè z.o-fre gra-si-eûz;
protestations du Serpent, ¹acceptent ces offres gracieuses;
protestations of the Serpent, accept his ²offers ¹gracious;

èl z.èm t.à voi-ya-gé: a l.ins-tan èl mont sur
elles ¹aiment à ¹voyager: à l'instant elles ¹montent sur
they like to travel: immediately they mount on

le dô.d leur en-mi: kèl plè-zir! mè z.il fu.d
le dos de leur ennemi: quel plaisir! mais il fut de
the back of their enemy: what [a] pleasure! but it was of

kourt du-ré: tou lè plè-zir le son. mè-dam, di.l
courte durée: tous les plaisirs le sont. Mesdames, †dit
short duration: all the pleasures ²so ¹are. Ladies, said

ran-pan ti-po-krit, si vou vou-lé ke.j vou sèrv
le rampant hypocrite, si vous †voulez que je vous †serve
the creeping hypocrite, if you wish that I ²you ¹serve

lon tan, vou dvé.m nou-rir, ou.j
long-tems, vous ³devez me ²nourrir, ou je
*[a] long time, you (ought)–must– ²me *to ¹feed, or I*

mour-ré.d fin: la dsu il krok lè sot
†mourrai de faim: là dessus il ¹croque les sottes
shall die of hunger: thereupon he eats up the foolish

grè-nou-ill k.il a-vè sur le dô.— il ne fô
Grenouilles qu' il avait sur le dos.— Il ne †faut
Frogs which he had on (the)–his–back.—(It)–one– must

ja-mè.s fi-é a un n.en-mi, kèlk pro-tès-ta-si-on
jamais se ¹fier à un ennemi, quelques protestations
*never ²himself *to ¹trust to an enemy, whatever protestations*

d.a-mi-ti-é k.il fas; kâr mal-gré tout sè
d' amitié qu' il †fasse; car malgré toutes ses
*of friendship *that he may make; for notwithstanding all his*

bèl pa-rol, il ne shèrsh k.a tron-pé: sè ka-rès
belles paroles, il ne ¹cherche qu' à ¹tromper: ses caresses
fine words, he seeks only to deceive: his ²caresses

mêm son dè tra-i-zon ka-shé.
mêmes sont des trahisons cachées.
*(themselves)–¹very– are *some ²treasons ¹hidden.*

P 2

¹ ami. âne. te. écrit. mère. être. idole. gîte. opéra. ôter. tout. voûte
² at. arm. tub. ale. mare. there. idiom. eel. opera. over. too. fool.

F. ka-tre vin diz neu-vi-èm.
F. Quatre-vingt-dix-neuvième.
F. *Ninety-ninth.*

le pé-i-zan é la kou-leu-vre
Le Paysan et la Couleuvre.
The Peasant and the Adder.

un pé-i-zan, a-lan t.ô boi a-vè k.un sak, trou-va un
Un Paysan, †allant au bois avec un sac, 'trouva une
A Peasant, going to the wood with a bag, found an

kou-leu-vre: â! â! di t.il tu n.é-sha-prâ pâ: tu
Couleuvre: Ah! ah! †dit-il tu n'¹échapperas pas: tu
Adder: Ah! ah! said he thou shalt ²escape ¹not: thou

vi-in-drâ dan.s sak é tu mour-râ. l.a-ni-mal
†viendras dans ce sac et tu †mourras. L' animal
shalt come into this bag and thou shalt die. The animal

lu-i di: k.é.j fè pour mé-ri-té un tèl
lui †dit: Qu' ai- je †fait pour ¹mérité un tel
*²to ³him ¹said: What have I done *for to deserve *a such*

trèt-man? se.k tu â fè? tu è.l sin-bol
traitement? Ce que tu as †fait? Tu es le symbole
treatment? What ²thou ¹hast ³done? Thou art the symbol

de l.in-gra-ti-tud, le plu z.o-di-eû de tou lè vis. s.il
de l' ingratitude, le plus odieux de tous les vices. S' il
*of *the ingratitude, the most odious of all the vices. ¹If *it*

fô.k tou lè z.in-grâ meur, ré-pli-ka
†faut que tous les ingrats †meurent, ¹répliqua
*⁶must *that ²all ³the ⁴ungrateful [⁵creatures] ⁷die, replied*

ar-di-man le rèp-til, vou vou kon-da-né vou mêm:
hardiment le reptile, vous vous ¹condamnez vous-même:
*boldly the reptile, you *yourself condemn yourself:*

de tou lè z.a-ni-mô, l.om è le plu z.in-gra.
de tous les animaux, l' homme est le plus ingrat.
*of all the animals, *the man is the most ungrateful*

l.om! di.l pé-i-zan, sur-pri d.la ar-di-ès
L' homme! †dit le Paysan, surpris de la hardiesse de
**The man! said the Peasant, surprised (of)–at–the boldness of*

l.la kou-leu-vre; je pou-rè t.é-kra-zé dan l.ins-tan.
la Couleuvre; je †pourrais t' ¹écraser dans l' instant;
*the Adder, I could ²thee *to ¹crush in (the)–an–instant.*

mè.j veû m.an ra-por-té a kèlk juj.
mais je †veux m' en ¹rapporter à quelque juge.
*but I will *myself *of *it ¹refer ¹o some judge.*

⁵mur. mûr. jeune. jeûne. boite. boîte. ancre. ingrat. onde. un. amen.
⁴j, as s in pleasure. gn, as ni in union. ill, as lli in William.

j.i kon-san. uɴ vash é-tè t.a kèlk dis-tanѕ:
J' y †consens. Une vache était à quelque distance:
I ²to ³it ¹consent. A cow was at some distance:

on l.a-pèl, èl vi-in; on lu-i pro-pôz le câ.
on l' ¹appelle, elle †vient; on lui ¹propose le cas.
they ²her ¹call, she comes; they ²to ³her ¹propose the case

s.é-tè bi-in la pèɴ de m.a-plé,
C'était bien la peine de m' ¹appeler.
It was (well the trouble)-not worth the while-*of ³me ¹to ²call,

di t.èl; la shôz è klèr; la kou-leu-vre a rè-zon.
†dit-elle; la chose est claire; la Couleuvre a raison.
said she; the thing is clear; the Adder (has reason)-

je nou-ri l.om de mon lè; il an
Je †nourris l' homme de mon lait; il en
is right. I nourish *the man (of)-with- my milk; ¹he ⁶of ⁷it

fè du beur é du fro-maj: é pour se bi-in-fè,
†fait du beurre et du fromage: et pour ce bienfait,
²makes *some ³butter ⁴and *some ⁵cheese: and for this benefit,

il manj mè z.an-fan: a pèɴ son t.il né k.il
il ¹mange mes enfans: à peine sont-ils †nés qu'ils
he eats my children: hardly are they born (that)-when they-

son t.é-gor-gé é kou-pé an mil mor-sô. se
sont ¹égorgés et ¹coupés en mille morceaux. Ce
are slaughtered and cut in [a] thousand pieces. This

n.è pâ tou, kan.j su-i vi-è-ill, é ke je.ɴ lu-i
n'est pas tout, quand je suis vieille, et que je ne lui
is not all, when I am old, and that I ³no *to ²him

doɴ plu d.lè, l.in-gra m.a-som
donne plus de lait, l' ingrat m' ¹assomme
¹give ⁴more *of milk, the ungrateful [creature] ²me ¹knocks down

san pi-ti-é: ma pô mêm n.è pâ z.a l.a-bri
sans pitié: ma peau même n'est pas à l' abri
without mercy: my skin itself is not (at the shelter)-sheltered-

d.son n.in-gra-ti-tud: il la tan é an fè dè
de son ingratitude: il la ¹tanne et en †fait des
from his ingratitude: he ²it ¹tans and ⁵of ⁶it ¹makes *some

bot é dè sou-li-é; de la je kon-klu k.l.om
bottes et des souliers; de-là je †conclus que l' homme
²boots ³and *some ⁴shoes; hence I conclude that *the man

è.l vrè sin-bol d.l.in-gra-j-tud. a.di-eu; j.é di
est le vrai symbole de l' ingratitude. Adieu; j' ai †dit
is the true symbol of *the ingratitude. Adieu; I have said

¹ ami. âne. te. écrit. mère. être. idole. gîte. opéra. ôter. tout. voûte
² at. arm. tub. ale. mare. there. idiom. eel. opera. over. too. foul

se ke.j   pans.   l.om,   tou t.é-to-né, di t.ô
ce que je 'pense. L' homme, tout étonné, †dit au
what I think. The man, quite astonished, said to the

sèr-pan: je.ɴ   kroi   pâ   s.ke   sèt   ra-do-teûz
Serpent: Je ne †crois pas ce que cette radoteuse
Serpent: I do ²believe ¹not what this doting creature

a di; èl a pèr-du l.ès-pri: ra-por-ton
a †dit; elle a 'perdu l' esprit: ¹rapportons
has said; she has lost (the mind)–her senses:– let us refer

nou z.an a la dé-si-ʒi-on de sè t.ar-bre. de   tou mon
nous en à la décision de cet arbre. De   tout mon
*ourselves *of *it to the decision of this tree. (Of)–with–all my

keur.   l.ar-bre é tan pri pour juj, se fu bi-in pi
cœur. L' arbre étant †pris pour juge, ce fut bien pis
heart. The tree being taken for judge, it was *very ²worse

an-kor. je mè l.om a l.a-bri dè z.o-raj,
encore. Je †mets l' homme à l' abri des orages,
¹still. I *put *the ²man *to *the ¹shelter from the storms,

d.la sha-leur é d.la plu-î. an n.é-té il trouv
de la chaleur et de la pluie. En été il ¹trouve
from the heat and from the rain. In summer he finds

sou mè bransh u- n.on- br.a-gré-a-ble: je pro-du-i dè
sous mes branches une ombre agréable: je †produis des
under my branches an ²shade ¹agreeable: I produce *some

fleur é du fru-i; span-dan, a-prè mil sèr-vis,
fleurs et du fruit; cependant, après mille services,
flowers and *some fruit; yet, after [a] thousand services,

un ma-nan me fè ton-bé a   tèr a kou
un manant me †fait ¹tomber à   terre à coups
a clown (me makes to fall to)–falls me to the–ground *at *blows

de   ash: il koup tout mè bransh, an
de   hache: il ¹coupe toutes mes branches, en
(of)–with an– axe: he cuts all my branches, ³of ⁴them

fè du feu, é ré-zèrv mon kor pour ê-tre si-é
¹fait du feu, et ¹réserve mon corps pour être ¹scié
makes *some ²fire, and keeps my body *for to be sawed

an plansh: l.om, se voi-yan t.in-si kon-vin-ku:
en planches. L' homme, se †voyant ainsi †convaincu'
into planks. The man, ²himself ¹seeing thus convicted.

je su-i bi-in sô, di t.il, d.é-kou-té uɴ ra-do-teûz
Je suis bien sot, †dit-il, d' écouter une radoteuse
I am very foolish, said he, to listen [to] a doting creature

¹ mur. mûr. jeune. jeûne. boite. boîte. ancre. ingrat. onde. un. ameN.
⁴ j as s in pleasure. gn, as ni in union. ill, as lli in William.

         un   ja-zeur.   ô-si-tô   il   fou-la   la   kou-leu-vre
Et un jaseur. Aussitôt il ¹foula la couleuvre
and [to] a prattler. Immediately he trod the adder

    ô   pi-é,   é   l.é-kra-za.——le plu for a
aux   pieds, et l' ¹écrasa.—Le plus fort a
(to the)–under his–feet, and ²it ¹crushed.—The stronger (has)–is-

tou-jour rè-zon,   é   o-prim   le plu fè-ble,
toujours raison,   et ¹opprime le plus faible,
always (reason)-in the right,—and oppresses the weaker,

pars ke la fors é la pa-si-on son soûrd a la voî
parce que la force et la passion sont sourdes à la voix
because *the strength and *the passion are deaf to the voice

  d.la jus-tis é   d.la vé-ri-té.
de la justice et de la vérité.
of *the justice and *of *the truth.

            F.   san-ti-èm.
            F.   Centième.
            F.   Hundredth.

  le ra.d   vil   é.l   ra dè   shan.
Le Rat de Ville et le Rat des Champs.
The ²Rat *of ¹City and the ²Rat (of the Fields)–¹country.

  un ra.d   vil a-la ran-dre   vi-zit a un ra
Un Rat de Ville ⁺alla ⁴rendre   visite à un Rat
A ²Rat *of ¹City went (to render)-to pay-[u] visit to a ²Rat

  dè shan,   son n.an-si-in kon-pèr   soi-yé.l
des Champs,   son ancien compère. Soyez le
(of the Fields,)–¹country-his ancient compeer. Be *the

bi-in vnu, di.l dèr-ni-é: vou di-nré z.ô-jour-d.u-i
bien venu, ⁺dit le dernier: vous ¹dînerez aujourd'hui
welcome, said the (last)–latter:- you will dine ²to ³day

i-si. vo-lon-ti-é,   di.l pre-mi-é,   je su-i là
ici. Volontiers, ⁺dit le premier,   je suis ¹as de
here. Willingly, said the (first)–former,- I am tired of

d.la bon shèr ke.j   fè z.a   la vil.   le ra
la bonne chère que je ⁺fais à la ville. Le Rat
the good cheer that I make (it)–in-the city. The ²Rat

  dè shan   koûr, é a-port kèlk   pti
des Champs   ⁺court, et ¹apporte quelques petits
of the Fields)–¹country- runs, and brings some little

¹ami. ine. te. écrit. mère être. idole. gîte. opéra. ôter. tout. voûte
² at. arm, tub. ale mare. there. idiom. eel. opera. over. too. fool.

gri-gnon d.un fro-maj pou-ri, é un pti mor-sô.d
grignons d'un fromage pourri, et un petit morceau de
pieces of crust of a ²cheese ¹rotten, and a little morsel of

lâr, s.é-tè tou.s k.il a-vè; il é-tè pô-vre. le
lard, c'était tout ce qu'il avait; il était pauvre. Le
*bacon, this was all *what he had; he was poor. The*

ra d vil ne fè.k gri-gno-té; il é-tè t.a-kou-tu-mé
Rat de Ville ne †fait que ¹grignoter; il était ¹accoutumé
*²Rat *of ¹City does but *to nibble; he was accustomed*

a fèr mè-ill-eur shèr. le rpâ é-tan fi-ni: ve-né
à †faire meilleure chère. Le repas étant ²fini: †Venez
to make better cheer. The repast being ended: Come

se soir sou-pé a-vèk moi a la vil, di t.il, a son
ce soir ¹souper avec moi à la ville, †dit-il, à son
this evening to sup with me (at)-in-the city, said he, to his

ka-ma-rad: vou vè-ré la di-fé-rans k.il i a
camarade: vous †verrez la différence qu'il y a
*comrade: you will see the difference that *it there (has)—is—*

an-tre mè rpâ é lè vô-tre. an vé-ri-té, mon shèr
entre mes repas et les vôtres. En vérité, mon cher
*between my repast and *the yours. In truth, my dear*

a-mi, je vou plin trè sin-sèr-man; je.n sé pâ
ami, je vous †plains très-sincèrement; je ne †sais pas
friend, I ²you ¹pity very sincerely; I know not

ko-man vou pou-vé fèr pour ne pâ mou-rir de
comment vous †pouvez †faire pour ne pas †mourir de
*how you can *to do *for not to die of*

fin: si vou vou-lé, vou rès-tré tou-jour a la
faim: si vous †voulez, vous ¹resterez toujours à la
hunger: if you wish, you shall ²remain ¹always (to)-in-the

vil a-vèk moi: mon trou è t.a vot sèr-vis; vou z.i
ville avec moi: mon trou est à votre service; vous y
city with me: my hole is at your service; you ³there

vi-vré splan-did-man: ma ta-ble sra la vô-tre é vou
†vivrez splendidement: ma table sera la vôtre et vous
*shall ²live splendidly: my table shall be *the yours and you*

fré tou-jour bon shèr. vit, par-ton, di.l
†ferez toujours bonne chère. Vite, †partons, †dit le
shall ²make ¹always good cheer. Quick, let us go off, said the

kan-pa-gnâr; il me tard d.ê-tre vot ko-man-sal.
campagnard; il me ¹tarde d'être votre commensal.
*country-rat; I long *of to be your table companion.*

mur. mûr. jeune. jeûne. boite. boîte. ancro. ingrat. onde. un. amen.
j, as *s* in pleasure. gn, as *ni* in union. ill, as *lli* in Wi*ll*iam.

lè deû z.a-mi part, é a-riv vèr mi-nu-i a un
Les deux amis 'partent, et 'arrivent vers minuit à une
The two friends set out, and arrived towards midnight at a

grand mè-zon. le ra.d vil kon-du-i son ka-ma-rad
grande maison. Le Rat de Ville †conduit son camarade
large house. The ²Rat *of ¹City conducts his comrade

dan z.un bô sa-lon, é-tal de-van lu-i, sur le kou-in a.un
dans un beau salon, 'étale devant lui, sur le coin d'un
in a fine saloon, displays before him, on the corner of a

ta-pi.d pèrs, lè mè lè plu fri-an: ri-in
tapis de Perse, les mets les plus friands: rien
carpet of Persia, ¹the ⁴dishes *the (more)—²most— ³dainty: nothing

n.i man-kè; pou-lè, din-don. frèr, ko-man
n' y 'manquait, poulet, dindon. Frère, comment
*to *it was wanting, chicken, turkey. Brother, how .

trou-vé vou s.rô-ti? n.è t.il pâ bi-in tan-dre? ke
trouvez-vous ce rôti? N'est-il pas bien tendre? Que
do ²find ¹you this roast meat? Is it not very tender? What

pan-sé vou de.s pâ-té.d pi-jo-nô? a-vou-é ke
pensez-vous de ce pâté de pigeonneaux? 'Avouez que
do ²think ¹you of this pie of little pigeons? Confess that

vou.n fèt ja-mè.d si bon rpâ z.a la
vous ne †faites jamais de si bons repas à la
you ²make ¹never *of (so)—such-good repasts (at)—in-the

kan-pa-gn. pan-dan k.il fzè t.in-si l.é-loj de sè
campagne. Pendant qu' il †fesait ainsi l' eloge de ses
country. Whilst he made thus the eulogy of his

mè, san do-né.l tan a son ka-ma-rad
mets, sans 'donner le temps à son camarade d'
dishes, without (to give)—giving—*the ³time *to ¹his ²comrade *of

d.a-va-lé un mor-sô, un do-mès-tik ou-vri la port
'avaler un morceau, un domestique †ouvrit la porte:
to swallow a morsel, a servant opened the door:

a-di-eu nô ra! il dé-kanp ô-si vit k.il
adieu nos Rats! ils 'décampent aussi vite qu' ils
adieu [to] our Rats! they decamp as quick as they

peuv le ra dè shan se foûr dan
†peuvent. Le Rat des Champs se 'fourre dans
can. The ²Rat (of the Fields)—¹country—⁴himself ³thrusts in

¹ ami. âne. te. écrit. mère. être. idole. gîte. opéra. ôter. tout. voûte
² at. arm. tub. ale. mare. there. idiom. sel. opera. over. too. fool.

z.un kou-in; il tran-blè de tou sè man-bre, é
un coin; il 'tremblait de tous ses membres, et
a corner; he trembled (of)-in- all his limbs, and

mô-di-sè san foi, a-mi, rô-ti é pâ-té. le ra.d
¹maudissait cent fois, ami, rôti et pâté. Le Rat
cursed [a] hundred times, friend, meat and pie. The ²Rat

vil n.a vè pâ si peur; il é-tè t.an
de Ville n'avait pas si peur; il était en
°of ¹City (had not so fear)—was not so afraid;—he was in

sûr-té dan son trou: il a-vè t.c**-**bl**..** ..e.l mon-tré a son
sûreté dans son trou: il avait 'oublié de le 'montrer à son
safety in his hole: he had forgotten °of it ¹to ²show to ..it

n.a-mi, an kâ.d sur-priz. span-dan.l do-mès-tik
ami, en cas de surprise. Cependant le domestique
friend, in case of surprise. However the domestic

se rtir: le ra.d vil re-pa-rè t.ô-si-tô, é
se 'retire: le Rat de Ville †reparaît aussitôt, et
°himself retires: the ²Rat °of ¹City re-appears immediately and

ra-pèl son ka-ma-ra... e-né. ve-né, le dan-jé e
'rappelle son camarade. †Venez, †venez, le danger est
recalls his comrade. Come, come, the danger is

pa-sé pour le rest d.la nu-i: fi-ni-son not
'passé pour le reste de la nuit: ²finissons notre
(passed)-over- for the rest of the night: let us finish our

re-pâ, é pu-i nou man-jron pour not dé-sèr, du
repas, et puis nous 'mangerons pour notre dessert, du
repast, and then we shall eat for our dessert, °some

fru-i dé-li-si-eû, dè noi-zèt, é dè mâ-ron. j.é
fruit délicieux, des noisettes, et des marrons. J' ai
²fruit ¹delicious, °some hazlenuts, and °some chestnuts. I have

a-sé man-jé, di.l kan-pa-gnâr an-kor é-f1é-yé:
assez 'mangé, †dit le campagnard encore effrayé:
²enough ¹eaten, said the country rat still frightened

a-di-eu, il fô ke.j re-toûrn ô lo-ji. je n.an-vi
adieu, il †faut que je 'retourne au logis. Je n' envie
adieu, °it ²must °that ¹I return °to °the home. I do ²envy

pâ l.a-bon-dans, ni la dé-li-ka-tès de vô rpâ: je
pas l' abondance, ni la délicatesse de vos repas: je
¹not the abundance, nor the delicacy of your repasts. I

mur mûr. jeune. jeûne. boite. boîte. ancre. ingrat. onde. un. ameut j, as j in pleasure. gn, as ni in union. ill, as lli in William.

pré-fèr mè gri-gnon a vô fri-an-diz.   fi du
préfère mes grignons à vos friandises.   Fi du
  prefer   my bits of crusts to your dainties.   Fie (of the)—upon the—

plè-zir   ke   la   krint   peu   ko-ron-pre!——un   for-tun
plaisir   que la crainte †peut †corrompre!—Une fortune
 pleasures that *the fear   can   corrupt!———A ²fortune

mé-di-o-kre, a-vèk la pê é.l   kon-tant-man,   è
médiocre,   avec   la paix et le contentement,   est
 'muddling,   with *the peace and *the contentment,   is

pré-fé-ra-ble a   l.a-bon-dans ki   è   t.a-kon-pa-gné de
préférable   à   l' abondance qui est accompagnée   de
 preferable to *the abundance which is   accompanied (of)—by

sou-in, de   krint,   é   d.in-ki-é-tud.
soins, de craintes, et d' inquiétudes.
 cares, *of fears, and *of inquietudes.

www.ingramcontent.com/pod-product-compliance
Lightning Source LLC
Chambersburg PA
CBHW032006230426
43672CB00010B/2266